# 実例刑事訴訟法

## I

## 捜 査

松尾浩也・岩瀬 徹 編

青林書院

# はしがき

　現行刑事訴訟法が公布された1948年以降，刑事訴訟法の研究は著しく活発になった。その後の10年間に刊行された概説書だけを見ても，著者には，青柳文雄，井上正治，小野清一郎，斉藤金作，高田卓爾，團藤重光，平野龍一，平場安治などの諸先生の名前が並ぶ。一方，実務家の研究の集積は，『法律実務講座・刑事編』全12巻を生み出した。この講座は，本文3003頁，責任編集者を務めた團藤博士は，「世界のどこに出しても恥ずかしくない」と感慨を述べられた。

　しかし，時代は絶え間なく進む。平野先生は，「教科書に書いてない実務上の問題」が多数に上ることを認識し，実務家による掘り下げた解明を求めて，「実例法学全集」の1冊として『刑事訴訟法』の編集を企画された。これが，本書の初版に相当し，1963年に刊行されている。この書物は読者の好評を博したので，いわば第2版として，1977年にその『新版』，さらに，1980年に『続・刑事訴訟法』の刊行を見た。いずれも，松尾浩也がお手伝いをしている。続いて昭和から平成に移り，1998年には『新実例刑事訴訟法』として，その第3版が出された。

　司法制度改革審議会が発足したのはその翌年である。同じ頃から犯罪被害者に対する関心も急速に高まった。この2つの動きが両々相まって，刑事訴訟法の重要な改正をもたらした。公判前準備手続，証拠開示，被疑者の国選弁護，裁判員裁判，そして被害者保護，被害者参加など，新規の規定が大きく増えた。また，このような変化を受けて，既存の規定の解釈・運用にも動きが見られる。第4版に進むべき時期だと思われた。こうして編まれたのが本書であるが，書名は簡明に『実例刑事訴訟法』とした。

　これまで企画の中心であった平野先生は，2004年に他界され，ご指導を仰ぐすべはない。今回は，松尾が平野先生の役割を引き継ぎ，実際の編集は，第3版の編集協力者であった岩瀬徹氏にお願いした。岩瀬さんは，裁判官から三好幹夫（前橋地裁所長），伊藤雅人（東京地裁判事），前田巌（名古屋高裁判事）の各氏，検察官から上冨敏伸（法務省刑事局刑事法制管理官），髙嶋智光（東京

地検検事）の各氏に協力を依頼し，皆さんは依頼を快諾して編集作業に参加してくださった。本書が完成したのは，岩瀬さんを始め，これらの協力者五氏のおかげである。また，多忙な実務の余暇を割いて原稿を執筆してくださった方々にも感謝申し上げる。

　最後に，本書を平野先生の御霊前に捧げたいと思う。

　　2012年8月

　　　　　　　　　　　　　　　　　　　　　　　　　松　尾　浩　也

# 凡　例

## I　判例，法条，文献等の表記
### (1) 判　例
- 判例の引用は，次の例のように表記した。
  〈例〉最判平20・4・25刑集62巻5号1559頁←最高裁判所平成20年4月25日判決，最高裁判所刑事判例集62巻5号1559頁
- 最高裁判所大法廷判決は，「最〔大〕判」と表記した。
- 判例出典の略称は，後掲の「判例集等略称例」のとおり。

### (2) 法　条
- 法条の引用は，本文中に括弧書きで「(刑訴○条○項・×条×項，刑訴規△条△項)」のように記した。なお，同一法令の条文番号はナカグロ「・」でつなぎ，異なる法令はカンマ「，」で区切った。
- 法令の略称は，次の刑事訴訟関係法令のほかは「六法」の略称に倣った。

  | | | | |
  |---|---|---|---|
  | 刑訴 | 刑事訴訟法 | 刑訴施規 | 刑事訴訟規則施行規則 |
  | 刑訴規 | 刑事訴訟規則 | 刑訴費 | 刑事訴訟費用等に関する法律 |
  | 刑訴施 | 刑事訴訟法施行法 | | |

### (3) 文　献
- 文献の引用は，次の例のように表記した。
  単行本……著者(編者)名と書名を「・」でつないだ。
  論　文……執筆者名「論文名」掲載誌名　巻　号　頁のように表記した。
  なお，注釈書，その他の編集物については，編者名・書名〔執筆者名〕のように表記した。
- 主な文献の略称は，後掲の「文献等略称例」のとおり。

## II　略称例
### (1) 判例集等略称例

| | |
|---|---|
| 刑録 | 大審院刑事判決録 |
| 刑集 | 最高裁判所(大審院)刑事判例集 |
| 裁判集刑 | 最高裁判所裁判集刑事 |

凡例

| 高刑集 | 高等裁判所刑事判例集 |
| --- | --- |
| 東高時報 | 東京高等裁判所刑事判決時報 |
| 裁特 | 高等裁判所刑事裁判特報 |
| 判特 | 高等裁判所刑事判決特報 |
| 高検速報 | 高等裁判所刑事裁判速報 |
| 下刑集 | 下級裁判所刑事裁判例集 |
| 一審刑集 | 第一審刑事裁判例集 |
| 刑裁月報 | 刑事裁判月報 |
| 刑裁資料 | 刑事裁判資料 |
| 判時 | 判例時報 |
| 判タ | 判例タイムズ |
| LLI／DB | 判例秘書データベース |

(2) 文献等略称例

【教科書・基本書】

| 青柳・通論 | 青柳文雄・刑事訴訟法通論(上)(下)〔5訂版〕（立花書房，昭51） |
| --- | --- |
| 池田＝前田・講義 | 池田修＝前田雅英・刑事訴訟法講義〔第4版〕（東京大学出版会，平24） |
| 白取・刑訴 | 白取祐司・刑事訴訟法〔第6版〕（日本評論社，平22） |
| 鈴木・刑訴 | 鈴木茂嗣・刑事訴訟法〔改訂版〕（青林書院，平2） |
| 高田・刑訴 | 高田卓爾・刑事訴訟法〔2訂版〕（青林書院，昭59） |
| 田口・刑訴 | 田口守一・刑事訴訟法〔第6版〕（弘文堂，平24） |
| 田宮・刑訴 | 田宮裕・刑事訴訟法〔新版〕（有斐閣，平8） |
| 田宮編・刑訴I | 田宮裕編著・刑事訴訟法I（有斐閣，昭50） |
| 団藤・綱要 | 団藤重光・新刑事訴訟法綱要〔7訂版〕（創文社，昭42） |
| 平野・刑訴 | 平野龍一・刑事訴訟法（有斐閣，昭33） |
| 平場・講義 | 平場安治・刑事訴訟法講義〔改訂版〕（有斐閣，昭29） |
| 松尾・刑訴 | 松尾浩也・刑事訴訟法(上)〔新版〕，(下)〔新版補正第2版〕（弘文堂，平11） |
| 松尾編・刑訴II | 松尾浩也編・刑事訴訟法II（有斐閣，平4） |
| 三井・刑事手続 | 三井誠・刑事手続法(1)〔新版〕，II，III（有斐閣，平9～16） |
| 光藤・口述 | 光藤景皎・口述刑事訴訟法(上)〔第2版〕，(中)〔補訂版〕，(下)（成文堂，平12～17） |
| 光藤・刑訴I | 光藤景皎・刑事訴訟法I（成文堂，平19） |

【講座・大系・演習等】

| 石丸ほか・刑事訴訟の実務 | 石丸俊彦＝仙波厚＝川上拓一＝服部悟＝井口修・刑事訴訟の実務(上)(下)〔3訂版〕（新日本法規出版，平23） |
| --- | --- |

| | |
|---|---|
| 刑事公判の諸問題 | 大阪刑事実務研究会編著・刑事公判の諸問題（判例タイムズ社，平元） |
| 刑事実務上の諸問題 | 大阪刑事実務研究会編著・刑事実務上の諸問題（判例タイムズ社，平5） |
| 刑事証拠法の諸問題 | 大阪刑事実務研究会編著・刑事証拠法の諸問題(上)(下)（判例タイムズ社，平13） |
| 刑訴法の争点 | 刑事訴訟法の争点〔第3版〕（ジュリスト増刊）（有斐閣，平14） |
| 現代刑罰法大系 | 石原一彦＝佐々木史朗＝西原春夫＝松尾浩也編・現代刑罰法大系(1)～(7)（日本評論社，昭57～59） |
| 公判法大系 | 熊谷弘＝佐々木史朗＝松尾浩也＝田宮裕編・公判法大系Ⅰ～Ⅳ（日本評論社，昭49～50） |
| 実務講座 | 団藤重光編・法律実務講座刑事編1巻～12巻（有斐閣，昭28～32） |
| 証拠法大系 | 熊谷弘＝浦辺衛＝佐々木史朗＝松尾浩也編・証拠法大系Ⅰ～Ⅳ（日本評論社，昭45） |
| 捜査法大系 | 熊谷弘＝松尾浩也＝田宮裕編・捜査法大系Ⅰ～Ⅲ（日本評論社，昭47） |
| 増補令状基本 | 新関雅夫ほか・増補令状基本問題(上)(下)（一粒社〔平14以降：判例時報社〕，平8，9） |
| 平野＝松尾・実例刑訴 | 平野龍一＝松尾浩也編・刑事訴訟法〔実例法学全集〕〔新版〕（青林書院，昭52） |
| 平野＝松尾・続実例刑訴 | 平野龍一＝松尾浩也編・続刑事訴訟法〔実例法学全集〕（青林書院，昭55） |
| 平野＝松尾・新実例刑訴 | 平野龍一＝松尾浩也編・新実例刑事訴訟法Ⅰ～Ⅲ（青林書院，平10） |
| 三井ほか・刑事手続 | 三井誠＝河上和雄＝中山善房＝田邨正義編・刑事手続(上)(下)（筑摩書房，昭63） |
| 三井ほか・新刑事手続 | 三井誠＝馬場義宣＝佐藤博史＝植村立郎編・新刑事手続Ⅰ～Ⅲ（悠々社，平14） |
| 量刑実務大系 | 大阪刑事実務研究会編著・量刑実務大系(1)～(4)（判例タイムズ社，平23） |
| 例題解説刑訴 | 法曹会編・例題解説刑事訴訟法(1)〔3訂版〕，(2)〔3訂版〕，(3)〔改訂補訂版〕，(4)〔3訂版〕，(5)〔改訂版〕，(6)（法曹会，平6～10） |

【注釈書】

| | |
|---|---|
| コメ公判前 | 大阪弁護士会裁判員制度実施大阪本部編著・コンメンタール公判前整理手続〔補訂版〕（現代人文社，平22） |
| 大コメ刑訴 | 藤永幸治＝河上和雄＝中山善房編・大コンメンタール刑事訴訟法1巻～8巻（青林書院，平6～12） |

凡　例

大コメ刑訴（第2版）　河上和雄＝中山善房編＝古田佑紀＝原田國男＝河村博＝渡辺咲子編・大コンメンタール刑事訴訟法〔第2版〕1巻〜11巻（青林書院，平22〜）

注解刑訴　平場安治＝高田卓爾＝中武靖夫＝鈴木茂嗣・注解刑事訴訟法㊤㊥㊦〔全訂新版〕（青林書院，昭57〜62）

註釈刑訴　青柳文雄＝伊藤栄樹＝柏木千秋＝佐々木史朗＝西原春夫ほか・註釈刑事訴訟法1巻〜4巻（立花書房，昭51〜56）

注釈刑訴　伊藤栄樹＝亀山継夫＝小林充＝香城敏麿＝佐々木史朗＝増井清彦ほか・注釈刑事訴訟法〔新版〕1巻〜7巻（立花書房，平8〜12）

ポケット刑訴　小野清一郎＝横川敏雄＝横井大三＝栗本一夫・刑事訴訟法〔ポケット註釈全書〕㊤㊦〔新版〕（有斐閣，昭61）

松尾監修・条解刑訴　松尾浩也監修・松本時夫＝土本武司＝池田修＝酒巻匡編・条解刑事訴訟法〔第4版〕（弘文堂，平21）

【記念論文集】

植村退官　植村立郎判事退官記念論文集・現代刑事法の諸問題1巻〜3巻（立花書房，平23）

小林＝佐藤古稀　小林充先生佐藤文哉先生古稀祝賀刑事裁判論集㊤㊦（判例タイムズ社，平18）

原田退官　原田國男判事退官記念論文集・新しい時代の刑事裁判（判例タイムズ社，平22）

松尾古稀　芝原邦爾＝西田典之＝井上正仁編・松尾浩也先生古稀祝賀論文集㊤㊦（有斐閣，平10）

【司法研究報告書・立法解説】

落合ほか・解説　落合義和＝辻裕教＝稗田雅洋＝高橋康明＝伊藤雅人＝駒田秀和＝河原俊也＝森健二・刑事訴訟法等の一部を改正する法律及び刑事訴訟規則等の一部を改正する規則の解説（法曹会，平22）

佐伯ほか・裁判員裁判　佐伯仁志＝酒巻匡＝村瀬均＝河本雅也＝三村三緒＝駒田秀和・難解な法律概念と裁判員裁判（司法研究報告書61輯1号，平21）

田中(康)ほか・裁判員裁判　大澤裕＝田中康郎＝中川博之＝高橋康明・裁判員裁判における第一審の判決書及び控訴審の在り方（司法研究報告書61輯2号，平21）

角田ほか・裁判員制度　角田正紀＝和田真＝平木正洋＝長瀬敬昭＝井下田英樹・裁判員制度の下における大型否認事件の審理の在り方（司法研究報告書60輯1号，平20）

## 【判例解説】

| | |
|---|---|
| 刑訴百選 | 刑事訴訟法判例百選〔第9版〕（別冊ジュリスト）（有斐閣，平23） |
| 重判解 | 重要判例解説（ジュリスト臨時増刊）（有斐閣，昭43～） |
| 判解刑 | 最高裁判所調査官室編・最高裁判所判例解説刑事篇（法曹会，昭30～） |

## 【雑誌等】

| | |
|---|---|
| 警研 | 警察研究 |
| 刑雑 | 刑法雑誌 |
| 警論 | 警察学論集 |
| 研修 | 研修（法務省法務総合研究所） |
| 現刑 | 現代刑事法 |
| 司研 | 司法研修所論集 |
| 自正 | 自由と正義 |
| ジュリ | ジュリスト |
| 捜研 | 捜査研究 |
| 曹時 | 法曹時報 |
| 判評 | 判例評論 |
| 法教 | 法学教室 |
| 法時 | 法律時報 |
| 法セ | 法学セミナー |

■編　者■

　　松尾　浩也（東京大学名誉教授・法務省特別顧問）
　　岩瀬　徹（上智大学法科大学院教授・元前橋家庭裁判所長）

■執筆者（第Ⅰ巻・執筆順）■

| | |
|---|---|
| 山内　由光（法務省刑事局国際課国際刑事企画官） | 新田　智昭（札幌地方検察庁検事） |
| | 山﨑　耕史（東京地方検察庁検事） |
| 加藤　俊治（東京地方検察庁検事） | 丸山　嘉代（法務省大臣官房司法法制部付兼官房付） |
| 森本　宏（東京地方検察庁検事） | |
| 田野尻　猛（東京地方検察庁検事） | 横田希代子（法務省人権擁護局調査救済課長） |
| 中村　芳生（東京地方検察庁検事） | |
| 西山　卓爾（東京地方検察庁検事） | 畑野　隆二（司法研修所教官・検事） |
| 濱　克彦（法務省刑事局参事官） | 菊池　浩（最高検察庁検事） |
| 佐藤　淳（最高検察庁検事） | 田村　政喜（東京地方裁判所判事） |
| 佐藤　剛（法務省刑事局刑事法制企画官） | 川田　宏一（東京地方裁判所判事） |
| | 松本　裕（法務省大臣官房司法法制部司法法制課長） |
| 古宮　久枝（最高検察庁検事） | |
| 下津　健司（東京地方裁判所判事） | 今井　博紀（弁護士） |
| 丸山　哲巳（釧路地方・家庭裁判所判事） | 駒田　秀和（最高裁判所調査官・判事） |
| 吉田　雅之（名古屋地方検察庁検事） | |

目　次

はしがき
凡　例
編者・執筆者一覧

## 第1章　捜査及び起訴前弁護

1　国外における捜査活動 ……………………………………【山内　由光】 5
2　所持品検査 …………………………………………………【加藤　俊治】 22
3　採尿のための捜索差押許可状の請求と取調室への留め置き ……………………………………………………………【森本　宏】 36
4　おとり捜査 …………………………………………………【田野尻　猛】 56
5　コントロールド・デリバリー ……………………………【中村　芳生】 68
6　写真撮影 ……………………………………………………【西山　卓爾】 84
7　DNA鑑定の資料 …………………………………………【濱　克彦】 100
8　逮捕の適法性と勾留の可否 ………………………………【佐藤　淳】 117
9　再逮捕・再勾留 ……………………………………………【佐藤　剛】 137
10　被疑者の勾留と逮捕前置の原則 …………………………【古宮　久枝】 153
11　勾留質問 ……………………………………………………【下津　健司】 170
12　勾留請求の却下と被疑者の釈放 …………………………【丸山　哲巳】 184
13　逮捕に伴う捜索・差押え …………………………………【吉田　雅之】 199
14　捜索差押許可状による捜索の範囲 ………………………【新田　智昭】 220
15　磁気ディスクの捜索と差押え ……………………………【山﨑　耕史】 228
16　毛髪・唾液等の採取 ………………………………………【丸山　嘉代】 241
17　業務上の秘密と押収の可否 ………………………………【横田希代子】 252
18　検証 …………………………………………………………【畑野　隆二】 266
19　宿泊させての取調べ ………………………………………【菊池　浩】 282

- **20** 別件逮捕・勾留と余罪取調べ ……………………【田村 政喜】300
- **21** 起訴後勾留中における余罪取調べ ………………【川田 宏一】320
- **22** 弁護人と被疑者の接見 ……………………………【松本 裕】340
- **23** 弁護人選任権の意義 ………………………………【今井 博紀】354
- **24** 被疑者のための国選弁護人選任命令の効力 ……【駒田 秀和】370

事項索引 …………………………………………………………………… 389

[細目次]

**1** 国外における捜査活動

　外国でVを殺害した被疑者甲は，その直後帰国したが，我が国の捜査官（検察官・検察事務官・警察官）は，我が国の裁判官から検証令状を得て当該外国に赴き，V殺害現場であるホテル内で検証を行うことができるか。V殺害現場が公道上である場合に，実況見分を行うことができるか。また，甲が当該外国に滞在している場合，我が国の捜査官は，現地に赴いて甲を取り調べることができるか。我が国の捜査官は，当該外国に滞在している参考人Aに対し，我が国から電話をかけ，これにより事情聴取を行うことはできるか。甲を我が国で起訴した場合，前記検証調書・実況見分調書及び甲の供述調書の証拠能力はどうなるか。

**2** 所持品検査

　次の場合，警察官のとった措置の適否はどうか。差し押さえられた覚せい剤の証拠能力は認められるか。

　(1) 警察官は，甲に不審事由を認めて職務質問を行っていたところ，甲が上着の内ポケットに法禁物を隠している疑いが濃厚となったため同人に上着の内ポケット在中物の提示を求めたものの，同人は，これを拒否した。警察官は，甲の上着の内ポケットに手を差し入れて在中物をつかんで取り出した上，甲に対し，内ポケット在中物であるビニールパケに入った白色結晶について覚せい剤であるかどうかを確認するための検査をすることについて承諾を求めたところ，甲は無言のままであり，強く拒否する態度を示さなかったため，同人が検査に同意したものと考えて検査を実施した。検査の結果，当該白色結晶が覚せい剤であることが判明したことから，警察官は，甲を覚せい剤所持の現行犯人として逮捕し，その覚せい剤を差し押さえた。

　(2) 警察官は，乙に不審事由を認めて職務質問を行っていたところ，同人が携帯電話で

弁護士と思われる者と話し始めたが、職務質問の実施に差し支えると考えて、乙に対して、「後にしなさい。」と説得したところ、乙はしぶしぶ電話を切った。その後、警察官は、乙が警察官の求めに応じて任意に提出した所持品在中の白色結晶について乙の同意を得て検査を実施したところ覚せい剤であることが判明したことから、警察官は、乙を覚せい剤所持の現行犯人として逮捕し、その覚せい剤を差し押さえた。

### 3 採尿のための捜索差押許可状の請求と取調室への留め置き

甲は、駅構内で暴れたため、警察に通報され、最寄りの警察署への任意同行を求められた。警察官らは、甲の言動等から、覚せい剤を使用しているのではないかとの疑いを持ち、甲に尿の任意提出を促したが、甲が拒否したため、採尿のための捜索差押許可状の請求にとりかかった。捜索差押許可状が発付され、甲に提示されるまでの間、甲は、何度か、「任意なんだろう、俺はもう帰る。」などと言って取調室を出ようとしたが、警察官らは、その度に甲の進路を塞ぎ、「もう少し待ちなさいよ。」「今令状を取っているところだから、帰せないよ。」などと言って退出を断念させた。任意同行から約4時間後、捜索差押許可状が発付されたことを知らされたため、甲も観念して尿を任意提出した。その尿からは警察官の予想どおり覚せい剤が検出された。

(1) 警察官らが捜索差押許可状発付まで甲を警察署に留め置いた行為の適法性をどのように考えるべきか。

(2) 尿の鑑定書の証拠能力についてはどのように考えるべきか。

### 4 おとり捜査

Xは、刑務所で知り合った甲から、大麻樹脂の買手を紹介してくれるよう電話で依頼を受けたが、ひそかに甲に恨みを抱いていたXは、麻薬取締官Yに上記電話の内容を連絡した。Yは、Xの情報だけで甲を検挙することが困難であると考え、おとり捜査を行うことを決め、Xと打合せした結果、Xが甲に対しYを買手として紹介することとし、Yは、ホテルの一室でXから紹介された甲に対し、大麻樹脂2キログラムを買い受ける意向を示した。甲は、翌日、取引場所であるホテルの一室に大麻樹脂約2キログラムを運び入れたところ、あらかじめ捜索差押許可状の発付を受けていたYの捜索を受け、現行犯逮捕された。

この捜査手続は適法か。Xが、おとり捜査を意図したYの依頼を受けて、甲に対し、大麻樹脂を買いたいという客がいるので入手できないかと持ち掛けたため、甲がかねて所持していた大麻を売ることにした場合はどうか。

Yが警察官の場合はどうか。

### 5 コントロールド・デリバリー

輸入貨物の税関検査の際、エックス線検査を実施したところ、ある荷物の中に薬物が入っていることが判明した。そのため、警察は、当該輸入貨物の輸入者を特定するため、コ

ントロールド・デリバリーを実施し，A方居室に搬入され，Aが当該輸入貨物を受領したことから，Aを逮捕した。このような捜査手法は許されるか。また，コントロールド・デリバリーを実施するに当たり，当該輸入貨物に，その所在を確認するための電波発信機（ビーパー）を設置しておくことは捜査手法として許されるか。

なお，Aには何罪が成立するのか，また，コントロールド・デリバリーの態様によって，成立する犯罪に違いはあるか。

### 6　写真撮影

(1)　覚せい剤取締法違反被疑事件による被疑者方の捜索・差押えの際，捜索により発見した差押対象物である覚せい剤の保管状況を写真撮影することはできるか。競馬法違反（のみ行為）被疑事件の被疑者方の捜索・差押えの際，同人方の電話台横の壁面に記されたのみ行為に関するものと認められるメモについてはどうか。

(2)　職務質問の際，被質問者が素直に質問に応じている状況を証拠化するため，その現場を写真撮影することは許されるか。

(3)　銀行のATM機前に被疑者を佇立させてATM機の防犯カメラによる撮影を行う場合，いかなる手続によるべきか。

### 7　DNA鑑定の資料

司法警察員Kは，強盗事件に関し，目撃者供述から犯人が負傷により出血していたことが認められたためその遺留血痕を採取し，DNA鑑定に付した。その後の捜査で，甲が犯人として浮上したがそのDNA型については不明であり，逮捕状を請求できるだけの疎明資料はなかった。

(1)　Kは，一人暮らしの甲が公道上のゴミ集積所に出したゴミを領置し，その中から，甲の体液が付着していると思われる資料について鑑定嘱託したところ，犯人の血液のDNA型と一致した。

(2)　Kは，甲が交通事故で負傷して入院した入院先の医師が検査のため甲から採血したとの情報を得たことから，当該医師から検査に使用して残った甲の血液の任意提出を受け鑑定嘱託したところ，犯人の血液のDNA型と一致した。

(3)　Kは，甲が別の自傷行為に及んで入院した入院先の医師が甲に薬物中毒のおそれがあるとして甲から採取した尿の任意提出を受け，鑑定嘱託したところ，覚せい剤が検出されたので，退院後甲を覚せい剤取締法違反で逮捕した。逮捕中，甲から口腔内細胞の任意提出を受け鑑定嘱託したところ，犯人の血液のDNA型と一致した。

上記の各場合のDNA鑑定に係る鑑定書の証拠能力はどうか。

### 8　逮捕の適法性と勾留の可否

甲は，住居侵入・窃盗未遂事件の現行犯人として逮捕され検察官送致されたが，逮捕経

緯は，被害直後に被害者からの110番通報を受けて現場付近に臨場した警察官が甲を発見し，不審者としてこれに声をかけたところ逃走したので，前記事件の犯人であると確信し，現行犯人として逮捕したというものであった。検察官としては，甲の身柄についてどのような対応をすべきか。逮捕経緯が，たまたま現場付近を警ら中の警察官が挙動不審の甲を見つけて職務質問を開始したところ，これに素直に応じた甲が前記犯行を自白し，その後，所属警察署を通じて被害者に連絡をとってもらったところ被害が確認できたので，甲を現行犯人として逮捕したというものであった場合はどうか。

### 9 再逮捕・再勾留

(1) 被疑者甲は，常習累犯窃盗罪の被疑事実で勾留の上起訴されたが，この後，起訴された事件の1週間前に行われた別の窃盗罪の被疑事実で，同人を逮捕・勾留できるか。被疑者甲が常習累犯窃盗罪で逮捕・勾留された後釈放されたが，同事件について起訴・不起訴の処分が決する以前に，同事件の1週間前に行われた別の窃盗罪の被疑事実で，同人を逮捕・勾留できるか。なお，各設例において，当初，甲が逮捕・勾留された被疑事実が窃盗罪であった場合はどうか。

(2) 被疑者乙は，被害者をして詐取金を仮名口座に入金させる方法で行われるいわゆる振り込め詐欺を組織的に繰り返して敢行しているグループに属しており，一連の振り込め詐欺のうち被害者Aに対する詐欺罪の被疑事実で逮捕・勾留された後起訴されたが，捜査機関は，一連の振り込め詐欺のうち，Aに対する詐欺事件と同一の犯行日に別の被害者Bに対して行われた詐欺罪の被疑事実で，乙を逮捕・勾留できるか。

(3) 被疑者乙は，前記Aに対する詐欺事件で逮捕・勾留された後起訴されたが，捜査機関は，当該入金は組織的な犯罪の処罰及び犯罪収益の規制等に関する法律10条1項に規定する犯罪収益等の取得について事実を仮装したものであると判断したが，乙を同罪の被疑事実で逮捕・勾留できるか。

### 10 被疑者の勾留と逮捕前置の原則

(1) 外国人である被疑者甲は，旅券不携帯罪の被疑事実で逮捕されて検察庁に身柄とともに送致された。検察官は，同事実については勾留の必要性が認められないと考えたが，逮捕中に行われた捜査の結果，甲については不法在留罪の嫌疑が認められるに至っており，検察官は同罪の被疑事実については勾留の必要性が認められると考えた。甲につき，不法在留罪を被疑事実として勾留することは許されるか。

(2) (1)の設例で，甲につき，旅券不携帯罪及び不法在留罪の両方の事実を被疑事実として勾留することは許されるか。

(3) (2)において，甲につき，旅券不携帯の罪と不法滞在の罪の両方の事実で勾留することが許されるとした場合，捜査の結果，検察官は，甲につき，旅券不携帯罪の被疑事実は

起訴せず，不法在留罪の被疑事実のみで起訴した。この場合，捜査段階の甲についての勾留の効力は，起訴後においてはどうなるか。

### ◀1▶ 勾留質問
以下の場合，勾留質問を行う裁判官は，どのような措置をとるべきか。

(1) 勾留質問において，被疑者が，「専ら逮捕された事件とは別の事件について取調べを受けている。」と述べた場合

(2) 勾留質問において，被疑者が，「警察官に殴られて怪我をした。」と述べて負傷部位を示した場合

(3) 勾留質問において，被疑者が，「警察で国選弁護人の選任をお願いしたのにまだ選任されていない。」と述べた場合

(4) 弁護人が勾留質問への立会いを求めてきた場合

### ◀2▶ 勾留請求の却下と被疑者の釈放
(1) 検察官が，被疑者甲について勾留を請求したが，裁判官は勾留の必要がないとして同請求を却下した。検察官は，同決定に対して準抗告を申し立てたが，これと併せて勾留請求を却下する決定の執行停止の申立てをすることができるか。執行停止の申立てに対する判断は誰が行うべきか。

(2) 被告人乙について保釈を許可する決定がされたため，検察官は，同決定に対して準抗告を申し立てるとともに，同決定の執行停止の申立てを行った。執行停止の申立てに対する判断は誰が行うべきか。

### ◀3▶ 逮捕に伴う捜索・差押え
警察官は，傷害事件の準現行犯人として逮捕した被疑者が腕に装着していた籠手を差し押さえようとしたが，被疑者がこれに抵抗した上，逮捕現場は車両が通行する道幅の狭いところであったため，警察車両で逮捕現場から直線距離で約3キロメートル離れた警察署に連行し，逮捕から約1時間後，同警察署において前記籠手を差し押さえた。この差押えは，逮捕に伴う差押えとして許されるか。

### ◀4▶ 捜索差押許可状による捜索の範囲
警察官Kは，暴力団組長甲を被疑者とする覚せい剤取締法違反被疑事件に関し，捜索すべき場所を甲方居室，差し押さえるべき物を本件に関連すると思料される覚せい剤，注射器，ビニール袋，計量器とする捜索差押許可状の発付を受けた。Kが甲方居室に赴いたところ，甲，その内妻乙及び配下組員丙が居たので，Kは，捜索差押許可状を甲に呈示した上，甲ら3名を在室させたまま同室内の捜索を開始した。

(1) 捜索実施中，甲を依頼主兼受取人とする菓子箱様の荷物が宅配便で配達され，甲はこれを受領して室内のテーブルの上に置いた。Kは，この荷物について捜索できるか。

(2) 捜索開始時，乙は手にバッグを持っており，捜索実施中もそのまま持ち続けていた。Kは，このバッグについて捜索できるか。

(3) 捜索開始時，丙は手をズボンのポケットに突っ込んでおり，捜索実施中もその格好のままでいた。不審に思ったKが丙にズボンのポケットから手を出して中の物を見せるよういったが，丙は，「関係ない。」などと答え，両手をズボンのポケットに突っ込んだまま部屋から出て行こうとした。Kは，丙のズボンのポケットについて捜索できるか。

### 15 磁気ディスクの捜索と差押え

会社類似の組織を利用した共犯者多数の消費者詐欺事件に関し，警察官は，被疑者らが使用している事務所内のパーソナルコンピュータに内蔵されているハードディスク内に共犯者間でやり取りされた電子メールデータ，被害者からの入金状況や共犯者に対する報酬の分配に関するデータが多数記録されていることを把握したため，そのデータを証拠として収集する必要があると考えた。これらのデータを収集する方法としては，どのような方法が考えられ，それぞれどのような事実上，法律上の問題があるか。

### 16 毛髪・唾液等の採取

(1) 自動車運転過失致死罪の被疑者が，事故時の負傷により意識不明となり病院で集中治療を受けている。被疑者の血中アルコール濃度を測定するため，その血液を採取して鑑定する必要がある場合，いかなる手続によるべきか。

(2) 覚せい剤使用の疑いのある被疑者から尿を採取して鑑定する必要がある場合，いかなる手続によるべきか。覚せい剤の常習使用の疑いのある被疑者から毛髪を採取して鑑定する必要がある場合はどうか。

(3) 被疑者の唾液を採取してそのDNA型を鑑定する必要がある場合，いかなる手続によるべきか。

(4) 航空機で日本に入国した直後の被疑者が出発国でビニール袋に入れた薬物を飲み込んだ旨述べた。体内のビニール袋入り薬物を採取するとした場合，警察官はいかなる手続によるべきか。税関職員の場合はどうか。

### 17 業務上の秘密と押収の可否

(1) 甲医師が，Aの依頼を受けてBが生んだ子をAが生んだ子である旨記載した虚偽の出生証明書を作成した虚偽診断書等作成罪の被疑者となっている場合，甲は自己の保管するAのカルテの押収を拒絶することができるか。

(2) 乙医師が診療報酬水増し請求の疑いで詐欺罪の被疑者となっている場合，乙は自己の保管するカルテの押収を拒絶することができるか。

### 18 検 証

警察官は，かねて宅配便を利用して覚せい剤を購入している疑いのある甲に宛てた宅配

便荷物について宅配便業者の承諾を得てエックス線検査を実施したところ，覚せい剤と思料される射影が観察された。そこで，その写真等を疎明資料として令状を得，甲方の捜索を実施したところ，同人方から覚せい剤が押収された。この覚せい剤の証拠能力はどうか。

### ◀19▶ 宿泊させての取調べ

警察官Kは，殺人事件の重要参考人である甲に出頭を求め半日かけて事情を聴取した結果，甲が犯人なのではないかと考えるに至ったが，決定的な証拠があるわけではなく，甲本人は頑として否認している。現時点では，逮捕状は取得できないと判断したKは，甲に「今日は逮捕しないけれども，このまま帰すわけにも行かない。近くにホテルを取るので，今日はそこに泊まってもらいたい。ホテル代は警察が負担する。明日事情を聞いて，疑いが晴れたら逮捕せずに帰す。」などと話して説得し，甲をホテルの一室に宿泊させた。その際，甲が逃げないよう，警察官1名を一晩中廊下で待機させた。同じようなことが3夜にわたって繰り返され，4日目の夕方，ついに甲が犯行を自供したことから，直ちに自白調書を作成し，これを資料に逮捕状を得て，甲を逮捕した。Kの行為の適法性及び甲の自白調書の証拠能力はどうか。

### ◀20▶ 別件逮捕・勾留と余罪取調べ

強盗殺人事件の重要参考人と目されていた外国人甲は，当初，出入国管理及び難民認定法違反の罪（不法残留の罪）で逮捕・勾留され，同罪による起訴後，強盗殺人事件の共犯として逮捕・勾留され，同罪についても起訴されるに至った。弁護人は，被告人の強盗殺人事件に関する自白調書について，違法な別件逮捕・勾留により得られたものであるから証拠能力がない旨主張している。証拠調べの結果，被告人に対しては，不法残留の罪による勾留直後から，同罪に関する取調べと並行して，強盗殺人事件に関する取調べが行われ，不法残留の罪の勾留満期直前には，専ら強盗殺人事件に関する取調べのみが行われていたこと，そして，強盗殺人事件への関与を認める最初の供述調書はそのころに作成されたことが判明した。被告人の強盗殺人事件に関する自白調書の証拠能力をどのように考えるべきか。

### ◀21▶ 起訴後勾留中における余罪取調べ

被告人甲は，窃盗罪で逮捕・勾留された後，同罪で起訴された。甲に対しては，起訴された窃盗罪のほかに被害者Bに対する殺人罪の嫌疑があったことから，警察官Kらは，窃盗事件の起訴後，甲が引き続き勾留されていたA警察署内において，10日間にわたり，連日，その殺人罪についての取調べを行った。甲は，取調べ開始後8日目に殺人の事実を自白し，10日目までの間に自白を内容とする供述調書が作成された。Kらは，これらの供述調書を主たる疎明資料として殺人罪の逮捕状の発付を受け，甲を逮捕・勾留した。甲は，逮捕後の取調べにおいては黙秘したが，殺人罪で起訴された。検察官は，公判前整理手続

において，殺人被告事件に関し，甲の上記供述調書の取調べを請求した。弁護人は，当該供述調書は違法な取調べによって作成されたものであり，証拠能力を欠くと主張した。裁判所は，当該供述調書の取調べの当否に関し，どのように判断すべきか。この場合において，Kらが，殺人罪についての取調べを行うに当たり，最初の取調べの冒頭で，甲に対し，「これから，Bに対する殺人の事件に関して取調べを行う。あなたは，この事件に関しては逮捕・勾留されていない。取調べに応じるかどうかは，あなたの自由である。」旨の説明を行った場合とそのような説明を行わなかった場合とで，裁判所の判断に違いはあるか。

### 22 弁護人と被疑者の接見

(1) 勾留されている被疑者を検察庁で取調べ中，同被疑者の弁護人から，「被疑者と接見したい」旨の電話連絡があった。この場合，検察官は，どのように対応すべきか。検察庁での被疑者取調べの実施のため，被疑者を勾留場所から検察庁に押送し，同行室で待機させている間に，弁護人から，同趣旨の電話連絡があった場合はどうか。検察庁の庁舎内に接見のための設備が設けられている場合とそうでない場合とで，検察官のとるべき対応に違いはあるか。

(2) 接見等禁止決定が付されている被疑事件において，勾留中の被疑者と接見する際に第三者から預かった手紙を渡したい旨弁護人から申出があった。この場合，検察官としてはどのように対応すべきか。

### 23 弁護人選任権の意義

任意同行した被疑者の取調べを始めたところ，被疑者から，だれでもいいから今すぐ弁護士を呼んでほしいとの申出を受けた取調官がとるべき措置と根拠はどうか。その申出を無視して取り調べた結果得られた自白の証拠能力をどのように考えるべきか。また，その間に任意提出された尿から覚せい剤成分が検出された旨の鑑定書の証拠能力をどう考えるか。

### 24 被疑者のための国選弁護人選任命令の効力

被疑者は，傷害とナイフを不法携帯した罪を被疑事実として1通の勾留状で勾留され，被疑者国選弁護制度により弁護人Lが選任された。Lが勾留の裁判に対して準抗告を申し立てた場合，裁判所は不法携帯の罪についても準抗告を適法なものと取り扱ってよいか。Lが勾留理由開示を申し立てた場合，裁判所は不法携帯の罪についての勾留理由についても開示すべきか。

◇第Ⅱ巻目次◇

## 第2章　公訴の提起

- 25　公訴時効
- 26　訴因の特定と訴因変更の要否
- 27　訴因変更の可否
- 28　公判前整理手続と訴因変更命令

## 第3章　公判準備

- 29　保釈の運用
- 30　公判前整理手続の運営
- 31　公判前整理手続における主張明示義務
- 32　公判前整理手続における証拠開示
- 33　裁判員対象事件における事件の併合・分離と区分審理決定
- 34　第1回公判期日前の証人尋問
- 35　訴訟能力とその調査方法

## 第4章　公判期日

- 36　起訴状に対する求釈明
- 37　被告人の併合審判
- 38　弁護人の義務
- 39　刑訴法309条の異議
- 40　証人の出頭確保等
- 41　証人等の保護
- 42　被害者参加
- 43　損害賠償命令
- 44　即決裁判手続

◇第Ⅲ巻目次◇

## 第5章　証　拠

- 45　伝聞証拠の意義
- 46　刑訴法326条の同意
- 47　刑訴法321条1項2号書面の請求と訴訟活動
- 48　犯行再現実況見分調書の証拠能力
- 49　弾劾証拠
- 50　証人尋問における書面の提示
- 51　裁判員裁判における責任能力鑑定と弁護活動
- 52　証拠の関連性
- 53　違法収集証拠の証拠能力
- 54　自白の任意性の立証
- 55　裁判員裁判における証拠調べ

## 第6章　公判の裁判

- **56** 情況証拠による立証と合理的疑い
- **57** 黙秘権
- **58** 量刑判断の考慮要素
- **59** 一事不再理効の範囲
- **60** 他人名義冒用と被告人の確定

## 第7章　上訴・再審

- **61** 控訴審の役割
- **62** 控訴審における審判の範囲
- **63** 事実についての不利益変更
- **64** 裁判員裁判と控訴
- **65** 第1審無罪判決と控訴審における勾留
- **66** 再審

# 実例刑事訴訟法 I
## 【捜　査】

# 第1章　捜査及び起訴前弁護

## 1 国外における捜査活動

外国でＶを殺害した被疑者甲は，その直後帰国したが，我が国の捜査官（検察官・検察事務官・警察官）は，我が国の裁判官から検証令状を得て当該外国に赴き，Ｖ殺害現場であるホテル内で検証を行うことができるか。Ｖ殺害現場が公道上である場合に，実況見分を行うことができるか。また，甲が当該外国に滞在している場合，我が国の捜査官は，現地に赴いて甲を取り調べることができるか。我が国の捜査官は，当該外国に滞在している参考人Ａに対し，我が国から電話をかけ，これにより事情聴取を行うことはできるか。甲を我が国で起訴した場合，前記検証調書・実況見分調書及び甲の供述調書の証拠能力はどうなるか。

### 1 問題の所在

　交通・通信手段の著しい発達に伴い，犯罪現象の国際化が促進され，捜査に必要な証拠が外国に所在する場面は珍しくない。我が国で外国人が犯罪に及び，日本人が外国で犯罪に及ぶといった現象は日常的に生起し，日本国外において日本国民が犯罪の被害に遭う機会も増え，平成15年には日本国民保護の観点から，日本国民が殺人等の生命・身体等に対する一定の重大な犯罪の被害を受けた場合における国外犯処罰規定も刑法に整備されるに至った。設問でも，被疑者である甲が日本国民である場合には，刑法3条6号の国外犯処罰規定により，同法199条の殺人罪が適用されるほか，甲が日本国民ではなく，被害者Ｖが日本国民であった場合にも，同法3条の2第2号により，甲には同法199条の殺人罪が適用される。このように，犯罪が外国で発生した場合でも，甲は我が国の刑法犯の被疑者として我が国の捜査の対象となるが，この場合の証拠の多くは犯罪現場が所在する当該外国でしか収集できない。

　外国において証拠を収集する方法には2通りあり，第1は，我が国の捜査官が外国において直接収集する方法であり，第2は，我が国の捜査官が外国に証拠収集を嘱託する方法である。設問は，第1の方法を前提とするものであるが，実務上，我が国の捜査官は外国において直接被疑者・参考人の取調べ等の捜査

活動は行っていない。これは，捜査は，任意捜査であっても，国家主権の行使であるところ，我が国は外国の捜査機関の本邦内における捜査活動を原則として認めておらず，その反面において，我が国の捜査官の外国における捜査も差し控えているためである。そこで，実務上は，第2の方法，すなわち当該外国に対し捜査共助を要請し，当該外国の捜査機関に証拠収集を依頼するのが原則である。

本稿では，まず，原則論から出発して捜査共助に伴う問題点について検討を加えた後，国外における捜査活動に伴う問題点について検討することにしたい。

## 2 捜査共助による証拠収集

### (1) 捜査共助の根拠法

外国において捜査活動を展開しないまでも，外国に対し，証拠収集を依頼する捜査共助を要請することは許されるのか。これを明示的に認める国内法の規定は存在しないが，刑事訴訟法（以下「刑訴法」という）197条1項は，「捜査については，その目的を達するため必要な取調をすることができる。」と規定し，我が国の捜査機関は，証拠の収集につき，強制の処分にわたらない限り，必要な方法を講じることが認められていることから，外国に対して捜査共助を要請して，証拠の収集を依頼することは，捜査の一環として我が国の捜査機関に当然許されている。我が国が外国から捜査共助を求められた場合の受理及び実施等について定める国内法として「国際捜査共助等に関する法律」（以下「国際捜査共助法」という）があるが，同法に，我が国が外国に捜査共助の要請をすることに関する規定が設けられなかったのも，捜査共助を要請する権限は刑訴法上にその根拠が求められると考えられたからである。

### (2) 捜査共助の手続

外国に証拠の収集を依頼する場合，捜査当局は外交ルートを通じてこれを依頼するのが原則である。捜査機関が自ら直接外国の捜査機関に接触してこれを依頼するのではない。外国に対しては，国家として協力を依頼することになるところ，国家の意思を外部に向かって表明するのは法律や条約等に別段の定めがある場合を除き，外交当局の事務に属すると考えられるからである。特に，外国に捜査を依頼するに当たっては相互主義を保証する，すなわち相手国が行

う同種の請求に我が国として応じる旨の約束をすることが必要であり，このような保証は一捜査機関が約束できることではない。なお，通常，相互主義の保証は外交当局が発するいわゆる口上書によって行われており，検察庁又は警察庁は外国の当局に宛てて捜査共助要請書を作成し，外務省が口上書を添えて捜査共助要請書を相手国に送付するといった手続を経る。

### (3) **共助要請事項**

　捜査共助要請書には，外国の当局に実施を依頼する捜査事項を記載する。相互主義を保証して要請する以上，外国から要請があっても我が国が実施できない範囲の事項を要請することは適当ではない。この点，国際捜査共助法は，共助に必要な証拠の収集に関して，関係者の取調べ，鑑定嘱託，実況見分，公務所照会などの捜査を行うこと（同法8条1項），裁判官が発する令状を得て，差押え，捜索又は検証をすること（同条2項），裁判官に請求して証人尋問を実施すること（同法10条）を認めている。すなわち，国内捜査で認められている捜査手法は，共助のためにも実施することが認められている。

　設問に即していえば，我が国の捜査機関は，犯行現場が所在する外国に宛てて，殺害現場であるホテル内を検証し，その結果を書面に記載すること，殺害現場が公道であった場合には，公道の実況見分を行い，その結果を書面に記載すること，外国に所在する被疑者甲を取り調べて供述調書を作成すること，参考人Aから事情聴取し，供述調書を作成することなどを依頼していくことになる。これらの捜査は国際捜査共助法に基づき，逆に外国から依頼されても実施できる事柄であり，相互主義の保証の点からもこの種の要請を行うことに問題はない。この場合，捜査共助要請書には，現場見取図の作成，部屋の寸法などの測定，現場及び周辺の写真撮影など見分の方法や報告書に記載すべき事項についても詳細に記載し，取調べや事情聴取に関しては，質問事項を記載した質問事項書を添付し，被疑者については取調べの際に黙秘権を告知することや，作成した供述調書を読み聞かせた上で，供述者に署名してもらうことなど取調べ方法についても記載する。ただ，依頼された共助をどのように実施するかについては，相手国の国内法の定めるところによらざるを得ない。なお，捜査共助要請書には，相手国の言語による翻訳を添付しなければならない。

### (4) 国際的動向

　我が国から外国に捜査共助を要請した場合，外国には我が国の要請を実施すべき義務はない。しかし，近時の犯罪の国際化現象を踏まえ，共助の実施を締約国の義務とするため多国間の国際条約が締結されるに至っている。このような国際条約としては，昭和63年に採択され，平成2年に発効した「麻薬及び向精神薬の不正取引の防止に関する国際連合条約」（いわゆる麻薬新条約），同12年に採択され，同15年に発効した「国際的な組織犯罪の防止に関する国際連合条約」（いわゆる国際組織犯罪防止条約），同年に採択され同17年に発効した「腐敗の防止に関する国際連合条約」（いわゆる国連腐敗防止条約）といった国際連合条約がある。また，欧州評議会において，同13年に採択され，同16年に発効した「サイバー犯罪に関する条約」もある。これらの多国間条約では，それぞれ麻薬，組織犯罪，腐敗，サイバー犯罪の分野において締約国に一定の行為の犯罪化を義務付けた上で，その犯罪に関する捜査，訴追，司法手続において，「最大限の法律上の援助を相互に与え」ることを義務付けている。例えば，国際組織犯罪防止条約では，5条で組織的な犯罪集団への参加の犯罪化，6条で犯罪収益の洗浄の犯罪化などを義務付け，13条で犯罪収益の没収のための国際協力につき定めたほか，18条で，締約国は，条約に定める一定の犯罪に関する捜査，訴追，司法手続において最大限の法律上の援助を相互に与える旨を定め，法律上の相互援助を求めることができる事項として，供述の取得，捜索押収の実施，物及び場所の見分等を掲げている。なお，現時点で，我が国が締結しているのは麻薬新条約及びサイバー犯罪に関する条約にとどまる。

　これら多国間条約以外に，我が国は，捜査共助の分野において，二国間条約の締結も進めており，平成18年には米国，平成19年には韓国，平成20年には中国，平成21年には香港，平成23年にはロシア，欧州連合（EU）との間で刑事共助条約が発効している。これらの刑事共助条約では，共助の実施を締約国の義務とするとともに，従来外交ルートを経由して行われていた捜査共助について，中央当局制度を採用し，我が国の法務省又は警察庁と相手国の司法当局が中央当局として直接共助を請求できるようにし，証拠も外交ルートを経ずに受け取れるようにしている。

　このように，近年多くの刑事に関する国際条約が登場するに至っているが，

これらの条約の締約国同士であっても，相手国の領域内において自由に捜査行為を行うことを認めるには至っていない。

## 3 国外における捜査活動
### (1) 問題の所在
　上記のとおり，外国にある証拠を収集するためには外国の捜査機関に対し，捜査共助により証拠の収集を依頼するのが実務上の取扱いであるが，外国の捜査機関に共助を実施してもらうまでにはどうしても時間がかかるのが実情である。捜査共助を依頼するに当たり，捜査共助要請書を起案しなければならず，これを被要請国の言語に翻訳したり，被要請国がその国の言語で作成して送付してきた証拠書類を和訳しなければならないなど手続は煩雑である。加えて，外国に捜査共助要請書を送付したとして，適当な実施機関にこれが到着するまでの事務手続に要する時間もさることながら，要請をいつ実施するのかは当該機関次第であり，証拠が入手できるまで最短でも数か月を要することが多い。そこで，この国際化の時代，できることならば自ら外国に赴き，捜査を行いたいと考えるのは自然な流れである。設問についても，被疑者甲や参考人Aが日本国民である場合を想定してみる。外国に甲やAの取調べを共助要請したとして，甲やAが日本語しか解しない場合に，当該外国の捜査官が通訳人を介して取調べを行い，甲やAも日本語で応対しているにもかかわらず，当該外国の言語で供述調書が作成され，その後，我が国が更にこれを和訳しなければならないのは甚だ迂遠である。そしてこのような事態は決して珍しいことではない。

### (2) 刑訴法の場所的適用範囲
　それでは，そもそも我が国の捜査官が，外国において検証，実況見分，被疑者の取調べ，参考人の事情聴取といった捜査活動を行うことは許されるのか。
　我が国の刑訴法は，189条2項で「司法警察職員は，犯罪があると思料するときは，犯人及び証拠を捜査するものとする。」と定め，191条1項で「検察官は，必要と認めるときは，自ら犯罪を捜査することができる。」と定める。これらの規定は，司法警察職員や検察官がどこで捜査できるかについて明示しておらず，刑訴法自体にもその場所的適用範囲に関する規定を置いていないものの，日本国内で犯罪を捜査する権限を与えたものであるのは疑いがない。し

かし，更に進んでこれらの規定が司法警察員又は検察官に日本国内外を問わず犯罪を捜査することまで認めた規定であるのか，そもそも刑訴法は国外にまでその適用が及ぶのかが問題となる。

この点については，刑訴法は，原則として日本の領域内においてのみ適用があるとしつつも，外国が我が国捜査官の捜査を承諾した場合には例外的に日本の領域外にも適用があるとする限定説と，刑訴法は，日本の領域内のみならず領域外にも適用があり，外国の主権が及ぶところでは国際法上，又は事実上捜査が制限されているにすぎず，外国の承諾があれば，当該外国においても刑訴法は適用があるとする外国主権制限説とが対立している。

判例は，外務省職員によるソ連人ラストロボフに対する秘密漏洩事件（ラストロボフ事件）において限定説を採用し，日本の検察官が米国においてラストロボフを取り調べてその供述調書を作成したことに関し，弁護人が我が国の検察官は国外で捜査する権限はないとして，ラストロボフを取り調べて作成した供述調書が検面調書に当たらないと主張したのに対し，「捜査は，任意捜査であると強制捜査であるとを問わず，刑事訴訟法上の行為であるから，刑事訴訟法の適用がない地域においてはこれを行うことができない。元来刑事訴訟法は原則としてわが国の領土全部に適用される，いわゆる属地主義に立ち，したがつて，外国の領土においてほしいままに捜査を行うことはできない建前であるから，弁護人所論のような日米犯罪人引渡条約等による犯罪人引渡，訴訟共助等の国際的司法共助が必要とされるのであつて，弁護人引用の検察庁法，刑事訴訟法の各関係条文は，弁護人所論のように国内の問題を規定したに過ぎないわけである。しかし，一国が他国の承認を得れば，その他国内において，そこの主権を侵害することなく，自国の或る種の権能を行使することができることは，国際法上容認されているものというべく，本件のような捜査権の行使について考えれば，わが検察官が任意捜査として米国内において，人を取り調べるためには，米国の承認を得る必要があるが，その承認を得れば，その承認された限度において，わが刑事訴訟法の規定に準拠して人を取り調べ，その供述を録取することができると解するのが相当である。」旨判示した（東京地判昭36・5・13下刑集3巻5＝6号469頁）。

しかし，この判例に対しては，結論は正しいとしつつも，刑訴法が日本領土

内のみしか適用がなければ，相手国の承諾があろうとなかろうと，任意捜査であろうと強制捜査であろうと，他国の領土内でこれを適用しうるはずなく，刑訴法の適用範囲と主権の問題を混同しているとの批判（河上和雄・捜査官のための実務刑事手続法304頁）がある。

その後，判例は，ロッキード事件において，検察官の請求により東京地裁が米国裁判所に証人尋問を嘱託して得られた嘱託証人尋問調書の証拠調べ請求に対し，「事実の認定は証拠によるべく（同法317条），そのため，捜査及び公判の過程で各種の証拠を強制的に収集して事実の認定に供する方法が多く規定されているが，その証拠は，具体的事件の具体的事情如何によつては世界各地に散在する可能性があり（刑法2，3，4条の国外犯については当然そのことが想定され，国内犯についても現在の交通機関発達の状況を考えれば十分に予想されるところである），わが刑事訴訟法の適用が日本国領土外においては外国主権によつて（その承認のない限り）制限されている以上，もし国外に重要な証拠が存在する場合には，本来の証拠収集方法を補うものとして，少くとも刑事訴訟公判の過程において，公判裁判所が，証拠所在地に主権を行使する外国の裁判所に対し証拠調の嘱託をすることにより，強制的に証拠を収集することが当然に予定されていると考えなければならない。もしそうでないとすると，裁判所は刑事事件につき実体的真実発見の使命を完うできないことになるのである（なお，事情の如何によつては被告人の利益のために不可欠な資料を入手できない場合も生じ得るであろう。）。」旨判示した（東京地決昭53・12・20判時912号24頁）。同決定が「刑事訴訟法の適用が日本国領土外においては外国主権によつて制限されている」と指摘していることに着目すれば，刑訴法は日本の領域外にも適用があるとする外国主権制限説をとることを明らかにしたものと評価できる。

日本の刑法が処罰する各種の国外犯に関する証拠の多くは国外に存在し，刑訴法は，刑法を含む刑罰法令を適正かつ迅速に適用実現することを目的としていること（刑訴1条）に鑑みれば，刑訴法の適用は国外まで及ぶことが前提となっていると解するのが合理的である。特に刑法3条の2が，外国人が世界中のどこで犯したかを問わずに日本国民が被害者である限り処罰することにしながら，刑法の規定を実現するための刑訴法の適用は自国に限定されると解する

のは整合的ではないように思える。そこで，抽象的には刑訴法は全世界に及んでいると理解すべきであり，外国の領域内においては外国の主権からその適用が制限されているにすぎないと考える。なお，学説上も，刑訴法は領域外に適用されるが，外国の主権で制限されるとする外国主権制限説を支持するものが多い（河上・前掲304頁，山本和昭「国際犯罪と刑事手続上の諸問題」警論29巻1号121頁，藤永幸治「国外における捜査活動の限界」平野＝松尾・続実例刑訴3頁，安冨潔「犯罪の国際化と捜査」警論46巻9号136頁以下など）。もっとも，限定説によるにしても，外国主権制限説によるにしても，外国が承諾さえすれば我が国の捜査官が当該外国において捜査活動を行うことは当然許されると解することに違いはない。なお，抽象的に刑訴法が日本領域外にも適用されるといっても，それが具体的にどのような意味を持つのかは必ずしも明確とはいえないわけであり，刑訴法の規定には，裁判所や捜査官に権限を付与するものや，公判手続について定めるもの，捜査官の捜査行為を規制するためのものなど多様な性質の規定が同居している。これらが一律日本領域外にも適用されるとは考えにくい。抽象的に刑訴法が全世界に及ぶとしても，刑訴法の規定の性質に応じてその適用範囲が考えられるべきであるが，この点，刑訴法の規定内容をより分析的に捉えて，対象者に義務を課すことに関する規定と，機関の権限配分や対象者に義務を生じさせない活動に関する規定に区分した上で，後者については我が国領域外にも刑訴法の効力が及ぶが，前者については原則として我が国領域外には及ばないとする見解が参考となる（現代刑罰法大系(1)〔古田佑紀〕412頁）。

(3) **国外捜査の組織法上の根拠**

なお，我が国の捜査官が外国で捜査することに関する組織法上の根拠についても検討しておく。検察官については，検察庁法5条が他の法令に特別の定めがある場合を例外としつつ，対応する裁判所の管轄区域内において職務することを原則とするが，刑訴法195条が管轄区域外での職務を認めていることから，管轄区域外で権限を行使することに問題はなく，ここで管轄区域外には外国も含まれると解する。警察官については，管轄区域内において職務を行うのを原則としつつ，警察法61条で「その管轄区域における犯罪の鎮圧及び捜査，被疑者の逮捕その他公安の維持に関連して必要がある限度においては」管轄区域外における職務執行を認めている。ここで，「管轄区域外」とは通常は他の都

道府県が想定されているが，管轄区域外に国外が含まれるか否かにつき検察官の権限と別異に解する必要もなく，同条の趣旨が必要がある場合に管轄区域外での権限行使を許すことにあることに鑑みれば，同条を根拠に警察官の国外での権限行使を認めてよいと思われる。なお，同法60条の3は，広域組織犯罪等を処理するために，管轄区域外に権限を及ぼすことを認めているが，「広域組織犯罪等」には，同法5条2項6号ロで「国外において日本国民の生命，身体及び財産並びに日本国の重大な利益を害し，又は害するおそれのある事案」が含まれることから，同法60条の3も警察官の国外捜査の根拠となり得る。

### (4) 外国の承諾と相互主義

このように，承諾がある限り我が国の捜査官が当該外国で捜査することは国際法的にも国内法的にも許されるが，そもそも外国で捜査することの承諾を求めてよいかは別途検討する必要がある。すなわち，我が国が外国に承諾を求めるに当たっては，今後相手国が我が国で同様の捜査を行うことに関する承諾を，つまり相互主義を保証することを求められることがあり得る。仮に承諾を求める段階で我が国が明示的に相互主義を保証しなくとも，後日相手国から同様の行為の承諾を求められることも考えられる。そこで，我が国が外国で捜査することにつき相手国の承諾を求める前提として，外国捜査機関が我が国内で同様の捜査を行うことを認めてよいかが問題となり，仮に承諾できないのであれば，事実上，外国に承諾を求めることはできなくなる。外国機関のいかなる捜査行為であれば許容できるかについては，外国の我が国における主権の行使をどの程度まで認めるかという外交的，行政的な問題であると解されるが，少なくとも強制にわたる処分については，憲法が定める令状主義，刑訴法上の強制処分法定主義に照らし，法律の根拠が別途必要であり，現状では外国捜査機関が強制処分に相当する捜査を行うことを承諾することはできないであろう。他方，任意処分については，このような制約はなく，主権を部分的に放棄することに法律の根拠も不要であり，現状でも承諾することは可能である。最近，我が国と外国をビデオリンクでつなぎ，外国の陪審裁判において，外国に所在する検察官等が我が国に所在する被害者に対し，ビデオ越しに直接尋問することを認めた例もある。また，外国が相互主義を放棄し，我が国における捜査行為が許容されないことを承知で我が国による捜査行為を承諾することも考えられる。

このような場合には，外国に承諾を求めることを自制する必要はない。いずれにしても，我が国が外国で捜査することの承諾を求める際には，我が国が相互主義を保証するか，外国が相互主義の保証を求めていないことが前提となり，本稿でも，これを前提に論じるとする。

## 4 設問の検討

以上を前提に本設問について具体的に検討する。

### (1) ホテルの検証の可否

外国の承諾があれば，殺害現場のホテルにつき，我が国の捜査官が検証を行うことは可能である。なお，刑訴法の適用範囲は国外にも及ぶことを前提とすれば，理論上は，裁判所は外国に所在するホテルを検証場所として検証令状を発付することもでき，外国の承諾はその執行の条件になる。もっとも，主権国家は，外国官憲に対し，たとえその外国で令状が発付されているのだとしても，検証先の相手方の同意を得ずに住居等に立ち入るといった強制的な処分の執行を認めることはおよそあり得ない。我が国も承諾することはない。そこで，現実的に想定し得るのは，外国が「ホテル経営者等が検証を行うことについて同意を得ること」といった条件を付した上で，我が国の捜査官による検証に同意することであると思われる。もっとも，このように実際は任意処分として検証を実施するほかないとすれば，我が国の捜査官があらかじめ検証令状を得ておく実益は余りなく，令状を得ていることを主張して外国からその執行の同意を求めていくという交渉技術上の意味しかない。

### (2) 公道の実況見分の可否

殺害現場が公道である場合には，ホテルの場合とは異なり，いわゆる任意処分としての実況見分を行えば足り，捜査官として令状を取得することも不要であるところ，検証の場合と同様，かかる捜査行為も，当該外国の承諾があればこれを行うことは当然可能である。その際，検証の場合と異なり，権利侵害を受ける者も想定されないため，外国も条件を付さずに認める可能性があるものと思われる。

むしろ，問題は，公道において写真を撮影したり，測定したりするといった程度の行為についてまで外国の承諾がなければ行い得ないのかである。公共の

場所において何ら強制力を行使せずに対象物を外部から観察し，写真撮影する程度のことは観光客のように私人としての行為であれば当然許されるわけであり，それが捜査官として公用旅券で入国した途端認められなくなるというのは不合理である。そこで，原則として公道のような場所において，一般私人においても許されるような態様で現場の状況を確認する程度の実況見分については，主権行使の程度が弱く，相手国の了解を得るまでもなく実施できるのではないかと解するが，結局承諾を必要とする程度の主権行使に該当するか否かの判断は，当該外国に委ねられており，我が国の側で勝手にこの程度は承諾を求める必要はないと決め付けるわけにもいかない。この点に関する国際的な合意がないところでは当面，相手国の承諾を求めるのが無難であろう。

(3) **被疑者甲の取調べの可否**

被疑者甲の取調べについて，外国が相互主義の保証を求めることなく承諾するのであれば，我が国の捜査官が甲に出頭を求め，これを取り調べて調書を作成することができる。この場合の取調べは，我が国の刑訴法に基づく取調べとして行われる。したがって，たとえ当該外国の国内法によれば被疑者の取調べに弁護人の立会いが認められていたとしても，我が国の刑訴法に従ってこれを認める必要はない。もっとも，当該外国の方で国内法上の要請であるとして弁護人の立会いを承諾の条件とすることも考えられるわけであり，我が国の刑訴法上，弁護人を立ち会わせた取調べは違法ではないので，もし被疑者甲をあくまでも取り調べる必要があるのならば，当該外国の条件に従うほかない。

(4) **参考人Aへの電話の可否**

外国に滞在している参考人Aに対し，我が国から電話をかけて事情聴取することはできるか。当該外国の承諾を得て電話による事情聴取が許されるのは，取調べの場合と同様である。他方，捜査官が外国に国際電話をかける場合，我が国から電話回線を通じて外国に滞在する者と接触するにすぎないので，外国で捜査活動を行う場合と本質的に異なり，相手国に対する主権侵害に当たらないと解する余地は十分あるように思われる。しかし，実況見分について述べたように，このような行為も我が国の捜査機関による捜査活動であるとして相手国から主権侵害と見なされるおそれもある。そこで，この場合も原則としては相手国の承諾を求めるのが無難であろう。もっとも，聴取の相手が日本国民で

ある場合，日本国民は本来我が国の主権に服し，そのような者に当該国に赴かずに電話で接触する程度のことは，実質的に外国の主権を侵害するとはいい難く，外国も国際電話というインフラを自国内で整備することを認めた以上，これを通じて外国の捜査機関が自国民に接触することに対し，少なくとも明示的に反対することまではしないものと思われる。

(5) 証拠能力及び関連する問題

我が国の捜査官が，外国の承諾を得て，当該外国において検証した結果を記載した検証調書，見分結果を記載した実況見分調書，被疑者甲を取り調べて作成した供述調書の証拠能力はいずれも我が国刑訴法に基づいて判断される。したがって，検証調書や実況見分調書については刑訴法321条1項3号，被疑者甲の供述調書については刑訴法322条の要件を満たせば証拠能力が認められる。あくまでも我が国の刑訴法が適用されるのであり，当該外国の刑事法に適合するか否かは証拠能力に影響しない。逆に，黙秘権を認めていない国で，黙秘権の告知を行うことなく当該外国で取調べを行った場合，我が国の刑訴法に照らせば，取調べは違法となり，証拠能力に影響することになる。

それでは，外国の承諾を得ずに，外国で捜査を行った場合，得られた証拠の証拠能力は認められるか。まず，外国の承諾を得ない捜査行為は，当該外国主権を侵害するものとして，一般的に国際法上違法となるとされている。しかし，後述する違法の主張適格の問題にも関連するが，承諾をしなかったことについて外国が何ら問題としない姿勢を示しているにもかかわらず，直ちに国際法上違法とする必要はない。むしろ，相手国の主権の侵害が相手国によって認識され，国際法的にそれが問題とされ違法と評価されない限り，国際法上は，相手国が主権の侵害を受けなかったと解すべきである（河上・前掲302頁）。仮に国際法に違反したといわざるを得ないとしても，直ちに証拠能力を否定すべきでもないことで学説は一致している。この問題は，国際法上の違法が国内法にいかなる影響を及ぼすのかという問題であるところ，国際法と国内法は次元が異なる別個の法秩序を形成すると理解するいわゆる二元論からすれば，外国の主権が侵害され国際法上は違法であっても，国内法は何ら影響を受けず，証拠能力にも影響しないことになる。他方，国際法も国内法も1つの統一的法秩序を形成すると理解するいわゆる一元論からすれば，国際法上の違法は国内法上の効

力に影響を及ぼし得ることになろうが，学説は，外国の承諾がないところで行われた我が国捜査官の外国での捜査行為は，憲法98条2項の確立された国際法規の遵守義務違反として国内法上違法であると解したり，刑訴法に基づく執行が制限されているのにこれを行ったとして刑訴法上違法であると解したりしつつも，例えば，押収については令状があり，また，取調べについても基本的人権侵害が全くないのであるから，刑訴法上証拠能力を否定すべきほどの違法とはいえないとする説（藤永・前掲6頁），証拠収集の違法性は国内法自身に由来するものではなく，国際法違反が国内法に投影したものであり間接的であるから，証拠能力を否定すべき理由とはならないとする説（山本・前掲警論29巻1号131頁）などが主張されている。

　思うに，外国の主権を侵害して得られた証拠の証拠能力の問題は，仮に国際法と国内法の関係につき，一元論的理解に立つとしても，違法収集証拠排除法則の応用的な問題として捉えるべきである。この点，違法収集証拠の排除に関する最高裁判例（最判昭53・9・7刑集32巻6号1672頁）は，「証拠の押収手続が違法であっても，直ちに証拠能力を否定することは相当でなく，令状主義の精神を没却するような重大な違法があり，これを証拠として許容することが，将来における違法な捜査の抑制の見地からして相当でないと認められる場合においては，その証拠能力は否定されるものと解すべきである」旨判示している。捜査に関する外国の承諾は，もとより，裁判所による令状審査のように，嫌疑の有無や罪証隠滅のおそれ，ひいては強制捜査による関係者の権利侵害の程度などを考慮して判断されるものではなく，専ら外国捜査機関が領域内において捜査権限を行使すること，すなわち主権を行使することが，承諾を与える国の主権にどのような影響を与えるかといった観点から判断されるものである。とすれば，主権侵害があったとしても，通常は令状主義ないしその精神に抵触することもなければ，人権侵害防止等の観点からの違法捜査抑制の必要性を喚起させるものではあり得ず，一般に証拠能力の判断に影響を与えるものではないと考えられる。もちろん，外国の主権を侵害して行われる捜査の中には，例えば，外国が庇護している人物につき，その当局が拒否しているのに，領域内に捜査機関が立ち入り，強制的に捜査を行うなど，主権侵害が捜査対象者の人権保障等の観点から看過し得ず，ひいては，将来の違法捜査抑制の観点から，こ

うした捜査により得られた証拠を排除すべき場合も理論上は考えられないではない。しかし，そのような例外的な場合でない限り，外国の承諾を得ずに行った違法，あるいは外国が付した条件に違反する違法は証拠能力を否定するものではないと解する。

なお，そもそも外国主権に対する侵害があったしても，実質的に我が国の刑訴法に準拠した捜査が行われている限り，関係者の権利・利益が侵害されることは考えられないから，このような違法性を主張しうる当事者適格は被告人にないと思われる（大コメ刑訴8巻〔田辺泰弘〕375頁，三井ほか・刑事手続(下)〔堀籠幸男〕636頁）。この点，ロッキード事件における嘱託尋問調書の証拠能力に関する東京高判昭59・4・27判時1129号3頁は，「被告人がコーチャンらに対する供述拒否権の侵害を理由として，嘱託尋問調書の証拠能力を争う適格は原則として有しないが，我が法制上容認しがたいような重大な人権の侵害を伴い，あるいは虚偽の供述を誘発する危険性が高いなど，著しく不公正な方法によって右特権を侵害した場合は，違法捜査抑制の観点等から証拠の排除の主張をすることができる」旨判示して，第三者の権利侵害を理由とする違法収集証拠排除の主張適格は，極めて例外的な場合にのみ認められるとしたが，主権侵害は，仮に存在したとしても，それが人権侵害や虚偽供述の誘発など，刑事訴訟の遂行上看過し得ない影響を与えるものとは一般的には考えられないのであり，実質的に我が国の刑訴法に準拠した捜査によって得られた証拠である限り，証拠収集過程の違法性の実質判断をするまでもなく，被告人側に証拠排除の主張適格を認めるべき場合ではないと考えられる。このように考えると，外国の主権を侵害して得られた証拠が排除される場合は極々例外的な場合に限定されることになるだろう。

5 **消極的共助に関する国際的動向**

外国の捜査機関による自国での捜査行為を認めることを消極的共助と呼ぶが，最後にこの点に関する国際的動向について紹介する。

一般的に，大陸法系の国は，刑事訴訟は民事訴訟と異なり，国家主権の発動であって，そのための捜査等の行為は主権行為そのものであり，他国の捜査官等の自国内での活動を原則として認めないのに対し，コモン・ロー系の国は，

刑事訴訟と民事訴訟は観念的に十分分離されておらず，捜査官等の活動も訴訟当事者の活動であるとし，原則として自国内でのその活動を認める傾向にある（古田・前掲373頁）。

例えば，米国は，連邦法第18章951条において，外交官又は領事官を除き，司法長官に対する事前通知なく外国政府のエージェントとして行為した者を10年を超えない拘禁刑又は罰金刑に処す旨を定めているが，この規定は，事前通知さえ行えば，米国内において捜査を行うことを許す規定であると理解されている。英国は，事前に英国の適切な当局にその詳細を通知して許可を得れば，外国の捜査機関が英国内で捜査活動を行えることを認めつつ，この許可は，条件付きで認められることもあれば許可されないこともあるとし，一定の強制手段を伴う（捜索・差押え）は，捜査共助の枠組みに基づき英国の捜査官が執行するという立場を採用している。

他方，英米と異なり，大陸法系であるドイツとフランスは，外国の捜査機関が自国内で刑事捜査を行うことは主権侵害に該当し認められないとしているが，欧州の一体化が進む中，一定の例外を認めるに至っている。まず，ヨーロッパの国家間において国境検査なしで国境を越えることを許可する協定である1985年のシェンゲン協定を実施するための協定は，シェンゲン協定加盟国の捜査機関は，権限のある当局を通した事前の許可を条件として，自国において実施中の容疑者に対する監視を他の締約国の領土内で継続することを認めた（40条）。また，一定の重大犯罪の現行犯の場合，あるいは未決勾留，自由刑の執行中の人物が逃走し，緊急性ゆえに他の締約国に通知することができないなどの場合，締約国の官吏は，事前の同意なく，他の加盟国の領域内で追跡を継続する権限があることも認められた（41条）。その後，2000年EU刑事司法共助協定では，その13条において，締約国は，複数の締約国内において犯罪捜査を行うために共同捜査チームを設置することができる旨が規定されたほか，14条において，締約国は，捜査官の潜入捜査を支援することができる旨が規定された。潜入捜査とは，潜入捜査官が身分を偽るなどの手段により犯罪組織内に潜入し，その仲間等であることを装い，組織を監視し，犯罪行為に関する情報収集を行う捜査活動を指すが，同条により，承諾があれば複数の加盟国の領域で潜入捜査を継続することが可能となったのである。

以上のように，欧州内部では，あくまでも承諾を前提としつつも，外国の捜査機関に自国での捜査行為を一部認める動きが進行しつつあるが，我が国も，欧州連合との間に締結した刑事共助条約では，16条として「ビデオ会議を通じた聴取」について定め，その1項において「請求国の権限のある当局が被請求国に所在する者を証人又は鑑定人として聴取する必要がある場合であって，その聴取が請求国の手続において必要であるときは，被請求国は，当該権限のある当局がビデオ会議を通じて当該者から証言又は供述を取得することを可能とすることができる。」と定め，ビデオ会議を通じてではあるが，我が国の領域内で外国が裁判権を行使することを認めている。さらに，我が国は，欧州評議会で採択され，サイバー犯罪対策のグローバル・スタンダードとして位置付けられるサイバー犯罪条約を締結したが，インターネットの発達により，他国のコンピュータに容易にデータを記録して，自国からこれにアクセスすることが可能となっている状況に照らし，同条約は，共助要請によらずして他国にあるデータにアクセスし，これを収集することに関する規定を置き，外国に存在する証拠を自ら収集することを認めた。同条約32条は，他国に存在するデータであっても，それが一般に公開された情報である場合には，そのデータが所在する国の許可を得ることなく，当該データにアクセスすることを認めるほか，自国内のコンピュータを通じて，他国に所在するデータを開示する法的権限を有する者の合法的かつ任意の同意がある場合には，データが所在する国の許可なくして当該データにアクセスなどすることを認めている。例えば，国際的なメール・サーバを利用して外国のホスト・コンピュータにメール・データを保存している場合に，そのメール・アカウントを保有し，当該メール・データにアクセス・受領する権限がある者が同意すれば，それが外国のコンピュータに保存されていたとしても，これにアクセスすることについて当該外国の許可を得る必要はないこととされた。これらの規定は，本来捜査共助の手続によって収集すべき外国に所在する証拠について，当該外国の許可を得ることなく収集できるとする例外を定めたものとして注目に値する。もっとも，同条約の注釈書は，「どのような場合に，締約国は，他の締約国内に所在する蔵置されたコンピュータ・データに，相互援助を要請することなく，一方的にアクセスすることが認められるかという問題は，本条約の起草者が長時間議論した問題であ

った。」としつつも，最終的には，本条約32条で定めたこと以上にコンセンサスが得られなかったことを告白している。このように，国境により犯罪捜査が阻害されないよう，国際社会は，国外捜査の問題につき問題意識をもって取り組んでおり，今後の議論の進展が待たれるところである。例えば米国は，国内法上相互主義の保証は不要だとして，米国内での他国による捜査を積極的に認める方向にあるが，それにもかかわらず，相互主義を充足できないとして，我が国の捜査機関がかたくなにこれを自制する必要まではない状況になってきているのではないかと思われる。そして，犯罪の国際化は今後も進展していくことが不可避であることに鑑みれば，我が国も，任意捜査の限度において，我が国捜査官の立会いの下，外国の捜査官が本邦内において活動することを認めてもよい時期に来ているように思われる。

【山内　由光】

## ② 所持品検査

次の場合、警察官のとった措置の適否はどうか。差し押さえられた覚せい剤の証拠能力は認められるか。

(1) 警察官は、甲に不審事由を認めて職務質問を行っていたところ、甲が上着の内ポケットに法禁物を隠している疑いが濃厚となったため同人に上着の内ポケット在中物の提示を求めたものの、同人は、これを拒否した。警察官は、甲の上着の内ポケットに手を差し入れて在中物をつかんで取り出した上、甲に対し、内ポケット在中物であるビニールパケに入った白色結晶について覚せい剤であるかどうかを確認するための検査をすることについて承諾を求めたところ、甲は無言のままであり、強く拒否する態度を示さなかったため、同人が検査に同意したものと考えて検査を実施した。検査の結果、当該白色結晶が覚せい剤であることが判明したことから、警察官は、甲を覚せい剤所持の現行犯人として逮捕し、その覚せい剤を差し押さえた。

(2) 警察官は、乙に不審事由を認めて職務質問を行っていたところ、同人が携帯電話で弁護士と思われる者と話し始めたが、職務質問の実施に差し支えると考えて、乙に対して、「後にしなさい。」と説得したところ、乙はしぶしぶ電話を切った。その後、警察官は、乙が警察官の求めに応じて任意に提出した所持品在中の白色結晶について乙の同意を得て検査を実施したところ覚せい剤であることが判明したことから、警察官は、乙を覚せい剤所持の現行犯人として逮捕し、その覚せい剤を差し押さえた。

### 1 設問(1)について

(1) 所持品検査

(a) 職務質問に伴う所持品検査の意義　警察官職務執行法（以下「警職法」という）2条1項は、「警察官は、異常な挙動その他周囲の事情から合理的に判断して何らかの犯罪を犯し、若しくは犯そうとしていると疑うに足りる相当な

理由のある者又は既に行われた犯罪について，若しくは犯罪が行われようとしていることについて知つていると認められる者を停止させて質問することができる。」と規定しており，この規定に基づいて警察官が行う質問を「職務質問」と称している（本問の設例中の「不審事由」とは，同項中の「異常な挙動その他周囲の事情から合理的に判断して何らかの犯罪を犯し，若しくは犯そうとしていると疑うに足りる相当な理由」のことをいう）。すなわち，職務質問は，犯罪の予防，鎮圧といった行政警察上の目的を達するため，挙動等から犯罪に関係あると認められる者に対して警察官が行う質問である。

　職務質問の性格は任意の手段であって，その相手方は答弁を強要されるものではない（同条3項）。もっとも，ここでいう「任意」は，相手方が警察官の問いかけに応じなければあきらめなければならないといった意味ではなく（田宮・刑訴57頁参照），強制にわたってはならないという趣旨であって，警察目的を達するために必要かつ相当な範囲で一定の有形力行使を許すものであることは，判例上も承認されている（最決昭29・7・15刑集8巻7号1137頁＝職務質問中に駐在所から逃げ出した者を追跡し，背後から腕をかけた事例，最決昭53・9・22刑集32巻6号1774頁＝警察官が自動車の窓から手を差し入れてエンジンを切った事例等参照）。

　本問の設例のように，職務質問によって具体的な犯罪の嫌疑が生じて刑訴法上の捜査に移行すること（職務質問が捜査の端緒となること）も多いといえ，また，職務質問と捜査とが同時並行的に行われる場合も考えられるが，職務質問（さらには，それに伴う所持品検査）自体は，本来，行政警察活動の一種であるから，その適法性は，刑訴法上の任意捜査として許容されるか否かという観点とは別に，警職法に基づく警察官の職務として適法であるかという観点から検討されなければならない。刑訴法の判例になっている事例は，事の性質上，職務質問から犯罪捜査に発展したものが多いので，それらの事例を中心に検討していると職務質問は犯罪捜査の前提として行われているかのように思えてくるが，実際に日常的に行われている職務質問の大部分は犯罪捜査に発展することがないものであることに留意するべきであろう。

　次に，所持品検査とは，職務質問に伴って，①相手方の所持品を外部から観察し，②所持品の内容について質問し，③衣服，携行品等の外側に軽く手を触れて，所持品について質問し，④所持品の開示を求め（場合によっては，警察官が

自ら開披行為を行い)，⑤開示された所持品について検査する（そのため，場合によっては，所持品を一時取り上げる）という段階的行為の総称である（田宮裕＝河上和雄編・大コンメンタール警察官職務執行法〔渡辺咲子〕157頁）。

　前記のとおり，警職法2条は，警察官が質問をする権限を規定するのみで，所持品検査を許容する旨を明示してはいないが，所持品検査は，口頭による質問と密接に関連し，職務質問の効果を挙げる上で必要性，有効性の認められる行為であるから，職務質問に付随する行為として許容されるものと解されている（最決昭53・6・20刑集32巻4号670頁＝いわゆる米子銀行強盗事件，最判昭53・9・7刑集32巻6号1672頁）。もっとも，所持品検査は職務質問に付随するものであるから，所持品検査を行うに当たっても，警職法2条所定の職務質問の要件が具備されていることが必要である。

　また，任意の手段である職務質問に付随して行われる所持品検査も同様に任意の手段であり，所持人の承諾を得て，その範囲で所持品検査を行うことが原則となる。前記①から⑤までの段階的行為について見ると，①や②までの段階であれば，通常は，職務質問に付随する任意のものとして許されると考えられるし，③は，場合によっては一定の実力の行使を伴うものではあるが，その程度は軽微であり，侵害の程度もごく小さいものであるから，必要性及び相当性が認められる限り，一定程度広く所持品検査としての適法性を認めてよい。これに対して，④や⑤の段階では，所持人が開示や検査を拒否した場合に，その意思に反してでもこのような態様の所持品検査を行い得るかどうかが問題となるところである。

　しかし，所持人が所持品の開示や検査をあくまで拒む場合，犯罪に関与しているのではないかとの不審がますます深まるのに，所持人の承諾のない限り一切の措置が許容されないと解するのは，犯罪の予防・鎮圧という行政警察活動の目的に照らして相当ではない。そこで，前記各判例（最決昭53・6・20，最判昭53・9・7）は，所持品検査の必要性，緊急性，これによって侵害される個人の法益と保護されるべき公共の利益との権衡などを考慮して，具体的状況の下で相当と認められる限度で，捜索に至らない程度の行為は，強制にわたらない限り，所持品検査として許容される場合があるとしている。ここでは，「所持品検査の必要性・緊急性」，「個人の法益と公共の利益との権衡」などを考慮

して所持品検査の相当性を判断するべきであるが，いかに必要性・緊急性等が認められる場合であっても，強制処分としてでなければ許されない「捜索」に至るような態様による所持品検査は許されないとの考え方が示されているといえよう。

　もっとも，一般的にこのようにいえるとしても，所持品検査には種々の態様のものがあるため，その許容される限度を一律の基準で定めることは困難であり，事案あるいは所持品検査の態様の類型ごとに，具体的な許容限度を検討することが必要となる。

　(b)　所持品検査の許容限度　　しからば，所持品の開示を拒んでいる所持人に対して，警察官が有形力を行使して所持品検査を行い得るのは，どのような場合か。

　㈦　携行品に対する所持品検査　　前記米子銀行強盗事件は，携行品に対する所持品検査の許否を取り扱った事案である。一般的には，警察官が所持人の携行品を承諾なく開披することは重大なプライバシー侵害を伴うと考えられるので，所持人が開示要求を拒んだからといって，直ちにそのような態様の所持品検査が許されることになるわけではない。

　米子銀行強盗事件の事案では，最高裁は，「猟銃及び登山用ナイフを使用しての銀行強盗という重大な犯罪が発生し犯人の検挙が緊急の警察責務とされていた状況の下において，深夜に検問の現場を通りかかつたA及び被告人の両名が，右犯人としての濃厚な容疑が存在し，かつ，兇器を所持している疑いもあつたのに，警察官の職務質問に対し黙秘したうえ再三にわたる所持品の開披要求を拒否するなどの不審な挙動をとり続けたため，右両名の容疑を確める緊急の必要上されたものであつて，所持品検査の緊急性，必要性が強かつた反面，所持品検査の態様は携行中の所持品であるバッグ（筆者注，ボーリングバッグである）の施錠されていないチャックを開披し内部を一べつしたにすぎないものであるから，これによる法益の侵害はさほど大きいものではなく，上述の経過に照らせば相当と認めうる行為であるから，これを警職法2条1項の職務質問に附随する行為として許容されるとした原判決の判断は正当である。」との判断を示した。つまり，ここでは，①事案の重大性，②嫌疑が濃厚であること，③凶器所持の疑いを前提として，被告人らが職務質問に応答せず，所持品の開示

要求も拒否するという不審な行動をとり続けたことも考慮して、所持品検査の緊急性及び必要性を認める一方、所持品検査の態様は侵害性の大きいものではなかったことを挙げて、その適法性が認められているものと考えられる。

他方、同じ事案で、被疑者が携行していたアタッシェケースの鍵の部分にドライバーを差し込んでこじ開けた行為は、所持品検査の限界を超えるものとして違法とされている（米子銀行強盗事件の第1審判決である東京地判昭50・1・23判タ321号194頁・判時772号34頁参照）ことからすると、いかに①から③までのような状況下にあるといっても、施錠されている携帯品をこじ開けるという程度にまで至ると、刑訴法上の強制処分によらなければ許されないとされる場合が多いものと考えられよう。

また、この事案においては、警察官はバッグのチャックを開披した後、内容物を「一べつ」したにすぎない（その結果、大量の紙幣が無造作に入っているのが発見された）とされているが、バッグのチャックを開披し、一べつした段階で不審な物件が発見されず、更に在中品を取り出すなどして検査する場合には、その態様は捜索に近づくこととなり、侵害の度合いは大きくなることから、許容される所持品検査の限界についてより慎重に検討すべきこととなろう。

　(イ)　着衣の在中物に対する所持品検査　　本問の設例のような法禁物の不法所持が疑われるような事案では、所持人の着衣に対する検査が問題となることが多い。この場合でも、所持人がポケットの内容物についての開示を拒むような状況下で、衣服の外側から軽く手を触れて、更に内容物について質問する態様（(a)の③）であれば、通常は職務質問に付随する所持品検査として許容されるといえる。

しかし、更に進んで、警察官がポケットに手を入れて在中品を取り出すに至った場合はどうか。前記最判昭53・9・7は、この問題を取り扱ったものである。

同判決では、所持人について覚せい剤の使用又は所持の容疑がかなり濃厚に認められることなどから、所持品検査の必要性・緊急性については認められるとした上で、「被告人の承諾がないのに、その上衣左側内ポケットに手を差し入れて所持品を取り出したうえ検査した警察官の行為は、一般にプライバシィ侵害の程度の高い行為であり、かつ、その態様において捜索に類するものであ

るから，上記のような本件の具体的な状況のもとにおいては，相当な行為とは認めがたいところであつて，職務質問に附随する所持品検査の許容限度を逸脱したものと解するのが相当である。」とされている。一般的に，相手方の承諾なしにポケット内に手を差し入れるような態様で行われる所持品検査は，強制にわたるものとして，許容限度を超えるとされる場合が多いと考えられる。

もっとも，ポケットの在中物であるから一律に所持品検査が許されないとまではいえないのであり，凶器の所持が強く疑われる場合（広島高判平2・10・25高検速報平3年1＝2号3頁参照）やポケットに突っ込んでいる所持人の手をポケットから出すように促すため警察官がその手を引っ張ったところ，ポケット内に隠されていた覚せい剤が路上に落ちたといった場合（東京高判昭58・7・19刑裁月報15巻7＝8号347頁参照）には，事案に即した判断により所持品検査の適法性が認められているのであるが，外部からの接触等によって凶器の所持が疑われるような事例であれば格別，ポケット内の所持品が規制薬物であると疑われるにとどまる事例では，ポケットにまで手を差し入れる態様の所持品検査は，許容限度を超えてしまうと考えておくべきである（念のため付言すると，そのような場合，規制薬物所持の疑いのある者をそのまま解放するのが望ましい対応であるわけではないのは，むろんである。引き続き所持品の提示を求めて説得を継続する一方，一定の具体的嫌疑が生じているのであれば，相手方の身体に対する捜索を許す捜索差押許可状の請求を速やかに進めるなどの対応が求められよう）。

　(ウ)　自動車内の検査　　最決平7・5・30刑集49巻5号703頁の事例は，相手方の承諾がないまま，所持品検査として，警察官4人が自動車内に乗り込んで車内を丹念に調べた結果，覚せい剤が発見されたというものである（1審及び原審では車内を調べることについての承諾の有無が争われたが，原審（東京高判平6・7・28判タ864号281頁）は承諾がなかったものと認定しており，上告審は，その認定を前提にしている）。同決定は，このような態様による車内の検査について，「承諾がない限り，職務質問に付随して行う所持品検査として許容される限度を超えたもの」であるとしている。

自動車内の検査であっても，例えば，自動車の外部からガラス窓を通して内部をのぞき見るといった態様であれば，所持品検査の一環として許容されるといえるが（判解刑平7年度〔今崎幸彦〕236頁），捜索にわたるような態様で検査を

行う場合には，通常，所持品検査として承諾なしに許されると解するのは困難であろう（許される場合があるとしても，極めて緊急性が高い例外的な場合に限られよう（石川達紘編・刑事裁判実務大系(10)警察〔幕田英雄〕111頁））。

　(c)　本問の所持品検査の違法性　　本問においては，職務質問を行う要件は充足されており，職務質問の対象者が法禁物を隠している疑いが濃厚であったのであるから，ポケットの在中物について質問し，その開示を求めることは，もとより適法である。しかし，所持人があくまで開示を拒んだ場合に，その承諾のないまま，着衣のポケットに手を差し入れて在中物をつかんで取り出すという行為は，(b)(ｲ)のとおり所持品検査として許される限界を超えていると考えざるを得ない。

　特に，警察官が内ポケットに手を差し入れたという事例であることも，所持品検査が違法となる方向に働く事情であるといえる。仮に，着衣の外側のポケットに覚せい剤様の物が入っており，その一部が視認できる，あるいは，外部から引っ張って取り出せるといった状況であれば，所持品検査の必要性・緊急性との関係で適法視される可能性もより大きいと考えられるところであるが，内ポケットに手を差し入れることは，プライバシーへの侵害の度合いが一層強いものといわざるを得ず，そのような態様での所持品検査は，一般的には違法となると考えられる。

　(d)　試薬による検査　　ところで，本問では，警察官は，所持人の内ポケット在中物である白色粉末を検査し，覚せい剤であることを確認しているところ，このような検査を行うことは適法か。

　実務では，覚せい剤様の物の所持が認められた場合，所持人の面前で試薬を用いた簡易検査が行われている。所持品検査によって覚せい剤等の規制薬物であると疑われる物が発見された後に行われるこの種の検査は，所持品検査の一環として，その所持品が何であるか（覚せい剤等の規制薬物であるか）を検査するために行われるという一面を有すると考えられるが，既に規制薬物の所持の嫌疑が生じている状態で行われる任意捜査としての性質がより濃厚であるといえる（捜査の開始後は職務質問の継続は許されないという関係にあるわけではなく，捜査活動と職務質問が並行して行われることもあり得る）。

　この種の試薬を用いた検査は，微量ではあるが所持品の一部を試料として費

消するものであることから，いまだ差押えがなされていない本問のような状況の下で検査を行う場合，所持人の意思に反しては行い得ないものと考えられる。もっとも，所持人の承諾は，黙示になされたものでも差し支えない。特に，所持品が規制薬物であることが確認されれば自らの嫌疑が明らかになるという状況においては，検査をされることがやむを得ないと考えて消極的に容認するという心境に至っていたとしても，被疑者から明示に承諾の意思を表明することは躊躇されることが多いと考えられるし，微量の規制薬物であれば，その財産的価値はわずかなものであるといえるのであるから，警察官から試薬を用いた検査を行うことを告げられながら積極的に拒否する意思を示す言動がなく，検査の様子を見ているといった状況であれば，通常は黙示の承諾があったと認めてよい。本問でも，警察官が甲に覚せい剤であるかどうかを確認するための検査をすることについて承諾を求めたところ，甲は無言のまま強く拒否する態度を示さなかったというのであり，黙示の承諾の存在を認めてよい場合であると考えられる。

したがって，試薬による検査を行ったこと自体については，違法性は認められない。

(2) **違法収集証拠の証拠能力**

(a) 問題点　本問における覚せい剤の差押えは，被疑者を覚せい剤所持の現行犯人として逮捕したことに伴う，逮捕の現場における差押えである（刑訴220条1項2号）。しかし，覚せい剤の発見に至る過程の所持品検査の手続は(1)(c)のとおり違法な点が認められることから，そのような違法な所持品検査の結果発見された覚せい剤の差押えも違法性を帯びることとなる。

このような違法な捜査によって収集された証拠に証拠能力を認めるべきであるかどうかが，いわゆる違法収集証拠排除問題である。

なお，本問の事例では，所持品検査に係る違法が逮捕手続の適法性にも影響を与え，ひいては，引き続く勾留請求の適法性にも影響を与えるのではないかを検討しなければならない。この点は，本稿の主題ではないので，私見による結論だけを記しておくと，確かに所持品検査の違法により逮捕手続も違法性を帯びるが，その違法は重大なものとまではいえないので，引き続く勾留請求を違法ならしめることはないと考えられる。また，逮捕中に自白が得られた場合，

その任意性に影響が生じるか否かも問題となるところであるが，自白の任意性の存否は，基本的には，被疑者が任意に供述していたかどうかという，被疑者の供述時の心理状況に係る事実認定の問題であって，身柄拘束の手続が違法であるか否かとは原則として関係がないと解するべきであるので，逮捕手続の違法性が直ちに自白の任意性を失わせる理由となることはないと考えられる。

**(b) 違法収集証拠の排除に関する判例** 話を違法に差し押さえられた覚せい剤のことに戻す。

本件の覚せい剤のような「証拠物」については，押収手続に違法な点があってもなくても証拠としての性質や価値に変化が生じるわけではないため，証拠収集手続の違法を理由として当該証拠物の証拠能力を否定する理由はないとする見解にも，十分な説得力がある。かつての裁判例にも，そのような立場を反映したと考えられるものがあった（最判昭24・12・13裁判集刑15号349頁参照）。

しかし，その後，下級審では，証拠収集手続の違法性を理由として証拠能力を否定する裁判例が現れたほか（その最初が，被疑者の緊急逮捕に着手する以前その不在中になされた捜索差押えの適法性が問題とされた事例として著名な大阪高判昭31・6・19判時79号6頁であるが，周知のとおり，上告審である最〔大〕判昭36・6・7刑集15巻6号915頁により，前提となる捜索差押えの違法性が認められないものとされて破棄されている。高裁レベルで違法収集証拠の排除が認められた裁判例として，仙台高判昭47・1・25刑裁月報4巻1号14頁＝強制採血の事例，大阪高判昭49・11・5判タ329号290頁＝逮捕に伴う無令状捜索差押えの要件を欠くとされた事例，大阪高判昭51・4・27判時823号106頁＝最判昭53・9・7の原審等），最高裁においても，前記最判昭53・9・7が，事案の真相解明も，個人の基本的人権の保障を全うしつつ，適正な手続の下でなされなければならないものであることなどを理由として，「証拠物の押収等の手続に，憲法35条及びこれを受けた刑訴218条1項等の所期する令状主義の精神を没却するような重大な違法があり，これを証拠として許容することが，将来における違法な捜査の抑制の見地からして相当でないと認められる場合においては，その証拠能力は否定されるものと解すべきである。」と判示するに至り，一般論として，違法収集証拠の証拠能力が否定される場合があることが認められた。この判例は，①証拠物の押収手続に令状主義の精神を没却するような重大な違法があること（違法の重大性）及び②将来における違法な捜査の抑

制の見地からして当該証拠を許容することが相当ではないこと（排除相当性）の2つの要件を満たす場合に，証拠物の証拠能力を否定すべきであることを示したものと理解されている。①と②との関係については，両者が重畳的に認められる場合に限って証拠の排除が認められるとする理解が一般的であるが，違法の重大性が認められた場合には，通常，排除相当性も認められることになるとも指摘されている。

もっとも，前記最判昭53・9・7は，具体的事案の処理については，違法の重大性も排除相当性も認められないとして，原判決を破棄し，証拠物である覚せい剤の証拠能力を肯定したものであり，その後も，上告審においては，証拠物の押収手続に違法性が認められても当該違法は重大でないものとされて証拠能力が否定されるには至らない裁判例が続いていた（覚せい剤の押収手続に違法が認められたが，証拠能力は否定されなかったものとして，最決昭63・9・16刑集42巻7号1051頁，最決平8・10・29刑集50巻9号683頁があり，後記最判平15・2・14の後となる最決平15・5・26刑集57巻5号620頁も同様の判断を示している。他に，採尿手続の違法性が認められ，尿の鑑定書の証拠能力が問題とされたものとして，最判昭61・4・25刑集40巻3号215頁等）。しかし，近時，最高裁として初めて違法収集証拠であることを理由として証拠能力を否定する判断をした最判平15・2・14刑集57巻2号121頁（通常逮捕状が発せられている被疑者の逮捕時に，逮捕状を所持していなかったためその呈示がなく，緊急執行もされていなかったことに加え，警察官がその手続的違法を糊塗するため，逮捕状に虚偽の記入をし，内容虚偽の捜査報告書を作成した上，公判廷においても事実と異なる証言をしたと認定され，違法の重大性及び排除相当性が認められた事例）が現れている。

これらの一連の最高裁判例を見てみると，捜査官が法の執行方法の選択や捜査の手順を誤ったにすぎないような場合（例えば，現行犯人逮捕又は緊急逮捕の要件が備わっている段階で，逮捕手続をとらずに警察官署に連行した点に違法があるような場合）や所持品検査に際して有形力の行使の程度が許される範囲をわずかに超えたにすぎないような場合には，違法性が重大であったとは認められてこなかったといえる。これに対し，前記最判平15・2・14のように，外形的な違法性がそれほど重大でなくても（通常逮捕状は発せられていたのであるから，逮捕状の緊急執行が可能であった事例である），捜査官が令状主義の諸規定を潜脱することを意

図して行動していたと認められたような場合には，違法の重大性及び排除相当性が認められている。

　要するに，捜査官が令状主義の諸規定をはじめとする法令を遵守する意思で行動している場合には，一連の所持品検査等に係る有形力行使の過程で，意図せずに若干許容限度を超えたような違法な点があっても，それがゆえに直ちに違法の重大性が認められることはないと考えてよい反面，捜査官に令状主義の諸規定を潜脱するような意図が認められる場合には，容易に証拠能力が否定されることとなるものと考えられる（1審裁判例であるが，東京地判平22・8・6判タ1366号248頁にも，同様の考慮が見られる）。

　(c)　本問の覚せい剤の証拠能力　　本問の設例は，警察官が相手方の承諾なしに上着の内ポケットに手を入れて覚せい剤を取り出したという点で，前記最判昭53・9・7と同じものである。同判決は，相手方の承諾なく内ポケットから覚せい剤を取り出した警察官の行為について，①職務質問の要件が存在し，かつ，所持品検査の必要性と緊急性が認められる状況であったこと，②必ずしも諾否の態度が明白ではなかった相手方に対し，所持品検査として許容される限度をわずかに超えて行われたにすぎないこと，③警察官において令状主義に関する諸規定を潜脱しようとの意図があったものではなく，また，他に右所持品検査に際し強制等のされた事跡も認められないことを挙げて，本件証拠物の押収手続の違法は必ずしも重大であるとはいえないとし，当該覚せい剤の証拠能力を肯定した。

　本問の設例についても，基本的には，同判決の事例と同様の事実関係が認められるので，覚せい剤の証拠能力は，認められるものと考えられる。

## 2　設問(2)について

### (1)　職務質問中の弁護士との通話

　職務質問の継続中に対象者が弁護士と通話を開始した場合，警察官がこれを禁じたり，制止したりすることができるか。近時は，携帯電話が普及したことによって，職務質問中の場所から電話機が存在する場所まで移動することなく通話をすることが可能となっているため，こうした事態は比較的頻繁に生じ得るものと思われる。

この点に関し，まず，憲法34条前段は，明文上，身柄を拘束されている者に関する規定であって，職務質問を受ける者についてその保障が及ばないことはいうまでもない。また，刑訴法30条1項との関係でも，職務質問自体は捜査活動ではなく，したがって職務質問を受ける者が一般的に被疑者であるともいえないので，職務質問を受けている者が職務質問を受けているというだけで弁護人選任権（刑訴30条1項）を有することになるわけではない。さらに，職務質問が任意捜査としての性格を併有する場合があることを考慮し，かつ，弁護人選任権が実質的な弁護人の援助を受ける権利を含意するものであると考えるにしても，それは，被疑者が望めば具体的状況いかんを問わずに弁護人との相談ができる権利があることを意味するわけではむろんなく，弁護人との相談が終了するまで職務質問の開始を遅らせたり，職務質問を中断したりすることが求められているとまでいえないことは明らかである。

具体的には，少なくとも，職務質問を受けている者が弁護士に連絡をとりたいという意思を表示したからといって警察官の側で弁護士との通話の便宜を与えるなどする必要がない（したがって，例えば，相手方が携帯電話を所持しない場合に，公衆電話の所在地まで移動し，弁護士との通話を終えるまで職務質問の開始を待つといった措置が求められるとはいえない。また，携帯電話による通話は，通常，警察官の目の前で行われることになるが，警察官として，内容を聴取しないようにしなければならないというものでもない）ことはもとより，職務質問や所持品検査を効果的かつ円滑に実施するため，弁護士への通話を後回しにして職務質問等に協力するように説得することも，当然に許されるというべきであろう。

もっとも，警察官が職務質問の対象者であると認めた者であっても，所携の携帯電話で任意の者に連絡をとるといった行為は，本来対象者が自由になし得るものである。したがって，職務質問や所持品検査の緊急性が認められるなどの特段の事情がない限り，所携の携帯電話による通話を禁止する権限が警察官にあるとはいえ，対象者の承諾なく携帯電話を取り上げたり，通話中の携帯電話を切断してしまったりすることは，許容限度を超える有形力の行使として違法なものと評価される可能性が高い。そうであれば，その通話の相手方が弁護士であっても，警察官において，携帯電話による通話を有形力を行使して妨げることができるものでもない。その意味では，相手方が弁護士との通話に固

執する場合には，直ちにこれを禁じる方策はないこととなる。

　加えて，相手方が実質的に弁護人の援助を受ける機会を与えることは手続の適正を担保する観点からも望ましいことも考慮すると，具体的な状況に応じて判断すべき事柄ではあるが，携帯電話による通話が職務質問の適正な実施を妨げるようなものでないのであれば，その通話が終了するまでの間，質問を中断することが適当な場合もあると考えられる。

(2) **裁判例**

　この問題を取り扱った裁判例として，東京地判平21・10・29公刊物未登載がある。この事案は，職務質問の継続中に，被告人が明示の意思を示して弁護士に電話をかけようとしたのに，警察官がこれを妨害し，あきらめの心情から所持していた覚せい剤を差し出したという事実を認定した上で，「被告人が弁護士に電話をかけたとしても，職務質問自体は続行され，所持品検査を受ける状況に変化はなかったかもしれないが，あくまで任意の処分である職務質問及び所持品検査において，弁護士に連絡して援助を求めることは，対象者にとって極めて重要な権利といわざるを得ない。」などと判示して，弁護権侵害の違法を理由に，前記覚せい剤及び引き続き被告人が任意提出した尿等の証拠能力を否定したものである。

　しかし，その控訴審である東京高判平22・6・7公刊物未登載は，「被告人が弁護士に連絡をとりたいと言ったり，電話で話をしようとしたりしたときには，職務質問が終わってからにするよう説得したが，電話をかけたり電話で話をしたりすることを実際に阻止し，又は阻止しようとしたことはなかった」との認定の下，警察官らの行為は説得行為の域を出るものではなく，違法な点はないとした。

　第1審と控訴審とで結論が分かれた直接の理由は，前提となる事実認定の相違（警察官が，通話の断念を実質的に強制したか否か）であると考えられるが，少なくとも，職務質問ないし所持品検査の円滑な実施のために弁護士との間の電話を後回しにするように説得する範囲の行為であれば違法とされることはないものと考えられる。

(3) **本問の説得行為について**

　本問の設例では，警察官は，職務質問の実施に差し支えると考えて，乙に対

して,「後にしなさい。」と説得したところ,乙はしぶしぶ電話を切ったというのであり,このような経過であれば,乙が警察官の説得に応じて自らの意思で電話を切ったと認められることが明らかである。すると,これに引き続き覚せい剤在中の所持品の提出を受け,在中物が覚せい剤であることを確認して乙を現行犯人逮捕した手続にも何ら違法な点はなく,覚せい剤の差押えも,逮捕に伴う差押えとして,もとより適法である。

　したがって,差し押さえられた覚せい剤の証拠能力も,問題なく認められるといえる。

【加藤　俊治】

## 3 採尿のための捜索差押許可状の請求と取調室への留め置き

甲は，駅構内で暴れたため，警察に通報され，最寄りの警察署への任意同行を求められた。警察官らは，甲の言動等から，覚せい剤を使用しているのではないかとの疑いを持ち，甲に尿の任意提出を促したが，甲が拒否したため，採尿のための捜索差押許可状の請求にとりかかった。捜索差押許可状が発付され，甲に提示されるまでの間，甲は，何度か，「任意なんだろう，俺はもう帰る。」などと言って取調室を出ようとしたが，警察官らは，その度に甲の進路を塞ぎ，「もう少し待ちなさいよ。」「今令状を取っているところだから，帰せないよ。」などと言って退出を断念させた。任意同行から約４時間後，捜索差押許可状が発付されたことを知らされたため，甲も観念して尿を任意提出した。その尿からは警察官の予想どおり覚せい剤が検出された。

(1) 警察官らが捜索差押許可状発付まで甲を警察署に留め置いた行為の適法性をどのように考えるべきか。
(2) 尿の鑑定書の証拠能力についてはどのように考えるべきか。

### 1 問題の所在

　覚せい剤事犯を始めとする薬物事犯の捜査においては，捜査手続の適法性が問題とされるケースが少なくない。

　捜査手続の流れに沿って，公判においてその適法性が問題となり得るものを例示すれば，職務質問，所持品検査，任意同行，警察署での留め置き，尿の任意提出，強制採尿，覚せい剤の押収など様々な手続について適法といえるかどうかが争われることがある。

　そして，それらの手続が違法と認定された場合には，それらの手続の流れの中で採尿された尿の鑑定書や押収された証拠物の鑑定書が裁判における証拠として採用できるか否かが問題とされる。

　それらの手続に関して，各々法定の要件があるときには，その要件を充足する必要があるのはもちろんのこと，任意捜査の場合，被疑者がそれぞれの手続

について,「はい,分かりました。」と言って素直に応ずれば問題が生ずることは少ないと思われるが,被疑者からすれば,覚せい剤を発見されたり,尿から覚せい剤成分が検出される事態は避けたいことから,それらの手続に応ずるよう警察官から求められたのに対し,簡単には応じないケースがままある。

そのような場合,どれほどの説得行為が任意捜査として許されるのか,その後,強制捜査に移行する場合,その過程におけるどの時点でどのような捜査ができるのかは,それぞれの事案においてケースバイケースで判断せざるを得ない面はあるが,これまで実務上適法性が争われ,裁判所で下された判断を分析することにより,一定の方向性は浮かび上がってくるものと考えられる。

本設問においては,採尿のために捜索差押許可状を請求している事案において,警察署の取調室に留め置く行為がどの程度まで適法と認められるのかが問われており,まず採尿の方式について確認した後,留め置き行為の適法性が争われた事案に関する判例の立場を分析した上で,どのような場合が適法で,どこからが違法となり,また,違法とされた場合の鑑定書の証拠能力については,どのように考えるべきなのかを検討することとしたい。

この点,捜査手続の適法性を判断する上では,法理論的な問題もさることながら,当該事案における具体的な事実関係いかんが重要となるケースが多いので,判例の分析を行うに当たっては,具体的事実関係に言及しつつ,どのような要素が裁判所の判断を基礎付けているのかを見ていく手法をとることとしたい。

## 2 採尿の方式

採尿の方式としては,被疑者から尿の任意提出を受ける場合と,令状に基づく強制採尿の場合とがある。

尿の任意提出をあくまで拒否する者から採尿する方法として,我が国の捜査当局では,昭和52年ころから全国的に,裁判官の発付する令状を得て,カテーテルの使用による直接採尿が実施されるようになった(井上正仁「刑事手続における体液の強制採取」法学協会百周年記念論文集657頁以下)。

そして,最決昭55・10・23刑集34巻5号300頁が,「強制採尿は医師をして医学的に相当と認められる方法により行わせなければならない。」旨の条件

を記載した捜索差押許可状を必要とする旨判示して以来，実務は，この最高裁決定に従って運用されている。

したがって，尿の任意提出を促しても被疑者がそれを拒否する場合，警察官としては，強制採尿の要件を満たすか，すなわち，強制採尿のための捜索差押許可状が発付されるだけの嫌疑や証拠があるかを見極めた上，それがあると判断した場合には，裁判所に対し，捜索差押許可状の発付を請求することとなる。

もっとも，警察官としては，任意捜査の原則（刑訴197条1項本文，犯捜規99条，田宮・刑訴63頁）もあり，できる限り，強制の手段によらず，任意で尿の提出を受けることができれば，その方が望ましいと考えるであろうから，被疑者を警察署へ任意同行した後，尿の任意提出を促している間や，捜索差押許可状請求の準備をして令状が発付されるまでの間，警察署に被疑者を留め置く場合に，その時間が長時間に及んだり，あるいはその間に被疑者の退去意思が示されるなどして，留め置き行為の適法性が問題とされる場合がある。

### 3 留め置き行為の適法性

#### (1) 最決平6・9・16の事案

被疑者が警察署への任意同行や尿の任意提出に容易に応じない場合，被疑者を職務質問の現場に一定時間留め置いて説得すること，あるいは，警察署への任意同行には応じたが尿の任意提出には容易に応じない場合，被疑者を警察署に一定時間留め置いて説得することは，捜査実務上ままあることである。

その留め置きが長時間にわたった場合，「任意であるはずなのに，実質的には，逮捕と同様の状況に置かれている。」などとして，その留め置き行為の適法性が争われる場合がある。

この被疑者の留め置き行為については，留め置き時間・場所・態様，嫌疑の程度，尿の任意提出拒否や退去の意思の明確性，弁護人を含む外部との接触状況，令状請求時間との関連など，様々な要素を考慮して，その適法性が論じられてきたが，リーディングケースとしては，職務質問の現場に留め置いた事案に関する最決平6・9・16刑集48巻6号420頁（判時1510号154頁）が挙げられる。

この事案の事実経過は，以下のとおりである。

警察官が，車両を運転中の被疑者について，覚せい剤使用の嫌疑があったことから，午前11時10分ころ，被疑者運転車両を停止させて職務質問を開始したところ，被疑者には幻覚の存在や周囲の状況を正しく認識する能力の減退など覚せい剤中毒をうかがわせる異常な言動が見受けられたことから，警察官が被疑者運転車両の窓から腕を差し入れ，エンジンキーを引き抜いて取り上げた。

その後も警察官らは職務質問を続け，午後5時43分ころまで，数名の警察官が順次，職務質問を継続するとともに，警察署への任意同行を求めたが，被疑者は，自ら運転することに固執して，他の方法による任意同行をかたくなに拒否し続けた。他方，警察官らは，車に鍵をかけさせるためエンジンキーをいったん被疑者に手渡したが，被疑者が車に乗り込もうとしたので，両脇から抱えてこれを阻止した。そのため，被疑者は，エンジンキーを警察官に戻し，以後，警察官らは，被疑者にエンジンキーを返還しなかった。

午後3時26分ころ，本件現場で指揮を執っていた警察官が令状請求のため現場を離れ，簡易裁判所に対し，被疑者運転車両及び被疑者の身体に対する各捜索差押許可状並びに被疑者の尿を医師をして強制採取させるための捜索差押許可状の発付を請求した。午後5時2分ころ，右各令状が発付され，午後5時43分ころから，本件現場において，被疑者の身体に対する捜索が被疑者の抵抗を排除して執行された。その後，警察官らは，車両の捜索差押手続を先行させた後，暴れる被疑者を制圧して被疑者を病院に連れて行き，午後7時40分から午後7時52分ころまでの間，同病院において，強制採尿が行われた。

本決定は，かかる事実関係を適示した上，職務質問を開始した時点では，法の要件を満たしていると認定したものの，「その後被告人の身体に対する捜索差押許可状の執行が開始されるまでの間，警察官が被告人による運転を阻止し，約6時間半以上も被告人を本件現場に留め置いた措置は，当初は前記のとおり適法性を有しており，被告人の覚せい剤使用の嫌疑が濃厚になっていたことを考慮しても，被告人に対する任意同行を求めるための説得行為としてはその限度を超え，被告人の移動の自由を長時間にわたり奪った点において，任意捜査として許容される範囲を逸脱したものとして違法といわざるを得ない。」として，職務質問は違法であると認定した。

しかし，その一方で，本決定は，「右職務質問の過程においては，警察官が

行使した有形力は，エンジンキーを取り上げてこれを返還せず，あるいは，エンジンキーを持った被告人が車に乗り込むのを阻止した程度であって，さほど強いものでなく，被告人に運転させないため必要最小限度の範囲にとどまるものといえる。また，路面が積雪により滑りやすく，被告人自身，覚せい剤中毒をうかがわせる異常な行動を繰り返していたのに，被告人があくまで磐越自動車道で宮城方面に向かおうとしていたのであるから，任意捜査の面だけでなく，交通危険の防止という交通警察の面からも，被告人の運転を阻止する必要性が高かったというべきである。しかも，被告人が，自ら運転することに固執して，他の方法による任意同行をかたくなに拒否するという態度を取り続けたことを考慮すると，結果的に警察官による説得が長時間に及んだのもやむを得なかった面があるということができ，右のような状況からみて，警察官に当初から違法な留め置きをする意図があったものとは認められない。これら諸般の事情を総合してみると，前記のとおり，警察官が，早期に令状を請求することなく長時間にわたり被告人を本件現場に留め置いた措置は違法であるといわざるを得ないが，その違法の程度はいまだ令状主義の精神を没却するような重大なものとはいえない。」と判示した。

　このように，本決定は，「その後被告人の身体に対する捜索差押許可状の執行が開始されるまでの間，警察官が被告人による運転を阻止し，約6時間半以上も被告人を本件現場に留め置いた措置」について，「当初は前記のとおり適法性を有しており，被告人の覚せい剤使用の嫌疑が濃厚になっていたことを考慮しても，被告人に対する任意同行を求めるための説得行為としてはその限度を超え，被告人の移動の自由を長時間にわたり奪った点において，任意捜査として許容される範囲を逸脱したものとして違法といわざるを得ない。」と判示して，被告人の移動の自由を奪う留め置き措置が約6時間半以上に及んだことを理由に，前記措置を違法であると判断している。

　他方，留め置き措置の違法の程度については，①警察官が行使した有形力は被告人に運転させないため必要最小限度の範囲にとどまること，②覚せい剤取締法違反の任意捜査の面だけでなく，交通危険の防止という交通警察の面からも，被告人の運転を阻止する必要性が高かったこと，③被告人の態度を考慮すると，結果的に警察官による説得が長時間に及んだのもやむを得なかった面が

あること、④警察官に当初から違法な留め置きをする意思があったとは認められないことから、いまだ重大なものとはいえないとしている。

以上のとおり、本決定においては、留め置きの時間が適法性を考える上での重要な要素ととらえられ、留め置きの必要性、緊急性等の諸事情を考慮に入れても、約6時間半という長時間にわたり被告人の移動の自由を奪ったことが時間的な限度を超えたものとして違法と判断される理由となったものである（判解刑平6年度〔中谷雄二郎〕187頁）。

もっとも、留め置きの違法の程度を考える上では、上記①から④のような事情を考慮して、その重大性の有無を認定しているものであって、留め置き時間とともに、それらの要素が違法性判断の要素となることを明らかにしている。

したがって、留め置き時間が本件よりも短い事案においては、その時間とともに、これらの要素を総合考慮した上で、違法性の有無が判断されると考えることができよう。

この最高裁決定の後、この決定をメルクマールとする形で、いくつもの下級審における判断が示されたが、留め置き時間だけに限ってみると、職務質問の現場での留め置きのものと警察署での留め置きのものあるいはその双方のものなどいくつかの形態があるものの、東京高判平8・9・3（判時1582号138頁）、東京地判平20・2・29など4時間あるいは6時間の留め置きを適法と判断した事案がある一方、広島高判平8・4・16（判時1587号151頁）、札幌高判平13・2・20（判タ1292号83頁）、東京高判平16・11・29（東高時報55巻104頁）、東京高判平19・9・18（判タ1273号338頁）、仙台高判平20・1・31（高検速報平20年293頁）、東京地判平20・6・18、東京地判平20・7・31、東京地判平20・8・29、東京高判平20・9・25（東高時報59巻83頁）など約3時間から約8時間程度の留め置きについて違法と判断した事案がある（もっとも、留め置きを違法と判断しつつも、尿の鑑定書等の証拠能力は認めた事案が多い。この点は、後記**4**において改めて述べる）。

これらの判決においては、前記最高裁決定より留め置き時間が長いものは、総じて留め置き自体が違法とされているといえるが、それより短いものについては、もちろん留め置き時間の長短がそれ自体違法性の有無の判断に重要な要素であるとはいえるものの、その他の要素も含め総合的に検討して、違法か否

かが判断されているものと考えられる。

#### (2) 東京高判平21・7・1の事案

その後，このような留め置き行為の適法性を考えるに当たり，留め置きが純粋に任意捜査として行われている段階と，強制捜査令状の執行に向けて行われた段階（強制手続への移行段階）とを分けて検討するという考え方を示した判決が出された。

警察官が，覚せい剤使用の嫌疑が認められる対象者について，強制採尿令状を請求してその発付を得て執行するため，対象者が取調室から退出しようとするのを阻止して同室内に留め置いた行為等を違法としつつ，その違法の程度は令状主義の精神を没却するような重大なものではないとした第1審判決に対し，平成21年7月1日，東京高裁が，留め置き行為等は任意捜査として許容される範囲をいまだ逸脱したものとまでは見られないからこれを違法とした点で誤りであると判断したが，この判決が示した考え方がそれである。

この事案では，①被告人に対する職務質問等，②警察署への同行，③被告人を警察署の取調室に留め置いた行為の適法性が主たる争点となったが，第1審，控訴審とも，①，②については違法な点はないとされ，③の留め置き行為の適法性について判断が分かれたものであり，まず，③の判断の前提となる点を中心に認定された事実関係を抽出すると，概ね以下のとおりである。

職務質問場所から被告人を乗せたパトカーは，午後5時50分ころ，警察署に到着し，被告人は，午後6時ころ，警察署の取調室に入った。

被告人は，取調室において，警察官らに尿を任意に提出するよう求められ，「出たくなったら出すから，待ってろ。」と言うものの，言を左右にして提出に応じず，注射痕の有無の確認のために腕を見せることも拒絶した。

警察官らは，午後6時30分ころ，被告人に対する強制採尿令状を請求する準備に取りかかり，午後8時20分ころ警察署を出発し，午後8時45分ころ簡易裁判所に令状を請求し，午後9時10分ころその発付を受け，午後9時28分ころ警察署内で被告人に同令状を示し，強制採尿のため病院に連行した。

医師が，午後11時4分ころ，同令状に基づいて被告人から採尿し，簡易検査で覚せい剤反応が出たため，午後11時15分ころ，被告人は覚せい剤使用の被疑事実で緊急逮捕された。

被告人が取調室に入室してから強制採尿令状を示されるまでの約3時間半の間，取調室の出入口ドアは開放されていたが，1，2名の警察官が常時その付近に待機していた。

被告人は，取調室内で，弁護士と携帯電話で通話することを許されており，同弁護士から，①公務執行妨害罪で検挙されないよう注意すべきこと，②退出する際には携帯電話で状況を撮影すべきことなどの助言を得，午後6時31分ころから午後8時37分ころまでの間，多数回，退出の意思を表明し，携帯電話で取調室や出入口付近の状況を撮影しながら退出しようとする行動を取った。

他方，その都度，取調室の出入口付近で監視していた警察官が集まり，退出しようとする被告人の前に立ち塞がったり，被告人の身体を手で払うなどして退出を阻止していた。

被告人は，取調室から退出することはできなかったが，出入口付近にいた警察官に身体をぶつけた際，殊更「痛い，痛い」などと言ったり，取調室の壁などに自ら頭をぶつけ，それにより負傷したなどと訴えたり，退出を妨げられてよろめいた振りをして床に仰向けに転倒するなどした状況を携帯電話で撮影し，「おまえにやられてけがをしたと言ってやるからな。これでおれは20日でパイだよ。4連勝だよ。」などと言っていた。

被告人は，取調室に入室後，強制採尿令状を示されるまで，警察官から充電器を借用するなどした上，50回以上も外部と携帯電話で通話し，その合計時間は約80分に及んでいる。また，被告人は，長女を警察署に呼び寄せ，希望する飲み物や筆記用具を取調室内に持ち込ませるなどもしていた。

以上のような事実関係を前提に，東京高裁判決は，「留め置きの任意捜査としての適法性を判断するに当たっては，留め置きが純粋に任意捜査として行われている段階と，強制捜査令状の執行に向けて行われた段階（強制手続への移行段階）とからなっていることに留意する必要があり，両者を一括して判断するのは相当ではないと解される。」とした。

そして，純粋に任意捜査として行われている段階については，「被告人が取調室に入室して強制採尿令状の請求準備が開始されるまでに要した時間は30分程度であり，しかも，被告人は，当初，任意提出に応じるかのような言動もしたり，長女や呼び寄せた妻の到着を待つような言動を取ったりしていたから，

そのような事情があった一定時間内は，被告人が取調室内に滞留することが，その意思に反するものではなかったといえる。また，その間やその直後に，警察官らが被告人の意思を制圧するような有形力を行使するなどしたことは窺われない。したがって，上記の間の留め置き行為については，違法な点はなかった」と判示している。

次に，強制手続への移行段階については，まず，覚せい剤の体内残留期間は長く，直ちに採尿しなければ覚せい剤使用の痕跡がなくなることはなく，留め置きの必要性も緊急性もないとの弁護人の主張に対し，覚せい剤の体内残留期間はせいぜい2週間前後であり，被告人に有利に見ても1か月を超えることはないと考えてよいから，この程度の期間であれば，被告人が捜査官との関係で所在をくらますことは可能と見られる旨判示した。

その上で，強制採尿令状を請求するためには，対象者に対する取調べ等の捜査と並行して，あらかじめ受け入れ先の採尿担当医師を確保しておくことが前提となるため，①当該令状請求には，他の令状請求にくらべても長い準備時間を要することがあり得，②当該令状の発付を受ければ，当該医師の所へ所定の時間内に連行していく必要が生じ得ることを前提とすると，強制採尿令状の請求手続が開始されてから同令状が執行されるまでには相当程度の時間を必要とすることがあり得，それに伴って留め置き期間が長引くこともあり得，強制採尿令状の請求が検討されるほどに嫌疑が濃い対象者については，強制採尿令状発付後，速やかに同令状が執行されなければ，捜査上著しい支障が生じることも予想され得ることといえるから，対象者の所在確保の必要性は高く，令状請求によって留め置きの必要性・緊急性が当然に失われることにはならない旨判示した。

そして，「本件では，警察官が強制採尿令状請求の準備に着手した約2時間後の午後8時20分ころ同令状請求のため警察署を出発して簡易裁判所に向けて出発し，午後9時10分に同令状の発付を受け，午後9時28分には被告人に対して同令状が呈示されており，上記準備行為から強制採尿令状が発付されるまでの留め置きは約2時間40分であり，同令状執行までは約2時間58分かかっているが，これらの手続の所要時間として，特に著しく長いとまでは見られない。」としている。

次に，留め置きの態様について，本判決は，「警察官らは，令状請求準備開始後も並行して任意採尿を促したが，被告人は，言を左右にして任意採尿に応じようとしておらず，再三，退出しようとし，他方，警察官らが，被告人を本件取調室内に留め置くために行使した有形力は，退出を試みる被告人に対応して，その都度，被告人の前に立ち塞がったり，背中で被告人を押し返したり，被告人の身体を手で払う等といった受動的なものに留まり，積極的に，被告人の意思を制圧するような行為等はされていない。(中略) また，警察官らは，本件取調室内で，被告人と長女や妻との面会や，飲食物やその他必要とされる物品の授受，携帯電話による外部との通話も認めるなど，被告人の所在確保に向けた措置以外の点では，被告人の自由が相当程度確保されており，留め置きが対象者の所在確保のために必要最小限度のものにとどまっていたことを裏付けている。」と認定している。

その上で，本判決は，「以上を総合して考えると，本件では，強制採尿令状請求に伴って被告人を留め置く必要性・緊急性は解消されていなかったのであり，他方，留め置いた時間も前記の程度にとどまっていた上，被告人を留め置くために警察官が行使した有形力の態様も前記の程度にとどまっていて，同時に，場所的な行動の自由が制約されている以外では，被告人の自由の制約は最小限度にとどまっていたと見ることができる。そして，捜査官は令状主義に則った手続を履践すべく，令状請求をしていたのであって，もとより令状主義を潜脱する意図などなかったと見ることができる。そうすると，本件における強制手続への移行段階における留め置きも，強制採尿令状の執行に向けて対象者の所在確保を主たる目的として行われたものであって，いまだ任意捜査として許容される範囲を逸脱したものとまでは見られないものであったと認めるのが相当である。」と判示し，強制手続への移行段階における留め置きを違法とした第1審の判断は誤りとした。

本判決については，被告人側が上告したが，上告棄却で確定している。

このように，本判決は，警察署の取調室への留め置きについて，純然たる任意捜査の段階と強制手続への移行段階とを分けて検討するという視点(二分論)を明示した上，本件事案に即して慎重に判断したものではあるものの，後者の段階に入った時点では強制採尿令状の執行のために対象者の所在確保の必要性

が高いことを重視し，対象者の意思に反することが明らかな場合でも，一定の有形力を伴う留め置き行為を適法とした点で意義があり，この問題への新たな視点，判断枠組みを示したものとして注目される（判タ1314号304頁）。

　なお，本判決が「強制手続への移行段階における留め置きであることを明確にする趣旨で，令状請求の準備手続に着手したら，その旨を対象者に告げる運用が早急に確立されるのが望まれる。」と付言している点も留意を要するものと思われる。

### (3) 松山地判平22・7・23の事案

　他方，この東京高裁判決より後に出された判決で，警察署での長時間にわたる留め置き，身体検査，強制採尿令状の請求といった一連の捜査過程に，重大な違法があると判断され，覚せい剤取締法違反の点について無罪とされた事例もある。

　松山地判平22・7・23がそれであるが，この事案の経過は，概ね以下のとおりである。

　警察は，共同器物損壊・傷害の被疑事実で警察署への任意同行に応じ，午前1時5分ころ警察署に到着した被告人を当該事実で取り調べた結果，午前3時ころ，被告人を通常逮捕する方針を固めた。

　被告人は，取調べ中，持っていた携帯電話で知人や母親に通話し，取調官は再三にわたり通話をやめるように言ったが，午前3時35分から午後0時51分ころまでの間，95回にわたり発信通話を繰り返した。

　被告人は，午前4時8分ころ，取調室において，「帰らせろ。」と言って立ち上がり退出しようとし，取調官が右手を差し出してこれを制したところ，被告人は取調室の長いすを蹴り，物音や声を聞いて駆けつけた警察官4名が，取調室の出入口付近に立ち塞がった。被告人は，この他に逮捕状執行までの間，3，4回ほど，「帰らせろ。」などと怒鳴り，取調室出入口に向かって歩き出すことがあったが，取調官が，まだ取調べが終わっていない旨述べ，更に数名の警察官が出入口付近に立ち塞がるなどして，被告人の退去を阻止した。

　午前4時過ぎころ被告人の知人が，午前5時過ぎころ被告人の両親が，被告人との面会を求め警察署に来たが，面会は認められなかった。また，被告人は，午前4時20分から4時28分にかけて，松山市消防局に合計3回電話をかけ，

捜査員に殴られた，救急車を呼んでほしい旨述べたが，同消防局員からの確認の電話に対し，警察官は，署内に被告人名の人物はいない，救急車は不要であると答えた。

　午前 9 時ころ，警察は簡易裁判所の裁判官に対し，被告人に対する前記被疑事実についての逮捕状請求を行った。逮捕状が発付されたのは午後 2 時過ぎころであり，午後 2 時 33 分に執行された。

　逮捕状の執行に先立つ午前 11 時ころ，被告人が用便を申し立てた際，取調官は被告人に尿の任意提出を求めたが，被告人はこれを拒否した。また，被告人は注射痕を確認するため腕を見せるよう求められたが，これも拒否した。

　逮捕後，警察官は被告人に対し，再度注射痕を確認させてくれるよう求めたが，これを拒否された。逮捕時に身体捜検を行っていなかったことに気付いた警察官は，身体捜検を行うことを決め，その旨を被告人に告げたところ，被告人は取調室内の机の下に入り込んでその脚を両腕で抱え込み，腹ばいのような体勢になって抵抗の姿勢を示した。警察官らは被告人の背後から両手を被告人の両脇の下に通して，被告人を抱えるようにしてその身体を抱き起こした。その際，2 人の警察官が被告人の左腕と右腕をそれぞれつかむと，被告人は，「見てみいや。」などと言って両腕の内側を示したが，注射痕は認められなかった。

　午後 7 時ころ，警察官は裁判官に，被告人の尿の捜索差押許可状請求を行い，午後 8 時ころ同令状が発付された。午後 8 時 16 分ころ同令状が呈示され，被告人は連行された病院で排尿を行い，警察官はこれを差し押さえた，という事実経過であると認定された。

　以上の事実経過を踏まえ，裁判所は，被告人に対する留め置きについて，「被告人は，午前 4 時 8 分ころ，帰宅させるよう要求して立ち上がり，取調室から出て行こうとして取調官ともめており，遅くともこの時点において，退出の意思を明確に表明したと認められる。しかるに，警察官の留め置きの態様は，集まった 4 名もの警察官が，取調室の出入口に立ち塞がるというものである。(中略) 上記警察官らの行為は，直接の有形力こそ行使していないものの，被告人が取調室から退出することを事実上不可能ならしめるものであったといえる。更に，その後も 3，4 回ほど，退出を要求したが，取調官はこれを拒否し，数

名の警察官が出入口付近に立ち塞がって，被告人の退出を阻止していた。そして，留め置いた時間は，任意同行から午後2時33分の逮捕まで約13時間30分，被告人が帰宅を訴えた当日午前4時8分ころ以降に限っても10時間余りという長時間に及んでいる。〔本件では，裁判官による令状発付の遅れ，事件関係者が複数人で，しかも被告人を始め事情聴取に必ずしも協力的ではなかったなど，ある程度時間がかかることもやむを得ない面があるが，〕それでも任意同行から逮捕状を請求するまでに約8時間，逮捕状請求の方針を固めた午前3時以降請求までに約6時間を要しており，いかにも長過ぎるといわざるを得ない。そして，被告人は，取調室で留め置かれている間，携帯電話で多数回にわたり，外部との通話を行っている。しかしながら，警察官らは，被告人に対し，再三にわたり通話をやめるよう要請しており，全く自由に通話を認めていたというわけではなく，被告人の知人や母親が被告人との面会を希望したにもかかわらず，結局面会させることなくこれを拒否し，被告人から救急車出動の要請を受けた松山市消防局の問い合わせに対しても，被告人は署内にいないなどと虚偽の説明をしている。これらの事実からすれば，警察官らが，被告人と外部との交通を遮断しようとしていたことは明白である。以上のとおり，被告人が，数回にわたり明白に退去の意思を表明し，実際に退出しようとしたにもかかわらず，数名の警察官が出入口付近に立ち塞がって退出を阻止し，被告人をその意思に反して留め置くなどしたこと，その間，被告人の知人や母親との面会も拒むなど，外部との交通も制限していたことを併せ考慮すれば，遅くとも被告人が明確に退出の意思を表明した午前4時8分ころ以降，被告人を取調室内に留め置いた行為は，既に別件での逮捕状請求の準備段階に入っていたことを考慮しても，任意捜査として許容される限度を超えた違法な身体拘束であったと認められる。」旨判示した。

　本判決は，検察官が控訴することなく，第1審で確定しており，被告人の意に反して退出を阻止して取調室に留め置いた警察官の行為を適法とした前記東京高裁判決との比較・検討が必要であろう。

　この点，本件事案においては，逮捕状請求の方針を固めてから実際に逮捕状の請求をするまで6時間と時間がかかり過ぎている点，留め置きの時間が全体で13時間以上，被告人が退去の意思を明確にしてからでも10時間余りと長時

間に及んでいる点，被告人と外部との交通（面会）が完全に遮断されていた点などで，前記東京高裁判決の事案とはかなり前提の事実関係が相違しており，同判決を前提としても，その留め置きが違法とされる可能性が高いと思われる（柳川重規・刑事法ジャーナル27号101頁）。

そして，前掲最決平6・9・16で示された考え方に照らしても，その留め置き時間は限度を超えているといわざるを得ず，留め置き時間のみをもっても違法とされるのはやむを得ない事案であったといえよう。

(4) **本設問における留め置きの適法性**

以上，いくつかの裁判例における事実関係を詳細に見てきたが，警察署における留め置き行為の適法性を考えるに当たっては，まず第1に，その留め置き時間が大きな考慮要素となることは間違いない。

前掲最決平6・9・16においては，留め置きの時間が6時間半に及んでいる点について，前記のとおり，「被告人に対する任意同行を求めるための説得行為としてはその限度を超え」るものと指摘しており，実務上時間的にそれを上回るような留め置きについては，その留め置き時間のみをもって留め置き行為が違法なものと認定される可能性が高いものと思われる。

では，留め置き時間がそれより短い場合は，どのような事情をもって適法，違法の判断が分かれるのであろうか。

これまでに掲げてきたような各判決の認定を踏まえると，その場合は，時間だけで適法・違法が決せられるものではなく，前記のとおり，留め置きの態様等も影響するといえよう。

具体的には，例えば，①留め置きの目的（尿の任意提出を求めるためだけの留め置きなのか，その他の目的・要件も伴った留め置きなのか），②覚せい剤使用等の嫌疑の程度，③尿の任意提出の拒否や退去の意思の明確性，④留め置くための有形力行使の有無・程度，⑤令状主義潜脱の意図の有無，⑥法の執行方法の選択ないし操作手順を誤ったにすぎないといえるか（現行犯逮捕あるいは緊急逮捕が可能な事案であるのに，それをせずに任意の留め置きを継続し，その中で尿の任意提出等の説得を続けて任意提出を受けたような事案か否か）など，様々な事情を総合的に判断して，当該留め置きが適法か違法かが判断されている。

本設問においては，甲が任意提出を拒否した段階で，捜索差押許可状の請求

にとりかかっているので，4時間にわたる留め置きの目的が尿を任意提出させることそのものに向けられているとはいえないし，令状主義潜脱の意図もないといえよう。

　したがって，その他の判断要素である，覚せい剤使用の嫌疑の程度，取調室を出ようとする被疑者の進路を塞ぐ行為についての有形力の行使の有無や程度，被疑者の退去意思の明確性の程度等と，4時間という留め置きの時間とを総合考慮し，適法・違法が決せられることになると考えられる。

　本設問の中に現れている事情だけでは一概にはいえないが，設問自体を見る限り，有形力の行使としては，取調室を退出しようとする被疑者の進路を塞いだという点のみと考えられ，その塞ぎ方次第という面はあるものの，有形力行使の程度はさほど強いものとは窺われず，また，それを前提として，警察官の口頭による説得によって退出を諦めている状況が窺われ，さらに，採尿のための捜索差押令状が発付されていることからすれば，覚せい剤使用の嫌疑も相当程度高かったと考えられ，その留め置きは全体として適法と認められる余地は十分あると思われる。

　もっとも，有形力の行使が強いものであったり，退出意思が相当強固で，強い有形力行使のために退出しようとしても物理的に退出できなかったというような事情のあるときには，違法と判断される余地もあるので留意する必要があろう。

　また，本設問においては，留め置き開始から比較的早い時間で捜索差押許可状の請求にとりかかっているものと考えられるところ，前掲東京高判平21・7・1で示されたような考え方が定着すれば，留め置き時間が同じであっても，令状請求にとりかかるまでの時間が短いほど適法と認められやすいと考えられ，本設問のようなケースにおいては，適法であるとより認められやすくなると思われる（ただし，任意捜査の原則を踏まえ，前記のとおり，警察官としては，できる限り任意で尿の提出を受けようと考える場合が多いであろうから，そのことと，令状請求に速やかにとりかかることと，どちらを優先すべきなのかという個々の事案ごとにおける判断は非常に難しい問題ではあると思われる）。

## 4 尿の鑑定書の証拠能力
### (1) 違法収集証拠排除法則について

　犯罪事実の認定は証拠によるものとされ（刑訴317条），捜査機関の収集した証拠は，通常は，検察官が裁判所に対して証拠調べ請求をし（刑訴298条），裁判所が弁護人の意見を聴いた上で証拠決定をし（刑訴規190条），公判において法定の方式で取調べを行う（刑訴305条～307条）。

　そして，裁判所が証拠調べ決定をなし得るためには，当該証拠に公判廷で取り調べることが許容される証拠能力のあることが必要とされ，捜査に違法があった場合には，その証拠能力が否定されることがある。

　この点について，最判昭53・9・7刑集32巻6号1672頁は，「刑罰法令を適正に適用実現し，公の秩序を維持することは，刑事訴訟の重要な任務であり，そのためには事案の真相をできる限り明らかにすることが必要であることはいうまでもないところ，証拠物は押収手続が違法であっても，物それ自体の性質・形状に変異をきたすことはなく，その存在・形状等に関する価値に変わりのないことなど証拠物の証拠としての性格にかんがみると，その押収手続に違法があるとして直ちにその証拠能力を否定することは，事案の真相の究明に資するゆえんではなく，相当でないというべきである。しかし，他面において，事案の真相の究明も，個人の基本的人権の保障を全うしつつ，適正な手続のもとでされなければならないものであり，ことに憲法35条が，憲法33条の場合及び令状による場合を除き，住居の不可侵，捜索及び押収を受けることのない権利を保証し，これを受けて刑訴法が捜索及び押収等につき厳格な規定を設けていること，また，憲法31条が法の適正な手続を保証していること等にかんがみると，証拠物の押収等の手続に，憲法35条及びこれを受けた刑訴法218条1項等の所期する令状主義の精神を没却するような重大な違法があり，これを証拠として許容することが，将来における違法な捜査の抑制の見地からして相当でないと認められる場合においては，その証拠能力は否定されるものと解すべきである。」と判示している。

　したがって，採尿に至る捜査に違法があったからといって，直ちに尿の鑑定書の証拠能力が否定されるわけではないが，その違法が令状主義の精神を没却するような重大な違法である場合には，その証拠能力が否定されることとなる

（石井一正・刑事実務証拠法122頁以下）。

　違法収集証拠の排除基準については，端的に手続の違法の有無のみを基準とする絶対的排除説といわれる説も見られないわけではないが，司法に対する国民の信頼の程度や抑止効果等を総合的に考慮して判断する相対的排除説が有力であり，上記判例の基準も実質的にそれと同旨といえよう。

　問題は，証拠収集にどの程度の違法があれば証拠能力が否定されるのか，すなわち令状主義の精神を没却するような重大な違法があるというのはどのような場合であるのかである。

　これについては，違法収集証拠を用いることにより，被疑者・被告人の人権を侵害し，刑事司法システムの公正さや正義を疑わせるおそれの程度と，その証拠を排除することにより，真実発見の利益を放棄し，刑事司法システムの運用コストを増大させる程度との比較衡量であり，具体的には，①違反した法規の重大性，②違反の態様の悪辣性，③被告人の利益を直接侵害した程度，④捜査機関の法軽視の態度の強弱，⑤当該捜査方法が将来繰り返される確率，⑥当該事案の重大性とその証拠構造における当該証拠の重要性，⑦手続の違法と証拠収集の因果性の程度などが考慮されることになると考えられる（池田＝前田・講義483頁以下）。

(2)　覚せい剤事犯における判例の考え方

　覚せい剤事犯における「令状主義の精神を没却するような重大な違法」に関する最高裁の判例は，捜査手続に違法があるとしながら，重大な違法とは認めず，証拠能力を肯定しているものが多い。

　前掲最決平6・9・16は，3(1)で記載したとおり，違法の程度はいまだ重大なものとはいえないとして，尿の鑑定書を証拠排除せず，その証拠能力を認めている。

　その他，被疑者宅への立入り，任意同行及び採尿手続に関する最判昭61・4・25刑集40巻3号215頁，任意同行，所持品検査，差押手続及び採尿手続に関する最決昭63・9・16刑集42巻7号1051頁，所持品検査，現行犯逮捕及び採尿手続に関する最決平7・5・30刑集49巻5号703頁，所持品検査に関する最決平15・5・26刑集57巻5号620頁の各判例においても，いずれも，それらの手続が違法であったとしながら，重大な違法とはいえないとして，証

拠能力を認めている。

これらの判例では，緊急逮捕が可能であった事案で違法性が相対的に軽い点や，令状主義潜脱の意図がなかった点，強制力が用いられていない点などが考慮されている。

他方，最判平15・2・14刑集57巻2号121頁は，「被疑者の逮捕手続には，逮捕状の呈示がなく，逮捕状の緊急執行もされていない違法があり，これを糊塗するため，警察官が逮捕状に虚偽事項を記入し，公判廷において事実と反する証言をするなどの経緯全体に表れた警察官の態度を総合的に考慮すれば，本件逮捕手続の違法の程度は，令状主義の精神を没却するような重大なものである」として，逮捕当日に採取された被疑者の尿に関する鑑定書の証拠能力を否定した。

この判例においては，警察官の令状主義潜脱の意図が顕著であり，違法捜査抑制の必要性が高いと判断されたものと思われる。

また，前記**3**(1)で掲げた下級審判例中，留め置き行為を違法と判断したものに関しても，その違法は重大ではないとして証拠能力を認めたものが多い。

東京高判平19・9・18は，違法な留め置きに引き続く逮捕に伴う捜索によって発見された大麻やその鑑定書等を違法収集証拠として証拠能力を否定しているものの，その他の広島高判平8・4・16，札幌高判平13・2・20，東京高判平16・11・29，仙台高判平20・1・31，東京地判平20・6・18，東京地判平20・7・31，東京地判平20・8・29，東京高判平20・9・25は，いずれも留め置き行為を違法としながらも，尿の鑑定書等の証拠能力は認めている。

**(3) 本設問における尿の鑑定書の証拠能力**

任意同行やその後の警察署の取調室への留め置き等の先行手続に伴う採尿手続により採取された尿について，先行手続に違法があるとして証拠としての許容性が争われる場合，前記各最高裁判例等が説くところを踏まえて，

① 任意同行やその後の警察署の取調室への留め置き等の先行行為に違法があるかどうか，あるとしてその程度いかん

② その違法な先行手続が採尿手続に影響を及ぼしているといえるか否か，及ぼしているとして，その程度いかん，とりわけ，採尿手続が帯有する違法が重大といえるか

③　採尿された尿に関する証拠を排除することの相当性の有無
といった諸点を順次判断して証拠能力に関する結論が導き出されるものと考えられる（刑事証拠法の諸問題(下)〔那須彰〕469頁）。

　これを本設問の事例に当てはめて考えてみると，まず留め置き行為が適法と判断された場合，その他の手続に特段の違法がなければ，尿の鑑定書の証拠能力が認められることは当然である。

　他方，警察署の取調室への留め置き行為に違法があるとされた場合であるが，その場合でも，本設問の場合，尿の捜索差押許可状がスムーズに発付されていることが前提となっているものと考えられ，覚せい剤使用の嫌疑は相当程度高かったものと考えられる。

　また，被疑者は，取調室から退出したいという意思は有していたものと認められるが，設問の文言を見る限り，取調室を出ようとする被疑者の進路を塞ぐ行為についての有形力の行使の有無や程度，被疑者の退去意思の明確性の程度等はさほど強くなかったとも考えられるので，そういった事情が認められる場合には，仮に留め置き行為自体は違法とされたとしても，令状主義の精神を没却するような重大な違法まではないといえるものと考えられる。

　次に，取調室に留め置いた行為が違法であるとする場合，その留め置き行為が採尿手続に影響を及ぼしているか否かであるが，設問における留め置き行為とその後の強制採尿手続は，覚せい剤事犯の捜査という同一目的に向けられたもので，退出しようとする甲を留め置いた結果，甲がそのまま取調室にとどまり，捜索差押許可状の発付を得た後，観念して尿を任意提出するに至っているので，留め置き行為が採尿手続に影響を及ぼしていることは認めざるを得ない。

　もっとも，本設問においては，甲が任意提出を拒否したところ，比較的早い段階で捜索差押許可状の請求にとりかかっているものと思われ，仮に留め置き行為が全体として違法とされる場合であっても，それが捜索差押許可状の発付手続自体に及ぼしている影響はさほど大きくないであろうと考えられることなどから，留め置きが重大な違法を帯びるとは考えにくいものと思われる。

　したがって，甲が提出した尿の鑑定書を証拠から排除することは相当とされず，その証拠能力が認められる可能性が高いと考えられる。

　なお，前掲松山地判平22・7・23では，強制採尿のための捜索差押許可状

請求手続の違法認定の方法，及び身体検査の違法を証拠排除に関連付けた点には，理論上問題があるように思われるとの指摘がなされており（柳川・前掲刑事法ジャーナル27号101頁），同判決を参考とする際には留意が必要である。

### 5　まとめ

　以上見てきたとおり，警察署の取調室への留め置き行為の適法性や，その後の採尿手続で得られた尿の鑑定書の証拠能力を考えるに当たっては，留め置きの時間はもとより，留め置き行為の態様等を総合考慮して判断する必要があり，なかなか一概にその結論を導き出すことは難しい。

　実際の捜査実務においてどこまでが許容されるかの判断は非常に悩ましいところであり，一般論としては，あくまで，これまでに記載してきたような様々な事情を常に念頭に置きながら，ケースバイケースで，より適正な捜査に努めるほかないというのが結論であろうが，それでは根本的な解決策を示すことにはならないとの指摘がなされるのももっともなことであろう。

　前掲東京高判平20・9・25は，「被告人を本件現場に留め置いた点を一応違法とせざるを得ないと判断するものであるが，このように覚せい剤使用の嫌疑が濃厚な被告人らにつき，警察官が令状請求の手続をとり，その発付を受けるまでの間，自動車による自由な移動をも容認せざるを得ないとすれば，令状の発付を受けてもその意義が失われてしまう事態も頻発するであろう。本件のような留め置きについては，裁判所の違法判断の積み重ねにより，その抑止を期待するよりは，令状請求をとる間における一時的な身柄確保を可能ならしめるような立法措置を論ずることの方が望ましいように思われる。」と付言しており，その指摘は，この問題に関する判断の難しさ，ディレンマを表すものであって，今後，そのような議論が行われることが，この問題に関する捜査実務上の解決策の1つの方向性を示すことにつながるのではないかとも思われる。

【森本　　宏】

## 4 おとり捜査

　　Xは，刑務所で知り合った甲から，大麻樹脂の買手を紹介してくれるよう電話で依頼を受けたが，ひそかに甲に恨みを抱いていたXは，麻薬取締官Yに上記電話の内容を連絡した。Yは，Xの情報だけで甲を検挙することが困難であると考え，おとり捜査を行うことを決め，Xと打合せした結果，Xが甲に対しYを買手として紹介することとし，Yは，ホテルの一室でXから紹介された甲に対し，大麻樹脂2キログラムを買い受ける意向を示した。甲は，翌日，取引場所であるホテルの一室に大麻樹脂約2キログラムを運び入れたところ，あらかじめ捜索差押許可状の発付を受けていたYの捜索を受け，現行犯逮捕された。

　この捜査手続は適法か。Xが，おとり捜査を意図したYの依頼を受けて，甲に対し，大麻樹脂を買いたいという客がいるので入手できないかと持ち掛けたため，甲がかねて所持していた大麻を売ることにした場合はどうか。

　Yが警察官の場合はどうか。

### 1　おとり捜査の定義

　「おとり捜査」は，アメリカなど諸外国で活用されている捜査手法で，我が国においても，薬物や銃器等に係る犯罪の摘発を目的として用いられることがある。この種の犯罪は，薬物や銃器等を社会に蔓延させ，国民生活等に多大な害悪を生じさせるもので，組織的に行われることが少なくないが，秘密裡に行われ，犯罪事実の存在すら明らかにならないことが多く，捜査の端緒を得ることも容易ではない。仮に末端の関与者を検挙できても，関係者による役割分担と犯跡隠蔽工作等により，その組織的背景を明らかにして，犯行の首謀者等の摘発に結び付けることには困難を伴う。「おとり捜査」は，このような困難を克服するための捜査手法の1つである。

　「おとり捜査」について，設問類似の事件に係る最決平16・7・12刑集58巻5号333頁は，「捜査機関又はその依頼を受けた捜査協力者が，その身分や

意図を相手方に秘して犯罪を実行するように働き掛け，相手方がこれに応じて犯罪の実行に出たところで現行犯逮捕等により検挙するもの」と定義付けた。

設問は，麻薬取締官Yが，協力者Xから情報提供を受け，その紹介により，甲と接触して，大麻樹脂を買い受ける意向を示した事案であって，その身分や意図を秘して大麻取締法違反（譲渡し）の犯罪の実行を働き掛けるおとり捜査が行われている。

他方，おとり捜査の定義として，犯罪の実行を働き掛けることが要素とされることにより，例えば，スリを検挙するため，捜査官が電車内で仮睡客を装うような捜査は，犯人に対する具体的な働き掛けが認められないので，おとり捜査には当たらず，おとり捜査に関する適法性の判断基準等は，そのような捜査手法に当てはまらないことになろう（長沼範良＝上冨敏伸「対話で学ぶ刑訴法判例第7回おとり捜査」法教318号81頁）。

## 2 おとり捜査の適法性

### (1) 法的根拠

おとり捜査に関する個別の規定として，例えば，麻薬及び向精神薬取締法58条は，「麻薬取締官及び麻薬取締員は，麻薬に関する犯罪の捜査にあたり，厚生労働大臣の許可を受けて，この法律の規定にかかわらず，何人からも麻薬を譲り受けることができる。」と定めており，あへん法45条にも同旨の規定がある。また，銃砲刀剣類所持等取締法27条の3は，警察官又は海上保安官が，けん銃等に関する犯罪の捜査に当たり，都道府県公安委員会の許可を受けて，けん銃等の譲受け等ができる旨定めている。これらの規定に基づき，捜査官が麻薬やけん銃等を譲り受けた場合，適法とされるのは当然である。

これに対し，麻薬取締官が覚せい剤を譲り受けることや，警察官が麻薬や覚せい剤等を譲り受けることを認める明文の規定はないが，一般に，前記の麻薬及び向精神薬取締法等のような明文規定がない場合でも，おとり捜査は可能であると解されていたところであり，前掲最決平16・7・12は，「少なくとも，直接の被害者がいない薬物犯罪等の捜査において，通常の捜査方法のみでは当該犯罪の摘発が困難である場合に，機会があれば犯罪を行う意思があると疑われる者を対象におとり捜査を行うことは，刑訴法197条1項に基づく任意捜査

として許容されるものと解すべきである。」として，一定の場合には，任意捜査に関する一般的な根拠規定である刑訴法197条1項に基づき，おとり捜査を行うことができることを明確にした。

(2) **おとり捜査は，刑訴法上の「捜査」か**

おとり捜査は，それによって犯罪の実行を働き掛け，犯罪の実行に出たところで検挙するものゆえ，おとり捜査の時点では，まだ当該犯罪は行われていない。この点で，将来に発生する犯罪に向けての活動であるおとり捜査を刑訴法上「捜査」と位置付けることができるかという「根本的な問題」が議論されてきた（判解刑平16年度〔多和田隆史〕268頁）。

この点，現行の刑訴法に基づく捜査は，「すでに発生した犯罪を前提にしたものでなければならない」として，既に行われた犯罪と関係なく行われるおとり捜査は，「現行法の容認するところではない」との見解がある（三井・刑事手続(1)89頁）。

一般に，警察官の活動は，犯罪の予防・鎮圧を目的とする行政警察活動と，犯罪の証拠収集・犯人検挙を目的とする司法警察活動（捜査）に二分されるところ，モデルとしては，将来の犯罪の発生に備えて，その予防・鎮圧を目指すのが行政警察活動であり，過去の犯罪の証拠を収集し，犯人を検挙するのが司法警察活動（捜査）であるといえるかもしれない。しかしながら，両者を区分するのは，「犯罪の予防・鎮圧」か「犯罪の証拠収集・犯人検挙」かという，それぞれの目的であり，その中で，「将来の犯罪」か「過去の犯罪」かという点に両者を区分する決定的な意味を認めなければならないものではない（酒巻匡「おとり捜査」法教260号103頁）。例えば，警察は，スリ，ひったくり，痴漢などの犯人検挙と証拠収集を目的として，その種の犯罪が多発する時間帯・地域に捜査員を派遣して警戒する活動を行っているところ，警察用語では，このような活動は「よう撃捜査」と呼ばれている。「よう撃捜査」は，犯人の検挙と証拠収集を目的とするものなので，行政警察活動とはいい難いが，「将来の犯罪」の犯人検挙と証拠収集を目的としているから許されないとすべき実質的な理由を見いだすことはできない。

また，将来の犯罪の発生を見込む活動は，捜査の範囲を超えるのではないかという問題に対する反論として，既に行われた犯罪の捜査と併行して将来の犯

罪への対応を見込んでいることを指摘する見解もあるが（増補令状基本(上)〔池田修〕40頁），むしろ端的に将来の犯罪について証拠収集・犯人検挙を目的とする活動も「捜査」といえると考えるべきであろう（酒巻・前掲法教260号104頁，長沼＝上冨・前掲法教318号82頁，多和田・前掲287頁等）。前掲最決平16・7・12は，前述のとおり，おとり捜査が刑訴法197条1項に基づく任意捜査として許されるとしたところであり，将来の犯罪に対する任意捜査が可能であることを前提としているものと解される。

(3) **機会提供型と犯意誘発型（二分説）**

どのような場合におとり捜査が適法と認められるかについて，学説では，アメリカの「わなの理論 entrapment」を参考に，元々犯意を有していた者に犯罪の機会を提供した場合（機会提供型）と，おとり捜査によって犯意を生じさせた場合（犯意誘発型）とを区別し，機会提供型は適法であるが犯意誘発型は違法であるという見解（二分説）が有力で，我が国の下級審レベルの実務でも，このような考え方で判断されてきた傾向があった（多和田・前掲277頁）。

前掲最決平16・7・12の1審判決（大阪地判平13・9・11）も，この考え方を採用し，「おとり捜査の適法性の判断については，まず，犯意誘発型か機会提供型かを検討し，次に機会提供型であっても捜査機関側の働きかけが相当性を逸脱しているかどうかを検討し，機会提供型で働きかけが相当である場合におとり捜査の適法性が認められる。」と判示した上，「本件捜査は，従前から大麻を密売したいと考えていた被告人に対し，Xらがその取引の機会を提供したものであることは明らか」で，「捜査機関側の対応は，買い手はいないかと尋ねてくる被告人に対して，Xが大阪には買い手がいると紹介し，Yは東京まで戻って大麻を持ってくるという被告人の提案に応じて待っていたというもので，いずれも受動的なものにとどまり，捜査機関の被告人に対する働きかけは相当なもの」と認められ，「本件で行われたおとり捜査は，機会提供型で捜査機関側の被告人に対する働きかけは相当と認められ，適法」と判断した。

おとり捜査を刑訴法197条1項に規定する任意捜査であると理解する場合，任意捜査の適法性の判断基準を示した最決昭51・3・16刑集30巻2号187頁との関係が問題となり，さらに，その判断基準との関係で，二分説の当否も問題とされている。

すなわち，前掲最決昭51・3・16が「任意捜査の適法性に関わる一般的な判断枠組みを示した」ものと理解する観点から，任意捜査とされるおとり捜査の適法性についても，その判断枠組み，つまり，「個別に，捜査手段としての相当性，すなわち，そこで侵害される法益の性質・内容と，捜査の対象となっている犯罪の性質・態様・軽重，嫌疑の程度，当該手段をとる必要性・緊急性などから導かれる捜査上の必要性とが合理的な権衡を保っているか」という基準が妥当するとすれば，その中で，「犯意」の有無がどのように位置付けられるか明確でなく，二分説の理論的な根拠には疑問が残るとの見解が示されている（佐藤隆之「おとり捜査の適法性」法教296号43頁，酒巻・前掲法教260号107頁）。

これに対し，前掲最決昭51・3・16は，任意捜査において許容される有形力の行使の限界に関するものであるから，「対象者の利益（行動の自由，プライバシー等）との関係で適否が問題となるもの」であれば格別，おとり捜査は，「国家が犯罪を創出するという点に違法性の実質があり」，そのような判断枠組みがおとり捜査に妥当するかにつき疑問を呈する見解もあり，この見解からは，「共犯の因果性の考え方」を踏まえ，「犯意誘発型は，法益侵害に対する因果性の強さという点で，国家が犯罪を創出したという面が強く，違法の度合いが大きいのに対し，機会提供型は，おとり捜査が行われなくとも別の機会に同種犯罪が行われたがい然性のある場合であるから，創出という面が薄く，違法性は小さいといえる」とし，「対象者の犯罪性向いかんにより，犯罪をつくり出す力の強弱に違いが生ずると見ることができるから，必ずしも二分説に理論的基盤がないとはいえないであろう」と主張されている（多和田・前掲281頁・286頁）。

この点，犯意誘発型と機会提供型との間で違法性の程度に差があることは否定できないが，それが前者は違法で後者は適法であるとするだけの差であるかが問われることになろう。

(4) **おとり捜査の違法性の根拠**

おとり捜査を違法とする根拠として，一般に，「①人格的自律権，個人の尊厳に対する侵害」「②捜査の公正に対する侵害」「③国家による犯罪の創出等」の3点が挙げられる（多和田・前掲277頁以下）。

おとり捜査の違法性の根拠を「人格的自律権」や「個人の尊厳」の侵害等に求める見解は，憲法13条の趣旨が，プライバシー権や公権力から干渉を受け

ない権利（人格的自律権）など人格的権利・利益を保護するものであり，犯意誘発型のおとり捜査は，これを「実質的に侵害・危殆化する行為」として，任意捜査の限界を超えると見られる場合も起こり得るという（三井・前掲89頁）。

しかしながら，他人の教唆・幇助を受けて犯意を形成し，犯罪を実行した場合に，教唆者・幇助者から「人格的自律権」や「個人の尊厳」を侵害されたといえない以上，公権力による場合だけ「人格的自律権」や「個人の尊厳」の侵害を認めることは困難であるように思われる。国家権力からの自由が憲法上の価値に含まれるとしても，そこで保護しようとするものには私人との関係でも保護に値するような実質が必要であろう。

次に，「捜査の公正に対する侵害」を主張する見解は，例えば，「犯意誘発型のおとり捜査は，国家が自ら人を教唆して新たに犯罪を行わしめるという点において，基本的に憲法の精神（とりわけ前文，13条・31条等）に反する」という（島田仁郎「おとり捜査」中武靖夫＝高橋太郎編・捜査法入門296頁）。しかしながら，「憲法の精神」や前文その他の規定から，具体的な規範として，おとり捜査の禁止を読み取ることは困難であり（多和田・前掲279頁），結局，何が公正で，何が不公正かは，人それぞれといわざるを得ないのではなかろうか。「おとり捜査などは，断じて許されない。」とする人もいれば，「おとり捜査は，なるべくなら行わない方がよいだろうが，それで犯罪者が検挙できるなら，やむを得ない。」とする人もいるであろうし，「犯罪を撲滅するために，是非おとり捜査を活用すべきである。」と考える人もいるかもしれない（和田雅樹「おとり捜査―検察の立場から」三井ほか・新刑事手続Ⅰ184頁は，アメリカのＦＢＩが，おとり捜査の活用を嫌うフーバー長官の死後，おとり捜査を活用するようになり，その数，予算ともに飛躍的に増大させていったことを紹介している）。したがって，「捜査の公正に対する侵害」をおとり捜査の違法性の根拠とすることは疑問である（多和田・前掲280頁）。

「国家による犯罪の創出等」がおとり捜査の違法性の根拠であるとする見解を突き詰めると，「究極的には実定刑罰法規の趣旨，法治国家の理念（捜査機関も実体法規に従った捜査活動を行わなければならない。）に求められることになるのではないか」とされる（多和田・前掲同頁）。おとり捜査は，実定刑罰法規が禁止する犯罪行為（法益侵害行為）に加功するものであるから，その点で訴訟法上も違法性を帯びる場合があることは否定できず，この点がおとり捜査

の違法性の根拠になると考えられる。

(5) **おとり捜査の適法性の判断基準**

おとり捜査が，実定刑罰法規が禁止する犯罪行為（法益侵害行為）に加功する結果，違法性を帯びる場合があるとすれば，それが適法とされるためには，そのような犯罪行為（法益侵害行為）に加功することを正当化するに足りる公益の存在が求められることになる。

そして，前掲最決平 16・7・12 は，おとり捜査について，「少なくとも，直接の被害者がいない薬物犯罪等の捜査において，通常の捜査方法のみでは当該犯罪の摘発が困難である場合に，機会があれば犯罪を行う意思があると疑われる者を対象におとり捜査を行うことは，刑訴法 197 条 1 項に基づく任意捜査として許容される」旨判示した。

この基準が示されたことにより，これまでの裁判例に現れたようなおとり捜査の事案の多くは，今後，事案ごとにおとり捜査の必要性と相当性を比較衡量により検討する方法ではなく，この基準に当てはまるかどうかによって適法性を判断できると思われ，その意味で有用性の高い判示であると評価できる。

(a) **対象犯罪** 前掲最決平 16・7・12 は，おとり捜査の対象犯罪として，「直接の被害者がいない薬物犯罪等」を挙げている。直接の被害者がいないため，その供述により犯罪事実の存在すら明らかにできない密行性のある犯罪は，おとり捜査の必要性が高い類型といえる。「薬物犯罪等」の「等」としては，銃器事犯や売春事犯が考えられる（多和田・前掲 289 頁）。

(b) **補充性** おとり捜査が認められるのは，「通常の捜査方法のみでは当該犯罪の摘発が困難である場合」である。なお，「当該犯罪」とは，「おとり捜査によって摘発しようとする将来の『薬物犯罪等』そのものではなく，その犯罪につながるような同種の被疑事実のこと」をいう（多和田・前掲同頁）。おとり捜査は，実定刑罰法規が禁止する犯罪行為に加功するもので，違法性を帯びる場合があることは否定できないから，このような補充性が求められることはやむを得ないが，「摘発」とは，同種の被疑事実について有罪獲得の確実性をいうと解すべきであろう。また，多和田・前掲 283 頁は，補充性の要件について，「犯罪・犯人摘発の必要性・利益と相関させて考慮されるべきものと考えられ，事態が流動的な捜査段階では，既に行われた犯罪の嫌疑で検挙するか，

それを保留しておとり捜査を行うかは，捜査官の裁量判断にゆだねられるところが大きい」と指摘している。

　例えば，薬物譲渡の事実について，譲受人の供述が得られるなどし，逮捕状の発付を受けられる見込みがあったとしても，起訴・有罪判決に至る確実性がない場合には，なお通常の捜査方法のみでは当該犯罪の摘発が困難である場合に当たるといえよう。また，薬物を大量に扱い継続的に譲渡している嫌疑がある者について，少量の薬物を1回譲渡した事実については有罪獲得の確実性があったとしても，嫌疑に相当する犯罪の摘発は困難であり，「事案によっては，泳がせておとり捜査を用いてより重大な薬物事犯で検挙することも許容される」と考えられる（多和田・前掲290頁）。さらに，組織的に薬物譲渡を行っている嫌疑がある場合に，末端の者については有罪獲得の確実性があったとしても，組織の上位者について有罪獲得の確実性がないときは，上位者及び末端の者について，おとり捜査を行うことも許されると解してよいと思われる。

　(c)　対象者　　前掲最決判平16・7・12は，おとり捜査の対象者として，「機会があれば犯罪を行う意思があると疑われる者」を挙げた。明らかに，これは機会提供型を念頭に置いた判示となっているが，機会があれば犯罪を行う「意思がある者」ではなく，「意思があると疑われる者」とされていることから，結果的に，犯罪を行う意思があったことが立証されなくても，そのように疑う合理的な根拠があったと認められる場合には，判示の基準に該当するといえよう（多和田・前掲284頁も，「捜査時点での合理的な嫌疑」が基準となり，「仮に，事後的な資料から客観的には犯意誘発型であることが判明したとしても」違法ではないとする）。

　(d)　働き掛けの態様及び程度等　　前掲最決平16・7・12は，前述のような対象犯罪及び対象者について，補充性が認められる場合，おとり捜査を行うことは許容されるとしている。その上で，同決定は，当該事案において行われたおとり捜査の態様について，「被告人は既に大麻樹脂の有償譲渡を企図して買手を求めていたのであるから，麻薬取締官が，取引の場所を準備し，被告人に対し大麻樹脂2kgを買い受ける意向を示し，被告人が取引の場に大麻樹脂を持参するよう仕向けたとしても」，適法である旨判示している。この判示については，「被告人への働き掛けの程度が強いとの前提の下に『そこまでやったとしても』というような意味合いはこめられておらず，単に本件おとり捜査の

働き掛けの内容の要点を示す趣旨で上記表現を用いたにすぎない」のであって，そのような「働き掛けの態様，程度を超えるような働き掛けがされた場合に，これが違法となるという趣旨まで判示したものではない」とされている（多和田・前掲291頁）。おとり捜査を成功させるためには，対象者の警戒心を解き，確実に犯罪を実行させる必要があるから，「巧みな言辞」を用いるなど，相当積極的な働き掛けを行うことも許容されると考えられる（多和田・前掲同頁）。

　おとり捜査において，捜査機関が用いることが許容される働き掛けの態様及び程度等については，おとり捜査の対象者に対する嫌疑の内容や程度等に応じて異なり得るものと考えられるものの，前掲最決平16・7・12の基準を満たす場合について，どの程度の働き掛けが許されるかについて，同決定は具体的な基準を示していない。この点，多和田・前掲同頁は，捜査機関の働き掛けの結果，「犯罪を創出した」と評価できる場合には，違法となるとの見解を示唆しているが，「機会提供に過ぎない場合であっても，『捜査機関による働きかけがなければ当該犯行はなかった』という条件関係を否定することができない以上，犯罪は国家により創り出されている」との指摘もあり（佐藤隆之「おとり捜査」刑訴百選（第7版）26頁），「犯罪を創出した」と評価できるかどうかという基準により限界を画することには困難を伴うように思われる。

　この点に関し，酒巻・前掲法教260号108頁は，「捜査機関が犯人の恋人に依頼し親密な感情の絆を利用して薬物譲り受けを懇願させた場合に，結論が変わるであろうか」などの問題を提起し，捜査機関の行為の不当性をおとり捜査の違法性の判断の枠組みに取り込むことの困難さを指摘している。

　おとり捜査の違法性の根拠を「国家による犯罪の創出等」ないし法益侵害結果の惹起に求める観点からすると，確かに，対象者が「機会があれば犯罪を行う意思」を有する限り，これを検挙するための働き掛けの態様及び程度（特に，その不公正さや不当性）が法益侵害結果惹起の危険性に影響する程度は，相当限定的であり，この観点から働き掛けの態様及び程度を限界付けることは容易でない。

　もっとも，あまりに過剰な態様及び程度の働き掛けが行われた場合には，そもそも「機会があれば犯罪を行う意思」を有していたかどうかに疑いを生じるものと考えられるから，前掲最決平16・7・12の基準が適用されるケースで

は,「機会があれば犯罪を行う意思」を有していたことに疑いが生じるかどうかが, 働き掛けの態様及び程度等の許容性を限界付けるものと考えられる。

(e) 前掲最決平 16・7・12 の基準に該当しない場合　　前掲最決平 16・7・12 の判示において,「少なくとも」とされていることから明らかなとおり, この判示は, おとり捜査が許容される 1 つの場合を示したもので, この判示に該当しないからといって, 直ちに違法とされるわけではない。そのようなケースでは, 当該事案の下で, おとり捜査を用いたことを正当化するに足りる必要性・相当性があったかどうかが個別に検討されることになろう。

なお,「少なくとも」は,「薬物犯罪等の捜査」だけでなく,「通常の捜査方法のみでは当該犯罪の摘発が困難である場合」「機会があれば犯罪を行う意思があると疑われる者」にも掛かっている（多和田・前掲 290 頁）。

### 3 おとり捜査が違法とされた場合の効果

アメリカのわなの理論では, おとり捜査が違法であるとの主張が犯罪成立に対する抗弁として位置付けられるが, 我が国の最高裁は,「他人の誘惑により犯意を生じ又はこれを強化された者が犯罪を実行した場合に, 我が刑事法上その誘惑者が場合によつては麻薬取締法 53 条のごとき規定の有無にかかわらず教唆犯又は従犯として責を負うことのあるのは格別, その他人である誘惑者が一私人でなく, 捜査機関であるとの一事を以てその犯罪実行者の犯罪構成要件該当性又は責任性若しくは違法性を阻却し又は公訴提起の手続規定に違反し若しくは公訴権を消滅せしめるものとすることのできないこと多言を要しない。」（最決昭 28・3・5 刑集 7 巻 3 号 482 頁）との立場を一貫してとっている。

これに対し,「犯意誘発型で違法性が極度に高い場合（働き掛けも強度で, 国家が犯罪を行ったに等しいような場合）」には, 公訴棄却や免訴もあり得るとの見解もある（多和田・前掲 286 頁, 島田・前掲 297 頁）。

他方, 判例において違法収集証拠排除法則が確立されていることから（最判昭 53・9・7 刑集 32 巻 6 号 1672 頁）, 実務的には, おとり捜査に重大な違法があるとされた場合, 将来における違法な捜査の抑制の見地から, 違法なおとり捜査により得られた証拠の証拠能力を否定するとの考え方が受け入れやすいと思われる（多和田・前掲 286 頁, 島田・前掲 299 頁等）。

今後は，前掲最決平16・7・12が判示した基準に当てはまる場合に，おとりの働き掛けの態様・程度等によって違法と判断されるケースが生じるかどうか，違法と判断された場合に証拠能力が否定されるケースが生じるかどうか，さらに，同基準に当てはまらない事案において，どのように適法性が判断されるかなどが注目される。

## 4 設問の検討

設問は，麻薬取締官Ｙが，協力者Ｘから情報提供を受け，その紹介により，甲と接触して，おとり捜査を実施した事案である。

その適法性を検討するに当たっては，まず，前掲最決平16・7・12が判示した「直接の被害者がいない薬物犯罪等の捜査において，通常の捜査方法のみでは当該犯罪の摘発が困難である場合に，機会があれば犯罪を行う意思があると疑われる者」を対象とするものであったかどうかが問題となる。

本件おとり捜査は，甲から大麻樹脂の買手を紹介してくれるよう電話で依頼を受けたというＸの情報提供を端緒として開始されたのであるが，これが事実であれば，甲が営利目的で大麻樹脂を所持し，これを譲渡しようとしていること，さらには，これを反復継続していることなどの嫌疑が生じよう。本件おとり捜査は，大麻取締法違反という「直接の被害者がいない薬物犯罪」を対象とするものであることが明らかである。大麻取締法には，おとり捜査を許容する規定はないが，刑訴法197条1項が根拠となる。

捜査の端緒を得た捜査機関としては，まずは，Ｘからの情報提供の信憑性を確認するため，Ｘから，甲と知り合った経緯や交友の状況など甲に関する情報を聴取するほか，甲とＸは刑務所で知り合ったというのであるから，甲の前科の内容などを調査することになろう。Ｘの情報提供の内容等の確度が高いとすれば，甲は，かねてから薬物の密売を行っていることが窺われ，これを摘発する必要性は非常に高いといえる。

しかしながら，この段階では，甲の住居や，甲が所持する薬物の隠匿場所，共犯者など関係者の存否，それまでの密売事実の存否や具体的内容等は，全く明らかになっていない。仮に，内偵捜査により，甲の住居が明らかになるとともに，Ｘから提供された情報につき具体的な裏付けが得られるなどして，甲の

住居等に対する捜索差押許可状が得られたとしても，多くの場合，薬物の密売人は，摘発を避けるため，住居以外の場所に薬物を隠匿しており，甲が密売している薬物等を確実に押収し，甲を検挙できる可能性は非常に低いといわざるを得ない。そうすると，通常の捜査を続けたとしても，薬物の密売や所持などについて有罪獲得の確実性があるとは到底いえず，通常の捜査方法のみでは当該犯罪の摘発が困難である場合に当たるといえる。

そして，Xからの事情聴取やその裏付け捜査，甲の前科の内容の調査等を実施することにより，Xからの情報提供の内容に信憑性が認められるとすれば，甲は，おとり捜査による働き掛けを行う以前から，営利目的で大麻樹脂を所持し，あるいは譲渡を行う意思を有していると認められ，機会があれば大麻取締法違反の犯行を行う意思があると疑われる者に当たる。この点は，Yが甲と接触した段階の甲の言動によって，更に裏付けられていくことになろう。

このように，設問の事案は，前掲最決平16・7・12が判示した基準を満たし得る事案であり，その働き掛けの態様及び程度等に照らし，「機会があれば犯罪を行う意思」を有していたことに疑いが生じるとは認められない（捜査機関の働き掛けの結果，「犯罪を創出した」と評価できる場合には，違法となるとの見解をとっても，「その働き掛けの態様，程度は，かねて大麻密売を企図していた被告人に，その実行の機会を与えたにすぎないといえるものであり，犯罪を作り出したという面は薄い」といえる（多和田・前掲291頁））から，このおとり捜査は適法と評価できるであろう。

他方，Yの依頼を受けたXの働き掛けにより甲がかねて所持していた大麻を売ることにした場合，二分説によれば，犯意誘発型として違法とされよう。これに対し，前掲最決平16・7・12が判示した基準では，おとり捜査を行う時点で，「機会があれば犯罪を行う意思があると疑われる者」であったかどうかが問題で，そのように疑う合理的な根拠があったと認められるときは，なお適法とされ得る。

なお，Yが麻薬取締官ではなく，警察官である場合も，前掲最決平16・7・12の判示では区別がなく（大麻取締法におとり捜査を許容する規定はなく，この点でも，麻薬取締官と警察官の差はない），結論は異ならないと考えられる。

【田野尻　猛】

68　第1章　捜査及び起訴前弁護

## 5　コントロールド・デリバリー

　輸入貨物の税関検査の際，エックス線検査を実施したところ，ある荷物の中に薬物が入っていることが判明した。そのため，警察は，当該輸入貨物の輸入者を特定するため，コントロールド・デリバリーを実施し，A方居室に搬入され，Aが当該輸入貨物を受領したことから，Aを逮捕した。このような捜査手法は許されるか。また，コントロールド・デリバリーを実施するに当たり，当該輸入貨物に，その所在を確認するための電波発信機（ビーパー）を設置しておくことは捜査手法として許されるか。
　なお，Aには何罪が成立するのか，また，コントロールド・デリバリーの態様によって，成立する犯罪に違いはあるか。


### 1　概　要
#### (1)　設問に含まれている問題点，ポイントについて
この設問内の問題点，ポイントを列挙すると，
○　実務で想定されているコントロールド・デリバリーの具体的な状況はどのようなものか
○　コントロールド・デリバリーを実施する必要性や意義はいかなる内容か
○　コントロールド・デリバリーの態様として，コントロールド・デリバリーには，ライブ・コントロールド・デリバリーと，クリーン・コントロールド・デリバリーの2種類があること
○　クリーン・コントロールド・デリバリーに関する法律上の措置に関し，クリーン・コントロールド・デリバリーにおいては，薬物やけん銃等を所持した外国人の入国や，それらの禁制品の入った貨物の税関通過の関係において，法律上の手当は全く必要ないこと
○　対象物が薬物の場合，薬物を所持する外国人の入国や，薬物の入った貨物の税関通過に関し，麻薬特例法（国際的な協力の下に規制薬物に係る不正行為を助長する行為等の防止を図るための麻薬及び向精神薬取締法等の特例等に関する法

律)3条,4条が特別の規定を置いており,対象物が薬物であれば,クリーン・コントロールド・デリバリーだけではなく,ライブ・コントロールド・デリバリーまで予定されていること
○　対象物がけん銃の場合,上記麻薬特例法3条,4条のような規定がないため,ライブ・コントロールド・デリバリーは予定されておらず,クリーン・コントロールド・デリバリーのみが予定されていること
○　コントロールド・デリバリーの捜査手法としての許容性・適法性については,刑事訴訟法の問題であり,特別の法律上の根拠はないこと(これまでに多数の裁判例が出されており,実務上,捜査手法としての許容性・適法性は問題とされていることではない)
○　コントロールド・デリバリーの許容性・適法性を検討する意義として,ある捜査手法について,刑事訴訟法上許容されるのかという点を検討する際の参考になること
○　おとり捜査との差異は何か
○　ビーパーを設置・利用する捜査手法に許容性・適法性が認められること(ビーパーを利用した捜査手法としての許容性・適法性を検討する際にも,上記の検討状況が参考になること。なお,最近の科学技術の進展によれば,単に当該貨物の所在地を送信するだけではなく,ビーパーの設置された貨物の周辺の会話を傍受したり,その周辺の景色を撮影して捜査機関に送信する超小型機器も想定できるが,この場合には,当該禁制品の移動の監視という枠組みを超えた新たな権利利益の侵害の問題を検討する必要があることから,ここでは,単に当該貨物の場所を継続的に捜査機関に送信する機能をもつビーパーについて検討しているが,将来,上記超小型機器の設置に関する捜査手法としての許容性・適法性を検討する際にもこのビーパーの設置に関する検討が参考になるものと考えられる)
○　成立する犯罪と罪数関係に関し,ライブ・コントロールド・デリバリーを実施するか,クリーン・コントロールド・デリバリーを実施するかにより,成立する犯罪と罪数関係が異なるのか(特に,ライブではなくクリーンを実施した場合に併合罪加重が生じるのか)
という点が考えられる。

### (2) 想定例

　読者にコントロールド・デリバリーについて具体的なイメージをつかんでいただくため，想定例（ここではライブ・コントロールド・デリバリー）として以下の態様が考えられる。

　甲県警は，情報提供者より，甲県内のA方に対し，B国から発送された小包の中に大量の覚せい剤が隠匿されているとの情報を入手したことから，甲税関長に対し，税関手続の特例（麻薬特例4条。内容は下記において詳細に説明している）を要請した。

　甲税関は，到着した上記小包を検査したところ，プラスチック製容器に入れられた大量の覚せい剤を発見し，麻薬特例法4条における税関手続の特例措置を決定した。

　同決定を受けた甲県警は，A方の捜索差押令状を取得して上記小包到着後にA方を捜索する準備をするとともに，Aの行動確認をしてその立ち回り先を把握し，立ち回り先についても捜索差押令状を取得した（仮に，この段階で，覚せい剤を，その代替物である錠剤等に置き換えてコントロールド・デリバリーを実施した場合にはクリーン・コントロールド・デリバリーとなるが，ここでは，そうした置き換えを行わず，本物の覚せい剤を抜き取らないまま進めたライブ・コントロールド・デリバリーの想定例として記載している）。

　こうして甲県警が，覚せい剤の散逸防止及び捜索・逮捕のため，A方周辺に必要な捜査態勢を敷いた後，宅配業者に対しては甲県警から事情を説明し，本物の覚せい剤が入った小包をそのままA方に届けてもらうことの了解を得た上で，宅配業者において，A方に上記小包を届けて，Aに手渡した。

　Aが上記小包を開封してプラスチック製容器を取り出し，その容器を開けて覚せい剤を確認していたところ，甲県警がA方及び立ち回り先に対する各捜索差押令状の執行に着手し，上記覚せい剤や密輸に関連する証拠資料を押収するとともに，Aを逮捕した。

　その後のAの取調べにおける供述内容や押収資料の分析により，Aは，B国の覚せい剤密売組織から，日本への密輸の指示を受けており，密輸の指示者や密輸に関与した者5名も別々に既に日本に入国し，甲県及び周辺のホテルに宿泊していてAと連絡を取り合っていたことなどが判明し，全員を共犯として逮

捕した。

## 2 意 義
### (1) コントロールド・デリバリーの有用性
　コントロールド・デリバリーについては，我が国の法令において直接規定されていないが，一般的には，薬物やけん銃等の不正取引が行われる場合に，捜査当局がその事情を知りながら直ちに検挙することなく，その十分な監視の下に，薬物やけん銃等の運搬を許容し追跡して，その不正取引に関与する者を特定するための捜査手法であると理解されている。

　なお，国際的なコントロールド・デリバリーの実施の観点から，その定義については，麻薬及び向精神薬の不正取引の防止に関する国際連合条約1条において，1又は2以上の国の権限のある当局が，事情を知りながらその監視の下で，薬物の入った不正な疑いのある送り荷が当該1又は2以上の国の領域を出たり，通過し，又は，これに入ることを認める捜査手法であると規定されている。

　例えば，郵送による輸入事案の場合，日本国内の者が受取人となっているだけでは共謀を認めることができず，国外の発送者に対する捜査が事実上実施できない場合が通常であることから，水際で摘発しても，その後で，日本国内の受取人とされている者から，勝手に受取人欄に記載されていただけであるなどと弁解された場合には立件が困難である。そこで，コントロールド・デリバリーを実施し，日本国内において受取人とされた者が実際に荷物を開けて当該物を取り出したり，関係者に連絡するなどしたところで摘発すれば，上記弁解ができず，立証が容易であるため，捜査上極めて有用である。

　この捜査手法には，中身の薬物やけん銃等を抜き取って代替物に置き換えて行うクリーン・コントロールド・デリバリーと，中身の薬物をそのままにして行うライブ・コントロールド・デリバリーがある。

### (2) 従来の捜査手法の延長線上にあり特に根拠規定はないこと
　コントロールド・デリバリーは，捜査手法としてみた場合，泳がせて監視・尾行・追跡をする方法の1つであり，従来からの捜査手法の延長線上にあるものにすぎない。

そのため，コントロールド・デリバリーの捜査手法としての許容性・適法性は，専ら刑訴法において検討されるべき問題であって，以下に記載する麻薬特例法や銃砲刀剣類所持等取締法において，特別な捜査手法として創設されたものではなく，また，泳がせて監視・尾行・追跡をすることの根拠となる規定もない。

### ③ 麻薬特例法3条，4条の意義

薬物については，平成3年に制定され同4年7月から施行されている麻薬特例法3条，4条があることから，クリーン・コントロールド・デリバリーだけではなく，ライブ・コントロールド・デリバリーも予定されているが，けん銃には，銃砲刀剣類所持等取締法において麻薬特例法3条，4条に該当する規定がないため，クリーン・コントロールド・デリバリーしか予定されていない。

すなわち，コントロールド・デリバリーの捜査手法は，薬物を所持した外国人を入国させるという点で，規制薬物を所持する外国人の上陸を禁じた出入国管理及び難民認定法5条1項6号に抵触するため，麻薬特例法3条によりその入国を許可できることとした。

また，薬物を輸入させるという点で，規制薬物を輸入禁制品とする関税法69条の11第1項1号に抵触するため，麻薬特例法4条により，上記薬物の通関を許可できることとしたものである。

### ④ 麻薬特例法8条，銃砲刀剣類所持等取締法31条の17の意義

麻薬特例法8条（平成3年の制定時は麻薬特例法11条として規定されていたが，平成11年の法改正時に8条となった）は，薬物犯罪を犯す意思をもって，薬物その他の物品を規制薬物として譲渡し，譲り受け，所持することなどを犯罪と規定している。これは，規制薬物を無害な物質に完全に置き換えるクリーン・コントロールド・デリバリーを実施する際には，当該物品の所持者，受取人等を逮捕・勾留し，処罰することができなくなるので，こうした犯罪類型を設けたものである。

次に，銃砲刀剣類所持等取締法31条の17も同趣旨の規定である。すなわち，けん銃等の不正な取引に関与している者を特定し，組織に打撃を与えるために

有効な捜査手法であるクリーン・コントロールド・デリバリーを実施することが必要であるが、従前は、クリーン・コントロールド・デリバリーを実施したとしても、けん銃等が捜査機関により抜き取られているため、不法所持罪等で検挙することができなかった。そこで、平成7年の改正により銃砲刀剣類所持等取締法31条の17が設けられ、捜査機関がけん銃等を抜き取った後の容器やけん銃等の代わりに入れておいた物を、けん銃等であるとの認識下に輸入し、所持し、譲渡・譲受けを犯罪として規定している。この罪は、クリーン・コントロールド・デリバリーの実効性確保のために設けられたものであるが、同時に、これに当たる行為は、客観的にけん銃等の輸入等がなされていると認識される状況で行われる行為であって、けん銃等の拡散を助長する危険性のある行為であり、これを放置すれば現実にけん銃等の拡散の拡大を招く危険性が極めて強いことから、けん銃等の拡散を助長する危険性のある行為として処罰するものである。

## 5 コントロールド・デリバリーの捜査手法としての許容性・適法性

　上記麻薬特例法3条、4条、8条、銃砲刀剣類所持等取締法31条の17の各法令により、麻薬特例法の規定する薬物犯罪についてはクリーン・コントロールド・デリバリーだけでなくライブ・コントロールド・デリバリーの実施が予定され、けん銃等の密輸入等については、クリーン・コントロールド・デリバリーの実施のみが予定されている。しかし、これまでに記載したとおり、捜査手法として、こうしたコントロールド・デリバリーを実施すること自体については法令が設けられていないことから、刑訴法においてその許容性・適法性を検討することとなる。従前から、コントロールド・デリバリーについては、クリーン・コントロールド・デリバリー及びライブ・コントロールド・デリバリーについて、それぞれ多数の裁判例が出され、いずれも捜査手法として許容性・適法性が認められていることが前提とされており、実務上、コントロールド・デリバリーにおける捜査手法としての許容性・適法性は問題とされていないといえるが、この点の考え方を整理すると以下のようになる。

### (1) 考え方

　刑訴法に基づく捜査においては、他人の正当な権利利益を害さない限り、捜

査目的を達成するため，犯罪の特質に応じて最も適切な捜査手法をとることが予定されている。例として，逮捕状や捜索差押許可状を取得している場合であっても，直ちに執行せず，犯人を泳がせて共犯者と接触するのを待つなどして逮捕・捜索に踏み切ったり，既遂になるのを待ってからスリの犯人を逮捕することなども行われており，捜査目的達成のため，犯人逮捕や捜索が可能であっても，その執行を遅らせることは許容される場合がある。

　もちろん，捜査機関は犯罪や危険が拡大しないように適切な段階で早期に犯罪を検挙すべき義務があり，犯罪捜査の的確な遂行の必要性と，犯罪被害の拡大防止の必要性をどのように考慮するのかについては，具体的な事件において捜査機関が適切に判断しなければならない問題である。

　例えば，誘拐，殺人，放火など，人の生命身体等に重大な害を与えるおそれがある場合には犯罪被害の拡大防止が優先されると想定されることから，コントロールド・デリバリーのような捜査手段がどのような犯罪についても適当であるとは考えがたい。

　逆に，コントロールド・デリバリーという捜査手段を用いる必要性が高い犯罪類型を一般的に想定することは十分可能である。コントロールド・デリバリーは，上記のとおり泳がせ捜査であり，捜査機関において，当該荷物が規制薬物等の禁制品であることを認識し，捜索差押えや関係者の一部の逮捕を実施できるのに，関係者全員を一網打尽にするため，あえて捜索差押えや逮捕を実施せず，捜査機関の監視の下に当該荷物の運搬を継続するものである。

　そこで，特に，薬物やけん銃に関する犯罪においては，これらが組織的犯罪であることが通常であり，首謀者や関与者全体を一網打尽にするには，犯人の動向を監視・追跡して組織全体を明らかにしなければならないことから，コントロールド・デリバリーという泳がせ捜査を実施することは，黒幕や関係者全員を一挙に摘発するために，極めて有効な捜査手法と考えられる。

　これに対し，コントロールド・デリバリーにおいては，捜査機関が薬物やけん銃等に関する新たな犯罪の発生を容認すること，その実施過程で当該禁制品が使用されたり，誤って社会に散逸すれば国民の生命身体等に重大な危険が及ぶという弊害も考えられないわけではない。しかし，既に犯行グループによって予定されていた薬物やけん銃等の授受に関する犯罪が捜査機関の監視の下で

行われるにすぎず，犯行グループを一網打尽にすることにより，その犯罪組織が将来継続して行う多数の犯罪を阻止することになる。また，薬物やけん銃の散逸のおそれについては，捜査機関による監視態勢を充実させたり，ライブではなくクリーン・コントロールド・デリバリーを実施することで防止できる。

そこで，薬物においては，爆発物等よりも人の生命などへの直接の危険が低いことから，クリーン・コントロールド・デリバリーだけではなくライブ・コントロールド・デリバリーであっても許容され，けん銃においては，万一，散逸した場合に人の生命などへの直接の危険が認められることから，クリーン・コントロールド・デリバリーが許容されるものと考えられる。

なお，麻薬特例法や銃砲刀剣類所持等取締法において，コントロールド・デリバリーの実施が予定されているのは，薬物及びけん銃の密輸入であるが，刑訴法における許容性という観点からは，コントロールド・デリバリーは，薬物及びけん銃の密輸入に限って許容されるものではない。つまり，目的物が薬物やけん銃に限られるものではなく，また，態様が輸入に限定されているものではないが，捜査機関において当該物が禁制品であると認識できる機会は，事実上，輸入の際の税関検査に限られるのが一般的であることから，薬物やけん銃の輸入事案以外にコントロールド・デリバリーを実施できる機会は少ないと思われる。

(2) おとり捜査との違い

おとり捜査は，捜査機関が自ら又は他人を使って第三者に犯罪を行わせるように働きかけをし，当該第三者が犯罪に及んだときに検挙する捜査手法である。しかし，コントロールド・デリバリーは，既に犯罪が行われている場合に，犯人を泳がせて薬物やけん銃の不正取引に関与している者を一網打尽にしようという捜査手法であり，捜査機関の行為によって犯人に新たな犯意を誘発させるものではないことから，おとり捜査とは異なっている。

## 6 刑訴法におけるコントロールド・デリバリーの許容性

コントロールド・デリバリーについては，法律に特別の定めがないことから，刑訴法197条1項により，任意捜査として許容される範囲内において，すなわち，強制の処分にわたらない範囲内において，必要性，緊急性等を考慮し，具

体的状況の下で相当と認められる限度で実施することができる。

　つまり，刑訴法197条1項は，「捜査については，その目的を達するため必要な取調をすることができる。但し，<u>強制の処分</u>は，この法律に特別の定のある場合でなければ，これをすることができない。」と規定しており，最高裁決定において，本項の意義につき，「捜査において強制手段を用いることは法律の根拠規定がある場合に限り許される。しかし，強制手段とは，有形力の行使を伴う手段を意味するものではなく，個人の意思を制圧し，身体，住居，財産等に制約を加えて強制的に捜査目的を実現する行為など，特別の根拠規定がなければ許容することが相当でない手段を意味するのであって，その程度に至らない有形力の行使は，任意捜査において許される場合がある。ただ，<u>強制手段に当たらない有形力の行使であっても，何らかの法益を侵害し又は侵害するおそれがあるのであるから，状況を問わず常に許容されると解するのは相当ではなく，必要性，緊急性なども考慮した上，具体的状況のもとで相当と認められる限度において許容されるものと解すべきである。</u>」と判示しており（最決昭51・3・16刑集30巻2号187頁），強制捜査と任意捜査の区別や任意捜査において許容される有形力行使の限度についての判断を示している。

　この刑訴法197条1項の強制の処分とは，捜査の必要性などの具体的状況にかかわらず，具体的根拠規定がなければおよそ許されないような捜査方法であり，強制の処分に当たるかどうかについては，個人の意思に反して行うことが許されないような性質の行為かどうか，強制という要素が加わっている行為かどうかという2つの観点から判断するのが一般的な考え方である。すなわち，有形力の行使ではないが，個人の人格的な権利利益の侵害が問題となり得る捜査手法について，およそ何らかの権利や利益の制約があれば強制処分に当たるというものではなく，そのような法定の厳格な要件・手続によって保護する必要があるような重要な権利・利益の制約を伴う場合に強制処分に当たるものと理解されている。

　そこで，刑訴法197条1項及び上記最高裁決定を踏まえ，6の冒頭に記載したとおり，コントロールド・デリバリーについては，法律に特別の定めがないことから，任意捜査として許容される範囲内において，つまり，強制の処分に当たらない限度において，かつ，必要性，緊急性なども考慮した上で，具体

状況の下で相当と認められる限度で許容されるものと考えられる。

　すなわち，（例えば，公道上における尾行や居住者の承諾を得て室内から屋外の対象を監視することが任意捜査として許容されることが明白であることを踏まえ），通常想定されている薬物やけん銃等の禁制品の監視について上記の判断枠組みに基づいて検討すると，犯人や関係者が気付いていないことからそれらの者の意思に反しているものではなく，また，何らかの強制の要素が加わっている行為ではない上，規制薬物の運搬方法，運搬経路等について十分な情報を収集した上で，規制薬物の散逸を防止し，被疑者の行動を確認するのに十分な人員，無線機器を配置し，尾行や張り込み等を行うことが想定されている場合には，上記判断枠組みにおける必要性，緊急性，具体的状況の下での相当性を充足しているものと考えられる（なお，こうした尾行，張り込み等による禁制品の監視行為は，犯人の逃走や規制薬物等の散逸防止のため，いつでも逮捕，差押えが可能な状態で行われるものであり，犯人の逃走や規制薬物等の散逸のおそれが生じたときには，直ちに，逮捕・差押え等の強制的な捜査に移行することになる）。

　前述1(2)の想定例においても，捜査機関の活動内容においては，個人の意思に反したり強制の要素を有するものではなく，また，十分な情報・証拠を収集するなどして，当該貨物の宛先に対する捜索差押令状を裁判所から取得した上で，当該貨物が宛先において受け取られた段階で令状執行に着手しているが，このような泳がせ捜査が任意捜査の手法として相当なものとして許容される典型例であり，通常実務で行われているものと思料される。

### 7 ビーパーについて

　尾行や張り込みによる監視・追跡の場合には，当該貨物を見失ったり，ライブ・コントロールド・デリバリーの場合には，当該禁制品が誤って散逸する危険があり得る。また，前述1(2)に記載した想定例においても，仮に，宛先が一時的な受け取り場所にすぎず，そこから更に移動した先に真の黒幕が存在しているような情報があったときには，捜査機関が把握しているのは一時的な受け取りの場所のみであり，捜索差押令状を事前に準備できるのはこの一時的な受け取りの場所にすぎず，そこから更に移動する場所については，捜査機関においてその場所を把握できない以上，事前に捜索差押令状を用意しておくこと

が不可能である。このような場合，一時的な受け取りの場所については事前に捜索差押令状を準備できるので，一時的な受け取りの場所において，当該貨物の受け取り等が行われた段階で，捜査機関がこの一時的な受け取り場所に踏み込んで捜索差押令状を執行し，受け取りに関与した者を逮捕した上で，その者の取調べや捜索により収集した証拠物を分析した上で，背後の黒幕などを順次摘発していくというのがオーソドックスな捜査手法と考えられる。しかし，例えば，捜査機関が事前に掴んでいる情報によれば，一時的な受け取り場所において受け取る者は，文字どおり一時的な受け取りにすぎず，中身を見ることもないまま，転送することが予定されているが，転送先の黒幕の実態を，一時的な受取人が全く知らないまま，単に利用されているにすぎないという情報を捜査機関が把握している場合，一時的な受け取り場所のみを捜索し，一時的な受取人の事情聴取を行ったとしても，そこから黒幕や犯行グループ全体を解明することができないという事案の存在も想定できないわけではない。

　こうした場合，当該貨物に小型のビーパーと称する電波発信機を装着し，その所在を継続的に送信させることにより，当該貨物の移動を機械的に監視・追跡するという捜査手法が有用であると考えられる。なお，最近の科学技術の著しい進展によれば，単に当該貨物の所在地を送信するだけではなく，ビーパーの設置された貨物の周辺の会話を傍受したり，その周辺の景色を撮影して捜査機関に送信する超小型機器も想定でき，この場合には，当該禁制品の移動の監視という枠組みを超えた新たな権利利益の侵害の問題を検討する必要があるものの，少なくとも，本稿執筆時点では，そのような超小型機器に関する裁判例が見当たらないことから，ここでは，単に当該貨物の場所を継続的に捜査機関に送信する機能をもつビーパーについて検討しているが，このビーパーに関する検討状況は，将来，上記超小型機器を利用した捜査手法の許容性・適法性を検討する際の重要な参考になるものと思料される。

　このビーパーの問題点としては，ビーパーの設置は，接近した尾行によって犯人に気付かれるおそれがあったり，距離をおいた尾行をして見失うというおそれがあるという，捜査官の五官の作用による尾行・追跡の短所を補うことができ，犯人の的確な検挙及び規制薬物の散逸の確実な防止に貢献するものと考えられる。他方で，ビーパーは，当該貨物の現在地の情報を継続的に自動送信

するものであるが，捜査官による尾行・追跡と併用されるものであることから，当該貨物やその周辺のプライバシー・人格的な権利利益と無関係というわけにはいかず，任意捜査としての許容性が問題となり得るものと思われる。

そこで，刑訴法197条1項の強制の処分に当たるかどうかについてここでも前述6に記載した判断枠組みに基づいて検討しておく必要がある。まず，犯人等の関係者に気付かれないように実施する捜査手法であっても，当該犯人等の関係者が気付いていないということのみを理由として，意思の制圧の要素を考慮する必要がないので強制の処分に当たらないとはいい難い（参考例として，個人の容貌等の写真撮影や会話傍受については，相手方に気付かれないものであっても，公道上の場合と住居内の場合とで基本的に性質が異なるものと考えられ，望遠レンズによる住居内の私生活の撮影等は，個人の意思に反して行うことが許されない性質の行為であるため捜査手法として許容されないが，公道上の場合には，必要性・緊急性があり，具体的事案において相当と認められる限度であれば許容されるものと考えられる）。その上で，ビーパーについて検討すると，その設置は，任意捜査として許容される捜査官の五官の作用を用いた監視の補助手段と位置付けることができる。ビーパーを用いると，常時間断なく，機械的正確性をもって情報を収集できるが，これは多数の捜査員と連絡用無線機器等を活用して行う尾行や追跡と同様である。また，ビーパーの設置は，現に犯罪が行われ，引き続き犯罪の発生が具体的に予想される状況下において，当該貨物の移動を監視・追跡するのに必要最小限の情報を取得するにとどまることから，少なくとも，公道上等，当該物の移動が性質上一般公衆にさらされている状況下であれば，任意捜査として許容される捜査手法であると認められる。

なお，このビーパーの設置自体について我が国の裁判例は見当たらないことから，関連すると思料される裁判例を見ると，公道上等における写真撮影に関する代表的な判例があり，最高裁は，現に犯罪が行われ若しくは行われたのち間がないと認められる場合であって，しかも証拠保全の必要性及び緊急性があり，かつその撮影が一般的に許容される限度を超えない相当な方法をもって行われるときは，被撮影者の同意がなく，無令状であっても，犯人及びその周囲にいて除外できない人の写真撮影が許されるとしている（最判昭44・12・24刑集23巻12号1625頁）。このように公道上等における写真撮影に関する最高裁判例

によれば，犯罪が現に行われ又はこれに準ずる状況下における写真の撮影は強制の処分ではなく，証拠保全の必要性，緊急性があり，かつ相当な方法である限り，任意捜査として許容されると判断されているものと考えられる。

　以上を踏まえ，さらに，ビーパーを設置した貨物が，公道から住居内に入った場合について検討する（通常は，前述**1**(2)の想定例にあるように，当該貨物が受取主の住居に入る前に，その住居に対する捜索差押令状を捜査機関が取得しており，当該貨物が住居に入った段階で捜索差押令状が執行されることになるため，ビーパーの必要は乏しいことから，何らかの事情により，捜査機関が捜索差押令状を取得していない住居等に当該貨物が持ち込まれ，それにビーパーが設置されている場合を想定して検討する）。当該貨物については，捜査機関が適法に禁制品であると確認したものであり，通常，規制薬物やけん銃等の密輸入等の犯罪が成立している事案である。そして，ビーパーから送信されてくる情報は，当該貨物が，住居内にあるという情報のみであって，住居内の映像や音声等を捜査機関に知らせるものではないため，住居内の会話を盗み聞きすることや，住居内をのぞき見することとは異なるものである。そこで，ビーパーから送信される情報については，当該貨物が，その住居に持ち込まれたという情報であり，これは捜査機関による尾行・追跡によって得られる情報を裏付けるものでしかないことから，捜査官の五官の作用による尾行・追跡の補助手段と考えられるため，上記判断枠組みによれば，強制処分とは認め難いものといえることを前提として（コントロールド・デリバリーにおけるビーパーの設置が強制処分に当たらないとしても，直ちに任意捜査として許容されるというものではないが），侵害される又はそのおそれのある利益の重大性と，当該捜査行為の必要性・緊急性とを比較考量し，相当と認められる限度において許容される。この許容性は，具体的事案において個別に判断しなければならないが，送信される情報が当該禁制品の所在地のみであって必要最小限度のものであることから，相当性が認められるのが通常であろうと考えられる。なお，麻薬特例法上は，クリーン・コントロールド・デリバリーだけではなく，ライブ・コントロールド・デリバリーも予定されているが，ライブ・コントロールド・デリバリーの場合においては薬物が散逸する危険性があることから，そもそもライブで実施することに関し，薬物を抜き取ってクリーンで行うことに困難や相当な問題があるという事案であって，このようにライブで行う必要性が認めら

れる事案であることを前提として，ライブで行うときには禁制品である薬物が誤って散逸する危険を最小限のものにするためにビーパーが一層有用であるということも相当性判断に当たって考慮すべきであると思われる。

## 8 成立する犯罪について
### (1) 薬物の取締法上の輸入罪

薬物の取締法上の輸入罪（例えば，覚せい剤取締法，大麻取締法，麻薬及び向精神薬取締法に規定された各輸入罪）については，税関空港に着陸した航空機から薬物を取りおろすことによって既遂に達しており，これは確立された判例である（例として，覚せい剤の輸入罪につき，最判昭58・9・29刑集37巻7号110頁。なお，これは，宅配型の輸入であっても，携帯型の輸入であっても同様である）。そこで，薬物の輸入に関与した者に対して，各薬物取締法上の輸入罪の既遂（共同正犯が通例であろう）が成立することについては，その後のコントロールド・デリバリーの実施の有無により（もちろん，実施されたコントロールド・デリバリーがクリーンかライブかによっても）何ら影響されることはない。

### (2) 関税法上の輸入罪

関税法上の輸入とは，外国から本邦に到着した貨物を本邦に（保税地域を経由するものについては保税地域を経て本邦に）引き取ることをいう（関税2条1項1号）。

そこで，まず，クリーン・コントロールド・デリバリーの場合には，通常，税関で薬物，けん銃が発見され，そこで禁制品自体は抜き取られることから，禁制品が保税地域から外に出ることはないため，関税法上の輸入罪は未遂にとどまることとなる。

次に，ライブ・コントロールド・デリバリーの場合には，税関で薬物が発見された後も，捜査の都合によって薬物を保税地域の外に出すことになるため，関税法上の輸入罪が既遂なのか，未遂にとどまるのかという問題がある（なお，関税法109条3項によれば，未遂であっても刑の減軽はできない）。この点，最高裁は，関税法上の輸入における本邦への引取りは，申告，検査，関税の賦課徴収及び輸入許可という一連の行為を経て行われることが予定されたものであり，情を知らない通関業者が輸入申告をし，申告に係る貨物についての税関長の輸入許可を得た後，配送業者が，捜査当局から当該貨物に薬物が隠匿されていること

を知らされ，ライブ・コントロールド・デリバリーによる捜査への協力要請を受けてこれを承諾し，捜査当局の監視下において当該貨物を保税地域から本邦内に引き取った上，捜査当局との間で配達の日時を打ち合わせ，犯行グループが当該貨物を受領すれば捜査当局において直ちに薬物所持の現行犯人として逮捕する態勢が整った後，当該貨物を配達したものであるところ，犯行グループは，通関業者や配送業者が通常の業務の遂行として当該貨物の輸入申告をし，保税地域から引き取って配達するであろうことを予期し，運送契約上の義務を履行する配送業者らを自己の犯罪実現のための道具として利用しようとしたものであり，他方，通関業者による申告はもとより，配送業者による引取り及び配達も，犯行グループの依頼の趣旨に沿うものであって，配送業者が，捜査機関から事情を知らされ，捜査協力を要請されてその監視下に置かれたからといって，それが犯行グループからの依頼に基づく運送契約上の義務の履行としての性格を失うということはできず，犯行グループは，その意図したとおり，第三者の行為を自己の犯罪実現のための道具として利用したものであり，関税法上の輸入罪は上記配達により既遂に当たる旨判示している（最決平9・10・30刑集51巻9号816頁）。

(3) **上記(1)と(2)の罪数関係**

上記(1)の薬物の取締法上の輸入罪と，上記(2)の関税法上の輸入未遂又は既遂罪は，1個の行為が2個の罪名に触れる場合であるから，観念的競合であり，刑法54条1項前段により，一罪として，重い薬物の取締法上の輸入罪で処罰されることになる。

(4) **当該禁制品の受取人には，上記(1)〜(3)のほか，所持罪が成立するか**

コントロールド・デリバリーが実施された場合，当該禁制品を受け取った者は，通常，上記(1)〜(3)について共同正犯として処罰されることになるが，その他に，受け取った際の薬物等の所持罪が成立するかどうかが問題となる。

まず，ライブ・コントロールド・デリバリーについては，上記(1)の薬物の輸入既遂罪とは別に所持罪として評価すべきとの考え方もあり得るが，薬物の所持が本件薬物の宅配貨物の受領に伴う所持の範囲を出ておらず，本件大麻輸入に必然的に伴う所持と認められるものであって，上記(1)の薬物の輸入既遂罪とは別に薬物の所持罪は成立しないという見解も有力であり，この場合には，併

合罪加重はない。この点，参考となる下級審の裁判例として，大麻のライブ・コントロールド・デリバリーの事案において，検察官が大麻の輸入既遂罪，関税法上の輸入既遂罪のほか，大麻の所持罪をも併合罪として起訴したことに対し，「本件の国際航空郵便による大麻の輸入は，大麻取締法上は航空機外に搬出された時点で既遂になるものの，関税法上は，郵便配達員がホテルフロント係に手渡した時点で既遂になったのであり，被告人から依頼された甲が大麻を所持してから，捜査員が発見するまでわずか16分しか経過しておらず，場所的にも同一のホテル内にとどまったのであるから，被告人が甲を介して本件大麻を所持したことは，輸入に伴う必然的な結果であり，この所持は大麻輸入罪に吸収されて別罪を構成しない。これは罪数評価の問題であり，所持の事実が証明されない場合ではないから無罪を言い渡すことはしない。」と判示したものがある（東京地判平13・9・28判時1764号151頁）。

　他方，クリーン・コントロールド・デリバリーの場合には，薬物の輸入既遂罪，関税法上の輸入未遂罪のほか，麻薬特例法8条の代替物品所持罪が成立して併合罪となる。参考になる下級審裁判例においては，「輸入された薬物がそのまま被告人方に配送され，被告人がこれを受領した直後に差押がなされたとすれば，被告人方における薬物の所持は，その輸入に伴う必然的な結果として，薬物の取締法上の輸入罪に吸収されて別罪を構成しないと解する余地があるが，クリーン・コントロールド・デリバリーが実施された本件では，薬物の取締法上の輸入罪の客体と，麻薬特例法8条の代替物品所持罪の客体が異なっていることなどに照らし，上記のような吸収関係を認めることはできず，薬物の取締法上の輸入罪の既遂と，麻薬特例法8条の代替物品所持罪が共に成立して併合罪の関係に立つ。」と判示し，クリーン・コントロールド・デリバリーの実施の有無という被告人の知らないところで併合罪加重が決まることになるが，クリーン・コントロールド・デリバリーの場合は，ライブの場合よりも禁制品が社会に拡散する危険が低く，関税法上の輸入罪は未遂にとどまっていることから，量刑としては被告人に不公平な結果を招くことはないとしている（東京地判平15・10・6判時1851号160頁）。

【中村　芳生】

## 6 写真撮影

(1) 覚せい剤取締法違反被疑事件による被疑者方の捜索・差押えの際，捜索により発見した差押対象物である覚せい剤の保管状況を写真撮影することはできるか。競馬法違反（のみ行為）被疑事件の被疑者方の捜索・差押えの際，同人方の電話台横の壁面に記されたのみ行為に関するものと認められるメモについてはどうか。

(2) 職務質問の際，被質問者が素直に質問に応じている状況を証拠化するため，その現場を写真撮影することは許されるか。

(3) 銀行のＡＴＭ機前に被疑者を佇立させてＡＴＭ機の防犯カメラによる撮影を行う場合，いかなる手続によるべきか。

### 1 はじめに

写真は，事物を画像として機械的に記録し，再現するものであり，客観性が高いことから，刑事裁判においては，高い証明力を有する証拠として広く用いられる。また，対象を簡易，迅速かつ正確に記録・再現できることから，写真撮影は，捜査においても様々な場面で活用されている。

設問(1)ないし(3)は，それぞれ，捜査機関による写真撮影の一場面を取り上げ，写真撮影の限界及び要件を問うものであるが，各問の検討に入る前提として，写真撮影の処分の性質や許容性等について，裁判例・学説等を概観し，検討することとしたい。

### 2 写真撮影の処分としての性質

(1) 問題の所在

刑訴法は，197条1項ただし書において，「強制の処分は，この法律に特別の定のある場合でなければ，これをすることができない。」と定める（いわゆる「強制処分法定主義」）。他方，同法は，写真撮影に関して，218条3項において，身体の拘束を受けている被疑者の写真を撮影するには，被疑者を裸にしない限り，令状によることを要しない旨を規定するのみである。そこで，写真撮影に

ついて，これを強制処分と解すると，同法218条3項の場合を除き，令状なしに行うことができないことから，写真撮影は強制処分か任意処分か，との問題提起がなされる。また，任意処分としての写真撮影が認められる場合でも，無制限に許容されるとしてよいのか，その限界が問題となる。

(2) **強制処分と任意処分の区別**

　強制処分と任意処分との区別について，一定の基準を示したのが，昭和51年3月16日最高裁第三小法廷決定（刑集30巻2号187頁）である。同決定（以下「51年決定」という）は，酒気帯び運転の疑いが濃厚な被告人を警察署に任意同行した上，呼気検査に応じるよう説得していた警察官が，急に退室しようとした被告人を抑制するため左手首をつかんだという事案につき，次のとおり判示した。

　「捜査において強制手段を用いることは，法律の根拠規定がある場合に限り許容されるものである。しかしながら，ここにいう強制手段とは，有形力の行使を伴う手段を意味するものではなく，個人の意思を制圧し，身体，住居，財産等に制約を加えて強制的に捜査目的を実現する行為など，特別の根拠規定がなければ許容することが相当でない手段を意味するものであって，右の程度に至らない有形力の行使は，任意捜査においても許容される場合があるといわなければならない。ただ，強制手段にあたらない有形力の行使であっても，何らかの法益を侵害し又は侵害するおそれがあるのであるから，状況のいかんを問わず常に許容されるものと解するのは相当でなく，必要性，緊急性などをも考慮したうえ，具体的状況のもとで相当と認められる限度において許容されるものと解すべきである。」

　51年決定の意義の1つは，強制処分か否かの判断において，物理的有形力の行使の有無は決定的な基準ではないとした点，もう1つの意義は，任意捜査についても無制限に許容されるわけではなく，一定の制約があることを示した点である（酒巻匡「捜査に対する法的規律の構造(2)」法教284号67頁，川出敏裕「任意捜査の限界」小林＝佐藤古稀(下)24頁）。後者については後述することとし，ここでは，強制処分と任意処分の区別について，更に検討する。

　51年決定に示された強制処分とされる基準は，実質的には，①個人の意思を制圧すること，②身体，住居，財産等に制約を加えることの2点であると考

えられる（井上正仁「任意捜査と強制捜査の区別」刑訴法の争点（第3版）47頁，小林充「強制処分と任意処分」研修671号6頁）。そして，①については，処分の相手方が処分を知らなければ，その意思の制圧もあり得ないが，そのことのみをもって当該処分を任意処分とすることは相当ではなく，相手方が知れば当然拒否すると考えられる場合に，そのような合理的に推認される意思に反してその権利・利益を制約する場合にも，強制処分とすべきものがあることから，①の要件は，相手方の明示又は黙示の意思に反することと解され，また，②については，法定の厳格な要件・手続によって保護する必要のあるほど重要な権利・利益に対する実質的な侵害ないし制約を伴う場合と解すべきとする見解があるが（井上・前掲刑訴法の争点48頁，川出・前掲29頁，酒巻・前掲法教284号67頁），妥当と思われる。

そこで，写真撮影について検討すると，人の容ぼう等をその承諾なく写真撮影することは，個人の意思に反し，プライバシーに制約を加える場合が想定されるが，写真撮影が強制処分か任意処分かを一律に論じることは適切ではなく，写真撮影の目的や態様，これによって制約される権利・利益の性質や内容等を個別具体的に検討し，判断されるべきである（酒巻・前掲法教284号68頁，池田公博「写真・ビデオ撮影」法教364号10頁）。

例えば，公道上その他公共の場所など，現に不特定多数の者が所在し，あるいは，何人でもその場に立ち入ることができる場所であって，不特定者から容易に視認可能な状態下にある人の容ぼう・姿態や物を，相手方（撮影対象者ないし撮影対象物の権利者）の承諾なく撮影することは，相手方が少なくとも不特定者から視認されることを社会通念上受忍すべき状況にあることに鑑みれば，これによってプライバシー（あるいは，後述する「みだりに容ぼう等を撮影されない自由」）が制約されるとはいえ，この場合のプライバシーは，法定の厳格な要件・手続によって保護する必要があるほど重要であるとはいえず，したがって，任意処分というべきである。他方，住居内等，外部の不特定者から容易に視認できない閉ざされた私的領域内にいる人の容ぼう等や物を相手方の承諾なく写真撮影することは，私生活の平穏あるいはプライバシーという重要な権利・利益を実質的に侵害・制約するものとして，基本的には強制処分と考えられる。ただし，被写体が住居等私的領域内にあることのみをもって，直ちにすべての写

真撮影を強制処分と解することも妥当とはいえない。私的領域内であっても，不特定者が容易に視認可能な状況にある場合（例えば，公道その他公の場に面し，遮へいのないベランダ内や敷地内，あるいは，窓やカーテンが開け放たれ，外部から中を見通せる状態の居室内など）については，社会通念上，相手方も外部の不特定者からの視認をある程度受忍すべきものと認められ，その私生活の平穏ないしプライバシーの重要性は，相当程度低いといわざるを得ず，このような場合は私的領域内の写真撮影も任意処分と考えるべきであろう（その上で，後述するとおり，個別具体的事案に応じて，任意処分としての許容性につき判断されることになる）。

(3) **任意処分の限界**

前述のとおり，51年決定は，任意捜査も常に許容されるわけではなく，一定の制約を受けることを明示し，その要件について，「必要性，緊急性などをも考慮したうえ，具体的状況のもとで相当と認められる限度において許容される」とした。

ところで，これに先だって，最高裁は，昭和44年12月24日大法廷判決（刑集23巻12号1625頁）において，公道上で許可条件違反の集団行進を行った者を現認警察官が無令状で写真撮影した事案につき，写真撮影の適法性について，次のとおり判示した。

「個人の私生活上の自由の一つとして，何人も，その承諾なしに，みだりにその容ぼう・姿態（以下「容ぼう等」という。）を撮影されない自由を有するものというべきである。これを肖像権と称するかどうかは別として，少なくとも，警察官が，正当な理由もないのに，個人の容ぼう等を撮影することは，憲法13条の趣旨に反し，許されないものといわなければならない。しかしながら，個人の有する右自由も，国家権力の行使から無制限に保護されるわけでなく，公共の福祉のため必要のある場合には相当の制限を受けることは同条の規定に照らして明らかである。そして，犯罪を捜査することは，公共の福祉のため警察に与えられた国家作用の一つであり，警察にはこれを遂行すべき責務があるのであるから（警察法2条1項参照），警察官が犯罪捜査の必要上写真を撮影する際，その対象の中に犯人のみならず第三者である個人の容ぼう等が含まれても，これが許容される場合がありうるものといわなければならない。そこで，その許容される限度について考察すると，身体の拘束を受けている被疑

者の写真撮影を規定した刑訴法218条2項のような場合のほか，次のような場合には，撮影される本人の同意がなく，また裁判官の令状がなくても，警察官による個人の容ぼう等の撮影が許容されるものと解すべきである。すなわち，現に犯罪が行われもしくは行われたのち間がないと認められる場合であって，しかも証拠保全の必要性および緊急性があり，かつその撮影が一般的に許容される限度をこえない相当な方法をもって行われるときである。」

同判決（以下「44年判決」という）は，その前提として，写真撮影につき，任意処分として，相手方の承諾なく，無令状で行い得る場合を認めたものと解されるが，その許容要件につき，①現行犯ないし準現行犯状況，②証拠保全の必要性及び緊急性，③撮影方法の相当性の3点を示しており，②及び③の要件を挙げた51年決定と対比すると，①の要件が加わっている。この①の要件については，厳格に過ぎるとして，より緩和した基準を示す下級審裁判例が続いた（「当該現場において犯罪が発生する相当高度の蓋然性が認められる場合」とした東京高判昭63・4・1判時1278号152頁，「（既に行われた犯罪の犯人特定のための写真撮影であっても）被撮影者がその犯罪を行ったことを疑わせる相当な理由のある者に限定される場合」とした東京地判平元・3・15判時1310号158頁，同旨京都地決平2・10・3判時1375号143頁，「（罪を犯したことを疑わせる相当な理由が存在する場合にのみ許されるとするのも厳格に過ぎ）被告人が罪を犯したと考えられる合理的な理由の存在をもって足りる」とした東京地判平17・6・2判時1930号174頁）。これらの裁判例は，44年判決が①の要件を判示した趣旨につき，「具体的事案に則して警察官の写真撮影が許容されるための要件を判示したものにすぎず，この要件を具備しないかぎり，いかなる場合においても，犯罪捜査のための写真撮影が許容されないとする趣旨まで包含するものではない」（前掲東京高判昭63・4・1，同旨前掲京都地決平2・10・3）との解釈論（いわゆる非限定説）に立っている。そして，最高裁は，強盗殺人及び強取に係るキャッシュカードを使用した窃盗等の事件で，被害者のキャッシュカードをATM機で使用している映像が防犯ビデオに記録された人物と被告人の同一性を判断するため，路上等における被告人の容ぼう等をビデオ撮影した事案につき，「捜査機関において被告人が犯人である疑いを持つ合理的な理由が存在していたものと認められ，かつ，前記各ビデオ撮影は，強盗殺人等事件の捜査に関し，防犯ビデオに写っていた人物の容ぼう，体型等と被告人の容ぼ

う，体型等との同一性の有無という犯人の特定のための重要な判断に必要な証拠資料を入手するため，これに必要な限度において，公道上を歩いている被告人の容ぼう等を撮影し，あるいは不特定多数の客が集まるパチンコ店内において被告人の容ぼう等を撮影したものであり，いずれも，通常，人が他人から容ぼう等を観察されること自体は受忍せざるを得ない場所におけるものである。以上からすれば，これらのビデオ撮影は，捜査目的を達成するため，必要な範囲において，かつ，相当な方法によって行われたものといえ，捜査活動として適法なものというべきである。」と判示した（最決平20・4・5刑集62巻5号1398頁）。

同決定は，44年判決を前記非限定説によって理解すべきことを確認したものと考えられる（平20年度重判解〔宇藤崇〕208頁，星周一郎「写真撮影と防犯カメラの法的性質」警論63巻11号55頁，池田・前掲法教364号13頁）。多くの学説や実務家の見解も非限定説を支持している（田宮裕・捜査の構造277頁，伊藤鉄男「写真撮影（その1）」捜研486号71頁，井上・前掲刑訴法の争点49頁，小林・前掲研修671号17頁，三浦守「写真撮影」刑訴百選（第8版）21頁，酒巻匡「捜査手続(8)その他の捜査手段」法教366号29頁）。

写真撮影の任意処分としての許容性は，51年決定に従い，①証拠保全の必要性，緊急性，②撮影方法の相当性を要件として判断するのが妥当と考えるが，これらの要件は，写真撮影によって制約される利益の重大性や制約の程度との比較衡量により判断されるべきであり，また，①の要件が高度に認められれば，その目的を遂げるための方法の相当性は低くとも許容され得るなど，①と②の相関関係において判断される場合もあり，許容性は，個別具体的事案において，これら要件に関係する諸事情を総合勘案して判断されることとなる（辻裕教「刑事判例研究〔397〕」警論59巻12号220頁，星・前掲警論63巻11号65頁）。

(4) 写真撮影を強制処分として行う場合の法的手段

強制処分として写真撮影を行う場合，いかなる令状によるべきか。

この点について，写真撮影は検証に当たるとされている。すなわち，検証とは，視覚，聴覚等五官の働きによって，物・場所・人等の存在・形状・作用等を認識する作用であるが（注釈刑訴2巻〔亀山継夫〕266頁），写真は，その認識結果を記録するための補助手段，あるいは，その認識に代わるものとして用いら

れることから，写真撮影自体も検証としての性質を有すると考えられるのである（大谷直人「司法警察員が捜索差押の際にした写真撮影によって得られたネガ及び写真の廃棄又は引渡を求める準抗告が不適法とされた事例」判解刑平 2 年度 169 頁，井上正仁「捜索差押の際の写真撮影と準抗告の適否」警研 64 巻 2 号 43 頁，最決平 2・6・27 刑集 44 巻 4 号 385 号）。

したがって，強制処分としての写真撮影が物や場所を対象とする場合には検証令状，人の身体を対象とする場合には身体検査令状によることとなる（刑訴 218 条 1 項）。

## 3 設問(1)の検討

### (1) 問題の所在

捜査実務上，捜索差押令状の執行現場において，写真撮影を行うことは少なくない。前述のとおり，住居内での写真撮影は，基本的には強制処分と考えるべきであるが，捜索差押えに際して，別途検証令状の発付を受けることなく証拠物や執行状況等を写真撮影することもしばしば行われる。本設問は，そのような捜索差押えの際の写真撮影の許容性とその限界に関わる事例である。

### (2) 捜索差押えの際の写真撮影の適法性

裁判例を概観すると，捜索差押えの際の写真撮影で問題となり得る場合を次の 3 類型に分類している（学説等における検討においても概ね同様である）。すなわち，①捜索差押手続の適法性を担保するために，令状呈示，捜索状況等，その執行状況を撮影する場合，②差押物の証拠価値を保全するため差押物の発見状況や状態を撮影する場合，③捜索現場にあって差し押さえるべき物以外の物について，その形状や内容等を記録するために撮影する場合である。

①と②については，写真撮影は強制処分たる捜索差押えに付随する処分として適法，③は違法とするのがこれまでの裁判例である（名古屋地決昭 54・3・30 判タ 389 号 157 頁，大阪地決昭 54・5・29 刑裁月報 11 巻 5 号 508 頁，大津地決昭 60・7・3 刑裁月報 17 巻 7 = 8 号 721 頁，東京地決平元・3・1 判時 1321 号 160 頁，東京地判平 4・7・24 判時 1450 号 92 頁，東京高判平 5・4・14 判タ 859 号 160 頁，徳島地判平 10・9・11 判時 1700 号 113 頁）。実務家の見解及び学説も，基本的には，これら裁判例と同様の見解に立っている（馬場義宣「刑事判例研究〔219〕」警論 42 巻 12 号 154 頁，小

貫芳信「刑事判例研究〔248〕」警論45巻10号157頁，後藤昭・捜査法の論理19頁）。

①及び②のいずれも，捜査機関にとって捜索差押えの目的を遂げるためにその必要性が大きく，他方，令状に基づく捜索差押えに必要な範囲で捜索差押えを受ける者のプライバシーの侵害が一応予定されているということに鑑み（前掲名古屋地決昭54・3・30），これらの写真撮影を捜索差押えに付随する処分として適法と解するのは正当といえる。なお，①及び②の目的をもって様々な場面・状況を撮影した中には，捜査官が意図せず，結果的に，その目的に必ずしも適合しない撮影も含まれることが想定されるが，そのことをもって当該写真撮影を違法とするのは相当でない（前掲徳島地判平10・9・11）。

他方，例えば，捜査官が差し押さえるべき物を発見するために令状の範囲で捜索場所をくまなく捜索することはもとより適法であるとはいえ，その捜索場所をくまなく撮影することは，一般的には必要性があるとはいえず，特段の事情がない限り不適法というべきであろう（前掲名古屋地判昭54・3・30，馬場・前掲警論42巻12号155頁）。

次に，③の差し押さえるべき物以外の物をその形状や内容等を記録する目的で写真撮影することは，そもそも住居等の不可侵を保障し，これに対する捜索・差押えないし検証は令状によらなければならないものと定めた憲法35条1項の趣旨に照らし，許されないというべきであろう。特に問題となるのが，差し押さえるべき物とされていない文書・図画等の記載内容を記録する目的でなされる写真撮影である。当該書類の証拠価値の大部分がその記載内容にある場合には，その写真撮影は，当該物件を差し押さえたのと実質的に変わらないものといえ，許容されるべきではなく（前掲名古屋地決昭54・3・30，前掲大津地決昭60・7・3），あくまで，令状に基づく必要があろう。なお，捜査機関が捜索の際，差し押さえるべき物以外の物を視認すること及びその内容を記憶にとどめることは許容されることから，捜査官が見ることを許された範囲内での写真撮影を適法とする見解もある（河上和雄「捜索差押中の写真撮影」判タ734号36頁）。しかし，これに対しては，記憶情報と写真撮影による記録とは質的に異なるとの有力な反論がある（前掲東京地判平4・7・24，前掲東京高判平5・4・14，馬場・前掲警論42巻12号155頁）。確かに，写真撮影は，記録される情報につき第三者が客観的かつ正確に認識できる状況を半永続的に作出する点で，捜査官が主観

的に有意と判断したものを記憶にとどめる（あるいは筆記によって記録する）情報とは質的に異なり，プライバシー侵害の程度も格段に大きくなるといわざるを得ず，許容することはできないと考える。

　なお，後述のとおり，適法に差し押さえることが可能な対象物の写真撮影は許容されると解すべきこと，あるいは，その証拠価値の大部分がその記載内容にある文書等の写真撮影が実質的に当該文書等の差押えと変わらないことに着目すると，この問題は，無令状の差押えの許容性に関する議論から考えることもできる。無令状の差押えについては，米国における「プレイン・ヴューの法理」（捜査過程の適法性，対象物が帰責的性質を有すること，明白性及び偶然性の4要件により，無令状で差し押さえ得ること（島伸一・捜索・差押の理論200頁・211頁））をとり入れる余地があるとする見解があるが（田宮・刑訴105頁），米国と異なり，厳格な令状主義を採る我が国の憲法下においては，採用は困難といわざるを得ない（島・前掲325頁・341頁，井上正仁①・捜査手段としての通信・会話の傍受194頁）。また，事後的な裁判官の審査を条件に無令状で差し押さえる，いわゆる緊急差押えについても，合憲解釈はとり得るとしても（井上・前掲①198頁，佐藤隆之「別罪証拠の差押え－プレイン・ビューの法理－」現刑5巻5号35頁），強制処分法定主義の下では，何ら法律上の根拠なく，これを許容することはできず，立法措置を要するであろう（井上・前掲①198頁，酒巻匡「捜査に対する法的規律の構造(1)」法教283号61頁）。したがって，無令状の差押えに関する議論を踏まえても，前記③の写真撮影を許容し得る場合を見いだすことは困難であると考える。

　ところで，差し押さえるべき物について，その差押えに代えて写真撮影をすることが許されるか。この点，実際に差し押さえられた物でなければ写真撮影することは許されないとする見解がある（大阪地決昭56・8・10（但木敬一「捜索・差押えに伴う写真撮影の限界等」警察公論37巻1号137頁），高田昭正「捜索・差押えのさいの写真撮影」法セ429号127頁，後藤・前掲20頁）。しかし，当該物件を差し押さえるよりも，その写真撮影にとどめた方が捜索差押えを受ける者にとっての不利益がより少なくなることが通常であることに鑑みれば，差し押さえるべき物をその差押えに代えて写真撮影によって証拠保全することは許容されるべきである（但木・前掲警察公論37巻1号142頁，高部道彦「捜索差押の際の写真撮影」研修496号51頁，馬場・前掲警論42巻12号154頁）。

(3) 設問の検討

以上から，本設問を検討する。

まず，捜索により発見した差押対象物である覚せい剤の保管状況を写真撮影することは，差押えに付随する処分として，適法である。

次に，競馬法違反（のみ行為）被疑事件の捜索差押えにおいて，壁面に記載されたのみ行為のメモは，令状に記載された差し押さえるべき物に含まれると考えられる（なお，不動産も差押えの対象物たり得る（注釈刑訴2巻〔藤永幸治〕151頁））ところ，これを差し押さえることなく写真撮影することは，前述のとおり，適法と考える。実際にも，これを写真撮影によらず，差押令状に基づき証拠保全しようとすれば，壁面を建物から外して差し押さえるか（なお，この方法は，差押えの執行に必要な処分（刑訴111条）として許容される限度を超え，認められない場合が多いと思われる），看守者を置いて保管する（刑訴121条）ことが考えられるが，これが捜索差押えを受ける者にとってより不利益であることはいうまでもないであろう。

## 4 設問(2)について

(1) 問題の所在

実務上，職務質問が捜査の端緒となった事案において，職務質問の適法性が争われることも少なくない。そこで，これに備えるために，職務質問（あるいはこれに伴う所持品検査）において被質問者が任意に応じている状況を撮影し，当該職務質問の適法性を証拠保全しておくことが考えられる。

ところで，職務質問は，「犯罪の予防，鎮圧等を目的とする行政警察上の作用」であるとされるが（最判昭53・6・20刑集32巻4号670頁），挙動不審者に対して質問した結果，特定犯罪の具体的嫌疑が生じたなど，職務質問の過程において，行政警察活動から犯罪捜査（司法警察活動）へと移行することは少なくなく，しかも，手続によってその移行が明確に区分されるわけでもない。したがって，特定犯罪の具体的嫌疑が生じ，捜査に移行する蓋然性があることなどを踏まえ，行政警察活動である職務質問における任意の応答状況を写真撮影しておくことも想定され得る。そこで，行政警察活動として行う写真撮影の許容性について検討する。

## (2) 行政警察活動としての写真撮影の許容性

　承諾を得ずに行う写真撮影は，前述のとおり，みだりに容ぼう等を撮影されない自由を侵害する行為であることから，行政警察活動として行うには，いわゆる法律の留保原則により，法律の根拠が必要であると考えられるところ，行政警察活動として写真撮影を認める明文の規定はない。

　これに関連して，警察署が防犯目的で設置した監視用テレビカメラによる監視行為の適法性が争われた事案につき，「警察法や警職法は，警ら活動や情報収集等について特別の根拠規定を置いているわけではないが，これらの行為は，警察官がその職権職責を遂行するための前提となる事実行為として，右各条項（警2条，警職2条～6条など＝筆者註）の当然予定するところと考えられる。」とした上，監視用テレビカメラによる監視につき，これが「主として犯罪の予防を目的とした警ら活動や情報収集の一手段であり，性質上任意手段に属するから，」「警察法及び警職法が当然に予定している行為の範疇に属するものであり，特別な根拠規定を要することなく行える」旨判示した裁判例がある（大阪地判平6・4・27判時1515号116頁）。他方，同じく明文の規定がない所持品検査について，相手方の承諾がなくとも一定の要件の下で許容されるものとした最高裁判例は，「所持品の検査は，口頭による質問と密接に関連し，かつ，職務質問の効果をあげるうえで必要性，有効性の認められる行為であるから，同条項（警職2条1項＝筆者註）による職務質問に附随してこれを行うことができる場合があると解するのが，相当である。」と判示している（前掲最判昭53・6・20）。これらを踏まえると，職務質問の状況を証拠保全する目的で行う写真撮影については，職務質問に付随する行為として警職法2条1項を根拠として許容される場合があると解した上で，その許容性の限界について検討することが妥当と考える。

　次に，行政警察活動として行う写真撮影の許容性については，いわゆる警察比例の原則が妥当し，他方，捜査として行う写真撮影の場合には，前述の任意処分の限界論が妥当することになる。しかし，警察比例の原則は，①適合性（目的達成のための手段の適合性），②必要性（目的達成のための手段の最小限度性），③狭義の比例性（成果と被侵害利益との均衡）を内容とするのであり（河上宏二郎「行政法における比例原則」行政法の争点（新版）18頁，荻野聡「行政法における比例原則」行

政法の争点（第3版）22頁），任意捜査の限界につき「必要性，緊急性などをも考慮したうえ，具体的状況のもとで相当と認められる限度」とする51年決定と実質的には共通するのであって，むしろ，捜査における任意処分の限界論は警察比例の原則の一適用場面と考えることができる（川出敏裕「行政警察活動と捜査」法教259号76頁，星・前掲警論63巻11号74頁。なお，監視用カメラによる撮影を行政警察活動ととらえた上でその適法性について検討した前掲大阪地判平6・4・27は，適法性の要件について，①目的の正当性，②客観的・具体的な必要性，③設置状況の妥当性，④設置及び利用の有効性，⑤使用方法の相当性の5要件を掲げているが，実質的には，51年決定が掲げた要件と考慮要素において重なり合うものと考えられる）。

(3) **設問の検討**

以上を踏まえ，本設問について検討する。問題となるのは，被質問者の承諾を得ない写真撮影であるが，その目的が被質問者の任意の応答状況の証拠保全であるから，写真撮影を拒絶され，職務質問に任意に応じている状況が失われることがないよう，被質問者に知られないように撮影する方法が想定される。

職務質問を受けた相手方は，任意とはいえ，警察官に停止を求められ職務質問に応答するためにその場にとどまっていることからすれば，その場所が公道上等公共の場所か否かを問わず，当該職務質問の状況下にある自らの容ぼう等を撮影されることを社会通念上，受忍すべきであるとはいえず，職務質問の際の写真撮影におけるプライバシーの利益，みだりに容ぼう等を撮影されない自由の侵害は重大であって，写真撮影が任意処分として許容されるには，証拠保全の必要性，緊急性が高度に認められるとともに，撮影方法も相当である必要があると考えられる。そして，一般的には，職務質問において被質問者が任意に応じている状況を写真撮影によって証拠保全する必要性，緊急性が高度に認められるとはいえず，いわゆる隠し撮りのような方法は相当性をも欠くといわざるを得ないであろう。

なお，職務質問における被質問者をその承諾を得ずに写真撮影すること自体が一般的に否定されると解するべきではなく，個々の具体的な事案に応じて判断されるべきである。例えば，職務質問（あるいはこれに伴う所持品検査）の過程で具体的な犯罪の嫌疑が生じ，あるいは，生じる蓋然性が高いと認められる場合で，犯人の検挙ないし犯罪立証のために，被質問者の挙動や容姿を写真撮影

により証拠保全する必要性及び緊急性が認められる場合には，被質問者に知られないように写真撮影する方法であっても相当性が認められ，許容され得ると考えられる。

## 5　設問(3)について
### (1)　問題の所在
本設問の写真撮影は，例えば，キャッシュカードを犯罪によって取得した犯人がこれを用いてＡＴＭ機で現金を引き出した状況が同機に備え付けられた防犯カメラで撮影され，その後，この事件の被疑者と撮影された犯人との同一性を確認するために，被疑者を当該ＡＴＭ機前に佇立させて防犯カメラで撮影し，その画像と犯人の撮影画像を対比するために行うことが想定される（鑑定によって行った実例として，東京地八王子支判平9・4・24判時1615号147頁）。

このような捜査手法を用いる場合，任意に応じない被疑者をＡＴＭ機前に佇立させて防犯カメラで撮影するには，いかなる強制処分として行うことが可能かが問われているが，さらに，身柄拘束をされていない被疑者が当該ＡＴＭ機が所在する場所への任意同行に応じない場合，強制連行を行えるかについても問題となる。

### (2)　被疑者をＡＴＭ機前で写真撮影する強制処分の手段
前述のとおり，写真撮影の性質が検証であることを踏まえると，本設問においては，身体を対象とすることから，身体検査令状によるべきこととなる（刑訴218条1項）。もっとも，その目的は，防犯カメラによって撮影された被疑者の画像を犯人撮影画像と対比し，同一性を判断することにあることから，その同一性判断を専門知識・技術・経験を有する者によって行う必要がある場合には，鑑定によることになるが，その目的を達するために防犯カメラによる被疑者の撮影自体を鑑定受託者の専門知識・経験等に基づいて行う必要がある場合には，鑑定受託者が主体となる鑑定処分として，鑑定処分許可状による必要があろう。ただ，防犯カメラによる被疑者の写真撮影において，同一性判断を受託する鑑定人の助言（例えば，写真撮影時の被疑者の佇立位置や向き，姿勢等についての指定など）が必要となる程度であれば，捜査機関を主体とし，鑑定受託者を補助者として，検証としての身体検査を実施することも可能と考える（亀山・

前掲281頁，井上正仁②・強制捜査と任意捜査93頁）。

(3) **任意同行に応じない被疑者を当該ＡＴＭ機前に強制連行することの可否**

　本設問の被疑者が身柄拘束されていない場合で，被疑者が当該ＡＴＭ機前への任意同行に応じない場合，身体検査令状（ないし鑑定処分許可状）に基づいて，強制的に連行することができるか。

　この点，いわゆる強制採尿令状に基づく採尿場所への強制連行の可否の議論が参考となる。最高裁判例は，「身柄を拘束されていない被疑者を採尿場所へ任意に同行することが事実上不可能であると認められる場合には，強制採尿令状の効力として，採尿に適する最寄りの場所まで被疑者を連行することができ，その際，必要最小限度の有形力を行使することができるものと解するのが相当である。けだし，そのように解しないと，強制採尿令状の目的を達することができないだけでなく，このような場合に右令状を発付する裁判官は，連行の当否を含めて審査し，右令状を発付したものとみられるからである。その場合，右令状に，被疑者を採尿に適する最寄りの場所まで連行することを許可する旨を記載することができることはもとより，被疑者の所在場所が特定しているため，そこから最も近い特定の採尿場所を指定して，そこまで連行することを許可する旨を記載することができることも，明らかである。」と判示し，強制採尿令状に基づく強制連行は許されるとした（最決平6・9・16刑集48巻6号420頁）。

　これには反対説もあるが（田口守一・判評397号62頁（判時1406号192頁），小早川義則・判評443号78頁（判時1546号224頁）），そもそも尿の任意提出に応じない対象者であり，採尿場所までの任意同行に応じないことも十分予想されることからすれば，前掲最決平6・9・16が判示するとおり，強制採尿令状の発付には，その可能性を前提に，採尿に適する最寄りの場所まで強制連行することについても相当であるとの判断が基本的には含まれているものと考えるのが妥当である。したがって，採尿場所までの強制連行は，当該場所までの連行の距離や連行に要する時間が社会通念上，合理的に必要な範囲にとどまる限り，強制採尿令状に伴う付随的処分として許容されると解するべきである（辻裕教「いわゆる強制採尿令状により被採尿者を採尿場所まで連行することができるか（積極）」研修558号21頁，中谷雄二郎「一　いわゆる強制採尿令状により採尿場所まで連行することの適否　二　任意同行を求めるため被疑者を職務質問の現場に長時間違法に留め置いたとしても

その後の強制採尿手続により得られた尿の鑑定書の証拠能力は否定されないとされた事例」曹時47巻11号208頁，香城敏麿・刑事訴訟法の構造221頁，井上・前掲②114頁，酒巻匡「捜査手続(7)検証・鑑定・体液の採取」法教364号83頁）。

その上で，本設問を検討すると，身体検査令状ないし鑑定処分許可状に基づく身体検査についても強制採尿と同様に解することができると思われる（大コメ刑訴3巻〔池上政幸〕550頁，香城・前掲214頁，酒巻・前掲法教364号83頁）。すなわち，身柄を拘束されていない被疑者を特定のＡＴＭ機の前に佇立させて防犯カメラで撮影するにつき，身体検査令状等が発付された場合，被疑者が同所への任意同行に応じなければ，令状の執行ができないこととなるが，そのような事態は一般的に想定されることからすれば，同所への強制連行も相当であるとの判断も含めて令状が発付されたものと理解するべきであり，したがって，身体検査の強制処分に伴う付随的処分として強制連行も許容されると考えるべきである。

なお，前掲最決平6・9・16の趣旨を踏まえると，本設問においても，身体検査を行うべき特定の場所に連行することができる旨を令状に記載することは可能であろう。ただし，前記の考え方からすれば，令状裁判官が当該場所における身体検査の許否につき審査し，許可すれば，当然，任意同行が困難な場合に当該場所に強制連行できることをも包括的に許容されているものと考えるべきであって，身体検査を行うべき特定の場所に連行することができる旨の令状の記載についても，その記載によって初めて強制連行が許容されるというのではなく，当該場所に強制連行できることを確認的に明示し，あるいは，強制連行できる場所を限定する趣旨として理解されるべきである（酒巻・前掲法教364号83頁。なお，強制採尿令状に基づく強制連行につき，香城・前掲221頁，井上・前掲②117頁，大澤裕＝原田國男「対話で学ぶ刑訴法判例第6回　強制採尿と強制採尿令状による採尿場所への連行」法教316号64頁〔大澤〕）。

他方，本設問においては，その目的を達するためには，犯人が防犯カメラで撮影された当該ＡＴＭ機の前で被疑者を撮影することが必要であると考えられることから，このような代替性のない特定の場所における身体検査について，具体的な事案によっては，強制処分が許可されたとしても，なお，その付随的処分としての強制連行については，連行の距離や要する時間等による被疑者の

不利益の大きさから相当性を欠き，許容すべきではないと考えられる場合もあり得る。したがって，このような強制連行の許容性に関する疑義を生じさせないためにも，身体検査令状等に当該場所まで連行することができる旨を明示することが望ましいと考えられる。

【西山　卓爾】

## 7 DNA鑑定の資料

　司法警察員Ｋは，強盗事件に関し，目撃者供述から犯人が負傷により出血していたことが認められたためその遺留血痕を採取し，ＤＮＡ鑑定に付した。その後の捜査で，甲が犯人として浮上したがそのＤＮＡ型については不明であり，逮捕状を請求できるだけの疎明資料はなかった。

(1)　Ｋは，一人暮らしの甲が公道上のゴミ集積所に出したゴミを領置し，その中から，甲の体液が付着していると思われる資料について鑑定嘱託したところ，犯人の血液のＤＮＡ型と一致した。

(2)　Ｋは，甲が交通事故で負傷して入院した入院先の医師が検査のため甲から採血したとの情報を得たことから，当該医師から検査に使用して残った甲の血液の任意提出を受け鑑定嘱託したところ，犯人の血液のＤＮＡ型と一致した。

(3)　Ｋは，甲が別の自傷行為に及んで入院した入院先の医師が甲に薬物中毒のおそれがあるとして甲から採取した尿の任意提出を受け，鑑定嘱託したところ，覚せい剤が検出されたので，退院後甲を覚せい剤取締法違反で逮捕した。逮捕中，甲から口腔内細胞の任意提出を受け鑑定嘱託したところ，犯人の血液のＤＮＡ型と一致した。

　上記の各場合のＤＮＡ鑑定に係る鑑定書の証拠能力はどうか。

### 1　はじめに

　ＤＮＡ鑑定とは，人の細胞内に存在するＤＮＡ（デオキシリボ核酸）を形成している塩基配列が個人によって異なることを利用して個人識別を行う鑑定方法である（これまで警察において行われているＤＮＡ鑑定は，ＤＮＡの特定箇所の塩基配列の反復回数を「型」として分類し，個人識別を行うものであるから，「ＤＮＡ型鑑定」と称するのが正確である）。

　犯行現場等に残された犯人の血液，毛髪，精液等といった資料から得られたＤＮＡ鑑定の結果と被疑者から採取した血液等から得られたＤＮＡ鑑定の結果とを比較対照する方法で，ＤＮＡ鑑定を，特定の事件についての犯人と被疑者

との識別の証拠として用いるという捜査方法が一般的に行われている。

　ＤＮＡ鑑定の証拠能力等については，従前から，その科学的原理の理論的正確性，具体的実施方法の科学的信頼性といった鑑定方法自体の問題についての議論がされてきており，これらの点についての裁判例も相当数積み重ねられてきたところである（ＤＮＡ鑑定の証拠能力・証明力を認める裁判例が多い。いわゆる足利幼女殺害事件の最高裁決定（最決平12・7・17刑集54巻6号550頁）は，同事件で実施されたＤＮＡ鑑定の検査法の1つであるＭＣＴ118型検査法について，「その科学的原理が理論的正確性を有し，具体的な実施の方法も，その技術を習得した者により，科学的に信頼される方法で行われたと認められる。」旨判示し，ＤＮＡ鑑定の証拠としての許容性について最高裁としての最初の判断を示した。もっとも，上記事件については，被害者の着衣に付着していた体液と無期懲役判決を受けたＡの血液のＤＮＡ再鑑定の結果が一致しないとの結果を踏まえ，平成21年6月23日に再審開始決定がされ，平成22年3月26日の再審無罪判決（宇都宮地判平22・3・26判時2084号157頁）において，本件事件の捜査段階におけるＭＣＴ118型検査法の具体的実施方法がその技術を習得した者により，科学的に信頼される方法で行われたと認めるにはなお疑いが残るといわざるを得ないとして，鑑定書の証拠能力は認められないとした。現在，警察においては，全国統一の運用指針に基づき，個人識別精度の極めて高いＳＴＲ型検査法を用いてＤＮＡ鑑定を実施している）が，本設問のように，ＤＮＡ鑑定に係る鑑定書の証拠能力に関し，ＤＮＡ鑑定に用いる資料を採取する捜査活動の適法性が問題となり得る場合がある。

## 2　設問(1)の検討

### (1)　問題の所在

　被疑者からＤＮＡ鑑定に用いる資料を採取する方法として，被疑者から任意に提出を受ける方法や強制採取する方法が存するが，それ以外の方法として，実務では，内偵捜査の結果，特定の者に犯人である疑いが生じ，その者から資料を採取してＤＮＡ鑑定を実施する必要が認められるものの，まだ逮捕状を請求できるだけの疎明資料が十分でない，あるいは，捜査対象であることがその者に知れると逃亡されたり，罪証を隠滅されるおそれがあるといった場合に，その者が捨てた生活ゴミやタバコの吸殻，あるいは路上に吐いた唾などを，その者に知られずに領置し，そこからＤＮＡを検出してＤＮＡ鑑定を行うという

方法が用いられることがある。

本設問においても，強盗事件に関し，甲が犯人として浮上したものの，逮捕状を請求できるだけの疎明資料が得られている段階ではなかったことから，司法警察員Kは，甲が公道上のゴミ集積所に出したゴミを領置し，その中から，甲の体液が付着していると思われる資料について鑑定嘱託し，犯人の血液のDNA型と一致する結果を得るという捜査方法を用いている。

刑訴法は，有体物である資料の捜査機関による収集について，対象物の占有取得の過程で強制力を伴う差押えと，これを伴わない領置を規定しているところ，本設問におけるDNA鑑定に係る鑑定書の証拠能力については，Kが用いた捜査方法であるゴミの占有取得が刑訴法221条の領置として適法かどうかを検討する必要がある。

### (2) 関連する主な裁判例

① 東京高判平8・5・9高刑集49巻2号181頁

前記足利幼女殺害事件の控訴審判決であり，警察官が，被疑者として捜査対象に浮上したAの行動を密かに観察するためAの自宅付近で張り込み中，Aがビニール袋を自宅に程近いゴミ集積所に投棄したのを認め，これを拾得して警察署に持ち帰り，ティッシュペーパーに付着していた体液をDNA鑑定の資料として用いたところ，A側が，捜査機関がゴミ袋を収集して内容物を犯罪捜査に用いることは，ゴミとして焼却処分されるものと了解して投棄したAの意思に反する事態であり，任意捜査活動として許される範囲を逸脱し，個人のプライバシーを著しく侵害するものとして違法である旨主張したところ，判決は，「警察官が特定の重要犯罪の捜査という明確な目的をもって，被告人が任意にゴミ集積所に投棄したゴミ袋を，裁判官の発する令状なしで押収し，捜査の資料に供した行為には，何ら違法の廉はないというべきである。」旨判示した。

② 最決平20・4・15刑集62巻5号1398頁

強盗殺人及び奪ったキャッシュカードを使用した窃盗等の事件において，警察官が，被疑者として捜査対象に浮上したBとATMで被害者の口座から現金を引き出した際の防犯ビデオ映像に写っていた人物との類似性を判断するため，Bの容ぼう等を無断で撮影したほか，B及びその妻が公道上のゴミ集積所に出したゴミ袋を回収し，前記ATMで被害者の口座から現金を引き出した際の防

犯ビデオ映像に写っていた人物が着用していたダウンベストと「同一のものである可能性が極めて高い」とされたBのダウンベスト等を発見した事案である。

B側は、「ダウンベストの領置過程はプライバシー権を侵害する違法な捜査手法である」旨主張したが、第1審判決（京都地判平18・5・12判タ1253号312頁）、控訴審判決（大阪高判平19・3・28刑集62巻5号1520頁）とも、捜査手続が適法である旨判示し、本決定も、排出されたゴミの領置手続について、「B及びその妻は、ダウンベスト等を入れたゴミ袋を不要物として公道上のゴミ集積所に排出し、その占有を放棄していたものであって、排出されたゴミについては、通常、そのまま収集されて他人にその内容が見られることはないという期待があるとしても、捜査の必要がある場合には、刑訴法221条により、これを遺留物として領置することができるというべきである。また、市区町村がその処理のためにこれを収集することが予定されているからといっても、それは廃棄物の適正な処理のためのものであるから、これを遺留物として領置することが妨げられるものではない。」旨判示した。

(3) **検　討**

(a) 「遺留物」性について　　本設問の検討に当たっては、まず、刑訴法221条の領置は、被疑者その他の者が遺留した物等に対してできるとされていることから、Kが領置したゴミが「遺留物」に該当するか否かを検討する必要がある。

一般に、「遺留物」とは「遺失物」よりも広く、自己の意思によらずに占有を喪失した場合に限られず、自己の意思によって占有を放棄し、離脱させた物も含むとされている（大コメ刑訴3巻〔池上政幸〕565頁等）。そして、遺留物に該当するか否かを判断する際の占有とは、観念的な占有ではなく、物理的な管理支配関係としての占有と解すべきと考えられる（鹿野伸二「最高裁判所判例解説」曹時63巻11号226頁）。

この点、前掲最決平20・4・15の事案においては、ゴミ袋が出されたゴミ集積所は、公道上であって、周辺の住民がゴミ袋を置くところにはなっていたが、誰かが管理しているような状況ではなかったことが認められ、これを前提にして、そのゴミ集積所に排出されたゴミ袋については、ゴミ排出者によるものを含めて管理支配関係は失われており、「遺留物」に該当するものとされた

と解される（鹿野・前掲曹時63巻11号226頁）。

本設問においても，Kは，甲が「公道上のゴミ集積所」に出したゴミを領置しており，基本的には「遺留物」に該当するとして問題はないものと解される。

もっとも，公道上に出された場合であっても，ゴミ集積所に出すような場合と異なり，個別収集方式がとられている自治体の居住者が，自宅の目の前に，所有するゴミペールにゴミを入れて出した場合など，ゴミ排出者の管理支配関係が完全に失われた「遺留物」であるとすることには難がある場合もあり得ると思われる（鹿野・前掲曹時63巻11号234頁）。

また，ゴミ集積所が，マンション等の集合住宅の敷地内にあるような場合は，ゴミ排出者との関係では「遺留物」ではあるが，その集合住宅のゴミ集積所管理者の管理支配関係が問題となり得ると考えられる（鹿野・前掲曹時63巻11号234頁，渡辺咲子・任意捜査の限界101問〔3訂第2版〕126頁）。

さらに，リサイクルのための資源ゴミの回収事業を行っている自治体が定めた集積所に定められた方法で出された資源ゴミのような場合には，ゴミ排出者との関係に加え，当該自治体の管理支配関係も問題となり得ると考えられる（いわゆる世田谷区清掃・リサイクル条例事件控訴審判決（東京高判平19・12・26判時1995号25頁等）等参照）。

(b) 権利（プライバシー権）侵害について　　前掲最決平20・4・15の事案においては，被告人側が，捜査機関によるゴミ袋の取得による権利（プライバシー権）侵害を主張していたところ，決定は，「排出されたゴミについては，通常，そのまま収集されて他人にその内容が見られることはないという期待があるとしても，捜査の必要がある場合には，刑訴法221条により，これを遺留物として領置することができる」旨判示している。

本設問のような捜査機関による領置とゴミ排出者のプライバシー権との関係については，ゴミとして廃棄した以上，その処分についての支配権を一切放棄したのであるから，ゴミの中のプライバシーについても，権利としては放棄しており，プライバシー権の侵害を考慮する必要はないという考え方もあり得る。前掲最決平20・4・15の判示も，上告趣意の主張に応えたにとどまり，プライバシー権についてまでは言及していないという理解も可能と思われる。

もっとも，このような考え方をとった場合，例えば，私人が他人のゴミから

情報を収集しようとするストーカー事案のような場合においてもプライバシー侵害による不法行為が一切成立しないといった結論になりかねず，妥当ではないと考えられる（鹿野・前掲曹時63巻11号234頁）。

したがって，排出されて「遺留物」に該当することとなったゴミの場合であっても，微弱ながらもその権利性が否定されずプライバシー侵害を考慮する必要があるとして，排出されたゴミの領置手続の適法性についても，任意処分におけるいわゆる捜査比例の原則を踏まえ，事案の性質・重大性等に基づく証拠保全の必要性や，手段の相当性を考慮して判断することが適当と考えられる。もっとも，排出されたゴミについては，そもそも保護されるべきプライバシー権が微弱なものとなっている以上，事案の性質上排出されたゴミを取得する捜査上の必要性があり，かつ，回収方法やその後の使用方法が捜査方法として一般的なものである場合には，領置手続を適法として問題はないものと解される（前掲最決平20・4・15は，令状もなく占有を取得してプライバシーを侵害したというB側の主張に対する判断として，特に占有取得とその後の選別行為を区別して判示せずに領置手続が適法である旨判示しているが，鹿野・前掲曹時63巻11号226頁以下においては，領置手続における占有取得とその後の選別行為とに区別し，占有取得については，ゴミとして排出されて排出者の物理的な管理支配関係から離脱していると考えられる以上は，ゴミの内容や捜査官においてその後必要となる処分の内容によって，占有取得自体の適法性を区別しようとすることは不可能であり，占有取得としての領置手続は適法であるとし，その後の捜査官による占有の継続や，いったん領置した押収物について，刑訴法222条，111条2項の「必要な処分」をする過程においてプライバシー権の侵害が問題となり得るとしている）。

本設問においても，強盗事件という重大事件において，甲を犯人として特定するために甲が排出したゴミを領置する必要性が高い事案であり，また，Kによる回収方法も公道上のゴミ集積所からの回収であって特段問題とすべき事情はないと思料されること，回収後のゴミの使用方法もDNA鑑定のための鑑定嘱託という一般的に用いられている捜査方法であって捜査目的以外に使用された事情もないことからは，基本的に当該領置手続は適法なものであると解される。

## ③ 設問(2)の検討
### (1) 問題の所在
　捜査機関による被疑者の身体からの血液の採取は、被疑者の同意に基づくか、その同意が得られない場合は、令状（強制採血に用いる令状の種類については、捜索差押許可状（刑訴218条）とする見解、検証としての身体検査令状（刑訴218条1項）とする見解、鑑定処分許可状（刑訴225条1項・168条1項）とする見解などがあり、実務では、身体検査令状と鑑定処分許可状の両方の令状を併用する運用が行われている）に基づいて行われるべきものであり、無令状採血で、少なくとも身体への傷害を伴うものは、基本的に違法と解されている（大コメ刑訴（第2版）3巻〔中井憲治〕339頁）。

　しかしながら、無令状採血の問題として通常論じられているのは、捜査機関が、令状の発付を受けることなしに医師に依頼して被疑者の血液を採取してもらったという、採血行為自体が捜査活動の一環として行われた場合の適法性の問題であるところ（設問(3)参照）、本設問においては、強盗事件の犯人と甲とを識別するためのＤＮＡ鑑定に用いる資料を採取する方法として、甲の入院先の医師が検査のため採取した甲の血液を、当該医師から任意提出を受けるという方法がとられている。

　このような医師による採血行為が捜査と関係なく行われたような場合における当該血液を用いて行われたＤＮＡ鑑定に係る鑑定書の証拠能力については、当該医師による採血行為自体の治療行為としての適法性、そして、当該医師から血液の任意提出を受けることが、刑訴法221条の領置として適法かどうかを検討する必要がある。

### (2) 関連する主な裁判例
① 東京高判平9・10・15東高時報48巻1～12号67頁

　Ｃは、自損事故を起こし、意識朦朧の状態となって救急車で病院に収容され、収容後、同病院の医師が、Ｃの意識障害の原因を調べるためＣから血液及び尿を採取し、尿について検査をしていたところ、警察官が、同医師に採取した尿の提出を求め、領置後、覚せい剤の鑑定に用いたという事案であり、判決は、「本件尿は、医師が治療行為の必要上採取し所持していたものと認められるから、医師は、刑訴法221条にいう所持者としてこれを任意に提出できる立場にあった。」「医師には押収拒絶権が認められているが、これを行使するか否かは

当該医師の判断にかかるものである。」「医師が，捜査に協力するという公益上の理由や，意識障害の原因を突き止めるという治療上の目的もあって，押収拒絶権を行使することなく尿を提出したことに何ら不当とすべき点は見当たらない。」「治療のためにする尿採取については，意識がなくても推定的承諾があるといえる。」「医師はもっぱら治療目的のために尿を採取したのであり，かつ，Cに対する薬物使用の嫌疑が客観的にも認められる状況にあったから，医師は，意識障害の原因を突き止めるという治療目的からも，公益上の理由からも，守秘義務を免れている場合に当たる」旨判示した。

② 最決平17・7・19刑集59巻6号600頁

国立病院の医師が，刺創を負って病院に搬送されてきたDを治療する目的で尿を採取した上，診察したときのDの言動等からして薬物使用が疑われたことから薬物検査も併せて行ったところ，覚せい剤成分が検出されたため，これを警察官に通報し，これを受けた警察官が令状によりDの尿を差し押さえたという事案であり，D側が，医師がDから尿を採取して薬物検査をした行為は，医療上の必要がない上，被告人の承諾なく強行された医療行為であり（治療行為の適法性），医師がDの尿中から覚せい剤反応が出たことを警察官に通報した行為は，医師の守秘義務に違反する（医師の守秘義務違反）として，警察官が医師の同行為を利用してDの尿を押収したものであるから，令状主義の精神に反する重大な違法があり，Dの尿に関する鑑定書等の証拠能力はない旨主張したが，決定は，治療行為の適法性について，「救急患者に対する治療の目的で，Dから尿を採取し，採取した尿について薬物検査を行ったものであって，医療上の必要があったと認められるから，たとえ医師がこれにつきDから承諾を得ていたと認められないとしても，医師のした行為は医療行為として違法であるとはいえない」旨，医師の守秘義務違反の成否についても，「医師が，必要な治療又は検査の過程で採取した患者の尿から違法な薬物の成分を検出した場合に，これを捜査機関に通報することは，正当行為として許容されるものであって，医師の守秘義務に違反しない。」旨判示した。

(3) 検　討

(a) 採血行為の適法性について　　治療行為については，傷害罪などの構成要件に該当するが，それが医療の目的からして相当なものである限り違法性を

阻却し，そのためには，治療を受ける者の承諾，その能力がないときは配偶者，両親などの承諾，あるいはこれらの者の推定的承諾が必要であるとする見解が通説であるとされている（大コメ刑法（第2版）2巻〔古田佑紀〕255頁）。

そうすると，本設問において，仮に，医師が，意識不明の状態で入院した甲から採血したような場合には，甲の承諾（推定的承諾）を欠くとして当該採血は違法とする余地もあることとなる。

しかしながら，緊急の医療行為のように，本人の承諾ないし推定的承諾を擬制しなくとも，一種の事務管理行為として社会的相当行為と認められる場合があることは否定できず（判解刑平17年度〔山田耕司〕261頁），治療行為としての必要性，相当性が認められるかぎり，本人の承諾がない場合であっても正当行為として違法とならないと解され，本設問においても，医師による検査のための甲からの採血は基本的に治療行為として適法と考えられる。

この点，前掲最決平17・7・19においても，「救急患者に対する治療の目的で，Dから尿を採取し，採取した尿について薬物検査を行ったものであって，医療上の必要があったと認められるから，たとえ医師がこれにつきDから承諾を得ていたと認められないとしても，医師のした行為は治療行為として違法であるとはいえない」旨判示されており，同様の考え方に基づくものと考えられる（山田・前掲262頁，米澤敏雄「判例評論573」判時1940号222頁。なお，前掲東京高判平9・10・15においては，「治療のためにする尿採取については，意識がなくても推定的承諾があるといえる。」旨判示して領置手続の適法性を根拠付けているが，前掲最決平17・7・19の考え方からは，このような推定的承諾の擬制をしなくとも，採取行為の適法性を根拠付けることが可能と解される）。

(b) 任意提出・領置手続の適法性について　刑訴法221条は，設問(1)の「遺留物」の領置に加え，「所有者，所持者若しくは保管者が任意に提出した物」を領置することができると定めているところ，任意提出権者である所持者又は保管者の意義は，刑訴法101条や99条3項の「所持者」又は「保管者」と同義であり，所持者とは自己のために当該物を占有する者，保管者とは他人のために当該物件を占有する者をいうとされている（大コメ刑訴（第2版）2巻〔渡辺咲子〕274頁）。

本設問において，医師から任意提出を受けた血液は，甲の入院先の医師が検

査のため採取して残ったものであり，医師が，刑訴法221条にいう所持者あるいは保管者に該当するとすることに特段の問題はないと解される。

ところで，刑訴法105条において，医師等が「保管し，所持するもので他人の秘密に関するもの」についての押収拒絶権が認められており，本設問のような医師が治療行為のために採取した患者の血液を捜査機関の求めに応じて任意提出することと刑訴法105条の押収拒絶権との関係が問題となり得るも，この押収拒絶権については，拒絶義務を認めたものではなく，拒絶権を行使しなければ押収することができると解するのが一般的であり（渡辺・前掲大コメ刑訴（第2版）2巻328頁），検査のため採取して残った血液を保管する医師が，押収拒絶権を行使することなくこれを任意提出することは，同権利との関係では特段の問題はないと解され，前掲東京高判平9・10・15においても同様の判示がされている。

また，本設問における医師は，捜査機関からの依頼に応じて保管する甲の血液を任意提出したにとどまり，前掲最決平17・7・19の事案のように覚せい剤反応が出たことを自ら警察官に通報した場合と異なるものの，医師は，患者のために守秘義務を負い，その違反には刑事罰が科せられる（刑134条）ことからは，個人識別のための重要な証拠となり得る血液を警察官に提供する本設問における医師の行為が，医師の守秘義務に反しないかが一応問題となり得る。

この点，医師が被疑者から治療目的で採取した尿を警察官からの求めを受けて任意提出したという本設問と類似する事案である前掲東京高判平9・10・15が，「医師はもっぱら治療目的のために尿を採取したのであり，かつ，Cに対する薬物使用の嫌疑が客観的にも認められる状況にあったから，医師は，意識障害の原因を突き止めるという治療目的からも，公益上の理由からも，守秘義務を免れている場合に当たる」旨判示していることも踏まえると，本設問のような，医師が治療目的で適法に採取した血液等について，犯罪捜査という公益上の必要のために捜査機関に提出することが守秘義務に反することは基本的にないと解される（山田・前掲268頁も，前掲最決平17・7・19の事案に関し，「医師が通常の必要な診療の過程で犯罪があると思料したときは，濫用的な漏示であるなどの特段の事情がない限り，それを捜査官に通報ないし告発しても守秘義務に反することにはならないと考える。」とする。なお，前掲最決平17・7・19の事案における医師は国立病院所属の医

師であり，同決定の第1審判決・控訴審判決は，刑訴法239条2項による公務員の告発義務を重く見て，守秘義務違反がないとしているが，同決定は，医師が国公立病院の医師であろうと民間病院の医師であろうと区別せず，守秘義務違反につき解釈が分かれることはないことを前提としていると解される）。

(c) 私人による証拠収集の違法について　仮に，本設問において，医師による採血行為や任意提出行為に何らかの違法があった場合に，捜査機関以外の者のした証拠収集過程の違法が，その後捜査機関が収集した当該証拠の証拠能力の有無にも影響を及ぼすかが問題となり得る。

この点について，仮に私人による収集行為が違法であっても，捜査機関がこれに関与していない以上，捜査機関の証拠収集手続としては適法であり，証拠の証拠能力には影響しないとの考え方をしたと解されている裁判例が存する（東京高判昭54・6・27判時961号133頁等）。

学説上も，私人の違法収集証拠に排除法則の適用はないという考え方が実務上は強いようであるものの，捜査機関の関与の認められない私人による独自の証拠収集であっても，証拠排除の余地を残すべきであるとする見解も有力であるとされている（山田・前掲272頁）。

もっとも，後者の見解においても，証拠排除が認められるためには，捜査機関による証拠収集の場合よりも，一般に，より強い違法の存在が要求されるとされている（井上正仁・刑事訴訟における証拠排除416頁・584頁）ことからは，本設問のように，血液の採取行為についての捜査官の関与は認められない上，採血自体は治療行為として必要であり，医師が当該血液の適法な保管者ないし所持者であるという事案においては，仮に医師による採血行為や任意提出行為に何らかの違法があった場合であっても，当該血液を使用して行われたＤＮＡ鑑定に係る鑑定書の証拠能力は基本的に否定されないと考えられる。

### 4　設問(3)の検討

#### (1) 問題の所在

本設問においては，強盗事件の犯人と甲とを識別するためのＤＮＡ鑑定の資料を採取する手続が，覚せい剤取締法違反での逮捕中に行われているところ，同法違反での逮捕の証拠として使用された覚せい剤の鑑定書の資料を入手する

方法として，Ｋが，甲の入院先の医師が採取した甲の尿を，当該医師から任意提出を受けるという方法がとられているが，設問(2)と異なり，医師の採取目的が治療目的であるか否かが設問上明らかではない。

この点，医師の採取目的が治療目的であり，医師による採取後に，Ｋが，医師に依頼して任意提出を受けて領置しているような場合には，設問(2)と同様，領置手続は基本的に適法であると解され，その後の覚せい剤取締法違反での逮捕や，逮捕中の甲からの口腔内細胞の任意提出手続にも違法とすべき点は特段認められないと解される。

したがって，本設問においては，医師が甲の尿を採取する際に，Ｋから依頼を受けており，いわば捜査活動の一環として甲の尿を採取し，これをＫに任意提出し，Ｋにおいて領置しているような場合に，当該領置手続が適法か否か，及び，当該手続が違法であるとした場合に，当該違法が，その後の覚せい剤取締法違反での逮捕中に甲から任意提出を受けた口腔内細胞を資料として得られたＤＮＡ鑑定に係る鑑定書の証拠能力に影響を与えるかが問題となる。

(2) **関連する主な裁判例**

① 最決昭49・12・3判時766号122頁，東京高判昭48・12・10判時728号107頁

飲酒運転の疑いで逮捕され，呼気検査等を拒否していたＥが，留置場内で尿意を訴えたところ，看守係の警察官が，アルコール濃度検査に供する目的をＥに秘したまま，房内にバケツを差し入れて排尿させて尿を採取し，その尿を資料とする鑑定書が作成された事案であり，東京高判昭48・12・10は，「本件のように酒酔い運転等の罪により身体の拘束を受けている被疑者が法に違反し，正当の事由がないのに呼気検査に協力を拒否しているときその者が尿意を訴えたのを知り，その尿を前示目的のもとに前示のような方法で採取することは，被疑者の身体をいささかも障害するものではないことにも徴し適法であると判断せざるを得ない」とし，上告審である最決昭49・12・3も，「Ｅの尿の採取が違法であったとは認められない」旨判示した。

② 仙台高判昭47・1・25刑裁月報4巻1号14頁

自動車事故を起こして失神状態のまま病院に運び込まれたＦについて，警察の嘱託医である同病院の医師が，警察官からの依頼に応え，血液中アルコール

濃度検査の資料とするため，無令状で，看護婦に指示し，Fから注射器を使用して約2ミリリットルを採血し，同採血を用いて血液中アルコール濃度の鑑定書が作成された事案であり，判決は，「たとえ採血が治療の際に行われ，少量で身体の健康にどれほどの影響を及ぼさない程のものにすぎなかったにしても，捜査官としては任意の承諾のもとに血液の提出を受けえない以上医師に対して刑訴法223条に基づく鑑定の嘱託をなし同法225条，168条1項による鑑定処分許可状を求める手続を践むべき場合であった」旨判示し，無令状採血を違法とし，重大な手続違背があるとして，当該鑑定書の証拠能力も否定した。

【違法収集証拠に関する主な裁判例】

③ 最判昭61・4・25刑集40巻3号215頁

Gが覚せい剤を使用しているとの情報を得た警察官が，G宅寝室内に承諾なしに立ち入り，明確な承諾のないままGを警察署に任意同行し，退去の申出に応じず同署に留め置く中で，Gから尿の提出を受け，その鑑定結果を得て覚せい剤取締法違反で逮捕したという事案であり，判決は，「G宅への立ち入り，同所からの任意同行及び警察署への留め置きの一連の手続と採尿手続は，Gに対する覚せい剤事犯の捜査という同一目的に向けられたものであるうえ，採尿手続は右一連の手続によりもたらされた状態を直接利用してなされていることにかんがみると，右採尿手続の適法違法については，採尿手続前の右一連の手続における違法の有無，程度をも十分考慮してこれを判断するのが相当である。」とした上，採尿手続前に行われた一連の手続が任意捜査の域を逸脱した違法なものであり，これに引き続いて行われた採尿手続も違法性を帯びるとしたものの，「警察署に留まることを強要するような言動はしていないこと」「採尿手続自体は何らの強制も加えられることなくGの自由な意思での応諾に基づき行われていること」などの事情から，採尿手続の違法の程度は重大とはいえないとして，尿の鑑定書の証拠能力は否定されない旨判示した。

④ 最判平15・2・14刑集57巻2号121頁

警察官が，発付されていた逮捕状の呈示や逮捕状の緊急執行の手続を行わずにHを窃盗事実で逮捕し，逮捕当日にHから尿の提出を受け，覚せい剤検出の鑑定結果を得た上，当該鑑定書を疎明資料として発付を受けた捜索差押許可状により行ったH宅の捜索により覚せい剤が発見されたという窃盗，覚せい剤使

用・所持事案であり，判決は，「本件逮捕には，逮捕時に逮捕状の呈示がなく，逮捕状の緊急執行もされていないという手続的な違法がある上，警察官は，これを糊塗するため，逮捕状に虚偽事項を記入し，内容虚偽の捜査報告書を作成し，公判廷において事実と反する証言をしているのであって，警察官の態度を総合的に考慮すれば，本件逮捕手続の違法の程度は，令状主義の精神を潜脱し，没却するような重大なものであると評価されてもやむを得ないものといわざるを得ない。そして，このような違法な逮捕に密接に関連する証拠を許容することは，将来における違法捜査抑制の見地からも相当でないと認められるから，その証拠能力を否定すべきである。」「本件採尿は，本件逮捕の当日にされたものであり，その尿は，上記のとおり重大な違法があると評価される本件逮捕と密接に関連を有する証拠であるというべきである。また，その鑑定書も，同様な評価が与えられるべきものである」旨判示して，逮捕当日に採取されたHの尿の鑑定書の証拠能力を否定した。一方，同鑑定書を疎明資料として発付された令状に基づく捜索により発見され，差し押さえられた覚せい剤及びその鑑定書については，「本件覚せい剤の差押えは，司法審査を経て発付された捜索差押許可状によってされたものであること，逮捕前に適法に発付されていたHに対する窃盗事件についての捜索差押許可状の執行と併せて行われたものであることなどの諸事情にかんがみると，本件覚せい剤の差押えと上記尿の鑑定書との関連性は密接なものではないというべきであり，本件覚せい剤及びこれに関する鑑定書については，その収集手続に重大な違法があるとまではいえない」旨判示して証拠能力は否定されないとした。

(3) **検 討**

(a) 採尿手続の適法性について　　医師が，Kから依頼を受けて甲の尿を採取した場合においても，甲が自ら排出した尿について甲から提出を受ける場合にはその適法性に特段の問題はない。

このような場合に問題となり得るのは，医師が，尿を覚せい剤の鑑定資料とするため警察官に提出する予定であることを甲に秘したまま甲に尿を排出させて採取する場合であるが，前掲最決昭49・12・3，同東京高判昭48・12・10の考え方を踏まえると，適法な採取の方法であると解される。

一方，意識不明等の状態の甲から，甲の承諾を得ないまま導尿管（カテーテ

ル）によって尿を採取する場合については，被疑者の同意なく無令状採尿をすることの可否の問題となるが，強制採尿についての最決昭55・10・23刑集34巻5号300頁が，強制採尿が「身体に対する侵入行為であるとともに屈辱感等の精神的打撃を与える行為である」とした上で，「被疑事件の重大性，嫌疑の存在，当該証拠の重要性とその取得の必要性，適当な代替手段の不存在等の事情に照らし，犯罪の捜査上真にやむをえないと認められる場合には，最終的手段として，適切な法律上の手続を経てこれを行うことも許されてしかるべきであるが，その実施にあたっては，被疑者の身体の安全とその人格の保護のため十分な配慮が施されるべき」として限定的に許容する考え方を示していることを踏まえると，被疑者の同意のないまま無令状で導尿官を使って強制的に体内から尿を採取することは，基本的に違法と評価されるものと解される。

(b) DNA鑑定に係る鑑定書の証拠能力について　　上記のとおり，医師が，Kからの依頼に基づき，甲の同意のないまま無令状で採尿を行った行為が違法であるとした場合，当該違法が，その後の覚せい剤取締法違反での逮捕中に甲から任意提出を受けた口腔内細胞を用いたDNA鑑定に係る鑑定書の証拠能力に影響を与えるかが問題となる。

違法収集証拠の証拠能力については，最判昭53・9・7刑集32巻6号1672頁が証拠収集手続の違法が令状主義の精神を没却するような重大なものであって，これによって得られた証拠を被告人の罪証に供することが違法捜査抑制の見地から相当でないと認められる場合に，その証拠能力を否定すべきであるという判断を示し，これがリーディングケースとなり，前掲最判昭61・4・25，同最判平15・2・14を含むその後の最高裁判例は，この判決の一般論を踏襲し，下級審においても，この判断方法が定着している。

また，本設問のように，違法収集証拠の証拠能力が問題となる事案は，当該証拠の収集それ自体に違法がある場合のほか，当該証拠の収集手続に先行する捜査手続に違法がある場合もあるところ，先行手続の違法性が後行の証拠収集手続に及ぼす影響については，前掲最判昭61・4・25は，後行の採尿手続が先行の任意同行等の手続と「同一の目的」に向けられたものであり，かつこれを「直接利用」して行われているとして，先行手続の違法性が後行手続に影響を及ぼし，これを違法と評価しており，このような手法は，それ以後の最高裁

判例にも基本的に引き継がれているとされている（判解刑平15年度〔朝山芳史〕34頁，判解刑昭61年度〔松浦繁〕71頁。最決昭63・9・16刑集42巻7号1051頁，最決平6・9・16刑集48巻6号420頁，最決平7・5・30刑集49巻5号703頁）。

これに対し，前掲最判平15・2・14の事案においては，逮捕当日に違法な身柄拘束状態を利用して採尿手続が行われているという点で，「直接利用」の要件を一応満たしていると考えられるも，逮捕自体は窃盗の被疑事実により行われており，覚せい剤使用の嫌疑に基づく採尿手続とは別個の捜査目的に向けられており，「同一目的」を肯定することが困難であったにもかかわらず，逮捕当日に行われた採尿手続によって得られた尿及びその鑑定書について，「（違法な）本件逮捕と密接に関連を有する証拠」であるとして証拠能力が否定されており，このような考え方を踏まえると，先行手続と後行手続との間に「同一目的」が欠けるような場合であっても，先行手続の違法が重大である場合に，当該先行手続に「密接に関連」する後行手続によって得られた証拠についても，証拠能力が否定されることもあり得ると解される（朝山・前掲40頁，大澤裕「違法収集証拠の証拠能力(3)」刑訴百選（第8版）140頁，和田雅樹「先行手続の違法と証拠能力(2)」刑訴百選（第9版）200頁等）。

本設問において，医師が，Kからの依頼に基づき，甲の同意のないまま無令状で違法な採尿を行い，採尿した尿の鑑定結果に基づいて甲を覚せい剤取締法違反で逮捕した上，逮捕中に甲から口腔内細胞の提出を受け，これに係るDNA鑑定の鑑定書を強盗事件の証拠として用いたという場合の鑑定書の証拠能力を検討するに，当該逮捕は，覚せい剤取締法違反の事実を被疑事実とするものであり，強盗罪の嫌疑に基づいて行われた口腔内細胞の採取手続とは別個の捜査目的に向けられたものといえるから，「同一目的」を肯定することは困難と解される。

しかしながら，強制採尿を限定的に許容する前掲最決昭55・10・23の考え方からは，捜査機関側が令状主義に違反することを認識しながら，医師に依頼して無令状で違法な採尿を行い，あえて違法な逮捕を開始したような場合には，令状主義を没却するような重大な違法があるとされ，逮捕中に提出を受けた口腔内細胞やこれに関するDNA鑑定の鑑定書についても，重大な違法のある先行手続に「密接に関連」する証拠であるとしてその証拠能力が否定されること

もあり得よう。

### 5 終わりに

　科学的な捜査の重要性が強調されている近時において，ＤＮＡ鑑定を用いた個人識別の捜査方法は，個人の識別精度が極めて高いこと，ＤＮＡ鑑定に用いる資料が指紋等と比べて現場に残りやすいことなどから，今後もその重要性が高まることは確実である。

　そのため，ＤＮＡ鑑定に用いる資料を採取するための捜査活動については，鑑定の信頼性を確保するために資料の適正な採取・保管が求められることはもちろん，捜査活動の適法性についてもより十分に配慮して行うことが求められる。

【濱　　克彦】

## 8 逮捕の適法性と勾留の可否

　甲は，住居侵入・窃盗未遂事件の現行犯人として逮捕され検察官送致されたが，逮捕経緯は，被害直後に被害者からの110番通報を受けて現場付近に臨場した警察官が甲を発見し，不審者としてこれに声をかけたところ逃走したので，前記事件の犯人であると確信し，現行犯人として逮捕したというものであった。検察官としては，甲の身柄についてどのような対応をすべきか。逮捕経緯が，たまたま現場付近を警ら中の警察官が挙動不審の甲を見つけて職務質問を開始したところ，これに素直に応じた甲が前記犯行を自白し，その後，所属警察署を通じて被害者に連絡をとってもらったところ被害が確認できたので，甲を現行犯人として逮捕したというものであった場合はどうか。

### 1 問題の所在

設問においては，まず，住居侵入・窃盗未遂事件につき
① 警察官が，被害直後に被害者からの110番通報を受け，現場付近に臨場して甲を発見し，不審者として声をかけたところ，甲が逃走したため，甲が犯人であると確信した場合（前段）
② たまたま現場付近を警ら中の警察官が，挙動不審の甲を見つけて職務質問を開始したところ，甲が犯行を自白し，その後，所属警察署を通じて被害者から被害確認ができた場合（後段）
の2つの事例において，現行犯逮捕が適法であるか否かが問題となる。また，現行犯逮捕としては適法でない場合であっても，準現行犯逮捕として適法であるか否かが問題となる。

次に，これらの逮捕を適法と認める場合，検察官は，勾留の理由及び必要性があると判断すれば，通常，甲を勾留請求すれば足りることとなる。しかし，これらを違法と認める場合，甲を勾留請求できるか否かが問題となり，勾留請求が違法であるとした場合には，検察官が甲の身柄についてどのような措置を講ずるべきかが問題となる。

## 2 現行犯逮捕・準現行犯逮捕の適法性

### (1) 現行犯・準現行犯の意義・趣旨

現行犯とは，「現に罪を行い，又は現に罪を行い終つた者」をいう（刑訴212条1項）。

また，①犯人として追呼されているとき，②贓物又は明らかに犯罪の用に供したと思われる兇器その他の物を所持しているとき，③身体又は被服に犯罪の顕著な証跡があるとき，④誰何されて逃走しようとするときのいずれかに当たる者が「罪を行い終つてから間がないと明らかに認められるときは，これを現行犯人とみなす」とされ（同条2項），準現行犯と呼ばれる。

そして，現行犯及び準現行犯は，何人でも，逮捕状なくしてこれを逮捕することができる（刑訴213条）。

我が国においては，諸外国に比べても厳格な令状主義が採用されているところ，現行犯が令状主義の例外とされるのは，「現に罪を行い，又は現に罪を行い終つた」という状況が認められる場合，被逮捕者が犯人であることの証拠が十分に存し，無実の者を誤認逮捕するおそれがなく，また急速な逮捕の必要性があることによるものである（捜査法大系Ⅰ〔増井清彦〕116頁，注釈刑訴3巻〔藤永幸治〕170頁，増補令状基本(上)〔池田修〕136頁）。

また，準現行犯については，刑訴法212条2項各号の要件が認められ，かつ，「罪を行い終つてから間がないと明らかに認められる」状況がある場合には，前記の趣旨において，固有の現行犯と価値的に同視できることによるものである（捜査法大系Ⅰ〔田中豊〕137頁，仙波厚「準現行犯の意義及び範囲」判タ296号100頁）。

### (2) 現行犯の要件

**(a) 現行犯の要件** 前記の趣旨及び刑訴法212条1項の文言からすれば，現行犯として逮捕するための要件は

① その犯人による特定の犯罪であることが，逮捕者に明白であること（犯罪と犯人の明白性）

② その犯罪が現に行われていること，又はその犯罪が現に行い終わったことが，逮捕者に明白であること（犯罪の現行性又は犯罪との時間的接着性の明白性）

であると解される（増井・前掲116頁，池田・前掲137頁）。

前記①及び②の要件は，互いに密接に関連しているため，個々に考察することは困難との指摘があり（増井・前掲126頁），実際，特に両者を区別せず，主に②の要件の中で論じられることが少なくない。確かに，そのような困難があるのは事実であるが，やはり両者は異なる意義・趣旨を有するものであるから，区別して論じるのが理解に資するように思われる（本稿においては，このような理解に基づき，従来，②の要件に関して論じられることがあった問題や判例についても，あえて①の要件に関するものとして指摘することとしたい）。

犯罪が現に行われているか否か，現に行い終わったか否かについては，逮捕行為に着手する直前を基準として判断する（平野・刑訴96頁）。そして，現に罪を行っている現行犯については，逮捕行為に着手する直前に逮捕者が犯罪を現認しているのが通常であるため，②の要件はもとより，①の要件の認定にも問題が少ない。これに対し，設問のように，既に犯罪が終了している場合には，逮捕者にとって，どの程度までに犯罪と犯人が明白である必要があるか，逮捕行為の着手は，どの程度までに犯罪と時間的に接着していることが明白である必要があるかが問題となる。

(b) **犯罪と犯人の明白性の意義**　犯罪と犯人の明白性は，どの程度の嫌疑を意味するか。前記の趣旨を踏まえれば，緊急逮捕（刑訴210条）における嫌疑の充分性を超えて，令状なしの逮捕が誤りを惹起しない程度に，犯罪の嫌疑が明白である場合を意味することになろう（青柳文雄「現行犯概念の検討」警論15巻4号98頁，福岡高那覇支判昭49・5・13判時763号110頁）。比喩的にいえば，犯行の生々しい痕跡が残っている場合と表現することも可能であろう（池田・前掲138頁）。

そして，犯罪と犯人の明白性の存否は，結局のところ，個別の具体的事案における証拠に基づく事実認定とその法的評価に帰することになる。したがって，そのメルクマールを一律に示すのは本質的に困難であるが，以下，判例や学説等の議論を参考として，可能な限りその具体化を試みたい。

まず，現行犯の要件として，何人にもどのような犯罪が行われているかが外部的に明らかでなければならないとする見解（熊谷弘編・逮捕・勾留・保釈の実務〔熊谷〕82頁）があるが，犯罪が行われていることが外観上明らかである必要はないとするのが通説である（増井・前掲119頁）。一般に隠密裏に行われ，外観上

は必ずしも明らかでない構成要件要素が含まれる賭博や贈収賄のような犯罪について、内偵・張り込み等によって得た客観的資料に基づく認識や特定の犯罪に関する専門的知識・経験を有しない通常人にとっては、当該犯罪の存在やその犯人が誰であるかが不明瞭であっても、そうした認識等を有する警察官にとっては、犯罪と犯人の明白性の存在を認め得る場合があり、そのような場合には現行犯逮捕を認め得る（のみ行為について現行犯逮捕を認めた東京高判昭41・6・28判タ195号125頁）。

とはいえ、例えば、逮捕者にとって、被害者の供述以外に外見上犯罪があったことを覚知し得る状況が全く存在しないような場合には、一般に、犯罪と犯人の明白性はないと考えられる（増井・前掲121頁。例えば、釧路地決昭42・9・8下刑集9巻9号1234頁は、暴力行為等処罰に関する法律違反事件に関し、警察官が現場に臨場した時に犯人が四散逃走していたため、現場に残った被害者から被害事実を聴取して共に附近を捜査したところ、現場から十数メートル離れたバーから出てきた2名につき、被害者から犯人の一部の者である旨の申立てがあったので、直ちに現行犯逮捕した事案を違法としている。この場合、犯罪と犯人の明白性を認めるためには、少なくとも、被害者の申立てそのもの以外にこれを担保する何らかの客観的・外部的状況が必要であると思われる）。

また、犯罪の痕跡を「身に着けない」まま、犯人や被害者が現場を離れ、あるいは、時が経過するなどした結果、犯人を他人と混同するおそれが生じた場合には、やはり犯罪と犯人の明白性は認められない場合が多いと考えられる（例えば、大阪高判昭40・11・8下刑集7巻11号1947頁は、映画館内でわいせつ行為を受けて帰宅した被害者が、夫を伴って引き返し、館内にいる者を犯人と判断して警察に通報したため、臨場した警察官が被害から約1時間5分経過後に館内から出てきた者を現行犯逮捕した事案を違法としている。そのほか、前記釧路地決昭42・9・8、東京高判昭60・4・30判タ555号330頁、京都地決昭44・11・5判時629号103頁参照）。

他方、犯人が現場をいったん離れ、あるいは、時が経過するなどしたとしても、被害者の供述、犯人に残った犯罪の痕跡、犯人の動静等の四囲の状況からして、犯人を他人と混同するおそれがない場合には、犯罪と犯人の明白性が認められる場合もあり得る（例えば、最決昭31・10・25刑集10巻10号1439頁は、酔っ払いがガラスを割って暴れているとの通報を受けて臨場した警察官が、犯人が現場から20メートル離れた飲食店にいると聞き、その飲食店に赴いたところ、手に怪我をして大声で叫

びながら足を洗っている犯人を発見し，犯行から30～40分後に現行犯逮捕した事案を適法としている。そのほか，仙台高秋田支判昭25・3・29判特8号79頁，札幌高函館支判昭37・9・11高刑集15巻6号503頁，東京地決昭42・11・22判タ215号214頁参照）。

(c) 犯罪との時間的接着性の明白性の意義　現行犯として逮捕するためには，どの程度までに犯罪と時間的に接着していることが明白である必要があるか。「現に罪を行い終つた者」は，「現に罪を行つている者」と同視されて令状なしの逮捕が認められたものであり，また，「罪を行い終つてから間がないと明らかに認められる」準現行犯よりも更に犯罪との時間的接着性が要求されることからして，犯罪行為を行い終わった瞬間又はこれに極めて接着した時間的段階にある者と考えるのが妥当である（増井・前掲118頁，藤永・前掲173頁）。

その具体的な時間的限界については，①急報を受けた警察官が現場に急行するのに通常要する程度の時間をいうとする見解（増井・前掲118頁），②被逮捕者が特定の犯罪を行った犯人であることの罪証が散逸することなく存在すると通常考えられる時間をいうとする見解（古城敏雄「現行犯の意義および範囲」判タ296号99頁）がある。

いずれの説に立ったとしても，その時間的限界を具体的な数値で明らかにすることは困難であるが，前記最決昭31・10・25は，犯行から30～40分後の現行犯逮捕を適法としており，「現に罪を行い終つた」限界事例の1つと指摘されていること（判解刑昭31年度〔城富次〕339頁），これに対し，仙台高判昭42・8・22下刑集9巻8号1054頁は，犯行から約58分後の現行犯逮捕を違法としていることが，実務上参考になろう（この事案は，自動車追突被害の届出を受けた警察官が，被害者が申告した加害車両の番号・車体色から所有者を調べ，その住居に赴き，車両の破損状況等を確認した上，その所有者に任意同行を求め，その自白を得て，犯行から約58分後に現行犯逮捕したものであり，それ以外の客観的・外部的状況にもよるが，犯罪と犯人の明白性を認め得るようにも思われることから，時間的接着性の欠如を理由とするものと考えることができる。そのほか，前記大阪高判昭40・11・8も現行犯の時間的限界を示すものとして指摘されるが，この事案は，前記のとおり逮捕時において犯罪と犯人の明白性が存在しないように思われる）。

他方，東京地判昭62・4・9判時1264号143頁は，建造物侵入事件につき，犯行から1時間十数分後に現行犯逮捕を行ったとしても，その間，通報を受け

て駅構内の現場に急行した警察官が被疑者らを発見して職務質問を開始し，同じ駅構内の派出所に場所を移動しながらも職務質問を続け，あるいはこれに応ずるように説得を続け，一方で，万一の誤認逮捕を慮って犯罪事実自体の存在とその明白性を確認するための措置をとっていたこと，犯罪と逮捕が時間的・場所的に接着していたこと等の事情を考えると，現行犯逮捕の要件に欠けるところはないとしている。万一の誤認逮捕を慮って犯罪と犯人の明白性を確認することは，むしろ督励されるべきことであるから，その結果として時が経過した場合に直ちに時間的接着性が失われるとするのは本末転倒の感があり，その結論は妥当である（池田・前掲141頁。とはいえ，この裁判例から，犯罪と犯人の明白性を確認する措置のためであれば，一般に時間的接着性が失われないとの結論を導くのは困難であろう。なお，反対の結論を導く裁判例として，警察官が現場に到着した段階で適法に現行犯逮捕し得たことを認めつつ，犯人を200〜300メートル離れた派出所に任意同行し，被害者から具体的脅迫行為の確認を行うなどした上で約40分後に逮捕した事案を違法とする大阪高判昭62・9・18判タ660号251頁がある）。

また，最判昭50・4・3刑集29巻4号132頁は，密漁の犯行終了から逮捕まで3時間30分を経過した事案において，漁船が密漁船を発見して逮捕のための追跡行為を開始した時点で現行犯の要件が認められれば，更にその漁船側から依頼を受けて逮捕するための追跡を継続した漁業監視船の現行犯逮捕も適法と判示した。追跡行為は逮捕行為そのものではないが，犯罪と犯人の明白性の程度は少しも減少していないのに，人の抵抗，逃走等によって時間が経過したため逮捕が違法となるのは不合理であるなどと説明されており，その結論は妥当である（池田・前掲141頁。長沼範良＝櫻井正史＝金山薫＝岡田雄一＝辻裕教＝北村滋編・警察基本判例・実務200〔岸野康隆〕207頁は，1個の逮捕行為の継続性の問題として理解すべきとする）。

(d) 場所的接着性　本来，「現に罪を行い終った」という要件は，時間的段階における観念であり，場所の観念でない（福岡高判昭28・6・5判特26号23頁）が，従来の議論においては，場所的要素を含むとされることが多い。逮捕場所が犯行場所から離れるほど，時間的接着性が弱まるのみならず，犯人とそれ以外の者とを混同する可能性は高くなるから，場所的要素も要件とすべきとするのである（古城・前掲判タ296号99頁）。これを明示した裁判例も少なくない。

しかし，場所的要素を要件とするといっても，その意義については，特定の犯罪を行った犯人とそれ以外の者とを混同することなく特定し得ると通常考えられる距離を基準とすべきであり，犯罪場所とその周辺の住宅，店舗の密集の有無，人通り，交通状況及び犯人の逃走手段等によって，それぞれ異なるなどと説明される（古城・同頁，藤永・前掲174頁）。その説明そのものは十分に理解できるが，本来，このような点は，犯罪と犯人の明白性に関わる問題・論点として検討されるべきであるように思われる（現場から遠く離れた犯人が現行犯でなくなるのは，現場から離れるに従って時が経過し，時間的接着性が失われるからであり，現場から離れたことにより他人との混同のおそれが生じた場合は，犯罪と犯人の明白性が失われる。にもかかわらず，刑訴法212条1項の文言を離れて場所的要素を読み込み，これを別に論じる実益は乏しいように思われる。比喩的にいえば，「犯行の生々しい痕跡が残っている場所的範囲」を判断するよりも，「犯行の生々しい痕跡が残っている」といえるか否かを個別に判断する方が明確かつ容易である。実益があるとすれば，犯罪と犯人の明白性，時間的接着性の明白性が認められる事案について，徒歩で移動した犯人と自動車，鉄道等で移動した犯人とを別に扱うべきか否かであるが，その結論を異にすべきとは考えない。この点，東京高判平17・11・16東高時報56巻1〜12号85頁は，JR東海道本線品川駅から川崎駅に向け進行中の電車内において，犯人が女子高生の被害者に対する強制わいせつ行為に及び，川崎駅で下車した被害者を同線ホームから南武線ホームまで尾行し，同線電車に乗り換えた被害者を追って電車内に乗り込んでその直近に立ち，さらに，被害者が下車して駅改札口を出た後も被害者につきまとった上，被害者の父親に現行犯逮捕された事案につき，犯行から逮捕までに約18分が経過し，場所的には相当に離れているものの，被害者にとっては，犯人につきまとわれ，終始身近にいる状態が続いていることを考えると，現行犯逮捕の要件が存在し，また，その実質的な逮捕者は父親と被害者の両名であるとして，父親による逮捕を適法としている。この事案においては，犯人及び被害者が，犯行場所からおそらく10キロメートル近く移動しているところ，父親の逮捕時に「犯行の生々しい痕跡」があるのは疑いない一方，「犯行の生々しい痕跡が残っている場所的範囲」にあると説明するのは適当でないように思われる）。

　結局，場所的要素は，現行犯の「要件」というより，犯行場所と逮捕場所とが近接していれば，犯罪と犯人の明白性や犯罪との時間的接着性の明白性を認めるのが容易になる場合が多いという意味で，事実認定における経験則の1つ

と考えるべきであろう（例題解説刑訴(4)99頁参照）。

(3) **準現行犯の要件**

**(a) 準現行犯の要件**　「現に罪を行い終つた」とは認められない場合であっても，刑訴法212条2項各号所定の要件が認められ，かつ，「罪を行い終つてから間がないと明らかに認められる」場合には，準現行犯として，令状なしの逮捕が許される。

現行犯と比較すると，逮捕との時間的接着性の程度を若干緩和しつつ，同項各号において，特定の犯罪に関し，犯罪と犯人の明白性を客観的に担保するための個別的類型を要求しているものと解される（池田・前掲142頁）。すなわち，準現行犯の要件は

① その犯人による特定の犯罪であることが，逮捕者に明白であること（犯罪と犯人の明白性）

② その犯罪が終わってから間もないことが，逮捕者に明白であること（犯罪との時間的近接性の明白性）

③ 刑訴法212条2項各号所定の要件が認められること（212条2項各号該当性）

であると解される（田中・前掲137頁参照）。

**(b) 犯罪と犯人の明白性の意義**　準現行犯における犯罪と犯人の明白性は，現行犯につき前記(2)(b)に述べたのと同義であり，その程度が軽減されるべきものではない。準現行犯は，その文言からしても，刑訴法212条2項各号所定の個別的類型を要求したことにより，時間的接着性の程度を緩和したものにすぎない。そして，同項各号の要件のうち，1号に該当する場合は，犯罪と犯人との繋がりが類型的に強く認められる一方，4号のみに該当する場合は，犯罪と犯人との繋がりは比較的薄い。したがって，4号のみに該当する場合には，それ以外の状況を踏まえ，犯罪と犯人の明白性の存否を慎重に検討すべきである（田中・前掲139頁，藤永・前掲178頁）。

判例・裁判例においては，例えば，①派出所で勤務していた警察官が，約4キロメートル離れた大学構内で内ゲバが発生して犯人が逃走中との無線指令を受けて警戒中，犯行終了から約1時間を経過したころ，Aが通り掛かるのを見つけ，その挙動や，小雨模様の中で傘もささずに着衣を濡らし，靴も泥で汚れ

ている様子を見て，職務質問のため停止を求めたところ，Aが逃げ出したので追跡して追い付き，その際，Aが腕に籠手を装着しているのを認めたことから，Aを準現行犯逮捕し，続けて，本件発生の無線指令を受けて逃走犯人を捜索中の警察官が，犯行終了から約1時間40分を経過したころ，現場から約4キロメートル離れた路上で，着衣等が泥で汚れたB及びCを発見し，職務質問のため停止を求めたところ，両名が小走りに逃げ出したので数十メートル追跡して追いつき，その際，両名の髪がべっとり濡れて，靴は泥まみれであったほか，Cには顔面に新しい傷跡があって，血の混じった唾を吐いているのを認めたことから，両名を準現行犯逮捕した事案につき，A，B及びCの逮捕をいずれも適法としたもの（最決平8・1・29刑集50巻1号1頁），②内ゲバの犯人らがワゴン車で逃走したとの無線指令を受け，緊急配備した警察官が，犯行から約40分後，現場から約600メートル離れた路上で車両番号等の一致した手配車両を発見し，同車助手席に乗車していた被疑者に職務質問を行い，その衣服に血痕が付着しているのを確認するなどした上，犯行から2時間半前後を経過した後，同乗者を含めた9名を準現行犯逮捕した事案をいずれも適法としたもの（東京高判昭62・4・16判時1244号140頁）がある（そのほか，東京地判昭42・7・14下刑集9巻7号872頁，東京地決昭43・3・5下刑集10巻3号320頁，横浜地判昭54・7・10刑裁月報11巻7＝8号801頁参照）。

　(c)　犯罪との時間的近接性の明白性の意義　　では，犯罪との時間的近接性の明白性を認めるには，どの程度の近接性が明白であることを要するか。「罪を行い終つてから間がない」とは，「現に罪を行い終つた」に比べて，犯罪からの時間的間隔が長いのはもちろんであり，犯行終了と逮捕行為の着手が時間的に相当近接していることを意味するものと解される（池田・前掲142頁，藤永・前掲176頁）。

　その時間的限界については，特別の事情がない限り1〜2時間とする説（松尾・刑訴55頁），2〜3時間とする説（仙波・前掲判タ296号101頁），3〜4時間とする説（藤永・前掲176頁），最大限数時間を出ないとする説（団藤・綱要342頁）があるが，現行犯同様，これらは一応の目安にすぎず，具体的な数値で時間的限界を画することは困難であろう（池田・前掲142頁）。

　最高裁においては，前記最決平8・1・29が凶器準備集合等の犯行から約

1時間40分後の準現行犯逮捕を適法としているほか，例えば，品川区五反田における窃盗の犯行から2時間30分後，台東区において犯人が贓物を所持しているのを発見して追跡し，犯行から4時間後に準現行犯逮捕した事案を適法としている（最決昭30・12・16刑集9巻14号2791頁）。また，下級審においては，前記東京高判昭62・4・16のほか，例えば，荷車の窃取の犯行から2時間10分後，贓品の荷車を所持していた犯人の逮捕（広島高松江支判昭27・6・30判特20号185頁），傷害の犯行から1時間50分後の犯行現場における逮捕（京都地決昭41・10・20下刑集8巻10号1398頁），法定外文書頒布・戸別訪問の犯行から約3時間後の逮捕（東京高判昭47・10・13判時703号108頁）につき，準現行犯逮捕として適法としており，その時間的限界を判断する上で参考になろう。

(d) 刑訴法212条2項各号該当性　設問の事例は，通常は，刑訴法212条2項1号から3号に該当しないように思われるので，ここでは，同項4号の「誰何されて逃走しようとするとき」の意義に触れるにとどめる。

誰何とは，本来，声をかけて姓名を問い質すことであるが，警察官が犯人を懐中電灯で照らし警笛を吹くことも誰何である（最判昭42・9・13判時498号75頁）。誰何は，警職法2条に基づく職務質問として行われることが多いが，主体に制限はないから，私人によるものでもよく，犯人として誰何される必要もない（藤永・前掲181頁）。

警察官が何らの行為にも出ないのに，犯人が警察官を見て逃げ出した場合には，誰何されるという契機がないことから，刑訴法212条1項4号に当たらないとの見解もあるが（田中・前掲146頁），通常人ならば逃走しないのに危険を感じて逃げ出したことに重要性がある以上，同号に該当し得るものと解する（仙波・前掲判タ296号103頁）。

(4) 現行犯・準現行犯認定の方法・資料

現行犯・準現行犯の要件は以上のとおりであるが，これらの要件は，どのような方法で，どのような資料を基礎として認定されるべきであろうか。実際上は，現行犯・準現行犯の要件そのものよりも，この認定の方法・資料をいかに解するかによって結論を異にすることになる事例が多いと思われる。

まず，現行犯及び準現行犯の要件があるか否かは，逮捕時における具体的状況に基づき客観的かつ合理的に判断されるべきものである。事後的・純客観的

な判断によるべきではない(最決昭41・4・14判時449号64頁,前記東京高判昭62・4・16参照)。

　また,現行犯・準現行犯の認定は,逮捕者による直接の現認のみならず,逮捕者が直接覚知し得た諸般の状況を基礎として,合理的に判断することによってもなし得る(例えば,大阪高判昭45・3・19大阪高検速報昭45年16号85頁は,逮捕者が,深夜バスに乗るためステップに足をかけた際,ズボン左後ポケットに何かが触れたと感じ,その直前に確認していたポケット内の財布が無くなっていることを左手で確認して,振り返ると左斜め後ろに被疑者が立っており,急に1～2歩後ずさりして目を逸らしたことや,その前後,他の乗客30数名は順序よく列に並び,被疑者だけが並んでいなかったことから,被疑者が犯人であると直感し,さらに,バスの乗務員や乗客らに「すりがいる。みんなバスに乗ってくれ。警察に行って調べてもらう」と怒鳴ったところ,他の乗客は全員乗車したのに,被疑者だけが乗ろうとしなかったこと,被疑者に再三乗車するよう協力を依頼したが,これを拒んで停留所から離れて行こうとしたため,犯人であると確信して交番に同行を求めたところ,被疑者が逃げようとしたことから現行犯逮捕した事案を適法としている。そのほか,前記東京高判昭47・10・13参照)。

　では,逮捕者が「直接覚知し得た諸般の状況」とは,具体的にどのような範囲の事実関係を指すのであろうか。これについては,厳密な意味での犯行現場の状況のみに限られるべきとする見解もある(大阪高判昭33・2・28大阪高検速報昭33年2号14頁参照)。しかし,少なくとも警察官が他の警察官から得た情報については,警察が組織体として捜査を行うものである以上,その認定資料となし得るのは当然であり,これを認めるのが確立した判例である(東京高判昭41・1・27下刑集8巻1号11頁は,警察官1チーム4名が,合図係,測定係,記録係,停車係に分かれ,いわゆる定域測定式速度違反取締を実施し,記録係警察官が自記式速度測定器のテープを解読し,犯人の速度違反を認めたので,約300メートル離れた停車係警察官に通報し,同警察官が現行犯逮捕した事案を適法としている。そのほか,前記最決平8・1・29,前記東京高判昭62・4・16参照)。

　また,被害者の通報や被疑者の自供等の供述を現行犯の認定資料として用いることはできないとの見解が有力に主張されている(増補令状基本(上)〔小田健司〕153頁。なお,東京地決昭42・11・9判タ213号204頁は,客観的状況から見て罪を行い終わってから間がないとの疑いが極めて高い場合には,簡単ないわば確認的な職務質問に限り,

その結果の自白であるならば認定資料とできるとし，自白を認定資料とすることに制限を加える）。

しかし，我が国においては，私人である被害者等から通報を受けた警察官が，自ら直接見聞した状況のみならず，被害者等から引き継いだ情報や犯人の自白，弁解，態度等を認定資料として現行犯逮捕を行う例が多々見られるところ，このような事例について，直ちに違法であるとする見解や判例・裁判例は少ない。その場合，供述を認定資料となし得ないとする立場からは，例えば，現行犯であることの認定は被害者が行ったものであり，警察官はその認定に従って，事実行為として逮捕に協力するものにすぎないなどと説明される（小田・前掲153頁。例えば，東京高判昭53・6・29東高時報29巻6号133頁は，住居侵入を現認した私人が逮捕に着手したものの，振り切られて警察に通報し，これを受けて臨場した警察官が，現認者の確認に基づいて犯人を逮捕した事案について，現認者には現行犯逮捕の要件が具備され，その逮捕要請により，被疑者が犯人と一致する旨の確認に基づき「同人に代わって」被疑者を逮捕した趣旨と認められるとして，逮捕を適法とする）。また，現行犯・準現行犯において，逮捕者・追呼者が被害者や目撃者である必要はなく，複数の者がリレー式に追呼・追跡する場合でもよいとされることもある（池田・前掲145頁，上記最判昭50・4・3，前記横浜地判昭54・7・10参照）。

しかしながら，これらの事例を適法と認める以上，犯行現場の状況のみならず，被害者等の供述を現行犯・準現行犯の認定資料として認めているに他ならないように思われ，そのような説明は技巧的に過ぎ，実態にそぐわないように思われる（横井大三「現行犯の意味」研修271号66頁，増井・前掲123頁。金隆史「供述証拠による現行犯人の認定」判タ296号104頁。あえて付言すれば，被害者の供述と被疑者の自白のみがあり，それ以外の客観的・外部的状況が全くない場合に令状なしの逮捕が可能であるとすれば，自白事件が多数を占める我が国刑事手続の現状において，令状主義の趣旨が没却されかねないとの危惧は理解できる。しかし，現行犯の要件の存否は，事後的・客観的な判断によるべきものではなく，逮捕者にとっては行為規範として機能すべきものである。そして，被害者の逮捕依頼は，供述そのものである一方，依頼を受けた逮捕者にとっては，その態度，挙動等を含めた客観的・外部的状況でもある以上，被害者の認定なるものの引継ぎと，逮捕者が見聞した被害者の供述，態度，挙動等による情報の引継ぎの差異を合理的に説明するのは困難である。この理は，被疑者の供述についても全く同様である。また，現行

犯については，供述を認定資料とし得ないとしつつ，準現行犯については，刑訴法212条2項各号の要件のみで犯罪と犯人の明白性や犯罪との時間的近接性の明白性が明らかにならない場合が多いため，供述を認定資料とし得るとする見解もあるが，準現行犯において，現行犯よりもその必要性が高いのは事実であるにせよ，必要性のみを根拠にその区別を正当化し得るのかを含め，現行犯と準現行犯を区別することの理論的根拠や実質的妥当性に疑問が残る）。

むしろ，問題は，犯罪と犯人の明白性の程度にかかる事実認定とその法的評価であり，一般に，被害者の供述と被疑者の供述が一致するなどして，犯罪の嫌疑が相当高いといっても，緊急逮捕における嫌疑の充分性が認められるにとどまり，他の客観的・外部的状況による担保がなければ，犯罪と犯人性の明白性や犯罪との時間的接着性の明白性等が認められない場合があり得ることにあるのではなかろうか。

結論として，被疑者や被害者の供述は，広く現行犯・準現行犯の認定資料として差し支えないものと考えられ，取り分け，逮捕者において被疑者・被害者の態度・挙動等を含めて直接見聞する限り，逮捕者にとっての客観的・外部的状況に他ならない以上，これを認定資料とすべきは当然と考えられる（増井・前掲122頁，大コメ刑訴3巻〔渡辺咲子〕497頁，最高裁判所事務総局監修・逮捕・勾留に関する解釈と運用49頁，前記最決昭30・12・16，釧路地決昭48・3・22刑裁月報5巻3号372頁，福井地判昭49・9・30判時763号115頁等）。

なお，手続上の逮捕者において，厳密な意味で現行犯逮捕の要件がない場合であっても，実質的に，現行犯逮捕の要件がある者と共同して逮捕した場合には，逮捕が適法と認められる場合がある（前記東京高判平17・11・16は，上記事実関係に加え，被害者の父親が，被害者から携帯電話で「後をつけてくる変なやつがいて痴漢をされた」と告げられ，駅まで迎えに来るよう依頼されるとともに，携帯電話のメールで，犯人の着衣等の連絡を受けた上で，被害者が改札口を出て通り過ぎた後，連絡を受けた服装に合致した犯人が通り過ぎ，さらに，被害者の脇を通り過ぎてからUターンして再び被害者に近づくなどの不審な行動を目撃して，犯人にその行動を問い質すなどした末に逮捕したものであって，被害者には現行犯逮捕の要件が存在するが，手続上の逮捕者である父親には，強制わいせつ行為についての正確な認識がなく，犯行から逮捕までにどの程度の時間的・場所的隔たりがあったかまでは知り得なかったとしつつ，被害者に協力して強制わいせつの犯

人を逮捕するに足りる認識を有していたなどと認定し，この認定を前提として，本件逮捕は被害者と父親の両名が共同して行ったと見るのが最も実態に即しているとして，本件逮捕を適法とした。この事案において，父親に現行犯逮捕の要件がないかについては議論の余地があるものの，本件逮捕が適法であるとの結論は妥当であろう。一方，この事案において，被害者を実質的逮捕者と見る余地がない場合，「被害者に代わって」現行犯逮捕を行ったという理由のみで，これを適法とするのは妥当でないと考える。なお，渡辺・前掲500頁参照)。

　以上のとおり，現行犯・準現行犯の要件の認定については，被害者・被疑者の供述を含め，逮捕者自身が直接覚知・見聞した四囲の状況全般を基礎として客観的・合理的・総合的に判断されるべきものと考える。ここにいう四囲の状況の具体的な要素を挙げれば，犯行発覚の経緯（犯行時刻，犯行からの経過時間等，特に犯行に係る通報の時期・方法・内容)，犯行現場・逮捕現場の状況（犯行現場・逮捕現場の場所的間隔，屋内外の別，周辺の住宅・店舗の所在状況，交通状況，犯行現場における侵入・物色・逃走の痕跡の有無及びその程度，凶器・侵入器具等の残存状況等)，被害者・目撃者の供述・挙動・状態等（被害者・目撃者の犯人との接触状況・目撃状況，発言・態度等の供述・挙動の状況，その他の証跡の有無等)，被疑者の供述・挙動・状態等（被疑者の凶器・贓物等の所持状況，衣服・履物等の状況，発言・態度等の供述・挙動の状況，その他の証跡の有無等）になろう（藤永・前掲176頁，古城・前掲判タ296号99頁参照)。

　(5)　設問への当てはめ
　(a)　設問前段について　　住居侵入・窃盗の被害直後に被害者から110番通報を受けて現場付近に臨場した警察官が甲を発見し，不審者としてこれに声をかけたところ逃走した場合について，現行犯の要件があるか。

　結論からいえば，設問の事実関係のみでは，犯罪と犯人の明白性，犯罪との時間的接着性の明白性のいずれの要件についても，その存否を一概に決するのは困難である。すなわち，単に，住居侵入・窃盗未遂の被害現場に臨場した警察官が声をかけたところ，甲が逃走したことのみをもって，甲による犯行であることが明白と認めることができないのは当然である。その一方，110番通報の内容に犯人の容姿，着衣，所持品等の状況等が具体的に示され，これが甲と一致している場合もあるであろうし，犯行時刻，警察官の臨場に要した時間や犯行現場の住宅密集等の状況によって，甲がその場に存在すること自体に相応

の意味が認められる場合もあり得るであろう。そのような場合，他の現場の状況等をも考慮に入れ，犯人性に係る十分な証拠が存在し，甲が犯人であることの明白性が認められる場合もあり得るであろう（福岡高判昭29・5・29高刑集7巻6号866頁は，深夜，窃盗未遂の届出を受け，犯人が裸足で懐中電灯を携行していることを手掛かりとして捜索していた警察官が，犯行から約1時間半経過した後，現場から2百数十メートル離れた地点で，手掛かりどおり異様な風体をしている犯人を発見し，誰何したところ逃走したため，準現行犯逮捕した事案を適法としている）。

また，犯罪との時間的接着性の明白性については，やはり，単に110番通報を受けて直ちに臨場したという事実のみによって，現に罪を行い終わったことが明白であるとまで認めることはできないが，警察官の臨場に要した時間や被害者の110番通報の内容等により，現に罪を行い終わったといえるだけの時間的段階にあることが明白である場合もあり得る。

次に，準現行犯の要件についてはどうか。まず，犯罪と犯人の明白性については，現行犯について述べたのと同様である。

犯罪との時間的近接性については，例えば，被害者から「今，犯人が自宅から逃げ出した。」旨の110番通報を受け，警察官が直ちに臨場し，被疑者に声をかけたというのであれば，通常，その犯罪が終わってから間もないことが明白であるといえる場合が多いように思われる。

また，刑訴法212条2項4号該当性については，前記のとおり，犯人として誰何される必要はなく，懐中電灯で照らし警笛を吹くことも含まれるところ，設問においては，声をかけられて逃げ出したというのであるから，同号に該当すると考えることができる。

結局，設問前段の事例については，主に，犯罪と犯人の明白性が認められるか否かによって，逮捕が適法であるか否かの判断が分かれることになろう。

(b) 設問後段について　たまたま現場付近を警ら中の警察官が挙動不審の甲を見つけて職務質問を開始し，これに素直に応じた甲が犯行を自白し，その後，所属警察署を通じて被害者に連絡したところ，被害が確認できた場合について，現行犯・準現行犯の要件があるか。

まず，犯罪と犯人の明白性について検討すると，設問後段においては，警察官に110番通報等の事前情報が存在しないことが前提となっており，これらの

情報は現行犯の要件の認定資料となり得ない。そして，単に甲が挙動不審者であったこと，職務質問に素直に応じた甲が犯行を自白したことのみをもって，住居侵入・窃盗未遂が甲により行われたことが明白と認めることはできない（前記東京地決昭42・11・9は，警察官の職務質問に対し，被疑者が直前に銅線を窃取したことを自白したため準現行犯として逮捕した事案につき，職務質問等によって初めて犯罪が明らかになった場合，緊急逮捕手続により犯罪の嫌疑の有無等について裁判所の審査を受けさせるのが相当とする）。また，犯罪との時間的接着性の明白性についても，一般に，挙動不審の甲が犯行を自白し，その自白内容が時間的に接着した時間における犯行を認めるものであったというだけでは，これが明白であると認めることはできない。

とはいえ，甲の挙動不審の具体的状況によっては，例外的ではあるが，犯罪と犯人の明白性が認められる場合もあり得ないわけではないように思われる（東京地決昭39・9・7曹時18巻5号39頁は，午前2時15分ころ，被疑者が自転車を窃取した後，これに乗って約20メートル進行したところ，警察官が乗車するパトカーを認めたので逆戻りしたが，パトカーに追尾されているのに気付き，直ちに自転車を路上に乗り捨てて去ろうとしたため，これを現認した警察官が被疑者を約200メートル追跡して職務質問し，被害者が犯行を自白したことから準現行犯逮捕した事案を適法としている。この点，仙波・前掲判タ296号102頁は，前記東京地決昭42・11・9の事案については，単なる挙動不審者の場合であるから逮捕は許されないとする一方，前記東京地決昭39・7・7の事案については，被疑者に刑訴法212条2項2号，4号の該当性が一応認められ，これにより罪を行い終わってから間もないことが一応窺われる場合であって，簡単な職務質問の結果としての自白は認定資料たり得るとの見解を前提としつつ，職務質問の結果，準現行犯の要件を充足していると認められたのであるから，逮捕は適法であるとし，2つの裁判例のいずれも結論として正当とする）。

そこで，犯罪と犯人の明白性が認められる例外的な場合を前提として，準現行犯の要件について検討すると，甲の自白内容や被害確認に要した時間等によっては，現行犯における時間的接着性は格別，準現行犯における時間的近接性の明白性を認めるに足りる場合もあり得るように思われる。これに加えて，限定列挙とされる刑訴法212条2項各号の要件が存在する場合には，準現行犯の要件が認められることになるであろう。

結論として，一般には，設問後段の逮捕は違法といって差し支えないが，前記のような特段の事情がある場合は，適法と認められる場合もあり得ないわけではないように思われる。

### ③ 違法逮捕と勾留請求の可否

被疑者を勾留するには，必ず逮捕が先行していなければならない（逮捕前置主義）。その趣旨は，身柄拘束に対する司法的抑制の効果を上げるため，身柄拘束の要否について，裁判官が逮捕の際と勾留の際の2度にわたり司法審査を行うのが望ましいことにある（藤永・前掲123頁）。

逮捕前置主義は，前置されるべき逮捕が適法であることをも要求するものとされ，違法な逮捕を前提とする勾留請求は原則として許されないとするのが通説である（藤永・前掲124頁）。実務上も逮捕手続に重大な違法があった場合，これを前提とする勾留請求を認めない取扱いがなされている。その一方，逮捕手続に軽微な違法があったからといって，直ちに被疑者を釈放しなければならないとする見解は少なく，勾留請求が許されないような違法な逮捕とは，身柄拘束の法的根拠を失わせるほどの重大な違法であるとされる（藤永・前掲125頁）。

重大な違法があるとして勾留請求が却下されるか否かは，一見明白重大な違法を除き，個々の具体的事件について，その違法を放置することが，被疑者の人権侵害として，あるいは，人権侵害の危険性が大きいとして，法の精神に照らし許されるか否かを捜査官の主観的意図をも考慮して判断するほかないとされる（藤永・前掲125頁，田中久丸「違法な逮捕と勾留の可否」判タ296号190頁）。

そして，一般に，現行犯・準現行犯の要件を欠く令状なしの逮捕の違法は重大であり，勾留請求は認められないとするのが通説であり，実務上の取扱いである（藤永・前掲126頁，増補令状基本(上)〔木谷明〕276頁）。

### ④ 違法逮捕後の同一被疑事実による再逮捕の可否

逮捕には，一回性の原則があり，逮捕された被疑者を釈放した後，同一の犯罪事実により再逮捕することは，原則として許されない。被疑者逮捕後の留置時間に厳格な制限を設けている法の趣旨（刑訴203条以下）が没却されること，捜査官が逮捕の要件を緩やかに解する風潮を招くおそれがあることなどを理由

とする（平野＝松尾・新実例刑訴Ⅰ〔村瀬均〕132頁）。

　そのため，勾留請求が違法であるとして被疑者が釈放された後，同一被疑事実により再逮捕することは，一般的に許されないとする見解もある（石井一正「違法逮捕と勾留」法時38巻4号96頁）。しかし，刑訴法199条3項及び刑訴規則142条1項8号は，同一被疑者に対する同一犯罪事実について，再度の逮捕状請求や逮捕状発付が許される場合があることを前提としている。また，設問のように，犯罪と犯人の明白性や犯罪との時間的接着性の明白性の存否等について微妙な判断を迫られることも多い上，実務的には，逮捕の繰り返しを当初から意図するといった場面は通常あり得ず，捜査官の判断の誤りにすぎないことがほとんどである。このような場合，捜査官がいったん逮捕段階で手続上の違法を犯したならば，その違法の程度を問わず，以後，任意捜査によるほか，被疑者の取調べができず，逃亡・罪証隠滅を防止する手段を講じ得ないとすることは，犯罪捜査に重大な影響を及ぼすこととなり，刑訴法の目的である実体的真実の発見の観点からも適当でない。

　そこで，事案の重大性，逃亡・罪証隠滅のおそれの程度等に照らし，被疑者が受ける不利益を斟酌してもなお再逮捕すべき必要性が高い場合において，当初の逮捕手続の違法の性質・程度を判断し，その違法が比較的軽いということができ，かつ，捜査官の意図等からも不当な逮捕の蒸し返しでないと認められるときには，再逮捕を認めるべきである。その場合，緊急逮捕の要件が認められるなど，逮捕すべき実態はあるが，誤って現行犯・準現行犯の要件があると判断した場合には，比較的軽い違法であると評価することが可能であろう（村瀬・前掲135頁，増補令状基本(上)〔小林充〕209頁。一方，犯罪の嫌疑が明らかに薄いのに逮捕したとか，やむを得ない事由がないのに逮捕から勾留請求までの制限時間を遵守しなかったというような著しい違法がある場合は，重大な違法であるといえよう）。

　その結果，被疑者は，再逮捕によって逮捕段階の身柄拘束時間が長くなるという不利益を受け得ることとなるから，当初の逮捕と再逮捕の身柄拘束時間の合計が法定時間を超える場合には，その後の勾留は認められないとする考えもあり得る。しかし，当初の逮捕による拘束時間の長短が再逮捕を許容するか否かの判断要素の1つとなることはあっても，いったん再逮捕が認められた以上，その後の勾留請求までの制限時間は再逮捕時から起算すべきであり，違法とさ

れた当初の逮捕時から起算すべき法律上の根拠はないというべきである（東京地決昭39・4・15曹時17巻5号37頁）。とはいえ，公益の代表者たる検察官としては，再逮捕後即日勾留請求するなどして，可能な限り，被疑者の実際上の不利益を解消・軽減すべきであることもいうまでもない（小林・前掲211頁，村瀬・前掲138頁）。

### 5 検察官が講ずるべき措置

以上のとおり，本設問，取り分けその後段においては，甲に現行犯・準現行犯の要件が認められない場合も多いと思われ，そうであるとすれば，違法逮捕を前提とするものとして，勾留請求が違法であるとの評価を受けることも多いと思われる。

その場合，設問からは，事案の重大性，甲の逃亡・罪証隠滅のおそれの程度，甲が受ける不利益の程度等を一概には判断できないものの，住居侵入・窃盗未遂は「死刑又は無期若しくは長期3年以上の懲役若しくは禁錮にあたる罪」（刑訴210条1項）であるため，緊急逮捕が可能な程度の嫌疑が認められ，かつ，捜査官が意図的に逮捕を蒸し返しているわけではないことが認められるとすれば，甲をいったん釈放した上，再逮捕することが許されるべき場合も多いであろう。

そして，設問前段においては，甲が被害からさほど離れていない時間帯に現場付近におり，警察官から声をかけられて逃走した事実，設問後段においては，甲が被害からさほど離れていない時間帯に現場付近におり，警察官から職務質問を受けて犯行を自白し，後に自白どおりの被害確認が取れた事実が認められるのであるから，甲の逮捕後の供述状況その他の証拠収集状況等にもよるが，警察官による逮捕段階及び検察官への送致段階において，緊急逮捕の要件が認められる場合も相当程度存在するように思われる。

そのような場合，検察官としては，①司法警察員をして，同一被疑事実につき甲の逮捕状を請求させた上で甲を釈放し，直ちに再逮捕させることが考えられる（前記東京地決昭39・4・15参照）ほか，②検察官・検察事務官が甲の逮捕状を請求し，その発付を受けた上で甲を釈放し，直ちに再逮捕すること，③検察官・検察事務官が甲を釈放した上で緊急逮捕し，緊急逮捕状を請求すること

（前記京都地決昭44・11・5参照）が考えられる。

　逮捕状の請求者が司法警察員であるか，検察官であるかによって，再逮捕の適法性に直接の影響を与えるものとは思われないが，検察官が釈放手続を執る以上，実務的には，検察官又は検察事務官が被疑者を再逮捕することが多いであろう。また，検察官として，通常逮捕状を請求する方法と緊急逮捕した上で緊急逮捕状を請求する方法のいずれが適当であるかについては，緊急逮捕があくまで令状主義の例外であることからすると，通常逮捕を原則とすべきとも考えられる。これに対して，逮捕状を執行するまでの間，違法な逮捕の効力により被疑者を拘束する結果になること，あるいは，事実上の逮捕状態が継続しているとの評価を受けかねないことなどの問題を重視するとすれば，緊急逮捕すべきとも考えられる。

　いずれにせよ，そのような手続を執った場合には，被疑者が警察官によって逮捕された時間を参考にして，法定の身柄拘束の時間制限に配慮するのが実務上の取扱いである。

## 6　おわりに

　前記のとおり，現行犯・準現行犯逮捕の適法性については，その事実認定及び法的評価に微妙な判断を伴う場合も多く，一線の警察官はもとより，送致を受けた後，捜査記録に基づき，事実関係及び法律関係を検討することが可能な検察官においても，その判断が困難であることが稀ではない。そして，警察官としては，確たる判断が困難である場合は，法律上可能な限り緊急逮捕の手続を執ることが望ましく，検察官としても，現行犯・準現行犯逮捕の適法性に疑義がある場合には，念のため，被疑者を釈放した上で再逮捕手続を執ることが望ましいであろう。

【佐藤　　淳】

## 9 再逮捕・再勾留

(1) 被疑者甲は，常習累犯窃盗罪の被疑事実で勾留の上起訴されたが，この後，起訴された事件の1週間前に行われた別の窃盗罪の被疑事実で，同人を逮捕・勾留できるか。被疑者甲が常習累犯窃盗罪で逮捕・勾留された後釈放されたが，同事件について起訴・不起訴の処分が決する以前に，同事件の1週間前に行われた別の窃盗罪の被疑事実で，同人を逮捕・勾留できるか。なお，各設例において，当初，甲が逮捕・勾留された被疑事実が窃盗罪であった場合はどうか。

(2) 被疑者乙は，被害者をして詐取金を仮名口座に入金させる方法で行われるいわゆる振り込め詐欺を組織的に繰り返して敢行しているグループに属しており，一連の振り込め詐欺のうち被害者Aに対する詐欺罪の被疑事実で逮捕・勾留された後起訴されたが，捜査機関は，一連の振り込め詐欺のうち，Aに対する詐欺事件と同一の犯行日に別の被害者Bに対して行われた詐欺罪の被疑事実で，乙を逮捕・勾留できるか。

(3) 被疑者乙は，前記Aに対する詐欺事件で逮捕・勾留された後起訴されたが，捜査機関は，当該入金は組織的な犯罪の処罰及び犯罪収益の規制等に関する法律10条1項に規定する犯罪収益等の取得について事実を仮装したものであると判断したが，乙を同罪の被疑事実で逮捕・勾留できるか。

### 1 はじめに

逮捕・勾留について，刑訴法は，厳格な時間的制約を設けており，逮捕については，司法警察員によるものと検察官によるものとを合わせ，最大で72時間とされ（刑訴203条・205条），勾留については，原則として10日間とされ，検察官の請求により更に10日間の延長が認められる（刑訴208条。一定の場合には更に5日間の延長が認められる。刑訴208条の2）。

逮捕・勾留という身柄拘束について厳格な時間的制約が設けられている趣旨

は，捜査の必要性と被疑者の不利益とを調整するという点にある。したがって，同一の事実に関し，被疑者に対する逮捕・勾留を何の制限もなく繰り返すことができるならば，法が厳格な時間的制約を設けた趣旨を没却することとなり，このような逮捕・勾留の不当な蒸し返しは認められない。

　ただ，ある被疑事実について被疑者を逮捕・勾留したものの，証拠が不十分であったために，検察官が起訴することなく処分保留により釈放したところ，後に新しい事実が判明するなど事情の変更が認められたときに，先行する逮捕・勾留の基礎となった事実と同一の犯罪事実により，再度，被疑者を逮捕・勾留することが認められるかどうかという問題がある。この問題は，これまで，一般に「再逮捕・再勾留の禁止」ないし「逮捕・勾留の一回性の原則」という形で論じられてきた（田宮・刑訴94頁，大澤裕＝佐々木正輝「再逮捕・再勾留」法教332号79頁，伊藤栄二「再逮捕・再勾留」刑訴百選（第9版）36頁など）。

　他方，同一の犯罪事実による再逮捕・再勾留が原則として認められないとしても，果たして何をもって「同一の犯罪事実」というのかという問題，すなわち，再逮捕・再勾留が禁止される犯罪事実の範囲についての問題がある。こちらは，「一罪一勾留の原則」ないし「分割禁止の原則」という形で論じられてきた（松尾・刑訴(上)113頁，田宮・前掲93頁，大コメ刑訴3巻〔渡辺咲子〕355頁など）。

　本設例における(1)ないし(3)の事例は，いずれも，先行する逮捕・勾留の基礎とされた事実とは独立した事実により，同一の被疑者を再度逮捕・勾留できるかが問題となっている事例であり，従来の整理からいえば一罪一勾留の原則に関する問題ということになる。

　そこで，本稿では，まず，いわゆる「再逮捕・再勾留の禁止」として論じられてきた点について簡単に説明し，その後，「一罪一勾留の原則」として論じられてきた点を中心に述べることとしたい（なお，「再逮捕・再勾留の禁止」については，先行する逮捕手続に違法があった場合における再逮捕・再勾留の可否の問題が含まれ得るが（**設問8**参照），本稿では，同一の犯罪事実について，時間を異にして逮捕・勾留することができるかという点に限って説明することとする）。

## 2　再逮捕・再勾留の禁止

　先に述べたとおり，逮捕・勾留に関して厳格な時間的制限が定められている

ことからすれば，同一の犯罪事実について，被疑者の逮捕・勾留を繰り返すことはできない。

しかしながら，まず再逮捕に関しては，刑訴法や刑訴規則において，逮捕状の再度の発付を前提とする規定が定められている（刑訴199条3項，刑訴規142条1項8号）。また，収集した証拠が不十分であるため，一度は釈放せざるを得なかった被疑者について，その後の捜査により，新証拠の発見や罪証隠滅・逃亡のおそれなどといった新事情が生じ，被疑者を身柄拘束した上で捜査を行う必要性が再度高まることもある。

このようなことから，例外的に同一の犯罪事実について被疑者の再逮捕が認められる場合があるとするのが通説である（松尾・前掲112頁，田宮・前掲94頁，増補令状基本(上)〔小田健司〕270頁など）。

一方，再勾留に関しては，身柄拘束期間が逮捕よりも長く，被疑者に与える不利益もより大きいといえる。しかしながら，再勾留の場合であっても，検察官による勾留請求に対して，裁判官が，当該勾留の要件に加えて，再逮捕に引き続く再勾留であることを考慮することができる仕組みとなっている（刑訴規148条1項1号において，勾留請求にあっては逮捕状請求書を資料として提供することとされている）。また，捜査の必要性や流動性に鑑みて再逮捕を認めながら，再勾留について一切認められないとするのは，捜査の実情を軽視するものといえる。

したがって，再勾留についても，再逮捕と同様，例外的に認められる場合があるというべきである（松尾・前掲112頁。なお，田宮・前掲94頁は，再勾留につき，「（再逮捕と比べて）より厳格な運用を心がけるべきである。」とする）。

この点に関する裁判例としては，東京地決昭33・2・22一審刑集1巻2号331頁，広島高決昭40・1・13高検速報昭40年51号，東京地決昭47・4・4判時665号103頁などがあり，逮捕・勾留の不当な蒸し返しに当たらない場合に，再逮捕・再勾留を許容している。

このうち東京地裁昭和47年決定は，5件の爆発物取締罰則違反により逮捕・勾留されたものの，証拠不十分のために釈放された被疑者について，その後の捜査により，うち1件について関与していたとの嫌疑が濃厚となり，当該事実について再度逮捕し，勾留請求したところ，原裁判官によって勾留請求が却下された事案に関する準抗告申立事件についての決定である。同決定は，

「同一被疑事実について先に逮捕勾留され，その勾留期間満了により釈放された被疑者を単なる事情変更を理由として再び逮捕・勾留することは，刑訴法が203条以下において，逮捕勾留の期間について厳重な制約を設けた趣旨を無視することになり被疑者の人権保障の見地から許されないものといわざるをえない。しかしながら同法199条3項は再度の逮捕が許される場合のあることを前提にしていることが明らかであり，現行法上再度の勾留を禁止した規定はなく，また，逮捕と勾留は相互に密接不可分の関係にあることに鑑みると，法は例外的に同一被疑事実につき再度の勾留をすることも許しているものと解するのが相当である。」とした。その上で，「いかなる場合に再勾留が許されるかについては，……先行の勾留期間の長短，その期間中の捜査経過，身柄釈放後の事情変更の内容，事案の軽重，検察官の意図その他の諸般の事情を考慮し，社会通念上捜査機関に強制捜査を断念させることが首肯し難く，また，身柄拘束の不当なむしかえしでないと認められる場合に限るとすべきである」として，原裁判を取り消している。

このように，再逮捕・再勾留は原則として認められないものの，重要証拠の発見といった事情の変化や，それによって被疑者が受ける不利益などを総合的に考慮し，勾留の不当な蒸し返しに当たらない場合に限って認められるとするのが一般であるといえる（松尾・前掲112頁，田宮・前掲94頁，小田・前掲272頁参照）。

### ③ 一罪一勾留の原則

同一の犯罪事実による再逮捕・再勾留が原則として認められないとしても，果たして何をもって「同一の犯罪事実」とするのか。前述のとおり，この点は，これまで一罪一勾留の原則として議論されてきた問題である。

犯罪事実の同一性に関する考え方には，大きく分けて，実体法上の罪数を基準として考えるべきであるとする見解（以下「実体法上一罪説」という）と，実体上の罪数とは切り離して，個々の犯罪事実を基準として考えるべきであるとする見解（以下「単位事実説」という）がある。

例えば，常習犯など実体法上は一罪の関係にあるa事実とb事実とがあり，a事実について被疑者を逮捕・勾留し起訴した場合には，a事実と一罪の関係にあるb事実により被疑者を逮捕することはできないとするのが実体法上一罪

説からの帰結である。これに対し，a事実とb事実とは，自然的に見れば独立した犯罪事実と観念できる以上，それらが実体法上一罪の関係にあったとしても，b事実により再逮捕することは可能であるとするのが単位事実説からの帰結ということになる。

実体法上一罪説は，その根拠として，実体法上の一罪については1個の刑罰権が発生するのであるから，刑事手続上はあくまでも1個のものとして取り扱うべきであるとする（小田・前掲204頁は，「常習一罪や科刑上一罪が実体法上一罪とされるのは，刑事実体法がこれに対してただ一個の刑罰を科すべきものとしていることを意味する。従って常習一罪や科刑上一罪は，数個の可罰的行為を包含する場合であっても，国家の刑罰権はただ一個しか発生しない。刑事訴訟は国家の刑罰権を実現する手続であるから，刑罰権が一個しか発生しない事実については訴訟上もこれを一個のものとして取り扱うことが要請されると考えるべきであろう。」とする）。

しかしながら，実体法上の一罪には1個の刑罰権しか発生しないとしても，被疑者の罪証隠滅や逃亡を防止するための手続である逮捕・勾留についてまで，公判手続と同様の考え方をとらなければならない必然性はない。特に，逮捕・勾留段階においては，対象となる犯罪事実が十分に特定されているとは限らないのであり，捜査の流動性という観点からすると，逮捕・勾留段階における犯罪事実の同一性について，必ずしも公判段階におけるそれと同様に考える必要はないと思われる（小林充「常習一罪の各部分についての逮捕・勾留の可否」判タ341号88頁，川出敏裕「逮捕・勾留に関する諸原則」刑事法ジャーナル4号145頁参照）。

また，実体法上一罪説の根拠として，包括一罪や常習一罪，更には科刑上一罪（刑54条1項）といった実体法上一罪に当たると評価される場合には，通常，事実関係も密接であって，証拠関係なども関連・共通している場合が多く，それらを分割して逮捕・勾留する必要が認められないという点が挙げられている。

しかしながら，観念的競合や連続犯などはともかく，別の日時に別の被害者に対して敢行されることの多い常習犯などの場合においては，必ずしも事実関係が密接であるとはいえず，証拠関係も共通しているとはいえないであろう。また，実体法上一罪説を貫徹すると，例えば，a事実により逮捕・勾留され，起訴された被疑者が，保釈後に，a事実と実体法上一罪の関係にあるb事実を犯した場合に，再逮捕・再勾留を行うことができないということになるが，こ

れが硬直的な考え方であることは明らかである。

　このような事例について，ａ事実について保釈を取り消せば足りるとする見解もあるが（注解刑訴(上)〔高田卓爾〕205頁），保釈の取消しに当たって，逮捕・勾留の基礎となっていないｂ事実を判断の材料とすることとなり，事件単位の原則という観点から疑義があるほか，ａ事実について，保釈ではなく，処分保留により釈放されていた場合には，保釈の前提としての勾留が存在せず，在宅のまま捜査を継続するほかなくなるため，捜査の必要性に対する要請に応えることはできず，妥当性を欠くこととなろう。

　一方，単位事実説は，独立した犯罪事実については，たとえそれらが実体法上一罪の関係にあったとしても，それぞれについて捜査を行う現実的な必要性が認められることなどを理由として再逮捕・再勾留を認めるという見解である（福岡高決昭42・3・24高刑集20巻2号114頁，安廣文夫「包括一罪の一部についての勾留の可否」判タ296号180頁等）。

　独立した犯罪事実ごとに再逮捕・再勾留を認めるという考え方は，捜査の流動性という観点からは，極めて有力な考え方であるといえる。例えば，ａ事実により逮捕・勾留の上起訴した被疑者について，ａ事実とは当初併合罪関係にあると考えられていたｂ事実（あるいはａ事実についての証拠関係等が把握されないまま，別の警察署において逮捕状が発付されていたｂ事実）により被疑者を逮捕・勾留して捜査したところ，当該勾留期間中に先行ａ事実とｂ事実とが常習犯の関係にあることが判明するようなことも，実務上はままあることである。

　このような場合，実体法上一罪説の考え方を貫徹すると，実体法上一罪の関係にある以上，ｂ事実による逮捕・勾留は，結果として一罪一勾留の原則に反し，許されないということになる。しかしながら，これは捜査の流動性という観点を余りに軽視するものであり，その意味で，単位事実説の考え方に立ち，独立した犯罪事実であるｂ事実について逮捕・勾留を認めた上で，当該勾留期間が満了したときに，先に起訴したａ事実にｂ事実を加えた形で訴因変更し，実体法上一罪であることを明確にした形で公判手続を進めるというのも，現実的な処理方法であるように思われる。

　ただ，この単位事実説に対しては，実体法上一罪説と比べ，逮捕・勾留の不当な蒸し返しとなる可能性が類型的に高いのではないかといった指摘が考えら

れる。すなわち，単位事実説によれば，先行するａ事実の逮捕・勾留中に，これと常習一罪の関係にあることが明らかなｂ事実が判明していた場合であっても，ａ事実とは独立した犯罪事実である以上，ｂ事実による再逮捕・再勾留を一律に認めることとなるが，このような場合，改めて被疑者の身柄拘束を行った上で捜査を行う必要性は，実際にはそれほど高いとは思われず，逮捕・勾留の不当な蒸し返しであるとの批判は免れないであろう。

　この逮捕・勾留の不当な蒸し返しを招くという批判に対しては，単位事実説に立つ論者から，同時処理が可能である場合には，ことさらに逮捕・勾留を繰り返すことは濫用であるとして許されないことなどを理由とする反論が考えられる。しかし，個々の事実が犯罪事実の同一性の基準になるとしながら，そのような場合であっても違法な場合があるとしている点で，反論としての限界があるように思われる（川出・前掲刑事法ジャーナル4号145頁参照）。

　こうしたこともあり，一罪一勾留の原則については，実体法上一罪説，すなわち，犯罪事実の同一性について実体法上の罪数を基準として考えるという見解に立ちつつも，一定の場合にその例外を認めるとする考え方が有力となっている（小林・前掲判タ341号89頁，平野＝松尾・続実例刑訴〔竹﨑博允〕20頁など）。

　さて，このように，一罪一勾留の原則に例外を認める見解の中には，検察官は，実体法上一罪の関係にある事実について同時に捜査処理を行わなければならないという「同時処理義務」があるとした上で，同時処理が可能であった場合には再逮捕・再勾留は認められないが，同時処理が不可能であった場合に限って再逮捕・再勾留が認められるとするものがある（小林・前掲判タ341号87頁，小田・前掲205頁）。

　例えば，実体法上一罪の関係にあるａ事実とｂ事実について，ａ事実による逮捕・勾留中にｂ事実が判明していた場合，検察官は，同時処理が可能であったのだから，ｂ事実による再逮捕・再勾留は認められないとする。一方，ａ事実による起訴後，保釈により釈放された被疑者がｂ事実に及んだ場合には，検察官が同時処理を行うことはできなかったのであり，ｂ事実による再逮捕・再勾留が認められるとする。なお，ａ事実による逮捕・勾留中にｂ事実が判明していなかった場合については，そのような場合にまで一律に検察官に同時処理義務を課すことは妥当でないので，再逮捕・再勾留を認めるべきとする見解と，

このような場合であっても，同時処理義務を果たすべきであったので，再逮捕・再勾留は認められないとする見解とがある。

　ただ，検察官に「同時処理義務」があることを前提とする説明には，実務的には違和感を覚えるところである。再逮捕・再勾留の請求という事後的な令状審査の場面において，証拠関係等から，「検察官が同時に処理すべきであった」と判断される場合があることは否定できないとしても，逮捕・勾留の基礎となっている犯罪事実と実体法上一罪の関係にあるすべての事実について，検察官が一律に同時処理「義務」を負っているとするのは問題であろう。例えば，常習累犯窃盗罪を構成するａ事実とｂ事実とがあり，このうち，検察官がａ事実の捜査中にｂ事実の端緒を得ていたとしても，ｂ事実について被害者が行方不明である場合や，あるいは，被害者が処罰意思を有していない場合にまで，検察官がｂ事実についての捜査を行う「義務」があるというのは無理がある。また，被疑者が逮捕・勾留された場所とは遠隔の地で敢行していた別の事実について，勾留期間が満了する直前に捜査の端緒を得たが，勾留期間の満了時には当該事実を起訴するだけの証拠を十分に得られなかった場合であっても，同時処理義務を果たしていなかった以上，以後の再逮捕・再勾留が一切認められないというのは，捜査の必要性を軽視する考え方であるといえる。

　このような捜査の流動性や必要性に鑑みると，観念的な同時処理義務のみを基準として再逮捕・再勾留の可否を決めることは，実務上受け入れ難いように思われる。ｂ事実による再逮捕・再勾留の請求の際に，ａ事実に基づく身柄拘束期間中にｂ事実の捜査をも行うことが可能であったか否かという「同時処理の可能性」が考慮事情になることは十分にあり得るとしても，「同時処理義務」があったのだから一罪一勾留の原則に反し，再逮捕・再勾留が一切認められないとするのは，説明の仕方としてもいささか説得力を欠くように思われる（池田公博「逮捕・勾留に関する諸原則」法教262号94頁参照）。

### ④ まとめ

　「再逮捕・再勾留の禁止」に続けて「一罪一勾留の原則」について論じてきたが，一罪一勾留の原則やその例外といっても，そこで議論の対象とされた事例は，大きくとらえれば，同一人に対する再逮捕・再勾留の可否の問題に集約

できると考えられる。

　これまでに見たように，一罪一勾留の原則として論じられてきたケースは，ある1人の被疑者に対し，自然的には独立した複数の犯罪事実が認められる場合に，各犯罪事実が常習犯や包括一罪などの実体法上一罪の関係にあるときに，そのうちの一部の事実で改めて逮捕・勾留できるか，という場面において議論されてきたものである。

　これに対し，再逮捕・再勾留の禁止とその例外という形で問題とされた事例では，事情の変更により新たに捜査を行う必要性が生じたといった点と，再度の身柄拘束により被疑者が受ける不利益とを総合的に勘案し，逮捕・勾留の不当な蒸し返しに当たるか否かという観点から，再逮捕・再勾留の可否が検討されてきた。しかし，同一の犯罪事実についても例外的に再逮捕・再勾留が認められる場合があるのに，独立した犯罪事実については，これと実体法上一罪の関係にある別の犯罪事実について既に身柄拘束がなされた場合，事後の事情を一切問うことなく，再逮捕・再勾留ができないとするのはバランスを欠くというべきであろう。

　同一人に対して，いわば異時継続的に身柄拘束を行うことができるかどうかは，身柄拘束の厳格な時間的制限から導かれる「不当な身柄拘束の蒸し返しの防止」という観点から検討されるべきである。そして，一罪一勾留の原則として論じられてきた事例についても，再逮捕・再勾留の禁止として論じられてきたのと同様の基準，すなわち，①事情変更による捜査の必要性と②被疑者の不利益との権衡という観点から，逮捕・勾留の不当な蒸し返しに当たらないといえる場合に限って，再逮捕・再勾留の可否を考えることが妥当であると思われる（池田・前掲法教262号95頁，川出・前掲刑事法ジャーナル4号147頁参照）。

　このように，身柄拘束の不当な蒸し返しに当たる場合には再逮捕・再勾留が許されないという観点からすると，身柄拘束の基礎となる犯罪事実の同一性については，ある程度明確な基準によって決することが望ましいと考えられる。その意味で，犯罪事実の同一性について，前述した一罪一勾留の原則における実体法上一罪説のように，実体法上の罪数を基準とする考え方に合理性があるものと思われる。

　そして，①「事情変更による捜査の必要性」に関して考慮すべき事情として

は，再逮捕・再勾留の禁止において論じられてきたような事情，すなわち，先行する勾留期間における捜査経過，新たに重要な証拠が発見されたことなどの捜査の必要性の内容及び程度，事案の重大性，検察官の意図，先行する身柄拘束の基礎となった事実との間における証拠の共通性などを考慮する必要があると考える（前掲東京地決昭47・4・4参照）。

また，②「被疑者が受ける不利益との権衡」に関して考慮すべき事情としては，先行する勾留期間の長短に加え，先行する身柄拘束の基礎となった事実との独立性などを考慮する必要があると考える。

なお，再逮捕・再勾留の可否が問題とされる場合に，①事情変更による捜査の必要性と②被疑者の不利益との権衡という点に加えて，「逮捕・勾留の不当な蒸し返しか否か」という点を独立の要件としてとらえる見解もある（田宮・前掲94頁）。しかし，前述した①及び②の点をそれぞれ考慮した結果，再度の身柄拘束が逮捕・勾留の不当な蒸し返しといえるかどうかが決まるともいえ，あえて独立した要件として整理するまでの要はないように思われる。

以上のような考え方に基づき，本問における各設例について検討する。

## 5 設例への当てはめ

### (1) 設例(1)について

設例(1)の前段は，被疑者甲が，常習累犯窃盗罪の被疑事実で勾留の上起訴されたが，この後，起訴された事件の1週間前に行われた別の窃盗罪の被疑事実で，被疑者甲を改めて逮捕・勾留できるかというものである。

常習累犯窃盗罪（昭和5年法律第9号（盗犯等ノ防止及処分ニ関スル法律）3条）は，通常の窃盗罪（刑235条）の加重類型であり，常習として窃盗罪又はその未遂罪を犯した者であって，その行為の前10年内に窃盗罪又は窃盗罪と他の罪との併合罪につき3回以上6月の懲役以上の刑の執行を受け，又はその執行の免除を得た者を3年以上の有期懲役に処すものとされている。

その成立要件としては，実質的要件（常習として窃盗を犯した者であること）のほか，形式的要件（10年以内に3回以上，懲役6月以上の刑の執行を受けていること）が必要であるとされ，各要件を充足する限りは，複数の事実について一罪として取り扱われることとなる（最判昭42・3・23裁判集刑162号1079頁は，「数個の窃

盗行為が常習累犯窃盗を構成する場合には，集合的一罪」になるとする)。

設例(1)において，当初の窃盗の1週間前に行われたという事実が，被疑者甲の常習性の発現とまではいえないような場合（例えば，被疑者甲が，過去に事務所への侵入盗を繰り返している者で，先の勾留事実も侵入盗であった場合に，後に逮捕しようとする事実がこれと明らかに異なり，空腹に耐えかねてスーパーで食品を万引きしたという事案である場合など）は，後に逮捕しようとする事実については，常習累犯窃盗罪ではなく単なる窃盗罪として問擬されることになろう。

そして，この場合，両事実は併合罪の関係にあるため，これまで論じてきた再逮捕・再勾留の問題が生じることはなく，事件単位の原則に従い，改めて被疑者甲を逮捕・勾留することが可能である。

問題は，両事実が常習犯の関係にある場合である。この場合は，先行する事実について逮捕・勾留している以上，実体法上一罪の関係にある事実による逮捕・勾留は，再逮捕・再勾留の原則禁止に触れることとなる。

しかしながら，前述したとおり，一罪の一部分ともいうべき別の窃盗事実による再逮捕・再勾留が全く許されないわけではなく，例外的に認められる場合があると考えられる。

まず，(ア)先行する勾留中には捜査機関が当該事実について把握しておらず，起訴後に初めて把握した場合，当該事実について捜査をする必要が新たに生じたということができ，事情変更があったものと認められる。また，当該事実は，先行している身柄拘束の根拠となった窃盗とは独立した別個の行為によるもので，本来的には独立した犯罪であって，先行する窃盗の被疑事実との間で証拠の共通性もないと思われる。このような場合，後に捜査機関が把握した窃盗の事実については，身柄拘束した上で捜査をする必要が生じている一方，被疑者甲が別途の身柄拘束を受けることについて，正当化される事情が認められる。したがって，この場合，逮捕・勾留の不当な蒸し返しとはいえず，被疑者甲を逮捕・勾留することは可能であると考えられる。

次に，(イ)先行する勾留中に，捜査機関が当該事実について把握していた場合は，(ア)の場合と比較し，捜査機関が同時に捜査を行うことが一応は可能であったといえ（現に捜査に着手していた可能性もある），当初の勾留事実の起訴後に当該窃盗の事実の捜査をする必要が「新たに」生じたということはできない。

したがって、この場合における再逮捕・勾留の可否については、(ア)の場合以上に慎重に検討する必要があるというべきであるが、この場合であっても、再逮捕・再勾留が全く認められないというものではなく、前述したとおり、①事情変更による捜査の必要性及び②被疑者が受ける不利益との権衡という点を総合的に考慮し、逮捕・勾留の不当な蒸し返しといえないような場合には、例外的に再逮捕・再勾留を認めることができるというべきである。

この場合、①事情変更による捜査の必要性という観点から、先行する身柄拘束期間における捜査の状況（1週間前に敢行していたという窃盗についての把握時期や経緯、さらには、当該窃盗についての捜査着手の有無など）等を考慮するほか、②被疑者が受ける不利益との権衡という観点から、先行する身柄拘束期間の長短（逮捕のみにとどまるか、勾留に至っているか。あるいは、勾留延長がなされているか等）等の事情を考慮することとなろう。

続いて、設例(1)の後段は、被疑者甲が、常習累犯窃盗罪で逮捕・勾留された後釈放されたが、同事件について起訴・不起訴の処分が決する以前に、同事件の1週間前に行われた別の窃盗罪の被疑事実で、被疑者甲を逮捕・勾留できるかというものである。

前段の事例との違いは、先行する逮捕・勾留の基礎となっていた事実による起訴・不起訴の処分が決せられておらず、被疑者の勾留が解かれ釈放されているという点にある。

一罪一勾留の原則について実体法上一罪説を貫徹すると、後段の事例では、いくら被疑者甲に対する捜査の必要性が高くとも、また、被疑者甲に逃亡及び罪証隠滅のおそれがあろうとも、新たに身柄拘束を行うことは許されず、在宅のままで捜査を行うこととなり、この点で前段の事例とは事情を異にしている。

しかしながら、この後段の事例は、別の窃盗の被疑事実による逮捕・勾留をしたとしても、先行する勾留と重複した形で身柄拘束をすることにはならず、その意味で、純粋な再逮捕・勾留の問題に近いといえ、再逮捕・再勾留の可否を考える上でも、考慮すべき事情は前段の事例と全く同じであると考えられる（むしろ純粋な再逮捕・再勾留の問題に近い事例であるために、よりその枠組みで判断しやすい事例であるといえる）。

したがって、設例(1)の後段についても、①事情変更による捜査の必要性と、

②被疑者の不利益との権衡を総合的に考慮し，逮捕・勾留の不当な蒸し返しに当たるかどうかを検討することとなり，その場合に考慮される事情は，基本的に設例(1)前段のそれと同様であると考えられる。

　また，設例(1)の各事例において，当初，被疑者甲が逮捕・勾留された被疑事実が窃盗罪であった場合に，当該事件の1週間前に行われた別の窃盗罪で同人を逮捕・勾留することが可能かという点であるが，通常，両事実は併合罪（刑45条）の関係にあると考えられることから，この場合は，事件単位の原則に従い，再逮捕・再勾留を行うことは可能であると考えられる。

　このように，先に身柄拘束の根拠となっていた事実が常習累犯窃盗罪であった場合と単なる窃盗罪であった場合とで結論が異なるという点については，均衡がとれないようにも思われる。しかし，いくら併合罪関係にあるからといって，一罪ごとに逮捕・勾留を繰り返すことは逮捕権の濫用であって許されない場合があると思われる（増補令状基本(上)〔小林充〕124頁参照）。実務的にも，併合罪関係にあることが判明している場合に，わざわざ一罪ごとに逮捕・勾留を繰り返すようなケースはほとんどなく，判明している限りは，併合罪関係にある数罪についても，同一の逮捕状・勾留状により身柄拘束を行い，必要な捜査を遂げているところであり，実際上の不都合が生じることはないものと考えられる。

(2)　**設例(2)について**

　設例(2)は，詐取金を仮名口座に入金させる方法により，いわゆる振り込め詐欺を組織的に敢行するグループに所属する被疑者乙について，被害者Aに対する詐欺罪の被疑事実で逮捕・勾留された後起訴されたが，一連の振り込め詐欺のうち，Aに対する詐欺事件と同一の犯行日に別の被害者Bに対して行われた詐欺罪の被疑事実で，乙を逮捕・勾留できるかというものである。

　いわゆる振り込め詐欺については，通常，複数名によって構成されるグループにおいて，各自の役割分担を踏まえて組織的に敢行されるケースが多く，近年，単なる詐欺罪（刑246条）ではなく，組織的な犯罪の処罰及び犯罪収益の規制等に関する法律（以下「組織犯罪処罰法」という）3条13号の組織的詐欺罪として問擬される例が多くなっている（同法では，詐欺罪に当たる行為が，団体の活動として，詐欺罪を実行するための組織により行われたときに，1年以上の有期懲役を処する

こととされ，通常の詐欺罪の加重類型が定められている）。そして，同一のグループに所属する被疑者らが，組織的に詐欺行為を敢行している場合に，同様の手口によって被害に遭った被害者に係る複数の事件については併合罪ではなく，包括して1個の組織的詐欺罪が成立する（大阪地判平19・1・29，千葉地判平19・5・21，神戸地判平20・7・16（いずれも裁判所ウェブサイト掲載裁判例）など）。

設例(2)からは明確ではないが，先行する被害者Aに対する詐欺の事実が，当初から組織的詐欺罪として起訴されている場合には，被害者Bに対する詐欺の事実も一連の振り込め詐欺の1つであるとされていることから，組織的詐欺罪として先行する詐欺事実と実体法上一罪の関係にあり，原則として再逮捕・再勾留は認められないこととなる。

しかしながら，この場合であっても，一律に再逮捕・再勾留が禁止されるとすべきではなく，事情変更による捜査の必要性のほか，被疑者が受ける不利益が正当なものといえるかといった点などを考慮して，逮捕・勾留の不当な蒸し返しに当たるか否かを検討すべきである。

実務上，振り込め詐欺の被害者の割り出しに時間がかかる例もあり，その特定後に新たに捜査を行う必要性が生じることもあり得るが，設例(2)においては，両事実が「同一の犯行日」に行われていることや，仮名口座への振込入金による詐取という手口や証拠の共通性からすれば，被害者Aに対する詐欺の事実の勾留中に，捜査機関が被害者Bに対する詐欺の事実を把握した上で捜査を行うことは可能であるように思われ，再逮捕・再勾留を認める必要は乏しいように思われる。

次に，被害者Aに対する詐欺の事実について，当初単なる詐欺罪で起訴され，被害者Bに対する詐欺の事実についても，それぞれの逮捕の時点の証拠関係では，組織的詐欺罪に該当するか否かを決することができない場合が考えられる（実務的にはこのようなケースも多いと思われる）。

これらが実体法上一罪の関係にあるかどうかは，それぞれの逮捕・勾留の請求時点における証拠関係によって決せざるを得ないといえ，令状請求時点の証拠関係では，先行する事実と実体法上一罪の関係にあると認められないのであれば，通常どおり，それぞれが併合罪の関係にあるものとして，被害者Bに対する詐欺の被疑事実により，逮捕・勾留が認められるべきである。

そして，その後の捜査の進展により，両事実が組織的詐欺罪に該当し，両事実が実体法上一罪の関係にあることが証拠関係上明らかになった場合には，遅くとも被害者Bに対する詐欺の事実による勾留期間満了時において，被害者Aに対する詐欺の事実（詐欺罪）の訴因変更という形で，それぞれを組織的詐欺罪として問擬することとなる。

なお，このような場合，被疑者（被告人）について，結果として2通の勾留状が発付された状態となっているため，この2通の勾留状の取扱いが問題となり得る。

この点については，①審判の過程で包括一罪と判明した場合において，後の勾留を取り消すべきであるとする見解（岐阜地決昭45・2・16刑裁月報2巻2号189頁参照），②先行する事実について保釈されている場合で，かつ，引き続き身柄拘束の必要がある場合には，先の勾留を取り消し，後の勾留のみとすることも便宜可能であるとする見解（小田・前掲207頁），③実質的に別個の犯罪行為についての勾留が2つ以上併存しても特段の不都合はなく，あえていずれかの勾留を取り消す実益に乏しいとも考えられるなどとして，複数の勾留を併存させるのもやむを得ないとする見解（渡辺・前掲358頁）などがあるが，理論的には，いずれかの勾留を取り消すのが妥当であり，実務的にも，先の勾留を残した上で，後の勾留を取り消すことが多いと思われる。

(3) 設例(3)について

設例(3)は，設例(2)における被疑者乙が，Aに対する詐欺事件で逮捕・勾留された後起訴されたところ，捜査機関において，被害者Aからの入金が組織犯罪処罰法10条1項に規定する犯罪収益等の取得について事実を仮装したものであると判断した場合に，被疑者乙を同罪の被疑事実で逮捕・勾留できるかというものである。

組織犯罪処罰法10条1項は，「犯罪収益等……の取得若しくは処分につき事実を仮装し……た者は，五年以下の懲役若しくは三百万円以下の罰金に処し，又はこれを併科する。」と定めているが，いわゆる振り込め詐欺の事例で，あらかじめ仮名口座を入手ないし開設しておき，当該口座に被害者から入金させた場合には，仮名口座への入金が，犯罪収益の取得に関して事実を仮装したものとして，同条項の犯罪収益等隠匿罪に問擬されることがある。

このような場合において，本体の犯罪ともいうべき詐欺（ないし組織的詐欺）の事実と犯罪収益仮装の事実との罪数関係については，「一個の行為が二個以上の罪名に触れる」ものとして，一般に観念的競合（刑54条1項前段）であるとされている（最決平19・12・3刑集61巻9号821頁の原審である大阪高判平18・11・2同835頁も，この点につき観念的競合の関係にある旨判示している）。
　このように先行する身柄拘束の基礎となった事実と科刑上一罪（観念的競合）の関係にある事実により被疑者を逮捕・勾留できるかという問題についても，これまでの設例と同様，①事情変更による捜査の必要性と②被疑者の不利益との権衡という観点から様々な事情を総合的に考慮し，逮捕・勾留の不当な蒸し返しに当たるか否かについて検討すべきである。
　再逮捕・再勾留の可否を考える上で，設例(3)のように，観念的競合となる事案については，複数の事実が同時ないしほぼ接着した形で発生し，証拠の共通性も認められることから，新たに捜査を行う必要性は通常それほど高いとはいえない場合が多いと思われる。これに対し，同じ科刑上一罪であっても，牽連犯（刑54条1項後段）については，例えば，通貨偽造罪（刑148条1項）とその行使罪（同条2項）などに見られるように，手段とされる行為と結果とされる行為とが日時・場所を異にして発生し，証拠の共通性が高くない場合もあるので，牽連犯の方が捜査の必要性が高いと判断されることが多いのではないかと思われる。
　いわゆる振り込め詐欺の事例のうち，設例(3)のように，被害者から詐取した金員を仮名口座に振り込ませるといった手口の事案を捜査する場合には，仮名口座への振込という点をとらえ，犯罪収益等隠匿罪の成否についても当然に検討すべきであり，証拠も共通していることが多いと思われる。そういった点からも，設例(3)においては，改めて被疑者乙を逮捕・勾留をした上で捜査を行う必要性は乏しく，事情変更があったと認められるためには，当該仮名口座の取得状況に関する重要な新証拠が発見されたような場合でなければ難しいのではないかと思われる。

【佐藤　剛】

## 10 被疑者の勾留と逮捕前置の原則

(1) 外国人である被疑者甲は，旅券不携帯罪の被疑事実で逮捕されて検察庁に身柄とともに送致された。検察官は，同事実については勾留の必要性が認められないと考えたが，逮捕中に行われた捜査の結果，甲については不法在留罪の嫌疑が認められるに至っており，検察官は同罪の被疑事実については勾留の必要性が認められると考えた。甲につき，不法在留罪を被疑事実として勾留することは許されるか。

(2) (1)の設例で，甲につき，旅券不携帯罪及び不法在留罪の両方の事実を被疑事実として勾留することは許されるか。

(3) (2)において，甲につき，旅券不携帯の罪と不法滞在の罪の両方の事実で勾留することが許されるとした場合，捜査の結果，検察官は，甲につき，旅券不携帯罪の被疑事実は起訴せず，不法在留罪の被疑事実のみで起訴した。この場合，捜査段階の甲についての勾留の効力は，起訴後においてはどうなるか。

### 1 逮捕前置主義の趣旨

現行法は，逮捕前置主義，すなわち，起訴前の段階においては，被疑者の身柄をいきなり勾留することは許されず，勾留の前に逮捕が先行していなければならないという考え方をとっているものとされている。

その条文上の根拠は，刑訴法207条1項が，「前3条の規定による勾留の請求を受けた裁判官は，その処分に関し裁判所又は裁判長と同一の権限を有する。」として，総則の60条以下の勾留の規定を準用していることにある。起訴前の勾留は，「前3条の規定による勾留の請求を受けた裁判官」を主体としており，この「前3条」とは，204条から206条を指しているところ，これらは，逮捕された被疑者についての時間的制限や検察官による勾留請求の手続についての規定である。

このように，起訴前の段階では，逮捕された被疑者について検察官が勾留の請求をし，その請求を受けた裁判官が勾留の権限を有することとされており，

それ以外の場合に起訴前の段階における勾留を可能とする規定はない。このことから，条文上，起訴前の段階において，身柄拘束されていない被疑者をいきなり勾留することができないのは明らかである。

しかしながら，本設問の(1)のように，ある被疑事実（A事実）で逮捕した被疑者を，それと異なる事実（B事実）で勾留することができるかどうかについては，刑訴法の文言上必ずしも明確とはいえない。そこで，どのような理由から現行法が逮捕前置主義をとっているのかという逮捕前置主義の趣旨を考えることとなる。

逮捕前置主義の趣旨については，様々な説明がなされているものの，一般的には，次のように説明されている。すなわち，身柄の拘束は，人の身体の自由を制限するという重大な人権の制約であるため，いきなり10日間という長期間の勾留を認めるのではなく，勾留の前に，逮捕という短期間の身柄拘束を認めることにより，身柄拘束を二段階にし，それぞれの段階で司法審査を受けさせることにより，勾留という長期間の身柄拘束に当たって二段階の司法審査をすることとしたというものである。

これに対しては，現行犯逮捕の場合には，司法審査を経ないことから，二段階の司法審査がなされるわけではなく，この説明では不十分ではないかとの指摘がある。しかしながら，令状による逮捕を原則としつつも，嫌疑の明白性と身柄を直ちに拘束する必要性・緊急性に照らし，類型化された場合に限って令状主義の例外として現行犯逮捕が認められているという理解を前提とすれば，現行犯逮捕は，令状による逮捕における１回目の司法審査に匹敵する状況があるということができる。このように考えれば，現行犯逮捕の場合は１度目の司法審査がないとする上記の指摘は，前記の逮捕前置主義の一般的な理解を否定する決定的な理由にはならないように思われる（上記の指摘を意識し，「二重の司法審査」といった表現を避けるものが散見される。例えば，三井・刑事手続(1)19頁は，逮捕前置主義につき，「はじめから10日間という拘禁を実施するのではなく，ひとまず入口の段階で（通常逮捕，緊急逮捕は令状審査により，現行犯逮捕は，『犯罪・犯人の明白性』および『犯罪の現行性・時間的密着性の明白性』によって）第一チェックをおこない，逮捕・留置終了時に，なお身柄拘束の理由・必要性があれば請求に基づいてより長い拘禁に移るという重畳的なシステムをとることが望ましいと考えられたからである。」とする）。

もっとも，逮捕前置主義の趣旨については，一般的な理解を踏まえつつも，より実質的に考察する必要があると思われる。すなわち，逮捕という身柄拘束に伴って「司法審査」があることを，単に裁判官による判断が介在することのみとしてとらえるのではなく，法律上，逮捕に伴って満たすことが求められる実体的手続的要件の全般を含めて検討されるべきである。更に具体的にいえば，法は，逮捕に当たっても，勾留に当たっても一定の要件を満たすことを求め，それぞれの段階で，裁判官による令状審査という司法審査を求めているだけではなく，逮捕後，事実の要旨を告知し，弁解の機会を与えることや，検察官に送致しなければならないことなども，必要な手続として定めている（刑訴202条〜205条）。また，逮捕後，捜査機関において，被疑者に弁解の機会を与えた上で，「留置の必要がないと思料するときは直ちにこれを釈放」（刑訴203条1項・204条1項・205条1項）することが明確に規定されている。このように，身柄拘束の必要があるとの判断に基づき被疑者を逮捕した後には，必ずその弁解を聴取し，その弁解の内容等を含むそれまでの捜査の結果を踏まえ，なお身柄拘束をする必要があるかどうか，改めて捜査機関に判断させる機会を確保させているのである。そして，身柄拘束の必要がないと判断すれば，捜査機関自らが直ちに釈放し，そのような手続を経てもなお継続して身柄拘束の必要があると捜査機関が判断するものについて，検察官の勾留請求を経て，裁判官が勾留の判断をすることとなっているのである。

　以上のことからすれば，最初の身柄拘束である逮捕に一定の実体的，手続的要件を課すとともに，逮捕後にも比較的短いその制限時間内に，被疑者の身柄拘束後の弁解を聴取する等必要な手続を行わせ，これら捜査結果を踏まえ，身柄拘束の要否を改めて判断させた上で，検察官がなお身柄拘束の必要があるとするものについて裁判官によって更に勾留の適否，要否が判断されることにより，身柄拘束が慎重になされるようにしたものと考えられる。このようにして，身柄拘束という重大な人権の制約について，重層的にチェックされ，その要否が慎重に判断されるようにし，身柄拘束が必要とならなくなったときや，仮にも誤った身柄拘束があったような場合には，早期に釈放されることとなるようにしたものと考えられる。

### 2 逮捕前置主義についての異なる考え方

　逮捕前置主義の意義については，勾留の審査を行うために速やかに裁判官の面前に引致する手段として逮捕を法定したという点にあるとする見解もある。この立場は，逮捕を，捜査のための期間として位置付けることを否定する見地から，逮捕を，すみやかに裁判官の面前に引致する手段として位置付けている（田宮裕・捜査の構造166頁，福井厚・ジュリ1148号98頁等）。

　しかしながら，この見解は，逮捕前置主義を説明する理由としては必ずしも十分ではない。勾留の審査をすることが逮捕の目的であるという考え方は，勾留という身柄拘束の前には，被疑者の弁解を聴取する必要があることから，勾留するかどうかの判断に当たり，被疑者を裁判官の面前に引致しなければならないという前提に立っているものと考えられる。しかし，そうであれば，勾留に先立って裁判官の面前で弁解をする機会さえ確保されればよいはずで，そのためにわざわざ逮捕して身柄拘束する必要がない場合もあり得るはずである。また，逮捕が単なる勾留審査を目的とする手段にすぎないのであれば，逮捕の要件は，身柄拘束して裁判官のもとに引致する必要性が中心となるべきであろう。さらに，このような立場に立てば，逮捕して身柄拘束をした場合に，速やかに裁判官のもとに引致すればよいはずであって，捜査機関において，弁解の機会を与えたり，検察官に送致したりする必要はないはずである。このように，逮捕に伴う手続として，単なる裁判官の面前への引致手段とは思えない内容のものが法定されているのである（川出敏裕・別件逮捕・勾留の研究71頁は，「そのような逮捕のとらえ方では，現行法が逮捕と勾留という二つの身柄拘束処分を認めていることの意味を十分説明できないように思われる。」とし，「この見解のもとでは逮捕前置主義の説明が困難であろう。」とする）。

　また，この見解には，条文上，逮捕も勾留も求められる嫌疑の要件は同様に「罪を犯したことを疑うに足りる相当な理由」とされていることから，逮捕の期間中に捜査を尽くして嫌疑の程度を高めることを想定していないとして，逮捕された被疑者を速やかに裁判官のもとに引致すべきとするものがある（緑大輔「刑事訴訟法入門7『逮捕と勾留の関係』」法セ670号130頁）。しかし，逮捕中の捜査の結果，嫌疑が高まる場合もあれば，同程度の場合もあり，さらには，嫌疑が弱まったり，なくなったりすることもあるのであり，逮捕中に捜査を行うこ

とが直ちに嫌疑を高めさせるものという前提そのものが誤りといえよう（この立場は，逮捕が，被疑者の聴聞を経ずに身柄拘束されること，憲法34条で保障されている拘禁理由の開示や準抗告のような不服申立て手段がないことから，逮捕が，勾留の前段階の「仮の」拘束にすぎないともする（後藤昭・捜査法の論理96頁等）。逮捕が勾留に先行するものであり，その期間が勾留の期間より短いことはたしかであるが，身体を拘束されることにかわりはなく，これを「仮の」と評価することにより，条文に規定されていない事項について，「仮」であるからという理由で何らかの結論を導き出すことが必ずしも適切とは思われない）。

　なお，本設問の問題を離れるが，逮捕前置主義に関連する問題として，先行する逮捕に違法があった場合に勾留することが許されるかという問題がある。この点につき，上記のように逮捕が勾留の審査のために裁判官のもとに引致する手段と位置付ける見解に立った場合には，逮捕が勾留のための引致手段であることから，逮捕は勾留を目的として勾留の審査のために直接に利用されているという目的と手段の関係にあり，逮捕の違法性と勾留審査の間には類型的に密接な関連性があることから，逮捕と勾留の因果性が強いと判断されるため，逮捕の違法はより勾留に波及する，すなわち，違法逮捕と勾留の間の因果性を容易に認定しやすくなるとするものがある（緑・前掲法セ670号132頁）。しかしながら，この違法逮捕と勾留の問題点は，逮捕に違法があった場合において，勾留の要件そのものは満たしていても，その前段階である逮捕の違法を考慮して勾留すべきでない場合があるのではないかという問題である。そうだとすれば，逮捕が勾留の手段と考える上記の立場をとるとすると，勾留という目的そのものにおいて要件を満たしているのに，単なる手段にすぎない逮捕に違法があったことを理由として勾留すべきでない場合というのは，むしろ，より限定的になるはずであろう。

### ③ 逮捕と勾留の各段階における被疑事実の同一性について

　前記のような一般的理解に立つと，二段階の審査という逮捕前置主義の趣旨を損なわないようにする必要があり，逮捕の段階と勾留の段階とで審査の対象となる事実が異なっているとその意味をなさないため，逮捕の理由となった被疑事実と勾留の理由となる被疑事実に同一性が必要であることとなる。

しかしながら、逮捕の時点における被疑事実が、その後、勾留請求までの間の捜査の結果、日時や場所等、形式的には異なる事実となることがある。その場合、いかなる事実の変化であっても、事実が異なるときは、逮捕事実と勾留事実の同一性を欠くことから、逮捕前置主義に反し、常に勾留できないのかという問題が生じる。逮捕時の被疑事実と勾留時の被疑事実の違いがわずかであっても、事実が異なる以上は、勾留できないとの結論をとると、逮捕した被疑事実では釈放した上で、改めて新たな事実で逮捕した上で勾留しなければならないこととなる。事実のずれの程度によっては、新たな事実で改めて逮捕することを求めるまでではない場合もあるし、わずかな違いでもそのように改めて捜査機関に新たな事実で逮捕することを求めることとなれば、かえって身柄拘束期間が長期化することにもなりかねない。

　そこで、逮捕事実と勾留請求事実の同一性判断、つまり、どのような場合に同一性が肯定されるのかの基準を導く必要が出てくることになるのである。

　この点については、罪名が異なっていてもかまわないが、基本的な事実が共通である必要があると解されている（池田＝前田・講義152頁）。すなわち、例えば、業務上過失致傷で逮捕された後、その被害者が死亡したような場合、業務上過失致死となることもあるし、また、故意に実行行為に及んだことが判明すれば、殺人になることもあるが、これらについては、事実の共通性が認められる。

　この「事実の共通性」については、公訴提起後に訴因変更が認められるかどうかという場合の「公訴事実の同一性」の判断と同じ基準が妥当するものと考える見解もある（福井厚・刑事訴訟法講義（第4版）120頁等）。また、「公訴事実の同一性」の判断とほぼ同じであるとし、日時・場所の近接、方法・態様の類似、被害結果・内容の同一・類似等を総合して評価するが、捜査における事態の流動性などから、ある程度緩やかに考えてよいとするものもある（田中開＝寺崎嘉博＝長沼範良・刑事訴訟法（第3版）83頁）。

　しかしながら、逮捕事実と勾留事実の同一性判断の問題は、公訴提起後の訴因変更の可否を判断する公訴事実の同一性判断とは場面としては異なるのであるから、両者が同じであるべき理由はない。逮捕事実と勾留事実の間にずれがあっても、逮捕前置主義の趣旨を損なわないかどうかによって判断されるべき

であろう(川出敏裕「逮捕・勾留に関する諸原則」刑事法ジャーナル4号149頁は,「訴因変更により,公判においてどこまでの事実を1つの訴訟手続の対象として取り込めるかという公訴事実の同一性の問題と,ここで問題とした逮捕・勾留に関わる被疑事実の同一性の問題とは,性質の異なるものであるから,両者でその基準が一致しなければならない必然性はない。その基準は,あくまで,それぞれの問題に照らして検討されるべきものであり,公訴事実の同一性の判断枠組みをそのままこの場面に適用することは誤りだと考えられる。」としており,逮捕前置主義に関していえば,「逮捕の理由とされた被疑事実と勾留が請求された被疑事実との間にずれがあったとしても,両者の間に,B事実についても逮捕中に捜査がなされたと評価できる程度の事実の共通性があるときには,直接にB事実による勾留を認めてよい」とする)。

この点について,参照すべき裁判例(名古屋地決平20・6・26)がある。事案は次のようなものである。

被疑者は,「Aと共謀の上,6月16日にN市内のA方において覚せい剤0.16グラムを所持した。」との事実で通常逮捕されたが,警察での弁解録取手続で,「Aと一緒に使った残りであるなら事実に間違いない。」旨供述し,検察官の弁解録取では,「6月14日N市内の路上に停めた自動車内でAとともに覚せい剤を所持し,その後,Aと覚せい剤を使用した。Aが自分の部屋に覚せい剤を持っていたというのであれば,それは間違いない。」旨供述した。検察官は,「Aと共謀の上,6月14日にN市内の路上に停車した自動車内において,覚せい剤0.3グラムを所持した。」との被疑事実で勾留請求を行ったが,裁判官は,勾留請求を却下した。これに対し,検察官が準抗告をし,原裁判が取り消されたものである。

同決定は,まず,逮捕前置主義について,「ところで,刑事訴訟法が,逮捕前置主義を採用し,逮捕事実と勾留請求事実に同一性が認められない限り,勾留請求を却下すべきとしているのは,逮捕状請求と勾留請求の二段階において,司法審査を行うことにより,勾留という被疑者にとって長期間に及ぶ身柄拘束について,慎重な審査を行うためであると解される。」とした上で,被疑事実と勾留事実の同一性の判断について,「そうすると,被疑事実の同一性を判断するには,単に事実同士の日時や場所といった形式的な点を重視し,被疑事実が両立するかどうかを判断するのではなく,もう一度,逮捕手続から司法審査

をする必要があるのか、あるいは、同一の手続内で処理することが可能であるのかといった観点から、被疑事実の背景となる事情、被疑者の弁解の状況などを総合的に考慮し、基本的事実の同一性があるのかどうかを判断する必要がある。」とした。このように、同決定は、逮捕から勾留の場面における同一性の判断基準を、逮捕前置主義の趣旨に求めているのである。そして、具体的に本件については、「本件逮捕事実と本件勾留請求事実は、所持の日時、場所、態様において、差異が認められるものの、本件勾留請求事実において所持の対象となった覚せい剤の一部が、被疑者らによって使用され、その残りが本件逮捕事実において所持の対象となった覚せい剤に当たるという関係にある。そうすると、社会的にみれば、本件逮捕事実と本件勾留請求事実は両立する関係にあり、同一性に欠けるとの評価もできなくはないが、法律的に評価すると、本件勾留請求事実における覚せい剤の所持が継続し、その一連の行為の中に、本件逮捕事実における覚せい剤の所持は評価しつくされるものとみるべきである。そうすると、両事実は、法的には同一の事実と評価するべきものであり、基本的事実の同一性が認められる。」としたのである。本決定は、逮捕前置主義の趣旨を踏まえ、もう一度逮捕手続から司法審査をする必要があるのかどうか等の観点から実質的に両事実の同一性を判断しようとするものとみることができる（本件では、さらに、「検察官の面前でなされた被疑者の弁解内容に沿った事実が本件勾留請求事実として構成されている。警察官の面前における弁解録取においては、被疑者は、本件勾留請求事実についての弁解はしていないものの、検察官の面前における弁解録取においては、実質的に見て、本件勾留請求事実についての弁解がなされており、新たに逮捕手続を行う必要性は乏しいものがある。また、本件逮捕事実と本件勾留請求事実が同一性に欠けると解すると、特段の事情のない限り、本件逮捕事実によって逮捕勾留を行った後、本件勾留請求事実によっても逮捕勾留を行うことが可能となってしまい、被疑者に極めて不利な事態になりかねない。」という点も指摘しており、検察官のもとで、勾留請求事実についての弁解がなされている点や同一性に欠けると判断した場合の身柄拘束の実質的不利益にも言及している）。

### ④ A事実との同一性の範囲を超えたB事実による勾留の可否

③で検討した問題は、逮捕時の被疑事実（A事実）が変化しても、その同一

性の範囲内であれば、勾留することができるという問題であった。いわば、A事実がA'事実に変化しても勾留することができるということである。

しかし、逮捕後の捜査によって、全く異なる事実（B事実）の嫌疑が生じた場合に、B事実で勾留することは常にできないのかという問題がある。というのは、既にA事実で逮捕された被疑者について、A事実では勾留しないとしても、B事実について勾留の理由や必要性が十分あるにもかかわらず、B事実での勾留を認めないとすると、改めてB事実による逮捕から手続を行うこととなり、かえって身柄拘束期間が長期化することになるからである。また、逮捕前置主義の趣旨が二重の審査にあるとしても、逮捕時における審査と勾留段階の審査を比較すると、時間的な審査の緊急性の度合いが異なる点（逮捕時の方がより緊急性が高いといえよう）や、逮捕後の被疑者の弁解やこれらを含めた逮捕後の捜査の結果とともに、更に裁判官の面前での弁解も含めて考慮できる点で、勾留段階の審査の方がより丁寧であるということができる。いわばより丁寧なその勾留段階の審査において、勾留の必要性が認められるのにもかかわらず、わざわざ逮捕から審査をする必要があるのか、という疑問もないわけではないからである。

この点、異なる事実であっても、身柄拘束されている以上は、改めて逮捕を求めない方が身柄拘束期間が短くなるとの見地から、A事実で逮捕した場合に、これと異なるB事実のみで勾留することも認められるとする立場もある（団藤重光・条解刑事訴訟法㈲388頁、平場・講義363頁等）。しかし、この考え方をつきつめれば、在宅の被疑者についても、逮捕せずに直ちに勾留すべき場合もあることになる。というのは、身柄拘束期間のみを考えるならば、逮捕を前置しない方が被疑者の身柄拘束期間を短くできる場合は、在宅の被疑者でもあり得るからである。そうすると、在宅の被疑者の場合でも、逮捕せずに直ちに勾留した方が身柄拘束期間を短くすることができると判断される限り、逮捕を前置しなくても勾留できることとすべきことになり、それでは逮捕前置主義をないがしろにするのではないか、ということになろう。

一般的には、逮捕前置主義から、A事実で逮捕した場合、これと異なるB事実のみで勾留請求することは許されないと解されており、またそれが実務上の取扱いである（三浦正晴＝北岡克哉編著・令状請求の実際101問（改訂）85頁）。

もっとも，逮捕前置主義の趣旨をより実質的に考えるとすると，次のような例外は考えられないわけではない。すなわち，逮捕時の被疑事実であるA事実により身柄拘束を受けた上で，A事実のみならず，Aとは異なるB事実についても嫌疑が明らかになった場合，新たに嫌疑が生じたB事実を被疑者に告げ，B事実に関する弁解の機会を与えた上で，それら弁解を含めた捜査の結果を踏まえて，検察官がB事実について勾留の必要性を認めてB事実について勾留請求をしているときは，B事実について勾留することができることとしても，逮捕前置主義に反しないのではないかとも考えられるのである。A事実による逮捕下ではあるが，短期間の拘束下でB事実の被疑者の弁解を聴き，それを踏まえてもなお身柄拘束を必要とする検察官の判断を踏んでいるからである（増補令状基本(ト)〔金谷利廣〕263頁以下は，「B事実については勾留の理由・必要が存し，かつ逮捕中にB事実につきそれを理由に逮捕された場合と同程度に被疑者からの弁解の聴取そのほかの捜査がなされているという場合」には，例外的に，B事実のみで勾留できるとする）。

　たしかに，検察官がB事実で勾留請求しているということは，捜査機関がB事実による身柄拘束が必要と判断しているわけであるから，A事実と異なるからという理由でB事実の勾留請求を却下しても，直ちにB事実による逮捕が行われることが予想される。A事実で逮捕した後の勾留請求までの捜査の状況いかんによっては，その逮捕が確実視されるばかりでなく，その逮捕期間中に釈放されるような見込みもなく，引き続き勾留されることが確実と思われるようなこともあろう。そのような場合には，あえてBの勾留請求を却下することは，単に改めてB事実で逮捕させてから勾留することになるだけで，被疑者の身柄拘束期間を長期化させ，被疑者に不利益になるだけではないかということにもなる。

　しかしながら，検察官が，逮捕時のA事実ではなく，B事実のみについて勾留するということは，A事実について，身柄拘束の妥当性あるいは必要性を認めていないということであり，そうであれば，A事実による逮捕に始まる身柄拘束を継続することは本来すべきではなく，A事実については，留置の必要なしとして直ちに釈放すべきである。捜査状況等によっては，釈放してもB事実による逮捕・勾留が確実視される場合もあると思われるが，B事実で改めて逮捕されることにより，B事実が捜査の対象として確実に顕在化し，B事実の告

知，弁解の聴取等，これに関する手続が確実に行われることになるのであり，その身柄拘束下での捜査の結果，逮捕のみの期間内で釈放される可能性もないわけではない。また，B事実で逮捕されておらず，B事実が身柄拘束下での捜査対象として顕在化していないのに，B事実による勾留は確実であるとか，逮捕を前置させると身柄拘束を長期化させるだけにしかならないといった予測につき，実質的に判断すること自体が，逮捕前置主義の趣旨を損なうものとも思われ，そのような判断以前に，逮捕手続を踏むことを求めているのが法の趣旨であるように思われる。

したがって，A事実による逮捕の下でのB事実の捜査状況にかかわらず，逮捕された被疑事実であるA事実とは同一性の範囲を超えるB事実のみで勾留することは許されないと考えられる。

### 5 A事実にB事実を付加して勾留することの可否

A事実で逮捕されている場合，これと異なるB事実のみで勾留することは許されないとされているが，A事実とB事実の両事実で勾留することについては許されるとされる（注釈刑訴3巻〔藤永幸治〕124頁，金谷・前掲262頁，三井・前掲20頁，三浦ほか編著・前掲107頁等）。というのは，A事実について逮捕が先行しており，引き続いてA事実で勾留される以上，B事実も付加して勾留されても，当該被疑者にとっては身柄拘束期間がむしろ短くなると考えられるからである。つまり，B事実について勾留を認めず，別途B事実による逮捕を先行させなければならないこととすると，結局のところ，A事実よりも後にB事実の手続が進行するため，仮にB事実の逮捕後にB事実の勾留が認められれば，かえって身柄拘束期間が長期化することになるだけなのである。また，B事実について勾留を認めず，仮にB事実による逮捕を先行させることとしたとして，B事実についての身柄拘束下での捜査の結果，仮に早期にB事実については身柄拘束しないことが相当であると判明することとなっても，A事実による勾留期間中である限りは，A事実による身柄拘束は継続することになる。したがって，A事実に付加してのB事実の勾留を認めないことにより，被疑者が早期に釈放される可能性はなく，これを認めることによる被疑者の不利益はないことになる。

もっとも，A事実に付加して逮捕していないB事実でも勾留することができ

る条件をより詳細に検討する必要がある。

　まず，Ａ事実とＢ事実の両方について，勾留の理由，すなわち「被疑者が罪を犯したことを疑うに足りる相当な理由」（刑訴60条1項）及び同条各号に該当する事由（①住居不定・同項1号，②罪証隠滅のおそれ・同項2号，③逃亡のおそれ・同項3号）が必要である。

　では，勾留の実体的要件とされている勾留の必要性についてはどう考えるべきであろうか。Ａ事実のみでその必要性も肯定される必要があるのかどうかである。

　Ａ事実に付加してＢ事実で勾留することができるのは，Ａ事実で勾留される以上，それにＢ事実が付加されても，被疑者にとって身柄拘束期間の点で不利になる可能性がないからである。そのようなことがいえるのは，Ａ事実のみで，勾留の理由及び必要性が認められ，Ａ事実のみでも勾留の要件を満たす場合に他ならない。したがって，勾留審査の段階で，Ａ事実のみで，勾留の理由及び必要性を満たしていなければならないと考えられる。

　また，当然であるが，Ｂ事実を付加して勾留するためには，Ｂ事実についても，勾留の理由及び必要性が必要である。

　以上のように，Ｂ事実を付加して勾留するためには，Ａ事実について勾留の必要性も要するとするという考え方が，勾留の理由と必要性をそれぞれ独立の要件とすれば論理的であるように思われるし，一般的ではある（三浦ほか編著・前掲85頁，松尾監修・条解刑訴395頁）。しかしながら，このような一般的見解は，理論的であろうが，勾留の「理由」と「必要性」がそれぞれ完全に独立した要件ではないことについての考慮がなされていないため，Ｂ事実を付加して勾留するに当たって，Ａ事実のみについて，勾留の理由と必要性が必要であるとすることの意義が，実際にどこまであるのかは疑問がないわけではない。

　すなわち，勾留の理由と必要性は完全に独立した要素ではなく，そもそも刑訴法60条1項各号が，勾留の必要性に相当する事由を類型化しているのであるから，同条1項各号に掲げる事由があり，「勾留の理由」が存在するのであれば，基本的には「勾留の必要性」も満たすと考えられる。また，「勾留の理由」とは別の要件として位置付けられる「勾留の必要性」というのは，同条1項各号に掲げる事由がある場合でも，勾留の実質的な必要性を欠く場合があり

得るという全体的考慮からの要件であって，その判断は，犯罪の軽重，公訴提起の可能性，捜査の進展の状況，被疑者の事情等の様々な事情を考慮した上での総合的な判断として，勾留が相当であるかという見地でなされるものである。このように，「勾留の必要性」を刑訴法60条1項各号の要件を満たす以外の総合的見地における勾留の相当性としてとらえるとするならば，本来，A事実だけについて必要性があるかどうかという個別的検討にはなじまないように思われる。また，実際にA事実のほかに現にB事実の嫌疑が生じているなどの具体的状況の下で，「A事実だけでも勾留の必要性を満たすかどうか」といった仮定的な判断をすることになるのも適当ではないように思われる。このようなことからすれば，勾留の必要性については，B事実を含めた総合的見地から判断されれば足り，A事実だけでも勾留の必要性があるかといった仮定的な判断を要しないこととするのが，本来は相当ではないかとも思われる。

　なお，A事実に付加して勾留することのできるB事実は，A事実よりも軽いものに限定されるわけではない。上記のとおり，A事実で勾留の要件を満たしており，A事実により勾留される以上，改めてB事実について逮捕しないでB事実を付加して勾留することとしても，実質的には被疑者の身柄拘束期間が短くなるという理由で，B事実を付加した勾留を認めることからすれば，これはA事実とB事実の軽重に関わるものではないからである（ところで，古い裁判例には，A事実にB事実を付加して勾留することを否定しているように読めるものがある（東京地決昭35・5・2判時222号6頁）。すなわち，東京都条例違反等の被疑事実で逮捕された被疑者につき，逮捕事実のほか，公務執行妨害及び傷害の被疑事実を付加して勾留請求があった事案において，裁判官が同条例が憲法21条に反し，無効であるとし，公務執行妨害及び傷害については，逮捕されていないとの理由で勾留を却下したところ，これについての準抗告に対し，次のように判断した。「（公務執行妨害及び傷害の被疑事実と）都条例違反被疑事実とは同一性がないのであるから，右公務執行妨害，傷害の被疑事実に関してなされた本件勾留請求部分は失当たるを免れない。しかし，前記認定のとおり都条例違反の被疑事実について被疑者を勾留すべき理由，必要があるのであるから，その理由なしとして，本件勾留請求を却下した原判決は失当たるに帰し，本件準抗告は理由がある。」もっとも，本決定のように，A事実にB事実を付加して勾留することを否定する考え方は，あまりにも形式的であるとされており（金谷・前掲262頁），今日の実務はこの考え方に従っていない）。

## 6 公訴提起後の令状の効力

　勾留中の被疑者に公訴が提起された場合は、公訴事実と勾留の基礎となった犯罪事実とが同一であるときは、公訴提起前の勾留の効力は、公訴提起後もそのまま引き続いて効力を有するとされている（刑訴法208条1項は、「前条の規定により被疑者を勾留した事件につき、勾留の請求をした日から10日以内に公訴を提起しないときは、検察官は、直ちに被疑者を釈放しなければならない。」とする）。起訴後の勾留については、公訴の提起があった日から2か月となり、継続の必要があれば、更新されることとなる（刑訴60条2項）。

　勾留事実に複数の事実（例えば、A事実とB事実）があった場合において、そのうち一部の事実（B事実）のみで公訴が提起された場合においても、B事実について起訴前の勾留の基礎となる事実とされている以上、勾留上の効力は継続し、特段の手続を要することなく被告人の勾留に切り替わる（松尾・前掲条解刑訴395頁）。

　このようにB事実のみで公訴提起がなされた場合、新たな裁判を必要とせず、そのまま被告人の勾留となり、勾留状が差し替えられることはないが、勾留の効力は、公訴提起されたB事実の範囲内である。したがって、勾留の更新、保釈等の判断に当たっては、B事実を基礎として判断されることとなる。

　なお、これとは逆に、実務的には、勾留の基礎となった事実（B事実）のほか、勾留の基礎となっていない事実（C事実）も併せて起訴されることもある。そのような場合は、併せて起訴された起訴前の勾留では基礎となっていなかった事実（C事実）については、起訴後勾留の基礎になるわけではない。したがって、勾留の更新、保釈等の判断に当たっては、当該事実（C事実）は判断の基礎とはされない。そのため、併せて起訴した事実（C事実）が重大な犯罪である場合などにおいては、当該事実について、求令状起訴することがある（実務的には、起訴状に「第〇事実につき、勾留中　第〇事実につき、求令状」と表記して、身柄拘束の基礎となっていない公訴事実について、勾留の職権発動を促すこととなる）。

## 7 本設問の検討

　以上を前提として、本設問を具体的に検討する。

(1) 設問(1)について

　被疑者甲は，旅券不携帯の事実で逮捕され，逮捕中の捜査により，不法在留罪の嫌疑が認められるに至っている。旅券不携帯は，出入国管理及び難民認定法違反であり（同法23条1項　本邦に在留する外国人は，常に旅券（次の各号に掲げる者にあつては，当該各号に定める文書）を携帯していなければならない。（以下省略）），この違反の法定刑は罰金10万円以下である（同法76条　次の各号のいずれかに該当する者は，十万円以下の罰金に処する。一　第二十三条第一項の規定に違反した者（特別永住者を除く。）二　第二十三条第二項の規定に違反して旅券，乗員手帳又は許可書の提示を拒んだ者）。また，不法在留罪は，同法70条に規定されている（同法70条　次の各号のいずれかに該当する者は，三年以下の懲役若しくは禁錮若しくは三百万円以下の罰金に処し，又はその懲役若しくは禁錮及び罰金を併科する。一　第三条の規定に違反して本邦に入つた者　二　入国審査官から上陸の許可等を受けないで本邦に上陸した者（以下省略））。

　旅券不携帯罪で勾留せず，不法在留罪のみで勾留することができるかどうかを検討する上では，まず，両罪が同一性を有するかが問題となる。この同一性を判断するに当たって，罪名が共通である必要はないものの，旅券等を携帯していなかったという旅券不携帯の事実と不法入国又は不法上陸した者が引き続き本邦に不法に在留しているという不法在留の事実は，社会的に見て別の事実であると判断されよう。外国人が本邦に存在するというレベルでは共通する点もないわけではないが，前者は，特定の時点における旅券等の不携帯事実にその本質があるのに対し，後者は，不法に入国して在留し続けている点にその本質があるのであり，基本的事実が同一であるとはいえないであろう。

　したがって，逮捕事実である旅券不携帯と同一性を欠く不法在留罪のみで勾留することは，A罪のみで逮捕されているときにB罪により勾留しようとするものであって（前記④），逮捕前置主義に反し，許されない。そして本問の場合，旅券不携帯では勾留する必要がないと判断されていることから，旅券不携帯罪では釈放し，改めて，不法在留罪で逮捕しなければ，同罪による勾留をすることはできないこととなる。

(2) 設問(2)について

　それでは，設問(2)のように旅券不携帯罪と不法在留罪の両事実で勾留することは可能か。前記⑤で検討したとおり，逮捕事実（A事実）に加えて別の事実

である（B事実）で勾留することができるので，本問でも両事実で勾留することができる。

　しかし，そのためには，一般的な考え方からすれば，逮捕事実（A事実）のみで，勾留の理由及び必要性が存在する必要があり，本問では，旅券不携帯罪と不法在留罪の両事実で勾留するためには，旅券不携帯罪のみで，勾留の理由及び必要性が認められなければならない。したがって，旅券不携帯罪のみで，勾留の理由及び必要性が認められる場合においては，旅券不携帯罪と不法在留の両事実で勾留することができることとなる。

　なお，本問のような設例（例えば，旅券不携帯で逮捕した被疑者が不法残留等を供述し，不法残留等の嫌疑が判明したような場合）について，かつては，旅券不携帯罪が軽微な罪であることから，旅券不携帯のみでは勾留の必要性が必ずしも十分ではないとされる懸念から慎重に手続を踏み，いわゆる令状差し替え手続，すなわち，旅券不携帯罪では釈放し，新たに判明した（例でいえば不法残留罪）罪で逮捕するとの運用が行われていたこともあった。

　しかしながら，旅券不携帯といっても，その犯情は様々である上（不携帯の理由や経緯，前科の有無等によりその犯情には違いがある），外国人についてはその人定，身上関係そのものが直ちに判明するとは限らず，むしろ，その確定が困難な場合も多くある。したがって，旅券不携帯罪についての勾留の必要性は，旅券不携帯事案であるから軽微であり勾留の必要性がないといったように，単に罪体だけで判断されるものではなく，事案，捜査の状況等に応じて，個別の具体的事情の下で判断されるべきものである（なお，他方で，何らかの端緒により，旅券不携帯であることが判明しても，直ちに有効な旅券の所在が確認されるなどした場合には，そもそも逮捕されないか，逮捕されても早期に釈放される事案もあるのであって，個別の事案ごとに逮捕・勾留の身柄拘束の要否が判断されているものと考えられる）。

　実務的によく見られるのは，旅券不携帯罪で逮捕した被疑者につき，不法在留の嫌疑が認められるに至った場合は，検察官への送致段階で，不法在留罪を併せて送致し（不法在留罪については在宅のまま送致），検察官が両事実について弁解を録取するなどした上で，両事実について勾留請求し，両事実で勾留されるというものである。この他，旅券不携帯罪の逮捕中に不法在留罪について送致するまでの捜査が未了であった場合でも，旅券不携帯罪のみで送致され，旅券

不携帯罪のみで勾留されるが，その後の捜査により，不法在留罪が在宅送致され，不法在留罪が求令状起訴されるという事案もある。

(3) **設問(3)について**

前記のとおり，(2)において，旅券不携帯の罪だけでも勾留の理由及び必要性が認められる場合には，旅券不携帯の罪と不法滞在の罪の両事実で勾留することができる。

その後の捜査において，当該被疑者が不法滞在の罪のみで起訴された場合，起訴前の勾留事実と同一の事実で公訴が提起されている以上，勾留は当然に続き，新たに勾留の裁判を必要とはしない。本問でも，不法在留罪の事実は同一であるので，勾留状は効力を失わない。勾留状は差し替えられるわけではないが，勾留の効力は，公訴提起された不法在留罪についてのみ及ぶことになる。

本問では，もともと逮捕されていない事実（不法在留罪）のみで公訴提起されるに至っており，それでもなお勾留の効力が継続すると解してよいかの問題がある。しかし，公訴提起後の勾留については，逮捕前置の趣旨の規定はなく，実質的にも，捜査段階である逮捕前置主義の趣旨は公訴提起後の段階には当たらないと考えられる。本問でも，そもそも起訴前において，不法在留罪についても，その事実に関する勾留の理由と必要性を満たすかどうか，勾留の審査がされており，その後，その勾留期間中の捜査の結果，その事実と同一性のある事実について公訴提起がなされており，特段の手続を経ずに勾留の効力が継続することとなる。

【古宮　久枝】

## 11 勾留質問

以下の場合，勾留質問を行う裁判官は，どのような措置をとるべきか。
(1) 勾留質問において，被疑者が，「専ら逮捕された事件とは別の事件について取調べを受けている。」と述べた場合
(2) 勾留質問において，被疑者が，「警察官に殴られて怪我をした。」と述べて負傷部位を示した場合
(3) 勾留質問において，被疑者が，「警察で国選弁護人の選任をお願いしたのにまだ選任されていない。」と述べた場合
(4) 弁護人が勾留質問への立会いを求めてきた場合

### 1 勾留質問の意義・機能
#### (1) 勾留質問の意義

勾留質問とは，裁判官又は裁判所が被疑者又は被告人を勾留する旨の判断をするに当たり，被疑者らに対し，勾留の基礎となる事実（被疑事実又は公訴事実）を告知し，これに対する被疑者らの弁解又は陳述を聴取する手続である（刑訴61条・207条1項）。実務における勾留質問の大半は，被疑者に対するものであるので，以下，主に被疑者に対する勾留質問について検討する。

被疑者の場合，逮捕の際に，司法警察員又は検察官から被疑事実を告知され弁解の機会を与えられている（刑訴203条・204条）から，もはや弁解の機会を与える必要はないようにも思われる。しかし，勾留は，逮捕と比較してその身柄拘束期間が比較的長期に及び，人身の自由に対する制約の程度が強いことから，勾留の裁判に誤りがないことを期するために，更に裁判官の面前で弁解を述べる機会を与え，不要不当な勾留を防止しようとしたものである（捜査法大系Ⅱ〔松尾浩也〕68頁）。このように，被疑者に対する勾留質問は，捜査に対する司法的抑制として機能する勾留の裁判に必要不可欠な手続となっている。

逮捕に引き続き勾留する場合の勾留質問が，憲法34条前段（「何人も，理由を直ちに告げられ，且つ，直ちに弁護人に依頼する権利を与へられなければ，抑留又は拘禁されない。」）の要請に基づくかどうかについては，これを肯定する説（註釈刑訴1

巻〔柏木千秋〕270頁，高田卓爾=鈴木茂嗣編・新・判例コンメンタール刑事訴訟法1巻〔福井厚〕360頁）もあるが，前述したとおり，逮捕の際に被疑事実を告知され弁解の機会を与えられており，憲法上の要請は満たされているとしてこれを否定する考えが一般的である（ポケット刑訴(上)163頁，松尾監修・条解刑訴155頁）。

### (2) 勾留質問の機能

勾留質問には，上述したように，手続の公正を確保するために捜査官の言い分だけでなく被疑者の弁解も聴くという機能がある。したがって，在宅の被告人を冒頭手続後に勾留する場合，冒頭手続において既に事件に関する陳述を聴取しており，手続の公正が保たれているので，改めて勾留質問をすることを要しないとされている（最決昭41・10・19刑集20巻8号864頁）。また，勾留質問は，被疑者・被告人の側から見ると，自らの言い分を裁判官に訴えることのできる機会ともとらえられるが，その機会を自ら放棄したような場合には，手続の公正という見地から勾留質問を行う必要性はないことになる。刑訴法は，被疑者・被告人が逃亡した場合には，その陳述を聴くことなく直ちに勾留状を発付することができるとしている（刑訴61条ただし書）。被疑者が裁判官の面前に引致されることを著しく困難にした場合も同様である（石丸ほか・刑事訴訟の実務(上)（3訂版）〔川上拓一〕337頁）。

また，勾留の裁判をするに当たっては，事実の取調べが可能である（刑訴43条3項）ところ，被疑者の陳述を聴取すること自体は事実の取調べに当たらなくとも，被疑者の陳述を聴取することによって勾留の理由や必要性の存否を判断する上で必要な資料を収集することができる。このように，勾留質問には，勾留の裁判のための資料を収集するという機能もある。被疑者の陳述内容によっては，発問して更にその陳述を求めるなどの事実の取調べが可能である。ただし，捜査の密行性の観点から，証拠の具体的内容が被疑者側に明らかにならないように配慮する必要がある。また，勾留手続の迅速性の要請（刑訴207条4項）から，勾留質問以外の事実の取調べも関係人との面接や電話聴取等にとどめておくべきであって，長時間を要するものは相当でない（奥田保「勾留の裁判と事実の取調」判タ296号172頁。増補令状基本(上)〔小林充〕314頁）。なお，前述した勾留質問の意義からすると，事実の取調べは，検察官が提供する資料の不足を自ら補うようなものであってはならない（河村澄夫=古川実編・刑事実務ノート(3)

〔原田修 = 石井一正〕192頁）が，逆に勾留質問における被疑者の陳述から勾留の理由や必要性に疑問が生じたり，手続的要件の不遵守の疑い等が生じたりしたような場合には，事実の取調べを行う必要性が高いといえよう（三井ほか・新刑事手続Ⅰ〔村瀬均〕251頁）。

## 2 勾留質問の概要

### (1) 実施場所

　勾留質問の実施場所について，法は何ら規定を置いていないが，勾留質問は，通常，官署である裁判所の構内に設けられた勾留質問室において行われている。被疑者が裸になるなどして裁判所への引致に激しく抵抗している場合や被疑者の健康上の理由により裁判所への引致が困難な場合など裁判所外で勾留質問を行うことがやむを得ないときには，被疑者が現在する刑事施設，留置施設や病院等において行うこともできるとされている（最決昭44・7・25刑集23巻8号1077頁，野間洋之助「勾留質問の場所」判タ296号164頁，三井ほか・刑事手続(上)〔仁田陸郎 = 安井久治〕252頁）。具体的には，被疑者多数の集団密入国の事案において，押送するための人員や勾留質問を行う場所の確保が困難との理由から，被疑者らが留置されている警察署に裁判官らが赴いて勾留質問を実施した例がある。そのような場合であっても，捜査官の影響を遮断するために取調室での勾留質問は避けるべきであろう（野間・前掲判タ296号165頁）。

### (2) 関与者

　(a) 裁判官・書記官　　検察官から被疑者の勾留の請求を受けた裁判官は，被疑者に対して被疑事件を告げこれに関する陳述を聴くために，勾留質問を主宰することになる（刑訴207条1項・61条）。

　また，刑訴法61条の規定により被疑者に対し被疑事件を告げこれに関する陳述を聴く場合には，裁判所書記官を立ち会わせなければならないとされている（刑訴規69条）。これは，被告人又は被疑者に対し，被告事件又は被疑事件を告げこれに関する陳述を聴く場合には，調書を作らなければならない（刑訴規39条1項）ところ，その調書には，裁判所書記官が取調べ又は処分をした年月日及び場所を記載しなければならないなどとされている（刑訴規42条1項）からである。

(b) 検察官・弁護人　詳しくは，後述6「設問(4)について」において検討するが，勾留質問に検察官又は弁護人が立ち会うことができる旨の規定は存在しない上，勾留質問は非公開で行われることが前提とされていることから，検察官又は弁護人が勾留質問に立ち会う権利はないと解されており，実務においてもその実例は極めて少ない。

(c) 押送の警察官等　被疑者は，逮捕の効力により裁判官の面前まで引致することができるとされている（被告人の場合は召喚又は勾引による。なお，いわゆる令状差換えの場合の引致手続について，小林・前掲420頁以下参照）。そのため，身柄が置かれている刑事施設又は留置施設の職員（通常，逮捕された被疑者は警察署の留置施設に留置されていることから，被疑者の押送を担当する警察官であることが多い）によって勾留質問室まで引致される。

被疑者の押送に当たる警察官等は，被疑者の自傷他害や逃亡を防止すべき戒護上の権限と義務を有している。他方で，公判廷における法廷警察権（刑訴288条2項）のような明文の規定はないものの，裁判官は，手続を主宰する立場から当然に，勾留質問においても一種の法廷警察権（裁71条・72条）を上記警察官等の戒護権に優先して行使しうると解されていることから，被疑者を押送してきた警察官等を勾留質問室から退室させることができるし，逆に在室させて被疑者を看守させ，又は被疑者の手錠等を解かないまま勾留質問を行うことができるとされている。そこで，上記警察官等を勾留質問室内に在室させることの当否が問題となるが，被疑者に対する捜査機関の影響を遮断し，陳述の任意性を担保するために警察官等を在室させるのは適当ではないとする考え（増補令状基本(上)〔新関雅夫＝岩瀬徹〕309頁）が一般的であり，実務においても警察官等が在室しない状態で勾留質問を行うのが通例である。また，被疑者の身体拘束についても，陳述の任意性を担保するために手錠等を外して行うのが通例である。ただし，薬物の作用等によって被疑者の自傷他害のおそれが極めて強いような場合には，例外的に警察官等の在室を認める場合もある。さらに，被疑者の状態によっては，手錠等をしたまま勾留質問が行われる場合もある

(d) 通訳人　裁判所法74条が「裁判所では，日本語を用いる。」としていることから，勾留質問においても日本語が使用される。そのため，日本語に通じていない被疑者に対して勾留質問を行う場合には通訳人を立ち会わせて通訳

をさせなければならない（刑訴175条）。通訳人が立ち会う場合には，勾留質問の冒頭に被疑者の面前で通訳人尋問と宣誓の手続が行われる。この際，通訳人の人定事項が被疑者に漏れないよう留意しなければならない。なお，日本語に通じていない被疑者に対しては，勾留質問の実施前に，勾留手続の概要や供述拒否権・弁護人選任権を解説する外国語のビデオテープを視聴させる運用がとられている（札幌地決平3・5・10判タ767号280頁は，日本語に通じていない外国人被疑者に対して，勾留質問の意義や勾留の要件，効果等について説明することが望ましいが，そのような説明をしなかったからといって，勾留質問手続が違法になるものではないとする）。

(3) **内 容**

(a) 事前準備　検察官は，司法警察員から送致された被疑者の身柄を受け取ってその弁解を録取した後，必要ありと判断すれば勾留請求をするが，その際，勾留の要件が備わっていることを疎明するための資料（いわゆる一件記録）を裁判官に提供しなければならない（刑訴規148条1項）。資料の提供を受けた裁判官は，一件記録を読むなどして勾留の要件（逮捕手続の適法性，時間制限等の手続的要件及び犯罪の嫌疑，勾留の理由等の実体的要件）が具備されているかを検討する。また，裁判官は，後述するところの弁護人との事前面接の際に弁護人から資料提供を受ける場合もあり，それらの資料についても検討した後に勾留質問に臨むことになる

(b) 人定質問　勾留質問においては，まず人違いでないか確かめるために，人定事項（氏名，生年月日，住居，職業等。なお，外国人被疑者の場合には国籍についても聴取している例が多い）について質問を行う。住居不定は勾留の理由となるので，住居について聴取することはとりもなおさず勾留の理由についての事情聴取にもなる。

被疑者によっては，警察官・検察官と裁判官の区別がつかず，勾留質問を取調べの一種と誤解していることもあるので，人定質問に引き続いて，これから行う勾留質問について簡単な説明を行う場合もある。

(c) 権利告知　次いで，裁判官は，被疑者に対して黙秘権・供述拒否権を告知するのが通例である。

勾留質問は被疑者・被告人の弁解を聴く手続であるから，黙秘権・供述拒否権の告知（刑訴198条2項・291条3項）は不要なはずであるが，前述したように，

勾留質問には勾留の裁判のための資料を収集するという機能があり，事実の取調べとして事情を聴取する場合もあるほか，後述するように，勾留質問調書が公判廷に証拠として提出される可能性があることなどから，黙秘権・供述拒否権を告知する方が望ましく，実務的には告知する運用が確立している。

　また，黙秘権・供述拒否権の告知と併せて弁護人選任権の告知も行っている。被疑者の場合にも刑訴法207条1項により刑訴法77条の準用があるが，弁護人選任権については，逮捕された直後に告知されている（刑訴203条1項・204条1項）ので，勾留質問において告知することは必須ではないとされてきた。しかし，平成16年法律第62号により被疑者国選弁護人制度が設けられたことに伴い，被疑者国選弁護の対象事件（刑訴法37条の2第1項により，死刑又は無期若しくは長期3年を超える懲役若しくは禁錮に当たる事件とされている）について被疑者に被疑事件を告げる際に，弁護人を選任することができる旨及び貧困その他の事由により自ら弁護人を選任することができないときは弁護人の選任を請求することができる旨を告げなければならないとされている（刑訴207条2項本文）。ただし，被疑者に既に弁護人が選任されている場合には，告知は不要である（同項ただし書）。

　なお，弁護人選任権の告知に附随して後述する当番弁護士制度についても説明をしている例が多い。被疑者から当番弁護士との接見の申出があった場合は，これを刑訴法31条の2第1項の弁護士会に対する弁護人選任の申出として取り扱うことになる。

　(d)　被疑事件の告知　　被疑者の弁解を聴くためには，罪名のみを告げるだけでは不十分であり，被疑事実の要旨を告げることが必要である。実務上は，勾留請求書に記載された被疑事実の要旨（刑訴規147条1項2号）を告げるのが通例であるが，被疑事実の中には一般になじみのない法律用語も含まれていることから，被疑事実の内容を適宜かみ砕いて説明することもある。

　被疑事実の要旨に加えて，刑訴法60条1項各号の勾留の理由についても告知してその弁解を求めるべきか否かについては争いがある。勾留の理由の告知も必要とする説（松尾・前掲70頁）もあるが，勾留の理由そのものは犯罪事実と直接の関係を有しているわけではなく，かつ弁解を聴いた後でその存否を判断すべきものであること，勾留の理由は勾留状に記載され，執行の際に被疑者に

示されることなどの理由から，実務上は不要とされている（中西武夫「勾留質問の範囲」判タ296号168頁，ポケット刑訴(上)163頁，松尾監修・条解刑訴154頁等）。もっとも，勾留の理由や必要性の存否を判断する資料の主要なものは検察官から提供されたもので，被疑者側の批判にさらされていないものであるから，勾留の理由等に関する被疑者の弁解等を聴取することは勾留の裁判の公正を確保することになる。そのため，告知が不要であるとしても，勾留の理由等に関する事情についても発問することが望ましいとされており（原田＝石井・前掲186頁参照），実務上は勾留の理由や必要性の存否を判断する上で重要と考える事実関係などについても，被疑者に発問し，その弁解等を聴取している例が多い。

　(e)　被疑者の陳述　　被疑事実の要旨を告げた後，被疑者の弁解又は陳述を聴くことになる。被疑者の陳述は，書記官がこれを録取して調書（勾留質問調書）を作成する（刑訴規69条・39条・42条）。被疑者が被疑事実の内容を認めた場合，勾留質問調書には「事実はそのとおり間違いありません。」との記載にとどめるのが一般的であるが，それまで否認していた被疑者が勾留質問において初めて被疑事実を認めた場合には，供述経過を明らかにするために，その変遷の理由等についてまで聴取して調書に録取しておくことが望ましい。また，それまで認めていた被疑者が勾留質問において初めて被疑事実を否認した場合にも，被疑者の弁解内容を聴取して調書に録取しておくことが望ましい。

　なお，被疑者の勾留質問調書は，勾留質問後に検察官に送付され（刑訴規150条），公訴提起後も裁判所に提出する必要はないとされている（最判昭29・5・11刑集8巻5号670頁。刑訴規167条参照）。もっとも，自白の任意性・信用性が争われた場合には，その供述経過を示す証拠として提出されることもある。また，勾留質問調書は，被疑者・被告人に不利益な事実の承認を内容とする供述を録取した書面として刑訴法322条1項により証拠能力を付与され得る。

　(f)　その他　　勾留質問においては，勾留通知先（刑訴79条，刑訴規79条）についても聴取し，これを勾留質問調書に記載するのが通例である。なお，領事関係に関するウィーン条約等により領事官への通報を要する場合がある。該当国の国籍を有する外国人被疑者の場合，領事官への通報が未了であれば，本人が事前に捜査官らに対して不要である旨述べていても領事官への通報が必要かどうか再度確認している例が多い。

また，被疑者国選弁護人の選任を希望しているが，まだ請求書等を記載していない被疑者については，勾留質問の手続の中で請求書等を記載させている。
最後に，以上の事情を記載した勾留質問調書に被疑者の署名指印を求める。

## 3 設問(1)について

実務上，逮捕・勾留された事件（別件）についての取調べがなされずに，それとは異なる事件（本件）についての取調べがなされるということがあり，学説においては，別件逮捕・勾留の問題として取り扱われている（別件逮捕・勾留に関する詳しい検討は，**設問20**「別件逮捕・勾留と余罪取調べ」参照）。これについては，別件の逮捕・勾留を請求する主たる目的が，専ら本件についての取調べにあるような場合には，本件について司法的な事前審査を経ていないことから，別件の逮捕・勾留の請求は令状主義に違反して違法であるとする本件基準説（田宮・刑訴97頁，田口・刑訴84頁等）と，別件の逮捕・勾留の許否は，あくまでも別件の被疑事実について勾留の理由及び必要性があるかどうかという観点からなされるべきであり，捜査官が本件について取り調べる意図を有しているということは別件の逮捕・勾留の理由又は必要性の判断の一要素となるにすぎないとする別件基準説（小林充「別件逮捕・勾留に関する諸問題」曹時27巻12号1頁等）がある。

別件について令状請求を受けた裁判官としては，別件を基準に逮捕・勾留の理由と必要性の判断をせざるを得ないから，別件について逮捕・勾留の理由と必要性が備わっていれば，基本的にそれを認めざるを得ないであろう。ただし，別件による逮捕・勾留が被疑者の身柄を拘束するための手段にすぎず，専ら本件による取調べを行うことがその目的であるような場合には，別件による逮捕・勾留の必要性に疑問が生じ，その身柄拘束を違法と解する余地はあろう。判例（最決昭52・8・9刑集31巻5号821頁）も，「専ら，いまだ証拠の揃っていない『本件』について被告人を取調べる目的で，証拠の揃っている『別件』の逮捕・勾留に名を借り，その身柄の拘束を利用して，『本件』について逮捕・勾留して取調べるのと同様な効果を得ることをねらいとした」逮捕・勾留の違法性を示唆している。

そこで，被疑者から設問(1)のような陳述を聴いた裁判官としては，取調べの

具体的な状況について聴取することが必要となる。また，一件記録にも含まれている取調べ状況報告書（刑訴316条の15第1項8号「取調べの状況を記録したもの」参照）によって，取調べの時間・場所，取調官や立会人の氏名及び調書作成の有無等取調べの客観的な状況については明らかになる。さらに，逮捕・勾留の理由となっている犯罪事実以外の犯罪に係る供述調書を作成したときは，取調べ状況報告書のほかに余罪関係報告書も作成しなければならないとされており（犯捜規182条の2第2項），これによって余罪である本件の取調べの客観的状況も明らかになる。

その上で，別件と本件との関連性，別件と本件の捜査状況，本件についての取調べの有無・程度等を検討した結果，専ら本件の取調べを目的とした別件逮捕・勾留であるとの疑いがある場合には，取調べの具体的な状況（本件についての取調べの有無・程度）等について検察官から事情を聴取し，本件について供述調書が作成されている場合にはその供述調書の提出を求め，場合によっては，取調べを行った警察官を呼んで詳細な事情を聴くなどの事実の取調べをする必要がある。もっとも，捜査の密行性を保持する観点から，その取調べについては自ずと限界があろう（平野＝松尾・続実例刑訴〔竹﨑博允〕28頁，平野＝松尾・新実例刑訴Ⅰ〔村上博信〕149頁）。事実の取調べの結果，上記の疑いを払拭できず，別件による勾留の必要性に疑問が生じるような場合には，勾留請求を却下することもあり得よう。他方，別件と本件とが相互に密接に関連している場合（この場合，本件についての取調べは，別件においても重要な意味を有することになる）や本件の共犯者らの逃走防止などの緊急性がある場合（竹﨑・前掲27頁）などは，別件についての身柄拘束中であっても本件について取調べを行う必要性が高いことから，別件について勾留の要件が満たされる限り，勾留請求は認められよう。

## 4 設問(2)について

警察官が捜査の過程で被疑者を負傷させたことはその後の手続に大きな影響を及ぼしかねないが，どのような事情で負傷させたかによってその影響の仕方が異なる。

まず，①逮捕時に被疑者が抵抗したため，これを制圧するために有形力が行使されて被疑者が負傷する場合が考えられる。警察官らが逮捕に際して被疑者

の抵抗を排除するために一定程度の有形力を行使することは法の予定するところである（最判昭50・4・3刑集29巻4号132頁参照）から，その限度内のものであれば，逮捕手続に問題はないことになるが，その限度を超えた場合，その逮捕手続は違法ということになろう。違法な逮捕に基づく勾留請求が原則として許されないことに異論はない（増補令状基本(上)〔木谷明〕274頁）が，逮捕手続にどの程度の違法があれば勾留請求を却下すべきなのかが問題となる。結局のところ，犯された違法を無視することが人権保障を強化した法の精神に照らして許されるかという観点から，個々具体的に判断するほかない（木谷・前掲276頁，田中久丸「違法な逮捕と勾留の可否」判タ296号190頁）。

　次に，②適法な逮捕後の取調べの中で警察官が被疑者に有形力を行使したため被疑者が負傷する場合が考えられる。このような場合は，違法な取調べによって供述の任意性が問題となっても，逮捕手続自体に問題はなく，直ちに勾留請求を却下することにはならないとする考え（村上・前掲150頁）もあるが，上記の事情は，被疑者が身柄拘束の継続により著しい不利益を受ける可能性があるとして勾留の必要性（相当性）を減殺させるものであると解されるので，その程度いかんによっては勾留請求を却下することもあり得ると考える。

　そこで，設問(2)のように，被疑者が警察官から殴られて怪我をしたとして負傷部位を示してきた場合，裁判官としては，まず，被疑者に対して，どの時点で警察官から暴行を受けたのかを質問し，その具体的な状況や経緯等の事実関係を詳細に聴取することが必要である。被疑者が上記①のような事情を陳述したとしても，通常は，逮捕手続書等の関係資料と被疑者の陳述内容を検討することによって逮捕手続の適法性を肯定できる場合が多いであろう。しかし，被疑者の陳述内容が具体的で迫真性があり，警察官が被疑者の抵抗を排除する程度を超えて殊更暴行を加えて被疑者を負傷させたのではないかとの疑いを生じる場合もあり得る。この場合，裁判官としては，検察官に事情を聴くほか，場合によっては，被疑者の逮捕に当たった警察官らから直接事情を聴くなどの事実の取調べを行う必要があろう。その結果，限度を超えた有形力の行使による負傷であることが明らかになれば，逮捕行為に重大な違法があるとして勾留請求を却下するのが相当であろう。

　また，被疑者が上記②のような事情を陳述した場合，裁判官としては，警察

官や検察官に対して事情を聴取するなど必要な事実の取調べをした上で，負傷の程度が著しい場合には，勾留の必要性なしとして勾留請求を却下することが考えられる。その程度が著しいとまではいえない場合には，被疑者を勾留するに当たって，被疑者と警察官との関係等に配慮して，勾留場所を警察署の留置場ではなく，拘置所にするなどの配慮が必要であろう（村上・前掲150頁）。

なお，本設問のような場合，裁判官が被疑者の負傷状況を確認したことを記録上どのように残しておくかも問題となる。写真に撮って勾留質問調書に添付しておくことも考えられるが，勾留質問室にカメラを備えておくといった運用はとられておらず，直ちにカメラを用意することが困難な場合もあり，勾留質問の迅速性などを考えれば，被疑者が警察官の暴行により負傷した旨を訴え，実際に被疑者の身体に負傷が認められたことを勾留質問調書に具体的に記載するなどの方法を講じておけば十分であろう（村上・前掲151頁）。基本的に，被疑者が負傷した事実に関する証拠の保全は，別途，被疑者・弁護人からの証拠保全（刑訴179条）の請求によるべきであろう。

## 5 設問(3)について

被疑者の弁護人の援助を受ける権利を実効性あるものにするとともに，早期に弁護人が選任されることによって刑事事件の充実・迅速化を図る目的で被疑者国選弁護人制度が導入された。被疑者国選弁護人が実際に選任されるのは勾留状が発付された後である（刑訴37条の2第1項）が，対象事件の被疑者は，勾留請求がなされれば，被疑者国選弁護人の選任を請求することができる（刑訴37条の2第2項）ので，勾留請求を受けた裁判官は，勾留請求とともに被疑者国選弁護人選任の請求についても併せて審査することが可能である。そのため，実務上は，前述したように，勾留質問の手続の中で被疑者国選弁護人選任の請求がなされることが多いが，本設問のように，勾留質問の前に請求がなされることもある。この場合，被疑者は，収容されている刑事施設の長や留置業務管理者等を経由して，被疑者国選弁護人の選任請求書と資力申告書（刑訴36条の2参照）を裁判官に提出しなければならず（刑訴規28条の3第1項），被疑者から請求書等を受け取った留置業務管理者等は，直ちに（勾留請求されていない被疑者の場合は，勾留を請求された後直ちに）これを裁判官に送付しなければならないと

されている（刑訴規28条の3第2項。同条3項によりファクシミリを利用して送付することもできる）。請求を受けた裁判官は，選任の要件を満たしていると判断した場合には，勾留状発付後，総合法律支援法に基づいて設立された日本司法支援センター（法テラス）に国選弁護人候補の指名を依頼し，同センターは，国選弁護人等契約弁護士の中から国選弁護人の候補者を指名して裁判官に通知（総合法律支援法38条）し，その通知に基づいて国選弁護人が選任されることになる。

　以上の手続を踏まえて，被疑者から設問(3)のような陳述を聴いた裁判官としては，被疑者に対して，勾留請求の審査を経て勾留状が発付されて初めて国選弁護人が選任されることを教示する必要がある。事前に請求書が裁判官に提出されていれば，勾留質問の手続の中で請求書等の内容に変更がないかを被疑者に確認した上で選任すべきか否かを判断することになる。他方，事前に請求書等が提出されていない場合には，被疑者が請求書等を記載して留置業務担当の警察官等に手渡したにもかかわらず，同警察官等が裁判官への送付を失念してしまったような事態も考えられるので，被疑者国選弁護人の請求書等を記載したかどうかを被疑者に確認する必要があり，場合によっては，留置の担当者にその点を確認する必要がある。

　さらに，被疑者によっては，被疑者国選弁護人と当番弁護士とを混同している場合もあり得る。当番弁護士制度とは，身柄を拘束されている被疑者からの申出に応じて当番の弁護士が，被疑者の留置されている場所に出向いて被疑者と接見し，相談に応じる制度（初回の接見費用等は弁護士会が負担する）である（詳しくは，三井ほか・新刑事手続Ⅱ〔丸島俊介〕33頁）。警察等からの連絡があれば，当日か遅くとも翌日には弁護士が接見する態勢が整えられており，逮捕直後であっても当番弁護士の派遣を弁護士会に求める（刑訴法31条の2第1項に基づく私選弁護人の選任の申出の形をとる）ことができるから，勾留質問前の段階でも被疑者は当番弁護士と接見することが可能である。この制度は各地の弁護士会が主体となって運営されているもので，被疑者国選弁護人制度とは異なるものであるが，被疑者によっては，当番弁護士と被疑者国選弁護人との違いが分からずに，当番弁護士の派遣を求めたが勾留質問までに弁護士が接見に来なかったことをもって国選弁護人が選任されていないと訴える者もいる。そこで，裁判官としては，被疑者国選弁護人と当番弁護士の違いを説明し，被疑者の誤解を解

いておく必要があろう。

## 6 設問(4)について

　勾留質問への弁護人の立会いについて，憲法34条前段を根拠に被告人には弁護人の立会いを求める権利があるとの主張（渡辺修「被疑者は勾留質問の際弁護人の立会いを請求できるか」法教157号113頁）もあるが，刑訴法は，勾留質問への検察官や弁護人の立会いについては何ら規定しておらず，かえって，勾留質問は非公開の手続で行うことが予定されていると考えられること，勾留の裁判に対する不服申立ての方法が他に規定されている（刑訴429条1項2号）こと，捜査の密行性に配慮する必要があることなどから，現行法上，勾留質問への弁護人の立会権は認められていないと解されており（新関＝岩瀬・前掲311頁），弁護人の立会いを認めない運用が一般的である。もっとも，裁判官の裁量により，弁護人の立会いを認めることまで否定されるものではない（松尾監修・条解刑訴154頁，村瀬・前掲251頁。なお，弁護人の立会いが認められた事例の紹介として，上田國廣・季刊刑事弁護1号112頁，下村忠利・同2号116頁）。

　そこで，弁護人の立会いを認めることが果たして相当なのか否かが問題となる。弁護人が勾留質問に立ち会う理由として，①裁判官の質問に対してどのように答えるかを被疑者にアドバイスするため，②被疑者に弁護人自らが質問して事情を明らかにするため，③裁判官に釈明を求めるため，④証拠に対する意見・反論を述べるため，⑤勾留に関して意見等を述べるためなどといったことが考えられる（新関＝岩瀬・前掲312頁）。

　しかし，実務においては，弁護人が，勾留質問に先立ち，被疑者と裁判所構内で接見（刑訴規30条）して打合せをする（秋山賢三「勾留質問前，弁護人より接見の申出があった場合の措置」判タ296号170頁）といった活動が広く行われているところ，その接見に際して弁護人が被疑者に的確なアドバイスをすることによって①の点は満たされると思われる。また，近時，弁護人が勾留質問前に裁判官に面接して勾留の理由及び必要性等について意見や要望を述べることが広く行われるようになっているところ，裁判官が弁護人から聴取した事情を踏まえて勾留質問に臨み，必要に応じて被疑者に発問して事情を確かめることによって，②の点の問題も解消されよう。同様に，③や⑤の点についても裁判官との事前

の面接で十分解決可能である。さらに，④の点については，捜査の密行性の観点から，裁判官としては弁護人の意見に対し対応し難く，弁護人の活動は十分な意味を持ち得ない。

　このような実務の実情に照らせば，勾留質問への弁護人の立会いを認めても実益に乏しく，捜査段階での取調べへの弁護人の立会いが制度的にも運用上でも認められていないことを併せ考えれば，勾留質問への弁護人の立会いを運用上可能な限り認めるのが相当であるとは考え難い（新関＝岩瀬・前掲312頁），運用としては，弁護人の立会いが勾留質問の目的を達成するため著しく必要かつ有益と認められる例外的な場合（新関＝岩瀬・前掲同頁は，「少年事件などで，被疑者が極度に緊張し十分な弁解ができない場合などが考えられる」とする）に限るとするのが相当である（松尾・前掲77頁）。

　したがって，弁護人から設問(4)のような申出を受けた裁判官は，弁護人の立会いを認めるべき特別な事情があるのか確認し，そのような事情がなければ，弁護人の立会いは認めないことになるが，弁護人から上記の申出を受けた際には，勾留の理由及び必要性等に関する事情を弁護人から十分聴取しておく必要があろう。

【下津　健司】

## １２ 勾留請求の却下と被疑者の釈放

(1) 検察官が，被疑者甲について勾留を請求したが，裁判官は勾留の必要がないとして同請求を却下した。検察官は，同決定に対して準抗告を申し立てたが，これと併せて勾留請求を却下する決定の執行停止の申立てをすることができるか。執行停止の申立てに対する判断は誰が行うべきか。

(2) 被告人乙について保釈を許可する決定がされたため，検察官は，同決定に対して準抗告を申し立てるとともに，同決定の執行停止の申立てを行った。執行停止の申立てに対する判断は誰が行うべきか。

### １ 設問(1)について

(1) 勾留請求却下の裁判に対し準抗告があった場合に，同却下の裁判の執行停止が許されるか

(a) 勾留請求却下の方式

(ア) 裁判官が検察官からの勾留請求を却下する場合には，勾留請求書に，「本件請求を却下する。」と記載し，「嫌疑なし」，「勾留の理由なし」，「必要性なし」などといった定型的な理由を付した上で，作成年月日を記載し，記名押印するのが実務の扱いである。

(イ) これは，刑訴規則140条が「裁判官が令状の請求を却下するには，請求書にその旨を記載し，記名押印してこれを請求者に交付すれば足りる」と規定していることに基づくものである。この点，勾留請求は，令状の請求ではなく，勾留処分の請求であるから，同条の適用はないと解されている（団藤・条解(上)393頁）。しかしながら，勾留請求却下の裁判の方式に関する明文の規定はないこと，勾留請求は，令状の請求ではないとしても，実質的にみると勾留状という令状を請求していることに類似する面もあることから，裁判の一般原則に従って裁判書を作成し（刑訴規53条〜56条），その謄本を検察官に送達する（刑訴規34条）までの必要はなく，刑訴規則140条に準じた方式によることも許されると解されている（増補令状基本(上)〔神垣英郎〕318頁，裁判所職員総合研修所監

(ウ) なお，刑訴法207条4項ただし書が，勾留状を発しない場合は，「直ちに被疑者の釈放を命じなければならない」と規定していることからすれば，勾留請求を却下する場合には，併せて「釈放を命ずる。」との記載をすべきとの見解も考えられる。

しかし，勾留請求を却下する裁判には当然に釈放命令が含まれていると解されるので，別途刑訴法207条4項ただし書による釈放命令を発する必要はないと解される（神垣・前掲318頁）。実務でも，単に「本件請求を却下する。」とのみ記載し，「釈放を命ずる。」といった記載はしない取扱いが一般的である。

(エ) また，実務では，先にみたとおり，勾留請求却下の裁判の理由は，「嫌疑なし」，「勾留の理由なし」，「必要性なし」などといった定型的な記載がなされることが一般的である。

検察官は，勾留請求却下の裁判に不服がある場合には，準抗告を申し立てることができる（刑訴429条1項2号）から，勾留請求却下の裁判は，上訴を許すものであり，その裁判には，理由を付さなければならない（刑訴44条）。

それでは，付すべき理由はどの程度のものが必要か。

勾留請求に対する裁判は，捜査の初期段階で行われるものであり，また，迅速に行われることが要請されるものである。そして，裁判の内容も定型的なもので，勾留を命じる裁判の場合には，裁判書である勾留状には，その理由として，刑訴法60条1項各号に定める事由を記載することのみが求められている（刑訴64条，刑訴規70条）。そうすると，勾留に関する裁判に詳細な理由を付すことは，そもそも法が予定していないところであると解されるので，勾留請求を却下する場合に付すべき理由は，上記の実務の取扱いのような簡潔な記載で足りることになろう（神垣・前掲181頁）。

もっとも，事案によっては，準抗告が出された際に準抗告審が的確な判断を迅速に行うことができるように，勾留請求を却下する理由をある程度詳細に記載することが相当な場合もあろう。ただし，そのような場合でも，裁判書に検察官が提出した資料の内容等を引用するなどしてその理由を過度に詳細に記載するのは，捜査の密行性に抵触するおそれがあることに留意すべきである。したがって，裁判書の中で理由をある程度詳細に記載する場合であっても，それ

は，準抗告の決定書に記載する程度の詳細さにとどめるのが相当であろう。

(b) 執行停止の可否

(ア) 刑訴法の規定によれば，準抗告が申し立てられたとしても，当然に原裁判の執行を停止する効力があるわけではない（刑訴432条・424条1項本文。ただし，刑訴429条1項4号・5号の過料，費用負担の準抗告については，裁判のあった日から3日以内の請求期間及び準抗告の申立てがあったときは，原裁判の執行は当然に停止される（刑訴429条5項））が，決定で準抗告の裁判があるまで原裁判の執行を停止することができる（刑訴432条・424条1項ただし書・2項）とされている。なお，執行停止決定は，準抗告裁判所又は原裁判官が職権により行うものであるが，実務上は，準抗告を申し立てた当事者が裁判所又は裁判官に対して（もっとも，通常は準抗告申立てと同時に行うので裁判所に対して）職権発動を促す申出をする扱いが一般的である。

(イ) では，勾留請求却下の裁判に対しても執行停止をなしうるか。

勾留請求が却下された場合には，被疑者の身柄を釈放しなければならない（身柄の釈放が裁判の執行として行われるべきものか否かについては後に検討する）ことは明らかである（刑訴207条4項）。この場合に，勾留請求却下の裁判の執行停止ができないとすると，被疑者の身柄の釈放を留保することができず，準抗告審で原裁判が取り消され，勾留状が発付されたとしても，既に被疑者が逃亡してしまっていて身柄の確保ができないかあるいは困難になったり，身柄が確保できたとしても，釈放されている間に罪証隠滅行為をされてしまっていたりして被疑事件について捜査を遂げることが困難になる事態を招きかねないことになる。こうした事態が生じてしまうことが不当なのは明らかであり，実務では，積極説に立った運用がなされている。しかしながら，消極説も有力に主張されているところである。そこで，以下では，消極，積極の両説を概観した上で，勾留請求却下の裁判に執行停止をなしうるか否かについて，論点を整理して検討を加える。

(ウ) 消極説

（ⅰ）逮捕に引き続く勾留請求後の身柄拘束は，形式的には逮捕状に基づくものというべきであるが，その実質は，裁判官による勾留請求審査のための一時的な拘禁にほかならない。それは，裁判官による勾留請求の審査が終わり，

勾留又は勾留請求却下の裁判がされたとき，目的を達して当然に失効する。拘束の根拠が失われたからには，検察官が被疑者を釈放すべきは当然のことであって，ことさら釈放命令など必要としない。勾留請求却下決定の根本は，勾留請求却下という消極的な裁判であり，釈放命令はその当然の帰結を注意的に附加したにすぎないものであるから，勾留請求却下決定の執行停止ということは許されないというべきである（平野＝松尾・実例刑訴〔青木英五郎＝下村幸雄〕22頁。以下「消極説①」という）。

　(ⅱ)　勾留請求却下の裁判による釈放は，その裁判の執行として行われるとしても，却下の裁判は，それが勾留請求に対してされた裁判であること自体によって，勾留請求後の暫定的な，ペンディングな身柄の拘束の根拠を消滅させる効果を伴っている。そうすると，裁判の執行停止によっても身柄拘束の効力はよみがえらないと解すべきであるから，身柄の拘束を続けることはできず，釈放しなければならない。勾留取消しの裁判（刑訴207条1項・280条1項・3項・87条1項）に対し準抗告の申立てがあり，執行停止をする場合と比較しても，勾留取消しの裁判の場合は，取消しによって勾留の裁判の効力が消滅し，身柄の釈放が行われるのであって，勾留の消滅と身柄の釈放が，ともに，裁判の内容的効果として現れるが，勾留請求却下の裁判の場合，それまでの身柄拘束の効力は，裁判があったこと自体によって条件成就的に消滅するから，裁判の内容的効果として現れるのは身柄の釈放のみであり，取消しの裁判の場合は，その執行を停止すれば勾留の効力の消滅を妨げ，従来の勾留状態に復元し得て身柄の釈放を停止することが許されるとしても，勾留却下の裁判の場合，従来の身柄拘束の効力の消滅は，刑訴法345条による当然失効に類似する関係となり，執行停止によっても左右し得ない性質のものと考えるべきである（菊池信男「勾留請求却下の裁判に対する準抗告と執行停止の可否」司研28号111頁。以下「消極説②」という）。

　(エ)　積極説

　勾留請求却下の裁判の執行により釈放されるまでは，勾留請求の効果として拘束を続けることが刑訴法204条3項，205条4項，207条4項ただし書の趣旨であるから，却下の裁判が執行停止されると身柄拘束が続くことになる。そして，ここでいう裁判の執行は，裁判の内容の実現という広義の執行であり，

勾留請求却下の裁判も，勾留請求を拒否する面と併せて身柄の釈放を命ずる面を持つ以上，釈放という広義の執行があるということができるから，却下の裁判の執行停止を行うこともできる（捜査法大系Ⅱ〔香城敏麿〕149頁，増補令状基本(上)〔小林充〕354頁など）。

　(オ)　検　討

以上の消極，積極両説をみると，消極説①は，勾留請求却下により身柄拘束の根拠が失われるとともに，釈放命令の裁判の執行ということは本来的にはあり得ないことを，消極説②は，身柄の釈放が裁判の執行として行われることを肯定しつつも，勾留請求却下の場合は，却下の裁判があった段階で身柄拘束の根拠が消滅するから執行停止はあり得ないことをその論拠としている。これに対して，積極説は，勾留請求却下の裁判によっても身柄拘束の根拠が当然に失われるわけではないことと，勾留請求却下の裁判について執行があることをそれぞれ論拠にしている。

そうすると，執行停止の可否を判断するに当たっては，①勾留請求却下の裁判があったことにより，被疑者の身柄を拘束する根拠が失われたとみるべきか否か（以下「論点①」という）と，②勾留請求却下における身柄の釈放は，勾留請求却下の裁判の執行として行われるか否か（以下「論点②」という），をそれぞれ検討する必要があることになる。

　(i)　論点①について

刑訴法204条3項，205条4項によれば，検察官は，逮捕による拘束の制限時間内に勾留を請求しない（あるいは公訴を提起しない）ときは，直ちに被疑者を釈放しなければならないとされている。これらの法の規定の仕方によれば，勾留を請求した場合には，身柄拘束が当然に継続されることが前提とされていることは明らかである。また，刑訴法207条4項ただし書によれば，勾留の要件を満たさない場合には，勾留状を発しないで，直ちに被疑者を釈放しなければならないことが規定されている。これも，勾留を請求した段階では，身柄拘束が継続されることを前提とした規定であることは明らかである。

そこで，まずは，この勾留請求後の身柄拘束の趣旨を検討する。

結論からいうと，勾留請求後の身柄拘束については，これを，裁判官が勾留請求の当否を判断することに加え，勾留の裁判の執行に備えて身柄を確保する

ためのものでもあると解するのが相当である（香城・前掲149頁）。

　この点について，消極説は，この身柄拘束を，裁判官が勾留の可否を判断するために必要な期間身柄を暫定的に拘束することのみを趣旨としたものととらえている。

　しかしながら，勾留の裁判により身柄が拘束される場合を考えると，法は，勾留状を発付しただけでは勾留状による身柄拘束状態が直ちに生じるわけではなく，勾留状が発せられた場合でも，検察官の指揮により検察事務官又は司法警察職員が執行する（刑訴70条1項）ことによって初めて勾留状による身柄拘束の状態が生じるものと規定している。そうすると，消極説のいうように，勾留請求後の身柄拘束を，「勾留の可否を判断するのに必要な期間」身柄を拘束するものと考えると，勾留状を発付した場合には，その時点で勾留の可否を判断するのに必要な期間が経過したことになるから，身柄拘束の根拠を失うこととなり，勾留状の発付から勾留の裁判の執行までの間の身柄拘束を根拠付けられないこととなってしまう。そうすると，勾留請求後の身柄拘束の根拠がなくなって身柄を釈放した上で，改めて勾留状を執行して被疑者の身柄を確保しなければならないことになるが，このような結論が不当であることは明らかである。

　このことから考えれば，勾留請求後の被疑者の身柄拘束については，単に勾留請求の可否を判断するだけではなく，勾留の裁判の執行に備えて身柄を確保しておくこともその趣旨としていると解するのが相当である。

　そうすると，勾留請求が却下されたことによって身柄拘束の根拠がなくなるとみる必要はないことになる。

　この点に関し，消極説②は，勾留請求却下の場合も，無罪，免訴，刑の免除，執行猶予，公訴棄却，罰金，科料の裁判の告知があったときに勾留状はその効力を失い（刑訴345条），上訴すると否とを問わず，上記裁判の告知と同時に被告人を釈放すべきであることと同様に考えてよいと主張する。

　しかしながら，刑訴法345条は，裁判の内容そのものとして被告人を釈放させるという効果を生じさせているものではない。これは，本案である第1審の終局裁判の内容が身柄拘束を必要としないものであったことから，政策的に勾留状の効力を失わせるという効果を付与したものと解すべきものである。そう

すると，消極説①が論拠の1つとする上記規定は，勾留請求却下の場合とは趣旨が異なることは明らかであるから，同様に考える必要はないことになろう。

なお，積極説を支持される平野教授は，「勾留の請求が却下されたときも，準抗告があると，勾留請求の効力は続くから，引き続いて拘禁できることになる。そこで，これを防ぐために，法は勾留の請求を却下するときは，釈放命令を発して，釈放されることにした。だから準抗告があったときは，釈放命令の執行前に，その執行停止の裁判があったときにかぎり，引き続き拘禁できる」と主張される（平野・刑訴104頁）。

しかしながら，(ア)この見解では，勾留請求却下から準抗告申立てまでの間の身柄拘束の根拠が必ずしも明らかでないように思われるし，(イ)準抗告申立てにより，いったん消滅した勾留請求による身柄拘束の効力が復活するというのも余りにも技巧的であるように思われる。また，準抗告申立てにより勾留請求による身柄拘束の効力が続くと考えるとすると，準抗告申立て自体に勾留請求却下の裁判の執行停止の効力を与えたのと同じことになってしまうようにも思われる。

そうすると，前述のとおり，勾留請求却下によっても勾留請求による身柄拘束の効力は消滅しない（すなわち，執行されるまでは身柄拘束の効力が続いているので，準抗告の申立てが身柄拘束の根拠に影響を及ぼすことはない）と考えるのが相当である。

(ii) 論点②について

前述のとおり，消極説①の考え方によれば，勾留請求却下の裁判がなされれば，身柄拘束の根拠が当然になくなるとされているから，被疑者は釈放されることになり，ことさら裁判の執行は不要である，ということになる。

しかしながら，前述のとおり，勾留請求却下の裁判がされたとしても，そのことによって当然に身柄拘束の根拠が失われるわけではないと解するのが相当であるから，勾留請求却下の裁判にも執行というものを観念しうると考えられる（香城・前掲149頁，小林・前掲354頁）。ところで，刑訴法432条，424条にいうところの執行力とは，刑訴法第7編「裁判の執行」の執行（狭義の執行）よりも広い概念であり，裁判の内容に適合する状態を実現することを意味するものである。そうすると，勾留請求却下の裁判は，勾留請求を否定するとともに被疑者の釈放を命じるものであるから，被疑者の身柄を解放することは，勾留請

求却下の裁判の内容に適合する状態を実現することにほかならない。

　(iii) 結　論

　以上みてきたところによれば，①勾留請求後の身柄拘束については，裁判官が勾留請求の当否を判断するとともに勾留の裁判の執行に備えて身柄を確保する趣旨のものと解されるから，勾留請求却下の裁判があってもその身柄拘束の根拠が失われるわけではないと考えるのが相当であり，②勾留請求却下の裁判についても，裁判の内容に適合する状態を実現するという意味での広義の執行力が認められると解するのが相当であるから，勾留請求却下の裁判に対して準抗告が申し立てられた場合，同却下の裁判の執行停止も許されると考えるのが相当である。

**(2) 勾留請求却下の執行停止権者**

　では，勾留請求却下の執行停止権者についてはどのように考えるべきか。

　この点に関し，準抗告裁判所がこれをなしうることについては異論がない（刑訴432条・424条2項）。なお，実務では，前述のとおり，通常，準抗告の申立てと併せて，準抗告裁判所に執行停止の職権発動を促す扱いが一般的である。

　これに加えて，原裁判官も執行停止をなしうるか否かについては，法が明文でこれを認めているように読める（刑訴432条・424条1項ただし書）にもかかわらず，争いがある。

　消極説は，準抗告の手続の場合，申立書は原裁判官を経由せずに直接準抗告裁判所に差し出さなければならないとされており（刑訴431条），したがって，原裁判官には再度の考案の機会がないことをその理由とする。抗告の場合の原裁判所による執行停止も，明らかに抗告の存在を前提とし，抗告申立書が原裁判所を経由することと密接な関係がある。刑訴法は，準抗告については，原裁判の性質と内容上，原裁判官による執行停止は不必要でもあり不適当でもあると考えているものとみなければならない，というのである（平野＝松尾・実例刑訴〔戸田弘〕58頁）。

　これに対して，積極説は，以下を論拠とする。すなわち，まず，上記のとおり，準抗告でも，原裁判所が執行停止できるとする刑訴法424条が準用されている（刑訴432条）。また，再度の考案による原決定の更正は，抗告が理由のあるときに行うべきもので，当然に申立書に記載された内容を審査することを前

提としているから，再度の考案のある抗告では，申立書を原裁判所に提出すべきとし，再度の考案のない準抗告では，請求書を準抗告裁判所に提出すべきとしている。しかし，原裁判の執行停止は，準抗告の申立理由の審査を前提とするものではなく，また，裁量事項であるから，申立書を審査しない原裁判官でも行えるし，行えるとしても差し支えない。執行停止の相当性を判断するに当たり，原裁判の取消しの可能性を考慮するとしても，そのような事柄は，原裁判官であれば申立書をみなくても考慮できるものである。準抗告があると，準抗告裁判所により国の有権的判断が示されるのであるから，身柄の釈放というような決定的効果を持つ原裁判については，準抗告裁判所による取消しの可能性が極めて乏しい場合を除き，原裁判官が自ら原裁判の執行を停止すべきものと解しても不当ではない（香城・前掲149頁）。

このようにみてくると，再度の考案の機会がないことから原裁判官の執行停止の権限を否定することが必然的に導かれるわけではないように思われる。

また，現実問題としても，裁判官3名が常駐しない小規模な地方裁判所支部に準抗告の申立てがされたような場合（あるいは3名常駐していてもそのうち1名が原裁判官で合議体を構成できないような場合）には，事件を本庁に回付したり，本庁あるいは他の支部から裁判官がてん補して事件を処理しなければならないという実情があるが，そのような場合には，原裁判官が執行停止をしておく必要性が高い。

そうすると，勾留請求却下の裁判の執行停止は，準抗告裁判所とともに，原裁判官もこれをなし得ると考えるのが相当である。

なお，原裁判官が執行停止を行う場合でも，準抗告申立書が準抗告裁判所に到達した後でないとこれをなし得ないことは明らかである。原裁判官としては，申立書が経由されないことから，申立ての事実を検察官等から聞くなどして把握した場合には，準抗告裁判所が執行停止をしていないことを確認した上で，自ら執行停止をすることになる。

また，原裁判官が準抗告裁判所の判断に先立って執行停止をしないという判断をした場合には，準抗告裁判所は執行停止が必要と判断したとしても，執行停止の決定をすることは不当であろう。逆に，原裁判官が準抗告裁判所の判断に先立って執行停止の裁判をした場合には，準抗告裁判所が執行停止は不要と

考えたとしても，これを取り消すことはできない。後者の場合には，準抗告の申立てに対する本案の判断を速やかに行うことにより被疑者の身柄を釈放することになろう。このような事態（特に前者）を生じさせないために，原裁判官と準抗告裁判所の間で調整を図ることが必要となることもあろう。

### (3) 勾留請求却下後被疑者の身柄拘束を継続し得る時間的限度

これまでみてきたように，勾留請求却下の裁判があった場合でも，そのことから直ちに身柄が釈放されるわけではなく，身柄拘束は継続されると考えるのが相当であるが，この身柄拘束を継続し得る時間的な限度はどの程度であろうか。

この点，身柄拘束が継続すると解するとしても，検察官が準抗告申立ても勾留請求却下の裁判の執行も速やかに行わずに懈怠しているような場合にまで身柄拘束を継続することが不当であることは明らかである。

他方で，検察官は，勾留請求却下の裁判があったときには，準抗告の申立ての有無にかかわらず速やかに被疑者釈放のための手続をとる必要があり，釈放までに（たまたま）執行停止された場合に限って身柄拘束を継続できるとすることは，とりわけ，地方裁判所の本庁又は支部所在地以外の簡易裁判所で勾留請求が却下され，遠隔地の地方裁判所に準抗告の申立てがなされるような場合には，執行停止の余地がほとんどないことになり，これもまた不当である。

そうすると，結局のところ，この点に関しては，検察官が準抗告の申立てをするのに必要な合理的時間，準抗告の申立てがあった場合には準抗告裁判所が執行停止の許否の判断をするのに必要で合理的な時間は，身柄の拘束を継続し得る，と解するのが相当であると思われる（香城・前掲149頁，小林・前掲354頁）。その根拠としては，勾留請求後の身柄拘束は，裁判官が勾留請求に対する判断をするとともに勾留の裁判の執行に備えて身柄を確保するという趣旨のものであり，勾留請求却下の裁判に対して準抗告の申立てを認め，執行停止も認めている以上，準抗告の申立てをし，執行停止の許否の判断がされるまでの合理的な時間は，執行停止の決定がなくても，身柄の拘束を継続し得るとするのが法の趣旨と解されるからである。

それでは，この合理的な時間というのはどの程度の時間をいうのであろうか。これは，確定的で一義的な時間が想定できるものではなく，準抗告の申立てが

執務時間内にされた場合と夜間にされた場合では異なるであろうし，前述のように地方裁判所所在地以外の簡易裁判所の裁判官が勾留請求を却下して最寄りの地方裁判所（本庁又は支部）に準抗告を申し立てる場合と大規模な地方裁判所の裁判官が勾留請求を却下してその地方裁判所に準抗告を申し立てる場合とでも大きく異なるであろう。この点に関して，小規模な地方裁判所支部に準抗告申立書が提出されたような特別の事情がある場合を除いては，数時間以内に執行停止の裁判がされない限り被疑者を釈放すべきとする見解があるが（小林・前掲354頁），妥当であろう。

なお，準抗告裁判所あるいは原裁判官が執行停止をしないと判断した場合には，法律上要請されているわけではないが，その旨を速やかに検察官に通知するのが望ましいであろう。その場合，通知を受けた検察官はこれに応じて速やかに被疑者を釈放すべきである（小林・前掲同頁）。

### (4) 執行停止をすべき基準

(a) 次に，準抗告裁判所又は原裁判官において執行停止をすべき基準について検討する。

刑訴法は，準抗告の申立てがあった場合でも，原則として裁判の執行を停止する効力はなく，決定がされた場合のみ執行が停止されると規定している（刑訴432条・424条）。これは，（準）抗告の対象となる裁判等が多様な付随的，中間的な問題を取り扱うものであることから，手続の迅速な実施のためには，原裁判を一応尊重して直ちに効力を生じさせた上で，効力の発生を一時停止しなければ（準）抗告が無意味になるような場合に必要に応じて効力の発生を停止することが合理的であることによるものである（大コメ刑訴（第2版）9巻〔古田佑紀＝河村博〕711頁）。

これを勾留請求却下の裁判に対する準抗告における執行停止についてみると，執行停止がされなかった場合，被疑者は釈放されることになる。この場合，その後，準抗告裁判所において原裁判を取り消し，勾留状を発付して，検察官の指揮によりこれを執行しようとしても，その時点では，被疑者が既に逃亡していたり，あるいは，重要な証拠を隠滅してしまっている事態も考えられる。このような事態が生じれば，原裁判を取り消したとしても，原裁判以前の状態に復するのは著しく困難になるといわざるを得ない。そのようなことがあれば準

抗告制度そのものの存在意義も薄いものになろう。

(b) このような観点から考えると，執行停止をなすべき基準としては，以下の2つの要素を総合的に考慮するのが相当である（小林・前掲354頁）。

① まず，執行停止は，原裁判が取り消される場合に備えて暫定的に現状の状態を維持するものであるから，原裁判が取り消される余地が極めて乏しい場合には，職権発動をすべき前提を欠くというべきである。つまり，原裁判の取消可能性が第1の考慮要素となる。

② 次に，執行停止は，原裁判を取り消したとしても，原裁判以前の状態に復するのが困難な事態を避けるためのものであるから，原状回復の困難性が第2の考慮要素となる。これを勾留請求却下の裁判の執行停止についてみると，被疑者の罪証隠滅又は逃亡のおそれの緊迫性ということになろう。

そして，以上の2つの要素は，総合的に考慮されるべきものであるから，前者が非常に強いものであれば後者がそれほど強いものでなくても執行停止をすることになり，また，前者がそれほど強いものでなかったとしても，後者が非常に強いものである場合には，同様に執行停止をすることになろう。

さらに，上記①，②のそれぞれの要素について具体的に検討する。

(c) 原裁判の取消可能性について

これは，原裁判を取り消して勾留の裁判がされる可能性ということである。つまりは，勾留の要件について検討をすることとなる。その結果，①犯罪の嫌疑があり，②勾留の理由（住居不定，罪証隠滅のおそれ，逃亡のおそれ），③勾留の必要性が認められる蓋然性が高い場合には，執行停止をすることになろう。

なお，原裁判の取消可能性については，準抗告裁判所であればより確実にその見通しを立てることができるであろうから，例えば，準抗告裁判所は，申立てを受理した直後の段階でも，準抗告申立書の記載をみて理由に説得力が乏しいと考えた場合には，執行停止をしないとの判断をすることになろうし，理由にそれなりに説得力があると考えた場合には，執行停止の決定をすることになろう。

これに対して，原裁判官は，準抗告裁判所の判断の見通しを立てるのが必ずしも容易でないこともあろうし，勾留請求を却下しながら勾留執行停止をするか否かを判断するのは心理的に難しい面もないではなかろう。しかし，そうで

あったとしても，原裁判官は，執行停止の判断をすべき必要がある場合には，できるだけ客観的に判断することが求められるのは当然である（そのような場合，人的に余裕があるのであれば，実際に原裁判をした裁判官ではなく，他の裁判官が原裁判官として執行停止の判断をすることも考えられる）。

(d) 原状回復の困難性について

前述のとおり，罪証隠滅又は逃亡のおそれの緊迫性ということである。準抗告の場合，準抗告裁判所の判断は，申立てから短時間でされることになる。そうすると，準抗告裁判所が判断するまでの短時間の間であっても，被疑者の身柄の釈放により，逃亡又は罪証隠滅がされるおそれがあるか否かが問題となる。したがって，勾留の要件としての逃亡のおそれや罪証隠滅のおそれが認められたとしても，前記の短時間の間にそのようなおそれがない場合や，おそれがあっても回復可能な程度のものにとどまる場合には，この緊迫性は認められないことになろう。

具体的に検討すると，まず，逃亡のおそれの緊迫性については，被疑者の住居の有無，年齢，家族関係，職業の有無，被疑事実の重大性，前科前歴の有無などに照らして判断することになろう。

次に，罪証隠滅のおそれの緊迫性については，被疑者の供述態度，証拠の内容，証拠に対する被疑者の働きかけの可能性の有無などに照らして判断することになろう。もっとも，勾留請求が却下された時点というのは，通常は，そこから起訴不起訴の判断に向けて証拠が収集されるべき段階であるから，短期間であっても罪証隠滅のおそれが肯定されることも多いと思われる。

(5) 準抗告裁判所が原裁判を取り消して勾留状を発付する場合の手続

準抗告裁判所が原裁判を取り消す場合，勾留請求に対する判断それ自体が被疑者の身柄拘束の継続の可否を速やかに判断すべき緊急性の高い事柄であることから，これを差し戻すことはせずに，自判して勾留状を発付するのが通常の扱いである（刑訴432条・426条2項）。

この場合，原裁判官において勾留質問の手続が行われているのであれば，被疑事実の告知と弁解の聴取はされているということができるから，改めて準抗告裁判所が勾留質問を行わなければならないものではない。もっとも，改めて勾留質問を行い，被疑者に再度告知聴聞の機会を与えることに何ら問題はなく，

事案によってはそれが望ましいこともあろう。
　そして，勾留状を発付する場合，勾留状には裁判長が記名押印するというのが，実務で多くみられる扱いである（刑訴207条1項・64条1項）。

## 2　設問(2)について
　(1)　保釈許可の裁判に対して準抗告がされた場合，執行停止をなし得ることに争いはない（刑訴432条・424条）。
　執行停止権者についても，設問(1)の勾留請求却下の裁判に対して準抗告がされた場合の執行停止権者の議論が同様に当てはまると考えられるから，準抗告裁判所に加えて，原裁判官も執行停止をなし得ると考えるのが相当である。すなわち，明文はこれを認めていること，小規模な地方裁判所支部に準抗告が申し立てられるなどの事情により準抗告裁判所の合議体を構成するのに時間を要する場合に原裁判官が執行停止をする必要性は大きいこと，また，原裁判官が再度の考案をなし得ないことは原裁判官の執行停止の権限を否定することにはならないことからである。
　(2)　そして，保釈許可の裁判後も，検察官が準抗告の申立をするのに必要な合理的時間，準抗告の申立てがあった場合には準抗告裁判所が執行停止の許否の判断をするのに必要な合理的時間は，身柄の拘束を継続し得ることも，勾留請求却下の場合と同様である。すなわち，保釈に対して準抗告の申立てが認められ，執行停止も認められている以上，準抗告の申立てがなされ，執行停止の許否が判断されるまでの合理的な時間は，執行停止の決定がなくても，身柄拘束を継続できるとするのが法の趣旨と解されるからである。もっとも，保釈許可の裁判の場合，それだけでは直ちに裁判を執行することはできず，告知を行って裁判が外部的に成立し，その上で，保証金の納付があった後でないと執行することはできない（刑訴94条1項）。
　(3)　保釈許可の裁判に対する執行停止をすべき基準として，①原裁判の取消可能性と②原状回復の困難性の2つの要素を総合的に考慮するのも，勾留請求却下の場合と同様である。
　もっとも，保釈許可の裁判に対する執行停止の場合，起訴された後の捜査が一とおり終了した段階であって，通常は，それ以上捜査がなされることは多く

はないから，捜査機関がこれから収集する証拠が隠滅される緊迫したおそれはそれほどない。したがって，捜査機関が収集を終えた証拠のうち，検察官が公訴を維持するために必要と考える証拠が隠滅される緊迫したおそれの有無を中心に検討することになろう。

また，逃亡のおそれについても，それ自体は権利保釈の除外事由とはなっておらず，被告人の出頭は保釈保証金の没取の威嚇によってまかなうことが法の趣旨とされていることからすると，原裁判の保証金の金額に照らして逃亡の緊迫したおそれがどの程度あるかを検討することとなろう。

このようにみてくると，保釈許可の裁判に対する執行停止は，勾留却下の裁判に対するそれよりも，発動される場合は限られたものとなるように思われる。

【丸山　哲巳】

## 13 逮捕に伴う捜索・差押え

　　警察官は，傷害事件の準現行犯人として逮捕した被疑者が腕に装着していた籠手を差し押さえようとしたが，被疑者がこれに抵抗した上，逮捕現場は車両が通行する道幅の狭いところであったため，警察車両で逮捕現場から直線距離で約3キロメートル離れた警察署に連行し，逮捕から約1時間後，同警察署において前記籠手を差し押さえた。この差押えは，逮捕に伴う差押えとして許されるか。

### 1　はじめに

　検察官，検察事務官又は司法警察職員は，被疑者を逮捕する場合において必要があるときは，「逮捕の現場で差押，捜索又は検証をすること」ができることとされており（刑訴220条1項2号），この処分については，令状は不要とされている（同条3項）。これらの規定に基づく無令状での捜索・差押えとしては，例えば，殺人事件の被疑者を犯行現場において現行犯逮捕する場合に，被疑者が所持している凶器をその場で差し押さえたり，自動車内にいる強盗事件の被疑者を緊急逮捕する場合に，その車内を捜索して凶器や被害品を差し押さえることなどが，その典型的な例として考えられる。しかし，どのような場所で被疑者を逮捕するかは，事案によって様々であり，被疑者の自宅で逮捕することもあれば，公道上や広場，駅構内，電車・バス等の公共交通機関の中などで逮捕することもあり，場合によっては，ラッシュ時の交通機関や祭礼の雑踏の中で，しかも複数の被疑者を逮捕することも考えられる。また，逮捕の現場では，被疑者が逮捕を免れようとして暴れたり，逃走を図ることも多い上，その場に被疑者側の関係者がいる場合には，それらの者が逮捕を妨害したり，被疑者を奪還しようとしてくることも当然想定しなければならない。こうした状況下において，被疑者の逮捕に伴って，その身体や所持品について無令状で捜索・差押えを行う場合に，場所を移すことが一切許されず，被疑者を逮捕したその場所でしか捜索・差押えを行うことができないとすれば，現場で混乱を生じたり，交通上の危険を生じることにもなりかねず，また，被疑者の名誉等を害するこ

ともあり得ることとなる。そのため、被疑者の逮捕に伴って、その身体・所持品について無令状で捜索・差押えを行うに当たっては、被疑者を別の場所に移動させてから行うことを可能とすべき実務上の必要性が高いといえるが、このような方法による捜索・差押えは、現行法上許容されるであろうか。また、許容されるとして、どのような根拠に基づいて、どのような範囲で許容されるのであろうか。これが本問で検討すべき問題である。

## 2 逮捕に伴い無令状で捜索・差押え・検証ができることとされている趣旨
### (1) 学説の状況

憲法35条1項は、「何人も、その住居、書類及び所持品について、侵入、捜索及び押収を受けることのない権利は、第33条の場合を除いては、正当な理由に基いて発せられ、且つ捜索する場所及び押収する物を明示する令状がなければ、侵されない。」と規定して、捜索・差押え・検証については、原則として令状を要するものとしつつ、「第33条の場合」には、例外的に無令状で行うことを許容しているところ、ここにいう「第33条の場合」については、現行犯逮捕の場合だけでなく、通常逮捕や緊急逮捕の場合も含まれると解されている（佐藤功・ポケット註釈全書憲法(上)（新版）554頁）。刑訴法220条は、これを前提として、「第33条の場合」における無令状での捜索・差押え・検証がいかなる範囲で認められるかを規定している。

刑訴法220条が、被疑者を逮捕する場合に逮捕の現場で無令状で捜索・差押え・検証を行うことができるとしている趣旨については、大別して2つの考え方が主張されている。そこでの議論は、基本的に場所又はそこに存在する物についての捜索・差押え・検証を念頭に置いたものであり、本問で検討すべき被疑者の身体及び所持品についての捜索・差押えに関しては、別途考慮が必要な点があるが、ここではまず、本問の検討の前提として、逮捕の現場における無令状での捜索・差押え・検証が認められている趣旨に関する議論の状況を概観することとする。

1つ目の考え方は、相当説と呼ばれる見解であり、「逮捕の現場」には被疑事実に関連する証拠が存在する蓋然性が一般的に高いことそれ自体を根拠として、裁判官による事前の司法審査を介在させるまでの必要がないことによると

理解するものである。すなわち，逮捕が適法に行われる場合，犯罪の嫌疑に関する要件は満たされていることになるから，捜索・差押え・検証を行う「正当な理由」（憲35条1項）の一要素である「犯罪が存在する蓋然性」は認められることとなり（その意味で，刑訴法220条1項が「逮捕する場合」を要件としているのは，逮捕行為があることによって，捜索・差押え・検証についても犯罪の嫌疑に関する要件が満たされることが外部的・客観的に明らかになるからであると理解することができる），「逮捕の現場」に被疑事実に関連する証拠が存在する蓋然性が一般的に認められる以上，裁判官による事前の司法審査を介在させなくとも，捜索・差押え・検証を行う実体的要件に欠けるところはなく，かつ，そのような証拠を収集・保全する必要性も一般的に認められることから，仮に令状を請求していれば許容されたであろう範囲において，無令状での捜索・差押え・検証も許容されるとするものである。

2つ目の考え方は，緊急処分説と呼ばれる見解であり，「逮捕の現場」には被疑事実に関連する証拠が存在する蓋然性が一般的に高いことを前提とした上で，そのような証拠が被逮捕者等によって隠滅，破壊されるのを防止してこれを保全する緊急の必要性があることによると理解するものである。すなわち，このような緊急性・必要性があるために，裁判官による事前の司法審査を経ることが困難であることから，その令状審査を省略することが許容されるとし，そのような緊急性・必要性がなく，令状審査を受けることが可能なのであれば，原則どおり，これを受けるべきであって，無令状での捜索・差押え・検証は許容されないとするものである。

いずれの見解も，「逮捕の現場」に被疑事実に関連する証拠が存在する蓋然性が高いことを前提としており，両見解の違いは，令状主義の例外としての無令状での捜索・差押え・検証を，事前に裁判官の令状を得ることが不可能な場合に限定すべきか否かという点に関する考え方の違いにあるといえる。

なお，いずれの見解に立つにしても，無令状での捜索・差押え・検証が許容される根拠については，「逮捕の現場」に被疑事実に関連する証拠が存在する蓋然性が高く，これらを収集・保全する必要があることを前提としていることから，これらの強制処分によって収集・保全することができるのは，あくまで，被疑事実に関連する証拠に限定されることとなる（以上について，酒巻匡「逮捕に

伴う令状を必要としない強制処分」法教297号57頁以下，川出敏裕「逮捕に伴う差押え・捜索・検証（220Ⅰ・Ⅲ）」法教197号36頁）。

なお，逮捕の現場における無令状での捜索・差押え・検証が認められている趣旨については，人身を拘束する処分に付随するものとして認められるとする見解（青柳・通論(上)372頁，注解刑訴(中)〔高田卓爾〕143頁）や，人身の拘束という重大な処分すらできる場合であるから，その人身拘束に係る事実と関連する事実についての対物処分は当然に令状なくして許されるとする見解（注釈刑訴3巻〔伊藤栄樹＝河上和雄補正〕214頁）も見られるが，これらは，被疑者の身体についての捜索・差押え・検証に関しては一定の説明になり得るようにも思われるものの，例えば，被疑者が管理権を有していない場所で被疑者を逮捕した場合に，その場所やそこに置かれている被疑者以外の者が管理する物について捜索・差押え・検証を行うような場合に関しては，必ずしも十分な説得力を持たないように思われる。被疑者の身体を拘束する処分が重大な処分であることは疑いのないところであるが，捜索・差押え・検証によって利益を制約される者は被疑者に限られるわけではないから，被疑者の身体を拘束する処分が重大であるとしても，そのこと自体を理由として，被疑者とは別の利益主体に対する無令状での捜索・差押え・検証を正当化することができるかどうかについては，疑問を差し挟む余地があるように思われる。また，捜索・差押え・検証の対象となる場所や物が被疑者の管理するものであるとしても，逮捕により制約される利益と捜索・差押え・検証により制約される利益とは異なるものであって，令状もそれぞれ別個のものが要求されていることからすると，無令状での捜索・差押え・検証が許容される根拠については，より実質的な説明が必要であると思われる。

(2) **判例の状況**

逮捕の現場における無令状での捜索・差押え・検証が認められている趣旨については，最〔大〕判昭36・6・7刑集15巻6号915頁が，「(憲法) 35条が右の如く捜索，押収につき令状主義の例外を認めているのは，この場合には，令状によることなくその逮捕に関連して必要な捜索，押収等の強制処分を行なうことを認めても，人権の保障上格別の弊害もなく，且つ，捜査上の便益にも適なうことが考慮されたによるものと解されるのであつて，刑訴220条が被疑

者を緊急逮捕する場合において必要があるときは，逮捕の現場で捜索，差押等をすることができるものとし，且つ，これらの処分をするには令状を必要としない旨を規定するのは，緊急逮捕の場合について憲法35条の趣旨を具体的に明確化したものに外ならない。」と判示しているものの，それ以上に明確に判示した最高裁判例は見当たらない。他方，高裁判例では，この点について判示したものがいくつかあり，そのうちの代表例を以下に掲げる。

① 東京高判昭44・6・20高刑集22巻3号352頁

「刑事訴訟法第220条第1項第2号が，被疑者を逮捕する場合，その現場でなら，令状によらないで，捜索差押をすることができるとしているのは，逮捕の場所には，被疑事実と関連する証拠物が存在する蓋然性が極めて強く，その捜索差押が適法な逮捕に随伴するものである限り，捜索押収令状が発付される要件を殆ど充足しているばかりでなく，逮捕者らの身体の安全を図り，証拠の散逸や破壊を防ぐ急速の必要があるからである。」

② 大阪高判昭49・11・5判タ329号290頁

「刑事訴訟法220条1項2号が，被疑者を逮捕する場合の逮捕の現場における捜索差押については，令状によらないことを許容しているのは，逮捕の場所には被疑事実と関連する証拠物が存在する蓋然性が強く，その捜索差押が逮捕という重大な法益侵害に随伴する処分であることおよび被疑事実が外部的に明白であることのほか，逮捕者の身体の安全をはかり，また被疑者による証拠の散逸や破壊を防止するための緊急の措置として認められたものと解される。」

③ 東京高判平5・4・28高刑集46巻2号44頁（後記5(1)の最高裁判例〔和光大学事件〕の控訴審判決）

「逮捕の現場での差押，捜索等に令状を必要としないとされているのは，逮捕の現場においては，被疑者等が兇器を所持しているおそれがあるという危険性のほか，証拠存在の蓋然性が高く，その場での差押や捜索等を許すべき緊急性，必要性が認められること及び逮捕によってその場所の平穏等の法益は既に侵害されており，更に逮捕の現場での差押や捜索等を認めたとしても，その面での新たな法益侵害はさほど生ずるわけではないこと等を理由とするものと解される。」

これらの高裁判例においては，前記(1)の相当説と緊急処分説の内容をとり入

れつつ，捜索・差押えが逮捕に随伴するものであることや，逮捕者らの身体の安全を図る必要があることにも言及しており，刑訴法220条が逮捕の現場における無令状での捜索・差押え・検証を認めている趣旨については，このような複合的な要素を考慮したものと理解しているようである（なお，酒巻・前掲法教297号59頁は，「逮捕者への危害や被逮捕者の自害と逃亡を防止して逮捕行為を安全・確実に完遂するという目的達成のために，逮捕に伴う無令状強制処分により，凶器や逃走用具をも捜索・差し押さえることができるとの説明がなされている。結論として，このような対象物の発見と剥奪は可能というべきであるが，その法的性質は，法220条に基づく捜索・差押え処分ではなく，むしろ逮捕行為完遂にとって必要な実力行使の一環，ないし逮捕行為に対する妨害排除措置であると説明する方が適切であろう。」としており，このように理解に立つと，刑訴法220条が逮捕の現場における無令状での捜索・差押え・検証を認めている趣旨には，逮捕者らの安全を確保する必要性は含まれないこととなる）。

　もっとも，後記③及び④のとおり，同条1項の文言の解釈や具体的事案における帰結を見ると，判例は基本的に相当説の考え方に立っていると評価することが可能であり，捜査実務もこれと同様の考え方に立って運用されている。

## ③　刑訴法220条1項の「逮捕する場合」の解釈
### (1)　学説の状況

　刑訴法220条1項2号の処分は，被疑者を「逮捕する場合」にのみ認められる。この「逮捕する場合」は，同項の処分をするための要件であるとともに，その時間的限界を画するものでもある。

　「逮捕する場合」の意義については，おおむね次の5通りの見解，すなわち，①現実に逮捕したことを要するとする見解，②逮捕に着手したことを要するとする見解，③被疑者が現場に存在し，かつ，少なくとも逮捕の直前・直後であることを要するとする見解，④被疑者が現場に存在しなくとも，時間的に接着して逮捕がなされればよいとする見解，⑤逮捕し得る状況にあれば足り，結果的に逮捕に着手したかどうかを問わないとする見解があるとされる（増補令状基本(下)〔小林充〕276頁以下）。もっとも，これらの見解は，主として，無令状での捜索・差押え・検証が逮捕行為に先行することが許容されるか，許容されるとしてそれはどのような場合かを検討するに当たってのものであり，逮捕行為

が完了した場合にその後いつまで無令状での捜索・差押え・検証が許されるかは，更に検討が必要になると思われる。

その点はひとまず措き，まず条文の文言に照らすと，刑訴法220条1項は，「逮捕した場合」ではなく「逮捕する場合」と規定しているから，前記①の見解は，文理上無理がある。他方，同項2号は，「逮捕の現場で」と規定しており，逮捕行為の着手さえなかった場合もこれに当たり得ると解するのはかなり無理があると考えられることから，前記⑤の見解もやはり文理上難があると思われる。

一方，逮捕の現場における無令状での捜索・差押え・検証が認められている趣旨に照らして考えると，まず，相当説に立った場合には，逮捕行為が実際に行われる限り，それにより，犯罪の嫌疑に関する要件は満たされ，「逮捕の現場」に被疑事実と関連する証拠が存在する蓋然性も認められることになることから，逮捕に伴う無令状での捜索・差押え・検証と逮捕行為との時間的先後関係を問うことなく，逮捕行為の着手前や逮捕行為完了後であっても，捜索・差押え・検証を行うことができることとなろう（酒巻・前掲法教297号60頁）。

すなわち，逮捕行為が完了していなくても，少なくともこれに着手していれば，犯罪の嫌疑及び関連証拠が存在する蓋然性は認められるし，逮捕行為の着手がなくても，捜索・差押え・検証の直後に逮捕行為の着手があれば，捜索・差押え・検証時における犯罪の嫌疑及び関連証拠が存在する蓋然性は肯定し得ると考えられる。また，逆に，逮捕行為が完了していれば，犯罪の嫌疑は問題なく認められ，関連証拠が存在する蓋然性も，逮捕行為が完了することによって直ちに消滅するわけではないことから，捜索・差押え・検証は可能ということになる（もちろん，一定の時間が経過すれば，通常，逮捕の現場からも証拠は散逸すると考えられるから，逮捕行為の完了後いつまで捜索・差押え・検証が可能であるかは，問題となり得るところである）。

このように考えると，相当説からは，前記①及び②の見解は導き難いといえる。他方，前記⑤の見解については，結果的に逮捕に着手したことをも要しないとするものであるが，その場合，捜索・差押え・検証の時点で犯罪の嫌疑に関する要件が満たされていたか否かが外部的・客観的に明らかになるとは限らず，相当説の前提が満たされるとはいい難いこととなるため，やはり難がある

といわざるを得ないと思われる。他方，前記③及び④の見解は，いずれも相当説から導くことが可能であり，いずれを妥当とするかについては，捜索・差押え・検証の時点で，犯罪の嫌疑及び関連証拠の存在の蓋然性を根拠付けるものとしての逮捕行為が行われる可能性をどの程度要求するかについての考え方や，被疑者の身体を拘束するという緊迫した場面である逮捕時の逮捕現場における捜査の流動性をどの程度許容するかについての価値判断が影響するものと思われる（なお，小林・前掲278頁は，前記③の見解を相当としている）。

　一方，緊急処分説に立った場合には，逮捕の現場における無令状での捜索・差押え・検証が認められている趣旨は，関連する証拠が被逮捕者等によって隠滅，破壊されるのを防止してこれを保全する緊急の必要性があるという点に求められることになるから，その捜索・差押え・検証が可能となるのは，逮捕行為の着手以降か，逮捕の現実的可能性があることを前提として，その着手の直前以降ということになり，また，逮捕行為が完了し，その現場で証拠の隠滅や破壊が行われる現実的な可能性が失われた後や，被疑者が逃亡した後は，もはや無令状で捜索・差押え・検証を行うことはできないことになると考えられる（緊急処分説に立った場合でも，証拠の隠滅，破壊を行う可能性のある者として，被逮捕者以外の第三者をも想定するのであれば，逮捕行為の完了後であっても，無令状での捜索・差押え・検証はある程度許容され得るのに対し，証拠の隠滅，破壊を行う可能性のある者として被逮捕者のみを想定するのであれば，基本的に逮捕行為の完了後は無令状での捜索・差押え・検証は認められないこととなろう）。そして，緊急処分説によれば，そのような場合には，必要に応じて，裁判官の令状を得た上で捜索・差押え・検証を行えばよいということになる（酒巻・前掲法教297号60頁）。

　このように考えると，緊急処分説からは，前記②又は③の見解が導かれることになると思われる。緊急処分説からは，前記⑤の見解は導き難く，前記④の見解も基本的に緊急処分説とは整合しないのではないかと思われる。他方，前記①の見解は，条文の趣旨に関する理解という点では緊急処分説と整合し得るように思われるものの，前記のとおり，「逮捕する場合」と規定されているのを「逮捕した場合」と解釈するのは文理上無理があり，その点で前記①の見解も採用し難いことになると思われる。緊急処分説に立った場合に，前記②又は③のいずれの見解を採用するかは，証拠の隠滅，破壊を防止してこれを保全す

る緊急の必要性をどこまで「堅く」とらえるかによると思われる。

(2) 判例の状況

前掲最〔大〕判昭36・6・7は、「『逮捕する場合において』……は、単なる時点よりも幅のある逮捕する際をいうのであり、……逮捕との時間的接着を必要とするけれども、逮捕着手時の前後関係は、これを問わないものと解すべきであつて、このことは、同条（注：刑訴220条）1項1号の規定の趣旨からも窺うことができるのである。従つて、例えば、緊急逮捕のため被疑者方に赴いたところ、被疑者がたまたま他出不在であつても、帰宅次第緊急逮捕する態勢の下に捜索、差押がなされ、且つ、これと時間的に接着して逮捕がなされる限り、その捜索、差押は、なお、緊急逮捕する場合その現場でなされたとするのを妨げるものではない。」と判示した上で、被疑者の外出中に無令状で捜索・差押えを行い、緊急逮捕はその捜索開始から約20分後に行われたという事案について、「捜索、差押は、緊急逮捕に先行したとはいえ、時間的にはこれに接着し……、逮捕する際に……なされたものというに妨げな」いとしており、基本的に前記④の見解に立つものと思われる。この判示内容は、緊急処分説からは支持し難いものであろうが、相当説からは説明可能なものであるといえる。

なお、無令状での捜索・差押え・検証が逮捕後いつまで許容されるかは、下記5においても問題となることから、そちらも参照されたい。

### 4 刑訴法220条1項2号の「逮捕の現場」の解釈

(1) 学説の状況

刑訴法220条1項2号の処分は、「逮捕の現場」でのみ認められる。この「逮捕の現場」は、同号の処分の場所的限界を画するものである。

この点、相当説に立った場合には、仮に令状を得たならば捜索・検証をすることができたであろう範囲、すなわち、逮捕が行われた場所と同一の管理権が及ぶ範囲内の場所及びそこにある物が捜索・差押え・検証の対象となると考えられる。例えば、被疑者をその居宅の玄関先で逮捕した場合、その居宅内は同一の管理権が及ぶ範囲であるから、その全体について無令状で捜索・差押え・検証を行い得ることとなる（酒巻・前掲法教297号61頁）。また、逮捕行為の着手から完了までの各行為が行われた場所は広く含めてよく、被疑者が追跡されて

いる途中に通過したと合理的に認められる場所は，対象に含まれ得ることとなる（小林・前掲279頁）。もっとも，刑訴法220条1項2号による捜索については，同法222条1項により同法102条が準用されているから，被疑者の管理する場所や物については「必要があるとき」（同条1項）との要件を，被疑者以外の者が管理する場所や物については「押収すべき物の存在を認めるに足りる状況のある場合」（同条2項）との要件をそれぞれ満たす必要があり，個別具体的な事情に照らし，これらの要件が満たされていないときは，その捜索は違法との評価を受け得ることとなる（川出・前掲法教197号36頁）。

一方，緊急処分説に立った場合には，被逮捕者等によって証拠の隠滅，破壊が行われ得る範囲内の場所及びそこにある物が捜索・差押え・検証の対象となると考えられ，具体的には，証拠の隠滅，破壊を行う可能性がある者の手が届くなど，その事実的支配が現に及び得る範囲内の場所及び物に限定されることとなる（酒巻・前掲法教297号61頁）。緊急処分説に立つとしても，証拠の隠滅，破壊を行う可能性のある者として，被逮捕者以外の第三者をも想定し，あるいは，逮捕の際の被逮捕者の移動可能性をある程度抽象的にとらえるならば，証拠の隠滅，破壊が行われ得る範囲は広がることとなり，「逮捕の現場」を広く解することも可能となり得るが，逆に，証拠の隠滅，破壊を行う可能性のある者として，被逮捕者のみを想定し，逮捕時の移動可能性を具体的にとらえるならば，「逮捕の現場」は相当狭くなるように思われる（川出・前掲法教197号37頁）。

(2) **判例の状況**

東京高判昭53・5・31刑裁月報10巻4＝5号883頁は，警察官らが，山小屋の庭で被疑者らに対する逮捕状を執行し，これに伴うものとして，被疑者らが使用していたその山小屋の居室を全て捜索したという事案において，「山小屋として構造上，各部屋の独立性が少なく，共用部分が多いこと，……赤軍派の幹部であるAが相当数の赤軍派学生らと行動をともにして，……集合・宿泊していたことなどの事情が認められる本件においては，右の捜索実施部分のすべてが逮捕に接着した場所すなわち，いわゆる逮捕の現場に該当すると解すべきである。」と判示している。

また，前記東京高判昭44・6・20（前記**2**(2)①の判例）は，司法警察員らが，ホテル5階の待合所で大麻たばこの所持によりAを逮捕し，その逮捕から約

35分ないし60分が経過した後に、同ホテル7階のAが宿泊していた居室内で捜索・差押えを行ったという事案において、必ずしも判示の趣旨が明らかでない点もあるものの、「Aの逮捕と同たばこの捜索差押との間には時間的、場所的な距りがあるといってもそれはさしたるものではな」いなどとして、「直ちに刑事訴訟法第220条第1項第2号にいう『逮捕の現場』から時間的・場所的且つ合理的な範囲を超えた違法なものであると断定し去ることはできない。」と判示している。

　これらの判例は、緊急処分説よりも相当説と親和性を有するといえるが、前掲東京高判昭44・6・20については、相当説からも、正当化できるか否かにつき疑問を差し挟む余地があり得るところであろう（井上和治「逮捕に伴う捜索・差押え(1)——逮捕の現場」刑訴百選（第9版）59頁は、同判決について、「被疑者が実際に逮捕された5階待合所はホテル経営者の管理権に属する一方、捜索・差押えが行われた7階714号室は（ホテル経営者と宿泊客の管理権が競合するものの）宿泊客の（優先的な）管理権に属するから、前者と後者が場所的に近接している点を考慮しても、後者が「逮捕の現場」と解される余地はない（今崎・前掲59頁、大野・前掲55頁）。したがって、本判決を相当説の立場から正当化することも不可能といわざるをえない。」とする）。

## 5　逮捕した被疑者を別の場所に連行した上で、逮捕に伴う無令状での捜索・差押えを行うことの可否

　前記2のとおり、これまでの議論は、基本的に場所又はそこに存在する物についての捜索・差押え・検証を念頭に置いたものであり、被疑者の身体やその所持品については、別途考慮すべき点があるといえる。すなわち、前記1のとおり、被疑者の逮捕に伴う無令状での捜索・差押え・検証については、被疑者を別の場所に移動させてから行うことが必要となる場合があり得るところ、被疑者の身体・所持品については、逮捕の場所やそこにある他の物と比較して、被疑事実に関連する証拠が存在する蓋然性がより高度に認められるとともに、その蓋然性は、被疑者が「逮捕の現場」に留まっているか否かによって変わるとは考え難く、別の場所に移動させた後も同様に認められるといえることから、被疑者を逮捕した場合に、これを別の場所に移動させた上で、無令状での捜索・差押えを行うことも、認められて然るべきではないかと考えられるところ

である。

　このように，逮捕した被疑者を別の場所に連行したとしても，その身体・所持品についての捜索・差押えに関しては，相当説が説くところの，逮捕に伴う無令状での捜索・差押え・検証が許容されている趣旨が満たされることは明らかである。しかし，緊急処分説が説くところの，それらの処分が許容されている趣旨が満たされるかについては，疑問が残るといわざるを得ない。というのも，被疑者を逮捕した場合には，基本的には，その逮捕行為により被疑者の行動の自由は失われ，証拠の隠滅，破壊に及ぶことは困難になると考えられるところであり，その後，被疑者を捜索・差押えに適する別の場所に移動させた時点においては，証拠の隠滅，破壊を防止してこれを保全する緊急の必要性は，より一層認め難いと思われるからである（もとより，被疑者を捜索・差押えに適する別の場所に移動させたものの，証拠の隠滅，破壊を防止してこれを保全する緊急の必要性がなお認められるという事例があり得ることを全く否定するものではないが，一般的には認め難いはずであり，かつ，その場合には，裁判官から令状の発付を受けるべきであるとするのが緊急処分説の基本的な考え方であると思われる）。

　もっとも，緊急処分説に立ちつつも，後記(2)のとおり，逮捕した被疑者を別の場所に移動させた上でその身体や所持品につき捜索・差押え・検証を行うことについて，刑訴法220条1項2号の趣旨をめぐる議論とは別の角度から根拠付けようとする見解も示されている。

(1) **最高裁判例**

　最決平8・1・29刑集50巻1号1頁（以下「平成8年決定」という）は，警察官Aが，被告人甲を店舗裏搬入口で準現行犯逮捕した後，同人を約500メートル離れた警察署まで連行し，逮捕から約7分後に，被告人甲が腕に装着していた籠手を差し押さえ，また，警察官Bが，脇道で被告人乙及び丙を準現行犯逮捕した後，両名を約3キロメートル離れた警察署に連行し，逮捕から約1時間後に同人らの所持品を差し押さえたという事案において，各差押手続をいずれも適法と判断している。平成8年決定は，控訴審判決（東京高判平5・4・28高刑集46巻2号44頁）が認定した事実関係を前提とするものであり，その事実関係の概要は以下のとおりである。

(a) 被告人甲について

① 警視庁町田警察署（以下「町田警察署」という）の警察官らは，昭和60年2月5日（以下，日付はすべて同日である），町田警察署原町田派出所において勤務中，和光大学構内で内ゲバ事件が発生したとの無線通報を受けて警戒していたところ，挙動が不審な被告人甲を発見して追跡し，同派出所から約300メートル離れた店舗裏搬入口に入り込んだところで追い付いた。

警察官は，被告人に対して質問を始めようとしたが，被告人甲は，両手を振り回して抵抗し，警察官が被告人甲のジャンパーの袖口付近をつかんで制止しようとしたものの，被告人甲は，なおも両手を振り回して暴れたため，両者はその場でもみ合いとなり，その際，被告人甲の右袖口がめくれて，装着していた籠手が手首付近に見えた。

② 警察官は，被告人甲が籠手を装着している状況や，それまでの被告人甲の言動などから，被告人甲を内ゲバ事件の犯人と断定し，午後3時20分頃，被告人甲に対し逮捕する旨を告げて制圧行為に入った。

被告人甲は，激しく抵抗したが，警察官は，応援に駆けつけた他の警察官らとともに，午後3時40分頃，被告人甲を逮捕した。

③ 警察官らは，被告人甲をミニパトカーの後部座席に両側から挟むようにして乗車させ，町田警察署に向かった。

警察官らは，狭い車内で籠手を強制的に取り外そうとすると，被告人甲が抵抗して混乱する事態も懸念された上，既に被告人甲を逮捕して監視下に置いていたため，籠手を装着させたままにしておいても，隠匿，損壊等の危険はないと判断し，町田警察署に連行した後にこれを取り外すこととして，車内では，被告人甲に対し，籠手を差し押さえる旨を告げるにとどめた。

④ 警察官らは，午後3時47分頃，被告人甲を約500メートル離れた町田警察署に連行し，連行後間もなく，町田警察署内で別の警察官が被告人甲の両腕から籠手を取り外して差し押さえた。

(b) 被告人乙及び丙について

① 町田警察署の警察官らは，前記無線通報を受けて交通検問車で犯人を検索中，その疑いがある被告人両名を発見し，同車から降りて追跡し，脇道で追い付いた。

警察官らが質問を始めたところ，被告人乙が当初反抗的な素振りを示すなどしたほかは，被告人両名は黙秘する態度に終始したが，両名とも髪がぬれ，靴は泥まみれであり，また，被告人丙の右ほおや鼻等には，内ゲバの乱闘中に受傷したものと思われる新しい傷跡があり，さらに，血の混じったつばを地面に吐くなど，口の中も負傷している様子が認められた。

警察官らは，以上のような被告人両名の態度，外見，状況等から，被告人両名が内ゲバ事件の犯人であると判断し，午後4時5分頃，被告人両名を逮捕した。

② 警察官らは，その場で身体の捜索及び所持品等の押収を行うことは，狭い道幅や車の通る危険性等に照らし適当でないと判断し，同所では，被告人両名の着衣や所持していたバッグ等にその上から手で触れ，危険物等の有無を一応確認する程度にとどめた。

警察官らは，被告人両名を交通検問車に乗せて町田警察署に連行しようとしたが，同車が見当たらなくなっていたことから，被告人両名にバッグ等を持たせたまま，午後4時10分頃，約300メートル離れた町田警察署成瀬駐在所に連行した。

③ 警察官らは，同駐在所内で，被告人乙のナップザック及び被告人丙のスポーツバッグを取り上げようとしたが，被告人両名は，それらを抱え込んで離さず，警察官らと引っ張り合いになった。

警察官らは，被告人両名のこのような強い拒否的態度を見て，場所が狭い駐在所であり，二面がガラス戸やガラス窓であることも考え，無理に取り上げようとして被告人両名をいたずらに刺激し不測の事態を招くのも得策でないと判断し，また，外部から触った際の感触では内容物に凶器類がないことがほぼ推測され，しかも，被告人両名の身柄は逮捕によって既に確保され，警察官らの監視下にあったことから，このまま被告人両名に所持品を持たせたままにしておいても，隠匿，損壊等の危険性もなく，町田警察署に連行した後に取り上げれば足りると考え，被告人両名に「押さえるからな。」などと告げるにとどめ，被告人両名にそれぞれのバッグ等をそのまま持たせることとした。

④ その後，交通検問車が同駐在所に到着したことから，午後4時30分頃，警察官らは，被告人両名に上記バッグ等を持たせたまま，同車に乗せて出発し

た。

　午後4時50分頃，警察官らは，被告人両名を同駐在所から直線距離で約3キロメートル離れた町田警察署に連行し，その後すぐに被告人丙のスポーツバッグを取り上げるとともに，午後5時頃，被告人乙のナップザックを取り上げて，それぞれ押収した。

　以上の事実関係を前提に，平成8年決定は，まず，一般論として，「刑訴法220条1項2号によれば，捜査官は被疑者を逮捕する場合において必要があるときは逮捕の現場で捜索，差押え等の処分をすることができるところ，右の処分が逮捕した被疑者の身体又は所持品に対する捜索，差押えである場合においては，逮捕現場付近の状況に照らし，被疑者の名誉等を害し，被疑者らの抵抗による混乱を生じ，又は現場付近の交通を妨げるおそれがあるといった事情のため，その場で直ちに捜索，差押えを実施することが適当でないときには，速やかに被疑者を捜索，差押えの実施に適する最寄りの場所まで連行した上，これらの処分を実施することも，同号にいう『逮捕の現場』における捜索，差押えと同視することができ，適法な処分と解するのが相当である。」と判示した。

　その上で，平成8年決定は，本件各差押えの適法性について，「被告人甲が本件により準現行犯逮捕された場所は店舗裏搬入口であって，逮捕直後の興奮さめやらぬ同被告人の抵抗を抑えて籠手を取り上げるのに適当な場所でなく，逃走を防止するためにも至急同被告人を警察車両に乗せる必要があった上，警察官らは，逮捕後直ちに右車両で同所を出発した後も，車内においても実力で籠手を差し押さえようとすると，同被告人が抵抗して更に混乱を生ずるおそれがあったため，そのまま同被告人を右警察署（注：町田警察署を指す）に連行し，約5分を掛けて同署に到着した後間もなくその差押えを実施したというのである。また，被告人乙，同丙が本件により準現行犯逮捕された場所も，道幅の狭い道路上であり，車両が通る危険性等もあった上，警察官らは，右逮捕場所近くの駐在所でいったん同被告人らの前記所持品の差押えに着手し，これを取り上げようとしたが，同被告人らの抵抗を受け，更に実力で差押えを実施しようとすると不測の事態を来すなど，混乱を招くおそれがあるとして，やむなく中止し，その後手配によって来た警察車両に同被告人らを乗せて右警察署に連行し，その後間もなく，逮捕の時点からは約1時間後に，その差押えを実施した

というのである。以上のような本件の事実関係の下では、被告人3名に対する各差押えの手続は、いずれも、逮捕の場で直ちにその実施をすることが適当でなかったため、できる限り速やかに各被告人をその差押えを実施するのに適当な最寄りの場所まで連行した上で行われたものということができ、刑訴法220条1項2号にいう『逮捕の現場』における差押えと同視することができるから、右各差押えの手続を適法と認めた原判断は、是認することができる。」と判示して、本件における各所持品の差押えをいずれも適法と認めた。

このように、平成8年決定は、

① 逮捕現場付近の状況に照らし、被疑者の名誉等を害し、被疑者らの抵抗による混乱を生じ、又は現場付近の交通を妨げるおそれがあるなどの事情のため、その場で直ちに捜索・差押えを実施することが適当でないときは、

② 速やかに被疑者を捜索・差押えの実施に適する最寄りの場所まで連行した上で、これらの処分を実施するのであれば、

③ 「逮捕の現場」における捜索・差押えと同視することができる

としたものであり、逮捕の場所から別の場所に連行した上で行う無令状での捜索・差押えが適法とされるためには、上記①のような場合でなければならず、かつ、その場合においても、上記②のとおり、「速やかに」、「捜索・差押えの実施に適する最寄りの場所」に連行しなければならないとされている。

すなわち、「速やかに」連行しなければならないこととされている以上、合理的な理由のない遅滞は許されず、また、「捜索・差押えの実施に適する最寄りの場所」に連行しなければならないとされている以上、捜索・差押えの実施に適するより近い場所が存在する場合には、その場所に連行することが必要となる(本件の場合、被告人甲についてはミニパトカーの車内が、被告人乙及び丙については成瀬駐在所又は交通検問車の車内が、それぞれ捜索・差押えを行い得る場所として一応考えられるが、平成8年決定は、本件の事実関係に照らし、それらの場所は、必ずしも「捜索・差押えの実施に適する」場所とはいえないと判断したものと考えられる)。そして、平成8年決定は、本件各差押えを「逮捕の現場」における差押えそのものとしてとらえるのではなく「『逮捕の現場』における差押えと同視することができる」ものと判示しており、この「同視することができる」の意味については、後記(2)のとおり、なお検討すべき余地があるものの、少なくとも、本件各差押えが

実際に行われた場所(警察署)自体は「逮捕の現場」そのものとしては位置付けられていないと考えられる(仮にそれを「逮捕の現場」そのものととらえた場合には,逮捕後に被疑者を他の場所に移動させれば,その移動後の場所においても,これを対象として無令状で捜索・差押え・検証を行い得ることとなるが,平成8年決定は,そのような解釈はとらなかったと解される)。

(2) 学説の状況等

一方,学説上も,被疑者の身体やその所持品の捜索・差押えについては,逮捕後場所を移動した上で行っても許容され得ることを認めるものが多いといえるが(酒巻・前掲法教297号63頁,大澤裕「逮捕に伴う被逮捕者の所持品等の差押えの適法性」法教192号101頁,青柳・前掲371頁,田宮・刑訴111頁など),その理論的根拠については,必ずしも見解は一致していない。

その中で,酒巻・前掲法教297号63頁は,「法定されている各種の強制処分については,その本来的目的達成のために必要な付随的措置を併せ実行可能と解することができ,人の身体の捜索については,その実施に必要な限度で目的達成に不可欠の付随措置として場所的移動が可能であると解される。なお,このことは,令状による場合に限らない。無令状捜索処分が実定刑事訴訟法により法定されていることにより,併せ付随的に許容されている措置であると整理・理解すべきものである。」,「前記判例は,無令状の強制処分を類推解釈により創出したものではなく,既に法220条1項2号により定められている『逮捕の現場』における無令状の捜索・差し押さえそのものを実施するために,最寄りの場所まで人の身体を移動させること併せ許容されていることを述べたものと理解することができるであろう」としており,強制処分の目的達成に不可欠の付随措置として許容されるものと理論的に明確に位置付けている点が注目される。

また,判解刑平8年度〔木口信之〕33頁以下は,平成8年決定に関し,「一般に,人の身体に対する捜索を令状によって行う場合でも,対象者に出会った場所が右処分の実施に適さないときには,その実施に適する最寄りの場所に移動した上でこれを実施することが許されることは当然であるし,そのために,対象者をその最寄りの場所まで連行することもまた,右令状の効力として許容されると解される」,「所持品についても同様に解することができよう。すなわ

ち，人の身体，所持品に対する捜索，差押えについては，前記のような事情がある場合，必ずしも当初対象者に出会った場所自体でなくとも，その処分に適する最寄りの場所で処分を行うことは，当然の内容として予定されているところであるとも考えられる。……逮捕された者の身体，所持品に対する無令状の捜索，差押えの場合にも，右捜索，差押えを行う必要性，合理性が継続し，かつ逮捕の場所自体で処分を行うことが適当でない事情があるときには，前記令状による捜索，差押えの場合と同様，合理的範囲で右処分に適する場所に移動した上（ただし，この場合は対象者は逮捕されているのであるから，この移動自体については，独自の根拠があることになる。），その場所において処分を実施することも，逮捕の現場における捜索，差押えを認める法の当然の許容範囲の中にあると解することは可能であろう。」として，「当然の内容」ないし「当然の許容範囲」と解しているが，これも基本的に酒巻・前掲法教 297 号 63 頁と同趣旨ではないかと思われる。

　もっとも，令状に基づく人の身体・所持品に対する捜索・差押えの場合には，その対象は人の身体であることから，通常，「どこで」捜索・差押えを行うかは令状で限定されておらず，その実施に適した場所で行えば足り，その意味で，捜索・差押えに適した場所まで対象者を移動させることを令状自体の効力として位置付けやすいのに対し，逮捕に伴う無令状での捜索・差押えの場合には，あくまで，「逮捕の現場」で行い得るものとして，その実施可能場所が刑訴法上規定されており，その実施のために場所的に移動するというのは，「逮捕の現場」での捜索・差押えを行うために，逮捕の現場以外の場所に移動することを意味することとなるため，令状に基づく人の身体・所持品に対する捜索・差押えの場合との類比によって説明することについては，なお検討を要する点があるように思われる。

　また，緊急処分説に立った場合には，前記のとおり，逮捕した被疑者を別の場所に移動させた時点では，証拠の隠滅，破壊を防止してこれを保全する緊急の必要性は，基本的に認め難いと思われ，このように制度趣旨が満たされないこととなる場合にも，なお，強制処分の目的達成に不可欠の付随措置というような形で，捜索・差押えに適した場所への移動を正当化することができるかどうかについては，更なる検討が必要であろう（逮捕した被疑者を捜索・差押えの実

施に適する場所に移動させたとしても，証拠の隠滅，破壊を防止してこれを保全する緊急の必要性が依然として認められると解するのであれば，問題は生じないことになるが，そうすると，今度は，逮捕した被疑者を捜索・差押えの実施に適する場所に移動させたにもかかわらず，なお認められるとするその緊急の必要性とは，具体的にどのようなものかが問題になろう）。

いずれにせよ，逮捕に伴う無令状での捜索・差押えに当たって，これに適した場所への移動が必要となる場合があることは明らかであり，また，その判旨をいかに理解すべきかは見解が分かれ得るものの，平成8年決定が一定の要件を示してこのような場所的移動を許容していることも明らかであって，平成8年決定は，実務上重要な指針となっているといえる。

そして，これを前提とした上で，いかなる場合にそのような場所的移動が許されるかであるが，この点については，平成8年決定前のものとして，以下の高裁判例が存在している。

① 東京高判昭47・10・13判時703号108頁

警察官が，バス停留所付近で公職選挙法違反により被疑者らを現行犯逮捕し，その逮捕場所から約10.7キロメートル（自動車で約20分余り）離れた場所にある警察署まで連行した上で，その所持品を差し押さえた事案において，逮捕の現場における差押えということはできないとして，その処分を違法とした（差し押さえた証拠物の証拠能力は認めた）。

② 大阪高判昭49・11・5判タ329号290頁

警察官が，歩道上で凶器準備集合等により被疑者を現行犯逮捕し，その逮捕場所から約1キロメートル離れた警察署まで自動車で連行した上で，その所持品である爆竹（ジャンパーの内ポケット内に所持していた）を差し押さえた事案において，逮捕の現場における差押えとして合理的範囲においてなされたものとはいえないとして，その処分を違法とした（差し押さえた証拠物の証拠能力も否定した）。

③ 大阪高判昭50・7・15判時798号102頁

警察官が，路上で軽犯罪法違反により被疑者を現行犯逮捕し，その逮捕場所から約120メートル離れた派出所まで連行した上で，その所持品である鉄棒（レインコート，背広上衣の下に肩から吊していた）を差し押さえた事案において，逮捕の現場における差押えとして適法とした。

④ 東京高判昭53・11・15高刑集31巻3号265頁
　警察官が，駅前路上に駐車中の宣伝カーの屋根上で公務執行妨害により被疑者らを現行犯逮捕し，その逮捕場所から直線距離で約400メートル（自動車で約3，4分）離れた警察署まで連行した上で，その所持品である腕章やポケット内の機関紙等を差し押さえたという事案において，逮捕の現場における差押えとして適法とした。
　これらのうち，③と④の判例においては，いずれも逮捕の場所で差押えを行うことが適当でない事情があったことが具体的事実に基づいて認定されている。これに対し，①と②の判例においては，逮捕の場所で差押えを行うことを困難とする事情はなく（①の判例），あるいは，警察官が逮捕の場所から被疑者を連行して道路反対側の歩道上に至った時点では，捜索・差押えを行うことが不可能又は著しく困難であったとはいい難い，すなわち，実際に捜索・差押えを行った場所（警察署）に至る前に，その途中で捜索・差押えを行うことが可能となっていた（②の判例）ことなどが認定されている。
　平成8年決定の事案は，③又は④の事案と比較して，逮捕場所から捜索・差押えの場所までの移動距離が長く，時間的離隔も大きいといえるが，当該事案の具体的な事実関係に照らせば，「速やかに」「捜索・差押えの実施に適する最寄りの場所」まで連行したものといえると判断したものと考えられる。

6 結　論
　相当説に立った場合，本設問においては，警察官が被疑者を実際に逮捕していること，逮捕から差押えまでの時間は約1時間とやや長いものの，被疑事実に関連する証拠が存在する蓋然性は依然として認め得る状況にあることから，刑訴法220条1項の「逮捕する場合」に当たるといえる。
　そして，警察署は「逮捕の現場」そのものではないものの，警察官が逮捕の現場で被疑者の腕から籠手を差し押さえようとしたところ，被疑者がこれに抵抗したこと，逮捕の現場は，車両が通行する道幅の狭いところであったことなどに鑑みると，その場で直ちに差押えを行うことは適当でなかったといえ，被疑者を警察車両で逮捕現場から直線距離で約3キロメートル離れた警察署まで連行したことは，速やかに差押えの実施に適する最寄りの場所まで連行したも

のといえることから,平成8年決定の立場に立てば,本設問における差押えは,逮捕の現場における差押えと同視し得る適法なものとして許されることとなる。

　一方,緊急処分説に立った場合には,本設問においては,警察官が被疑者を逮捕して警察署まで連行している上,逮捕から差押えまで約1時間が経過しており,差押えの時点では,既に被疑者の行動の自由を制圧していて,第三者からも隔離していることから,証拠の隠滅,破壊等を防止してこれを緊急に保全すべき状況にあったといえるかについては,疑問の残るところであり,むしろ,刑訴法220条1項の「逮捕する場合」には当たらないと解する方が自然であるように思われる。また,警察署が「逮捕の現場」そのものに当たらないことは,前記のとおりである。

　このように解した場合には,本設問における差押えは違法というべきことになるが,仮に,被疑者を警察署に連行した後においても,なお「逮捕する場合」に当たると解した場合には,平成8年決定の立場に立てば,警察署への移動を許容することができ,本設問における差押えは適法なものとして許されることとなろう。

【吉田　雅之】

## 14 捜索差押許可状による捜索の範囲

　警察官Kは，暴力団組長甲を被疑者とする覚せい剤取締法違反被疑事件に関し，捜索すべき場所を甲方居室，差し押さえるべき物を本件に関連すると思料される覚せい剤，注射器，ビニール袋，計量器とする捜索差押許可状の発付を受けた。Kが甲方居室に赴いたところ，甲，その内妻乙及び配下組合員丙が居たので，Kは，捜索差押許可状を甲に呈示した上，甲ら3名を在室させたまま同室内の捜索を開始した。
(1)　捜索実施中，甲を依頼主兼受取人とする菓子箱様の荷物が宅配便で配達され，甲はこれを受領して室内のテーブルの上に置いた。Kは，この荷物について捜索できるか。
(2)　捜索開始時，乙は手にバッグを持っており，捜索実施中もそのまま持ち続けていた。Kは，このバッグについて捜索できるか。
(3)　捜索開始時，丙は手をズボンのポケットに突っ込んでおり，捜索実施中もその格好のままでいた。不審に思ったKが丙にズボンのポケットから手を出して中の物を見せるよういったが，丙は，「関係ない。」などと答え，両手をズボンのポケットに突っ込んだまま部屋から出て行こうとした。Kは，丙のズボンのポケットについて捜索できるか。

### 1　問題の所在（捜索差押許可状による捜索の範囲）

　憲法35条1項は，捜索・押収について，「捜索する場所及び押収する物を明示する令状」を要求し，刑訴法219条も，令状には，捜索すべき場所，身体若しくは物を記載するものとしている。そして，刑訴法222条1項が準用する同法102条は，捜索の対象として人の身体，物又は住居その他の場所を挙げ，これら3種類を区別している。捜索の対象が身体である場合は，身体の安全や人身の自由，人格の尊厳の侵害が問題となるのに対して，物については所持者のプライバシーの侵害が，場所については住居の平穏，業務の円滑な遂行の侵害がそれぞれ問題となる。そうすると，刑訴法はこれら利益侵害にそれぞれ対応して「正当な理由」（憲35条1項）の有無を裁判官に令状審査させていると解さ

れるから，場所（居室等）に対する捜索令状は，人（身体ないし着衣）に対する捜索を当然には許容しないと解され（田宮裕・注釈刑事訴訟法131頁），場所と併せて人に対する捜索の必要性があることが予測できるような場合には，その者に対する捜索令状を併せて入手しておくべきであるとされている（増補令状基本㊦〔島田仁郎〕232頁，長沼範良＝甲斐行夫・法教314号56頁参照）。また，捜索は，当該場所等に対する管理権の侵害という実質を有するから，管理権が異なる場所に対する捜索は別個の令状が必要となる。ただし，捜索すべき場所が人の住居とか事務所という場合は，社会通念上，その内部に存在する物（机，金庫，鞄等）と一体的なものとして表示されたものとして，捜索すべき場所に所在する物については，場所に対する捜索としてこれを捜索し得るものと解するのが通説であり（田宮・前掲131頁，高田昭正「捜索場所に居る者の所持品検査」現代令状実務25講61頁），実務もそのように解している（佐々木正輝＝猪俣尚人・捜査法演習289頁）。また，その物が当該場所の管理者以外の者の所有に属することは捜索差押えの障碍となるものではないと一般に解されている（最判昭31・4・24刑集10巻4号608頁は，捜索差押えが，令状記載の場所において差押えの目的たる物につきなされた以上，押収品が，令状の執行を受くべき者以外の者の所有に属するというだけでは，当該差押えを違法ならしめるものではない旨判示している）。

　本問において警察官Kが発付を受けた捜索差押許可状には，捜索すべき場所として甲方居室が，差し押さえるべき物として本件に関連すると思料される覚せい剤，注射器，ビニール袋，計量器が記載されている。したがって，捜索差押許可状の効力は，甲方居室内に存在する物についても及ぶが，その場合に，設問(1)のように捜索開始時には捜索場所である甲方居室内に存在していなかった物（荷物）についても，令状の効力が及ぶかが問題となる。また，設問(2)のように，捜索場所に居合わせた者が所持する物（バッグ）について令状の効力が及ぶか，さらには設問(3)のように，居合わせた者の着衣（ポケット）については令状の効力が及ぶのかが問題となる。

2　設問(1)について

　甲は，配達された荷物を受領した後，これを甲方居室内のテーブルの上に置いたのであるから，この時点で荷物は捜索場所に存在することになる。Kがこ

の荷物について捜索できるかを考えるに当たっては，これを刑訴法111条1項（刑訴222条1項）の「必要な処分」として一定の要件の下に肯定する立場もあるが，むしろ，端的に令状の効力の問題としてとらえた上で，令状審査において，裁判官が，捜索すべき場所に差し押さえるべき物が存在する蓋然性を，どの時点について審査しているのかという観点から検討すべきことが指摘されている（上冨敏伸・研修702号29頁）。すなわち，刑訴法，刑訴規則の文言上，捜索差押許可状は差し押さえるべき物と捜索する場所とを特定し，令状の有効期限を定めて発付（刑訴219条1項，刑訴規155条1項1号・300条）することとされ，捜索時に捜索すべき場所にある物については，これが差し押さえられるべき物に該当する限り捜索差押えが許され，その効力は特に制限されていないという構造がとられており，かかる構造からすると，裁判官は，捜索差押令状を審査発付する際，その有効期間内において捜索すべき場所に差し押さえるべき物が存在する蓋然性があるか否かを審査するものであって，差し押さえるべき物がいつ捜索すべき場所に持ち込まれたかなどについては審査の対象としていないといえるから，捜索実施中に他の場所から捜索すべき場所に持ち込まれ，所持・管理されるに至った物（住居等である以上，このような荷物が存在する蓋然性は，通常，肯定されよう）についても当該令状で捜索を行うことは当然許されるという理解である（判解刑平19年度〔入江猛〕6頁）。実際上も，捜査機関は，令状の有効期間内であれば，いつ捜索差押えに着手してもよいのであるが，捜索差押え開始時期がたまたま荷物の持ち込みより前だったというだけで，捜索差押え開始後に持ち込まれて現に捜索すべき場所にある物につき，捜索や差押えができなくなるというのでは不合理といわざるを得ないであろう。

　また，捜索の実施中に持ち込まれた荷物であるからといって，捜索すべき場所に対する管理権とは別の管理権に服しているものではない（この点で，配達人の手中にある荷物とは明確に異なる）から，これを捜索するについて，例えば，その荷物の中に差押えの目的物が入っている蓋然性が認められる状況が存在すること等の形で要件を加重しなければならない理由はなく，捜索開始時までに持ち込まれていた物に対する捜索と同様に，捜索差押許可状によって当然に捜索ができると解される。実際の捜査について考えてみても，捜索の実施中に配達されてきた荷物に差し押さえるべき物が在中しているか否かは，捜査員には容

易に知り得ない場合があり（そもそも，荷物中の覚せい剤についての情報を捜査機関が把握していれば，荷物が甲方居室に届けられたことを確認した後に捜索差押えに着手することとなろう），上記蓋然性が具体的に存在することを捜索の要件として挙げることは，捜査に重大な支障を生ずるものであって，妥当とはいえないであろう。

この点で，最決平19・2・8刑集61巻1号1頁は，警察官が，被告人に対する覚せい剤取締法違反被疑事件につき，捜索場所を被告人方居室，差し押さえるべき物を覚せい剤等とする捜索差押許可状に基づき，被告人立会いの下に上記居室を捜索中，宅配便の配達員によって被告人宛に配達され，被告人が受領した荷物を警察官が開封したという事案について，「警察官は，このような荷物についても上記許可状に基づき捜索できるものと解するのが相当である」と判示した。これは，荷物の中に差し押さえるべき物が入っている蓋然性が具体的に認められることを要しないとする趣旨であると指摘されている（入江・前掲8頁）。また，同決定は，捜索差押え中に配達され被告人が受領した荷物を警察官が開封する行為を，捜索差押許可状の執行についての必要な処分（刑訴111条1項・222条1項）に該当するとして許容した原判決（仙台高秋田支判平18・7・25刑集61巻1号12頁）について，「結論として正当」と判示している。このことからすれば，同決定は原判決の理由付けについては，必ずしも是認したものではないとも指摘されている（入江・前掲8頁・9頁）。

本問においても，甲が荷物を受領し，居室内のテーブル上に置いた時点で，Kは荷物の捜索をすることができ，その際，当該荷物の中に覚せい剤等差し押さえるべき物が入っている蓋然性が具体的に認められることを積極的には要しないと解される。もっとも，捜索実施の時点で上記蓋然性の不存在が明らか（例えば，差し押さえるべき物が当該荷物にはおよそ入らない大きさであるような場合）であれば，捜索の必要性が否定される余地があるが（平19年度重判解〔池田公博〕200頁参照），本問の場合，荷物（菓子箱様）と覚せい剤等との大きさの対比から見て，上記蓋然性は否定されないであろう。

なお，荷物が宅配便で配達され，甲がこれを受領して居室内のテーブル上に置いたのは，Kが捜索差押許可状を甲に呈示した後であるが，令状の呈示行為には，呈示の時点に捜索すべき場所に存在する物に捜索差押許可状の効力を限定する機能は存在しないから，呈示後に荷物が甲方居室内に持ち込まれたこと

を理由に捜索ができなくなるものではないことは当然である。

## ③ 設問(2)について

　乙は，捜索開始時，手にバッグを持っていたのであるが，捜索開始前からバッグを所持していたのかは必ずしも明らかではない。このように捜索場所に居る者が所持しているバッグ等について，当該捜索場所に対する令状によって捜索ができるかについては，捜索場所の関係者やその場に居合わせた者が，捜索執行前・執行中に，捜索場所内にある物を所持するバッグ等に隠匿したことを，捜索の執行機関である警察官等が目撃した場合に限り，現状に復させるため必要かつ相当な限りで刑訴法111条1項（刑訴222条1項）の「必要な処分」として，そのバッグ等を検査することができるとする見解（高田・前掲60頁参照）もあるが，捜索の執行中はともかく，執行前にこのような状況を警察官等が目撃できることはむしろ稀であり，特に，捜索場所の関係者のように通常その場に居る者が，捜索の執行前，居室等の中で，何をしているのかを捜査機関が現認するのは困難であるから，隠匿行為等の目撃を要件とすることは現実的とはいえないであろう（井上正仁「場所に対する捜索令状と身体・所持品の捜索」松尾古稀(下)176頁も，実体的基準として，隠匿行為を目撃した場合に限るとするのが相当かについて疑問を呈する）。同様に「必要な処分」による解決は，処分の対象者が捜索差押えの効果を阻害する何らかの行為をしたことに処分の根拠を求めざるを得ない点で疑問がある。そうすると，本問の場合，乙が所持するバッグを捜索できるかについては，結局のところ，捜索場所に居合わせた者が所持する物と捜索場所との関係を検討した上で，その物を捜索場所に含ませて考えることができるかという観点から解決する方法が実際的であろう。学説上も，一定の場合にはバッグ等の携行品を捜索場所に含め，これに対する捜索を認める見解が多い（例えば，田宮編・刑訴Ⅰ〔青木吉彦〕376頁・377頁は，捜索場所に居合わせた物の携帯する手提げ鞄等がもともと捜索場所にあった物と認められるものであれば捜索の対象としてよいとする）。

　この点について，最決平6・9・8刑集48巻6号263頁は，被告人の内妻に対する覚せい剤取締法違反被疑事件について発せられた，被告人及び内妻の居室を捜索場所とする捜索差押許可状に基づく捜索の際，同室に居た被告人が

携帯していたボストンバッグの中を捜索して覚せい剤を差し押さえた事案について、被告人が携帯していたボストンバッグについての捜索を適法と判示している。同決定は、特段の根拠を明示していないが、その趣旨は、①捜索場所の居住者は、被疑事件又は被疑者と何らかの関係があって差押えの目的物を所持している疑いを抱かせ、所持品につき捜索する必要性が大きいこと、②人が携帯するバッグ等の捜索は、これを携帯する人の身体の捜索を伴うものではなく、あくまで当該物の捜索にすぎないから、権利侵害の程度が小さいこと、③捜索場所の居住者がその場で携帯するバッグ等はいまだ捜索場所から離脱したものではないと見ることが可能で、捜索場所にある物と同一視して捜索場所に含ませても不合理とは思われないことを理由とするものであると解されている（判解刑平6年度〔小川正持〕114頁・115頁参照）。

本問において、乙は甲の内妻であるから甲方居室に同居している（通常居る）ものと思われ、手に持ったバッグはもともと捜索場所である甲方居室にあったものと推認できる（なお、佐々木＝猪俣・前掲291頁は、所持人が誰かを職務質問によって確認しながら捜索を実施すべきとする）上、差押えの目的物を所持している疑いがあり、所持品に対する捜索の必要性が大きいところ、手に持ったバッグは（ボストンバッグほどではないにせよ）身体に密着させて携帯するものとはいえないことから、乙が捜索場所である甲方居室において、捜索の開始時にバッグを持っているのであれば、Kはこのバッグについて捜索できると解される。

## 4　設問(3)について

乙と異なり、丙は配下組員であって、捜索場所である甲方居室に通常居る者とはいえず、その場に居合わせたにすぎないと解される上、ズボンのポケット内は着衣の内側であって、これに対する捜索は、人の身体に対する捜索とならざるを得ない。捜索現場に居合わせた者の身体・着衣に対する捜索についても、捜索場所内の者が差押物を自己の着衣内に隠匿したことが明らかな場合、その着衣も捜索場所の延長と解することができ、必要かつ相当な範囲内で身体（着衣）について捜索できると解する立場（吉田昭・捜査手続法精義（5訂版）324頁参照）がある一方、刑訴法102条が場所と人を区別していること、身体・着衣の捜索により侵害される利益（人身の自由）が大きいこと等を考慮すると、これを

場所に含めて考えることはできないとする立場も有力である。もっとも，身体・着衣を捜索場所に含めて解する立場はもとより，場所に含めることを否定する立場においても，捜索の際，あるいはその直前にその場にあった目的物を身体ないし着衣に隠匿したと認められ，又はそのように疑うに足りる合理的な理由がある場合には，捜索の必要性・緊急性が高い反面，当人としては，その身体や着衣の捜索を受けることによって利益を侵害されてもやむを得ない事情が認められるとして，一定の限度で身体・着衣に対する捜索を許容する見解が通説であり（島田・前掲232頁等。同書は，身体ないし着衣は場所には包含されないことを前提とした上で，なお，もともとその場にあった物件を場所外のどこまで追跡して捜索することができるかという観点から考える余地があるとする），裁判例としても，捜索の目的物を身体に隠匿していると認めるに足る客観的な状況の存在を条件として捜索を許容するもの（京都地決昭48・12・11判時743号117頁）があった。

　そうすると，検討の対象は，この場合も，いかなる場合に差押物を隠匿したと認め得るか（上記京都地決のいうところの「客観的状況」の有無）という点に帰着する。そして，この点についても，捜索執行機関の主観的・裁量的な判断を排する必要から，捜索場所内の物を隠匿する行為を捜査執行機関が目撃した場合に限る立場（高田・前掲93頁，三井誠・法教134号63頁）があるが，現認は「捜索場所にあった物の隠匿行為」の存在の証明手段の1つにすぎないのであって，隠匿状況の判断資料を現認に限る理由はないであろう（刑訴百選（第6版）〔小山雅亀〕51頁）。

　この点について，東京高判平6・5・11判タ861号299頁は，覚せい剤取締法違反被疑事件に関し，捜索場所を暴力団幹部方居室とする捜索差押令状に基づく捜索の現場において，その場に現在する被告人が両手をズボンのポケットに突っ込んだままという挙動を続けたという事案について，捜索場所に現在する人が捜索の目的物を所持していると疑うに足りる十分な状況があり，直ちにその目的物を確保する必要性と緊急性があると認めた場合には，場所に対する捜索令状によりその人の身体に対しても強制力を用いて捜索をすることができるとした上で，当該事案について，そのポケット内に差押えの目的物を隠匿している疑いが濃厚であり，かつ，被告人がその場を逃れようとし，捜査員の目の届かない所でポケット内の物を廃棄する等の行為に出る危険性が顕著に認

められるなどの状況下において，捜査員が被告人の着衣ないし身体を捜索することは適法であると判示した。

既に述べたとおり，携帯品の捜索と異なり，着衣ポケット内の捜索は人の身体に対する捜索であって権利侵害の程度が大きく，捜索場所に含ませて考えることについては批判が多いが，身体・着衣に対する捜索であっても，捜索の目的物を所持していると疑うに足りる十分な状況があり，直ちにその目的物を確保する必要性と緊急性がある場合であっても捜索が許容されないとすることも，覚せい剤等の証拠物が容易に隠匿，廃棄されてしまうことを考えれば，妥当とはいい難い。上記東京高裁判決が示す「捜索の目的物を所持していると疑うに足りる状況」，「直ちに目的物を確保する必要性と緊急性」の要件の下であれば身体の捜索を例外的に許容できるであろう。

本問においても，丙は配下の組員であること，差し押さえるべき物が覚せい剤等であること，捜索開始時からズボンのポケットに手を突っ込み，そのまま部屋から出て行こうとしていることなどの事情の下では，覚せい剤等を所持していると疑うに足りる状況にあり，また，直ちに目的物を確保する必要性と緊急性が認められるので，Ｋは，丙のポケットについて捜索ができると解される。

なお，このように解する場合であっても，捜索差押許可状の実施に当たっては，まず場所から始めるべきであるし，それによって目的物件を満足に発見し得なかった場合にも，その場に居合わせた者に対し，まずは職務質問及びそれに伴う所持品検査の範囲内で目的物の発見に努めるべきであり，それによっても発見できず，しかもその間の挙動等諸般の事情を総合的に考慮した結果，隠匿の疑いにつき合理的理由がある場合にはじめて着衣等に対する捜索ができると指摘されていることにも留意すべきであろう（島田・前掲233頁。田宮・刑訴107頁，井上・前掲180頁も同旨。ただし，これに対する批判として高田・前掲64頁がある）。

【新田　智昭】

## 15 磁気ディスクの捜索と差押え

会社類似の組織を利用した共犯者多数の消費者詐欺事件に関し，警察官は，被疑者らが使用している事務所内のパーソナルコンピュータに内蔵されているハードディスク内に共犯者間でやり取りされた電子メールデータ，被害者からの入金状況や共犯者に対する報酬の分配に関するデータが多数記録されていることを把握したため，そのデータを証拠として収集する必要があると考えた。これらのデータを収集する方法としては，どのような方法が考えられ，それぞれどのような事実上，法律上の問題があるか。

### 1 はじめに

多数の共犯者が関与するような財政経済事件等においては，CD，USB，あるいはパーソナルコンピュータに内蔵されたハードディスクなどの電磁的記録媒体に蔵置された電磁的記録に係るデータ（情報）が，極めて重要な証拠となることがある。企業や個人を問わず，パーソナルコンピュータが広範に利用され，様々なデータが電磁的記録として保管され，処理されるようになった昨今，犯罪の捜査において，証拠となり得る電磁的記録に係るデータを迅速・確実に収集することができなければ，犯罪の真相解明は困難となっている。

電磁的記録に係るデータを証拠として収集する場合にも，刑訴法の証拠収集に関する規定が適用される。しかし，電磁的記録に係るデータは，有体物ではない。また，電磁的記録に係るデータは，そのままでは可視性・可読性がなく，証拠として意味のある形に可視化・可読化するためには，それを可能とする一定の機材やアプリケーションソフトウェア等を用い，所要の操作手順を踏まなければならない。

このようなことから，電磁的記録に係るデータを証拠として収集する場合には，その収集方法や，証拠として収集すべきデータの存否の確認方法などの点で，一般的な証拠物を収集する場合とは異なる考慮が必要となる。

## 2 電磁的記録に係るデータの証拠収集に関する国際的な取組

電磁的記録に係るデータの証拠収集に関する問題は，国際的な枠組みにおいても取り上げられてきた。数年間の議論を経て平成13（2001）年に欧州評議会で採択された「サイバー犯罪に関する条約」がそれである。

サイバー犯罪は，犯罪行為の結果が国境を越えて広範な影響を及ぼし得るという特質がある。そのため，サイバー犯罪については，その防止及び抑制のために国際的に協調して有効な手段をとる必要性が高く，法的拘束力のある国際文書の作成が必要であるとの認識が欧州評議会において共有されるようになった。そこで，同評議会において，サイバー犯罪を取り扱う専門家会合が設置され，平成9（1997）年以降，同会合において条約の作成作業が行われた。その結果，平成13（2001）年9月，欧州評議会閣僚委員会代理会合において案文について合意が成立し，同年11月，欧州評議会閣僚委員会会合において，「サイバー犯罪に関する条約」が正式に採択されたのである。

同条約では，いわゆるサイバー犯罪に対処するための新たな犯罪化のための措置などとともに，コンピュータ・データの捜索及び押収など，捜査手続に関して締約国がとるべき措置についても定めている。

我が国は，同条約につき，平成13年11月に署名し，平成16年4月に締結に関する国会承認を行った。そして，平成23年6月17日，第177回国会において，同条約の担保法に当たる「情報処理の高度化等に対処するための刑法等の一部を改正する法律」が可決成立し，同月24日公布された。

同法律は，いわゆるサイバー犯罪に係る罰則の整備などとともに，電磁的記録に関する証拠収集等に係る手続法の整備もその内容としている。手続法の整備は，具体的には刑訴法の関連規定を改正するものであり，同改正に係る部分は，平成24年6月22日に施行された（「情報処理の高度化等に対処するための刑法等の一部を改正する法律の一部の施行期日を定める政令」（政令第154号））。

そこで，以下では，この法改正による新たな制度内容にも留意しつつ，検討することとする。

## ③ 電磁的記録媒体を押収する方法

### (1) 電磁的記録媒体の押収

本設例では，警察官が，パーソナルコンピュータに内蔵されているハードディスク内に共犯者間でやり取りされた電子メールデータ，被害者からの入金状況や共犯者に対する報酬の分配に関するデータが多数記録されていることを把握したとされており，そのデータを収集する方法が問題とされている。

データそのものは無体物であるが，電磁的記録媒体に記録された状態にあり，一定の機材等を用いることで可視化・可読化される。そこで，まず，証拠として必要なデータが化体した電磁的記録媒体を押収することにより，当該データを証拠として収集することが考えられる。

電磁的記録媒体は有体物であるから，これを押収の対象とすること自体には固有の問題はないと思われる。

### (2) パーソナルコンピュータの任意提出又は差押え

電磁的記録媒体の押収は，これにつき任意提出を受けて領置する方法により行うことも可能であり，また，捜索差押許可状を得て差し押さえる方法でも可能である。本設例の場合，共犯者間でやり取りされた電子メールデータ，被害者からの入金状況や共犯者に対する報酬の分配に関するデータが蔵置されている電磁的記録媒体を対象とし，関係者から任意提出を受けて領置するか，捜索差押許可状を得て差し押さえることになる。

もっとも，本設例においては，必要なデータが蔵置されている電磁的記録媒体は，パーソナルコンピュータに内蔵されているハードディスクである。すなわち，ハードディスクはパーソナルコンピュータに一体化しており，ハードディスクそのものをパーソナルコンピュータから取り外して任意提出を受け，あるいは，差し押さえるということは考え難い。そこで，ハードディスクを内蔵したパーソナルコンピュータそのものを押収の対象とすることになろう（これに対して，いわゆる外付けハードディスクの場合は，当該ハードディスクそのものを対象として差し押さえることが考えられる）。

### (3) 電磁的記録を押収対象とする見解について

証拠として必要なデータを蔵置する電磁的記録媒体を押収するとした場合に，押収の対象物を電磁的記録そのものと考える立場がある。

証拠として必要なデータに係る電磁的記録は，コンピュータ特有の言語を用いて記録されたもので，そのままでは可視性・可読性がなく，一定のシステム等を経て出力されて初めて証拠としての意味を持つという側面がある。このような点に着目し，押収対象となるべきは電磁的記録媒体ではなく，無体情報である電磁的記録それ自体であるとし，その際，本来物理的に管理可能な有体物を捜索差押えの対象として規定されているはずの刑訴法99条1項に照らして，そもそも電磁的記録を捜索差押えの対象とすることが可能なのかという問題が生じるが，これについては，電磁的記録が，電磁的記録媒体に記録され，あるいは，紙にプリントアウトされることで，物理的に管理可能な有体物に化体することから，一体的にとらえて，有体物の捜索差押えとみることができるとするのである（安冨潔・我が国における刑事手続とコンピュータ犯罪149頁以下等）。

他方，これに対しては，ある媒体に一定の法則により配列された記号が記録されているという点では電磁的記録媒体も一般の文書でも同様であること，紙媒体の記録につき指紋等の重要な証拠が残されるのと同様に，電磁的記録媒体についても同様の証拠が残されることがあり得ることなどから，無体情報である電磁的記録自体は押収対象物とはなり得ず，押収対象物は有体物である電磁的記録媒体であると解すべきとの見解が主張されている（平野＝松尾・新実例刑訴Ⅰ〔小川新二〕254頁以下）。

後者をもって相当とすべきであろう。

(4) 押収すべきパーソナルコンピュータの特定について

証拠として必要なデータを蔵置するハードディスクを内蔵したパーソナルコンピュータを押収対象物とするとしても，例えば捜索差押許可状を得て関係場所に立ち入った際，その場にあるパーソナルコンピュータが直ちに必要なデータを蔵置するハードディスクを内蔵したものであるとはいえない場合もあるであろう。

本設例であれば，詐欺の犯行に関連するデータが蔵置されたハードディスクを内蔵するパーソナルコンピュータが押収の対象物であり，そのようなデータを蔵置していないことが明らかなものについては，対象外ということになる。したがって，蔵置されたデータの内容を確認する必要があり，それは，関係場所に存在するパーソナルコンピュータの台数いかんにかかわらない。

関係者からパーソナルコンピュータの任意提出を受けられる場合は別であるが，通常は，膨大なデータを蔵置し，様々な事務処理に用いられているパーソナルコンピュータの任意提出を受けることは難しいものと思われる。まして，本設例のように，共犯者多数の消費者詐欺事件の舞台として使用されている事務所内のものである場合，関係者（それが被疑者である場合もある）からの任意提出は現実的ではない。

したがって，本設例のような場合，通常は，捜索差押許可状を得て強制的にパーソナルコンピュータを差し押さえることとなる。そこで，それに先立ち，パーソナルコンピュータに蔵置されているデータの確認の方法が問題となるのである。

(a) 当事者の協力による方法　パーソナルコンピュータに内蔵されているハードディスクに蔵置されたデータの内容を確認するには，誰かがパーソナルコンピュータを操作して，このデータを目に見えるようにし，内容を確認できるようにしなければならない。

そこで，まずは被処分者の協力による方法が考えられる。すなわち，当該パーソナルコンピュータに内蔵されたハードディスクに蔵置されたデータにつき，被処分者に説明をさせ，さらには，蔵置されたデータをディスプレイに映し出させ，あるいは紙にプリントアウトさせるなどして，当該データの内容を確認する方法である。

これによって，関係するデータの存否を確認し，当該パーソナルコンピュータを押収すべきか否か判断することになる。

(b) 被処分者による協力の限界　しかし，本設例のような場合，パーソナルコンピュータ内蔵のハードディスクに蔵置されたデータの内容を知り，被処分者となるのは，詐欺に関与した被疑者であることもある。そうだとすれば，そのような者に協力を求めても，当該者は，説明することを拒否するか，あるいは虚偽の説明をするおそれもある。また，このような者にパーソナルコンピュータの操作を任せた場合，ことさら無関係なファイルを開くなどして関連データの不存在を装い，あるいは，関連データを消去し，ないしはこれに変更を加えるおそれもある。当事者にパーソナルコンピュータの操作を任せた場合に，かかる挙動に出られると，捜査官がこれを直ちに感知して止めることも難しい。

したがって，事案の内容及び協力者にもよるが，本設例のように，協力を求めるべき者が被疑者に当たり得るような場合には，その協力を得て機材を操作し，データの内容を確認するのは，現実的ではない。

(c) 捜査官によるパーソナルコンピュータの操作と確認　そこで，被処分者の同意と無関係に，捜査官自らがパーソナルコンピュータを操作して確認する方法が考えられる。

しかし，そもそも，捜査官が自ら操作して，パーソナルコンピュータに蔵置されたデータを確認することが許されるのか。また，できるとすれば，いかなる根拠に基づくのか。

捜索差押許可状は，本来，対象物を捜索し，差し押さえることを許可するものである。対象物であるパーソナルコンピュータを操作することは，許可の内容に含まれているとは直ちにはいえない。そのため，捜査官がパーソナルコンピュータを操作するのに，別個の令状を得るなり，何らかの別個の司法審査を経る必要があるかが問題となる。

この点，刑訴法111条1項，222条1項は，捜索差押えの執行について，「錠をはずし，封を開き，その他必要な処分をすることができる。」としている。パーソナルコンピュータに内蔵されているハードディスクに蔵置されたデータの内容を確認するため，捜査官がパーソナルコンピュータの操作を行うことは，この「必要な処分」に含まれ，別個の令状を得ることも，何らかの別個の司法審査を得る必要性はないと解する。捜索差押対象を特定するには，パーソナルコンピュータに蔵置された情報を確認することが必要で，その確認作業は，捜索差押えに伴い当然に必要となるものであるからである。

なお，犯行と無関係な第三者が被処分者である場合には，かような第三者にまで多大な損害を与える可能性があることに鑑み，捜査機関がその必要性を疎明した上で，別個の司法審査を受けなければならないとする見解もある（ただし，常に別個の令状が必要とはいえず，捜索差押許可状にその旨の明記をするなどの方法をとることでも足りるとされる。中山研一＝神山敏雄編・コンピュータ犯罪等に関する刑法一部改正150頁以下）。

しかし，第三者のパーソナルコンピュータの捜索差押えを許可していながら，差押対象に該当するかを判断するために必要な処分を許容すべきでないという

ケースはあまり考えられないのではないか。蔵置された情報の確認のための作業に被処分者である第三者が協力しない，あるいは，そのような第三者に協力を得るのが適当とは思われないような事態は，現場の状況次第で，常にあり得る。その際には，まずは，捜査官においてパーソナルコンピュータを操作するなどして必要なデータのありかを突き止め，確認するほかはないであろう。また，プライバシー等の権利侵害に関しては，紙媒体の文書の内容を確認する場合とパーソナルコンピュータに蔵置された情報を確認する場合とで，根本的な差異があるとも思われない。したがって，捜査官が自ら操作してパーソナルコンピュータに蔵置されたデータを確認することは，あえて別個の司法審査等を要するまでもなく，刑訴法111条の「必要な処分」として可能であると解すべきであろう。

(d) 専門家の立会い　ところで，捜索差押えを行う捜査官がコンピュータの操作に詳しい場合はともかく，そうでない場合には，コンピュータに詳しい専門家を同行する必要も出てくる。捜査官に専門家を同行させ，これにコンピュータに蔵置されたデータの内容を確認させることはできるであろうか。また，それができるとするならば，その法的根拠はどのように考えればよいであろうか。

これについては，捜索差押えの適正性やプライバシー保護の観点から，原則として司法審査が必要で，専門家の立会いの必要性を事前に捜査機関が裁判官に疎明して許可を得なければならないとする見解もある（中山＝神山編・前掲書156頁等）。

しかし，捜査官が自らパーソナルコンピュータを操作してデータの内容を確認する場合と同様に，私人である専門家が同行し，パーソナルコンピュータの操作を行うことは，刑訴法111条1項の「必要な処分」として可能であると解すべきであろう。操作に十分な知識を有する被処分者が協力し，あるいは，捜査官自ら必要な操作が可能であるのであれば，その方法で証拠収集を行えばよい。しかし，そのような場合でなければ，専門家の立会いと協力が証拠の特定のために必要な措置であり，これを欠けば，迅速かつ的確な証拠確保ができなくなるからである。錠前屋が必要に応じて錠をはずす場合と同様であると解することができる。

(e) 改正法について　　ところで，被疑者ではなく第三者が被処分者となる場合には，捜索差押えに際してその協力が期待できる場合がある。そこで，前述の「情報処理の高度化等に対処するための刑法等の一部を改正する法律」による改正後の刑訴法111条の2には，「差し押さえるべき物が電磁的記録に係る記録媒体であるときは，差押状又は捜索状の執行をする者は，処分を受ける者に対し，電子計算機の操作その他の必要な協力を求めることができる」と規定された。これにより，「コンピュータ・システムの構成，システムを構成する個々の電子計算機の役割・機能，操作方法，セキュリティの解除方法，差し押さえるべき記録媒体や必要な電磁的記録が記録されているファイルの特定方法等について」必要な知識を有する被処分者から協力を受けることができることとなる。被処分者の中には，当該記録媒体に記録されている電磁的記録について権限を有する者との関係で，これを開示しない義務を負っている者もあることから，差押状の執行をする者等に協力することができる法的根拠を明確にしておくことが望ましいことから規定されたものとされている。この協力要請は，相手方に協力を法的に義務付けるものであるが，相手方が協力を拒否したとしても，刑罰等の制裁規定はない（杉山徳明＝吉田雅之「『情報処理の高度化等に対処するための刑法等の一部を改正する法律』について」警論64巻10号23頁）。

(f) 特定が困難な場合について　　以上のような方法により，目的とするデータが蔵置されたハードディスクを内蔵しているパーソナルコンピュータを特定できた場合には，当該パーソナルコンピュータを差し押さえることとなる。しかし，立会人が誠実に協力せず，あるいは，現場に臨んだ捜査官や専門家においても，ハードディスクに蔵置されたデータを確認することが不可能であるような場合にはどうすべきか。

　この点については，現場の状況や関係者の言動その他のあらゆる情報を前提に，目的とするデータが蔵置されている蓋然性が高く，差し押さえるべき必要性が高い場合には，内容を確認せずにコンピュータを差し押さえることは許されるものと解すべきであろう。平成10年5月1日最高裁判所決定においても，パソコン1台及びフロッピーディスク合計108枚等につき，これに蔵置されている情報の内容を確認せずに差し押さえた処分について，「差し押さえられたパソコン，フロッピーディスク等は，本件の組織的背景及び組織的関与を裏付

ける情報が記録されている蓋然性が高いと認められた上，申立人らが記録された情報を瞬時に消去するコンピュータソフトを開発しているとの情報もあったことから，捜索差押えの現場で内容を確認することなく差し押さえられたものである。令状により差し押さえようとするパソコン，フロッピーディスク等の中に被疑事実に関する情報が記録されている蓋然性が認められる場合において，そのような情報が実際に記録されているかをその場で確認していたのでは記録された情報を損壊される危険があるときは，内容を確認することなしに右パソコン，フロッピーディスク等を差し押さえることが許されるものと解される。」としている。

### 4 別の記録媒体に複写するなどして確保する方法

　ハードディスクなどの電磁的記録媒体に蔵置されたデータの内容が確認できるのであれば，もともとデータの確保が主たる目的であることを考えると，パーソナルコンピュータそのものではなく，ハードディスク内のデータを別の媒体に複写するなどして，当該媒体を確保する方法も考えられる。

　パーソナルコンピュータそのものを差し押さえると，犯行と無関係な情報まですべて確保してしまうことにもなり得，プライバシーや正当な業務にできるだけ配慮するという観点からすれば，より軽い態様での証拠確保の方策も考えられてもよいからである。また，パーソナルコンピュータも，小型のものであればさほど問題はないが，大型のものである場合には，そのまま押収すると保管場所に困るということもあり得よう。

　そこで，データのみを証拠として確保する方法がないかが問題となる。基本的に考えられるのは，パーソナルコンピュータ内に存在する証拠として必要なデータに関し，これを別の電磁的記録媒体に複写するなどし，あるいは紙に写してプリントアウトするなどし，これら電磁的記録媒体や紙を押収するという方法である。

⑴　被処分者らの協力により又は捜査官側において情報を移すこと

　この点，被処分者らから協力を得て，あるいは，捜査官やこれに同行した専門家をして，ハードディスク内のデータを別の電磁的記録媒体や紙媒体に移し，これを押収することは可能か。

まず，被処分者らが任意に協力し，パーソナルコンピュータを操作して必要なデータを別の電磁的記録媒体に複写するなどし，あるいは紙にプリントアウトして，かかる電磁的記録媒体や紙を任意提出すれば，これを領置することにより目的を達することができる。あるいは，この場合において，データを移すための電磁的記録媒体や紙を捜査官において準備し，被処分者の協力を得て，これにデータを移させるという方法も考えられる。

　しかし，被処分者がこのような協力をしない場合もあり得る。特に本設例の場合，被処分者が詐欺の被疑者であることもあり得，そのような場合には，協力を期待することは現実的ではない。また，協力をさせても，かえって必要なデータを削除され，あるいは改変されるおそれもある。協力する気のない者に対して，必要なデータを別の電磁的記録媒体や紙に移すよう強制する方法はない。

　そこで，そのような場合には，捜査官あるいは捜査官に同行した専門家をして，電子媒体に情報を移し，あるいは紙にプリントアウトし，これを確保することが考えられる。

　このような証拠の収集方法に関し，従前は，あらかじめ別の電磁的記録媒体を差押目的物とする差押許可状の発付を受け，刑訴法111条に規定する「必要な処分」と解釈することで，可能となるのではないか等の議論がなされてきた。

　しかし，パーソナルコンピュータに証拠として必要なデータが蔵置されているか否かを確認して，当該パーソナルコンピュータを差し押さえる場合とは異なり，ここでは，差押対象となる電磁的記録媒体や紙を積極的に作成するという形になる。したがって，刑訴法111条の「必要な処分」ということはできないとの考え方もあり得るところである。

　この問題は，前述の「情報処理の高度化等に対処するための刑法等の一部を改正する法律」の施行により，次のとおり，解決された。

(2) **改正法による電磁的記録に係る記録媒体の差押えの執行方法**

　改正に係る刑訴法110条の2には「差し押さえるべき物が電磁的記録に係る記録媒体であるときは，差押状の執行をする者は，その差押えに代えて次に掲げる処分をすることができる。」とし，1号として「差し押さえるべき記録媒体に記録された電磁的記録を他の記録媒体に複写し，印刷し，又は移転した上，

当該他の記録媒体を差し押さえること。」，2号として「差押えを受ける者に差し押さえるべき記録媒体に記録された電磁的記録を他の記録媒体に複写させ，印刷させ，又は移転させた上，当該他の記録媒体を差し押さえること。」としている。1号は捜査官が行う場合，2号は被処分者に行わせる場合である。また，「複写」とは電磁的記録をCD－R等の記録媒体にコピーすること，「印刷」とは文字どおり電磁的記録を紙媒体にプリントアウトすること，「移転」とは電磁的記録を他の記録媒体に移し，元の記録媒体からは電磁的記録を消去することをいうとされる。また，「差し押さえるべき物が電磁的記録に係る記録媒体であるとき」にいう「電磁的記録に係る記録媒体」とは，パーソナルコンピュータそのものも含むとされる。したがって，捜索差押許可状において差押えの対象物が「パーソナルコンピュータ」であるとすれば，その「パーソナルコンピュータ」の差押えに代えて，前記1号や2号の処分をすることができる。

このように，本規定に従って，パーソナルコンピュータの差押えに代えて，これに蔵置されているデータにつき，複写や印刷や移転を行う方法で，データの証拠収集ができることになったのである。

なお，これらの処分において，相手方の所有する記録媒体を使った場合には，当然，将来は還付することとなるが，捜査官側が準備してきた記録媒体を使う場合には，被処分者にこれを還付する必要はない。ただし，「移転」の場合には，捜査官側が準備してきた記録媒体を使った場合であっても，被処分者側の記録媒体からデータが消去されていることから，いわばデータを還付するという意味で，被処分者の所有でないその記録媒体を交付するか，その電磁的記録の複写を許す方法で，原状回復を認めることとされている（刑訴123条3項）。

本設例では，パーソナルコンピュータに内蔵されたハードディスクに必要なデータが蔵置されている場合であるから，刑訴法110条の2により，被処分者の協力のもとで，あるいは，捜査官側がパーソナルコンピュータを操作して，蔵置されている必要なデータを，別の電磁的記録媒体に複写，移転し，あるいは紙にプリントアウトし，その電磁的記録媒体や紙を差し押さえることができることになる。

## 5 検証による方法

　最後に，本設例のように，パーソナルコンピュータに必要となるデータが蔵置されている場合，検証による方法によって証拠収集することが考えられる。すなわち，強制的に，パーソナルコンピュータを操作して，データの蔵置状況を検証し，その経過及び結果を証拠化するという方法である。

　検証であるから，そのために必要となる処分，例えば，捜査官やこれに同行した専門家によってパーソナルコンピュータを操作すること等は可能であろう。また，プリントアウトした紙等は，検証の結果として収集確保することができる。しかし，例えば，この際に，被処分者が所有する紙を使ったような場合には，結局そのプリントアウトした紙を差し押さえる必要がある。かかる場合にそのような紙の任意提出を受けられないことが予想されるのであれば，あらかじめそれについての差押許可状を得ておく必要があろう。

## 6 おわりに

　以上のとおり，電磁的記録媒体に証拠として必要なデータが蔵置されている場合，主として，当該電磁的記録媒体そのものを押収する方法と，その情報を別の媒体に複写するなどしてこれを押収する方法が考えられる。

　被処分者の権利に配慮するとすれば，後者の方法がより望ましいことになる。しかし，実際には，電磁的記録に係るデータの実質的な記録内容だけではなく，その周辺情報，すなわち，当該データの作成・変更等に関連する様々な情報（文書作成日時・作成者・ファイル種別・更新回数等）も重要な証拠となることがある。かかる点に鑑みれば，事件の内容や証拠の在り方等諸般の事情を考慮の上，前者の方法によることも十分な理由があると考えられるところである。前記改正後の刑訴法110条の2においても，原記録媒体そのものを押収しなくても，情報を別の媒体に複写等して収集する方法によって差押えを執行することができる旨明確に規定されたが，これにつき，「差押対象物の差押えに代えて行うことができるが，それが原則的な在り方となるものではない。」と説明されている（杉山＝吉田・前掲警論64巻10号19頁）。

　結局，本件のように，大規模で組織的な詐欺事犯のような場合には，原記録媒体，すなわち，本設例であればパーソナルコンピュータそのものを押収する

必要性が高いと考えられる場合が多いのではないか。パーソナルコンピュータに蔵置された情報の中に，正当な業務に関わるもので犯罪に無関係なものがあるような場合には，むしろ，被処分者側に必要な情報をプリントアウトして渡すという方法で対応することとなろう。

【山﨑　耕史】

## 16 毛髪・唾液等の採取

(1) 自動車運転過失致死罪の被疑者が，事故時の負傷により意識不明となり病院で集中治療を受けている。被疑者の血中アルコール濃度を測定するため，その血液を採取して鑑定する必要がある場合，いかなる手続によるべきか。

(2) 覚せい剤使用の疑いのある被疑者から尿を採取して鑑定する必要がある場合，いかなる手続によるべきか。覚せい剤の常習使用の疑いのある被疑者から毛髪を採取して鑑定する必要がある場合はどうか。

(3) 被疑者の唾液を採取してそのDNA型を鑑定する必要がある場合，いかなる手続によるべきか。

(4) 航空機で日本に入国した直後の被疑者が出発国でビニール袋に入れた薬物を飲み込んだ旨述べた。体内のビニール袋入り薬物を採取するとした場合，警察官はいかなる手続によるべきか。税関職員の場合はどうか。

### 1 問題の所在

　事件捜査の過程においては，被疑事実等を明らかにするために，被疑者の尿，血液，毛髪等の被疑者の体内にあるものや被疑者の身体組成物を採取する必要が生じ得る。これらの採取は，例えば被疑者の所持品などの捜索差押えとは異なり，被疑者の体表・体内への侵襲を伴うことから，そもそも強制処分が許されるのか，許されるとして所持品などの捜索差押えに比べてより慎重な対応が必要ではないかとの検討が不可欠となる。また，これらの採取に当たっては医師等専門家による処置が必要となる場合も多い。こうした特殊性に鑑み，被疑者の体内にあるものや被疑者の身体組成物を強制的に採取する場合，捜索差押許可状で足りるのか，別途の令状が必要となるのかが問題となり得る。

　本項では，①血液，②尿，③毛髪，④唾液，⑤被疑者が嚥下した異物（以下，⑤について本項においては「嚥下物」という）について取り扱うが，これらは性質によって幾つかに分類しうる。例えば，②尿，⑤嚥下物は，いずれ体外に排出さ

れる性質のものであるのに対し，①血液，③毛髪，④唾液は新陳代謝はあっても身体の一部を構成する身体組成物である。他方，①血液，②尿，③毛髪，④唾液は誰の身体にも存在するが，⑤嚥下物は，被疑者が異物を嚥下した場合にのみ存在し，採取する前提として，身体の中に嚥下物があるかどうかを確認する必要が生じる。また，②尿，③毛髪，④唾液，⑤嚥下物は，被疑者が任意に提出することも可能であるし，強制的に採取しても身体の損傷が生じることはないが，①血液は，被疑者が任意に体内から取り出すことはできず，採取に当たり軽微ではあっても身体の損傷が生じる。加えて，いずれについても，採取に当たっては，医師等の専門家が関与することが適切であろう。

被疑者の体液，身体組成物の採取に当たっては，こうした特徴に対応しうる強制処分はどのようなものかを検討し，強制処分の内容に応じた令状の検討が必要になる。捜査機関としては，被疑者から体液，身体組成物を押収し，専門家（多くは各都道府県警察の下にある科学捜査研究所所属の技術吏員）の鑑定を経て，犯罪事実の存否の判断に用いることを企図している。証拠の押収という側面に着目すれば捜索差押許可状が対応する令状となるが，採取に際して医師等の専門家による処置が必要である場合には，これら専門家が主体となる鑑定処分が適切な場面もあり得る。他方，鑑定処分許可状については，捜索差押許可状，身体検査令状と異なり，刑訴法139条を準用する規定がないことから直接強制ができないと解されているという違いもある。

いずれにせよ，被疑者の体液，身体組成物の採取という特殊性を考慮し，採取の必要性について吟味した上，それぞれの場合に応じた適切な強制処分を採ることが求められる。以下，各問について検討する。

## 2 血液の採取（設問(1)）
### (1) 血液採取の必要性

自動車運転過失致死罪の捜査においては，過失の有無・内容の特定が重要となるところ，被疑者が飲酒により酩酊してハンドル操作等を誤った可能性がある場合には，被疑者の飲酒量や酩酊の程度を明らかにする必要が生じる。

被疑者に意識がある場合には，被疑者の同意を得て呼気検査による飲酒検知を行うことが通常であるが，被疑者がこれを拒んだ場合や，本問のように被疑

者が意識不明である場合には，いかなる手続によって被疑者の血液を採取し，血中アルコール濃度を測定すべきかが問題となる。

(2) **血液を採取するための手続**

飲酒した場合には，呼気にアルコールが含まれるため，被疑者の意識があり，被疑者が飲酒検知の測定器を吹くことができれば，呼気中のアルコール濃度を測定でき，被疑者の飲酒量や酩酊の程度を明らかにすることができる。

他方，飲酒した場合には，血液中にもアルコールが含まれるため，被疑者が呼気検査による飲酒検知を拒否した場合や本問のように被疑者が意識不明である場合には，被疑者から血液を採取して，血中のアルコール濃度を測定し，被疑者の飲酒量や酩酊の程度を明らかにする必要が生じる。

本問の場合においては，被疑者が病院で治療中であることから，捜査官が被疑者の血液を入手する最も簡便な方法は，医師が既に治療目的等で採取していた血液や，怪我等により既に被疑者の体外に流出していた血液について，その一部の任意提出を求めることである。例えば，交通事故の被疑者の手当てのために出血を押さえていたガーゼについていた血液を警察官が看護師に頼んで採取した例や，被疑者の身体から出血して左膝関節部に貯留していた血液を，警察の依頼を受けた医師が針のない注射器で吸引採取した例については，裁判上，いずれも適法とされている（福岡高判昭50・3・11，松山地大洲支判昭59・6・28）。

では，被疑事件の捜査を目的として血中アルコール濃度を測定するために，被疑者の同意なしに被疑者の体内から血液を採取することは許されるであろうか。通常，血液の採取は耳を傷つけて採取する方法か，腕の静脈に注射器を刺して採取する方法によって行われる。こうした医学的に安全な方法による少量の血液の採取は，健康診断その他で日常的に行われており，社会的にも身体に対する格別の侵害とは見られていないことから，強制的に採取することも認められるというべきである。

このように強制採血が認められることには異論はないが，必要とする令状の種類については，①捜索差押許可状説，②身体検査令状説，③鑑定処分許可状説，④身体検査令状と鑑定処分許可状との併用説があり，実務上は④が採用されている。

後述するとおり，判例は，強制採尿について捜索差押許可状説を採っている

（最決昭55・10・23）。血液についても，尿と同様の考え方に立てば，①の捜索差押許可状説を採用することになる。しかし，強制採尿が，いずれは体外に排泄される尿を，カテーテルを挿入して排尿に先んじて体内から押収するという作用であるのに対し，強制採血は，身体を構成している要素の一部である血液を押収するという作用であり，かつ，軽微ではあっても身体の損傷を伴うという違いに着目すれば，強制採血に当たっては，捜索差押許可状ではなく身体検査令状が必要との②説に立つことになる。さらに，採血は，本来，医師等の専門的知識・経験を有する者のみが主体として行うべきである点を強調すれば，③の鑑定処分許可状説を採ることになるが，鑑定処分には，前述のとおり刑訴法139条，172条の直接強制に関する規定の準用がないことから，実務上は，④の身体検査令状と鑑定処分許可状との併用によっている。

　鑑定処分許可状と身体検査令状には，条件の記載が必要であり，まず，鑑定処分許可状の「検査すべき身体」の欄には「アルコール濃度検査をするのに必要な血液（ただし，4ミリリットルを超えない範囲）を被疑者の身体から採取すること」と，「身体の検査に関する条件」の欄には「採血は医学的に相当と認められる方法によること」などと記載することになり，次に，身体検査令状の「検査すべき身体」の欄には「採血に必要な被疑者の身体」と，「身体の検査に関する条件」の欄には「採血は医師をして医学的に相当と認められる方法により行わせること」などと記載することになる。

　更に本問において，被疑者が惹起した交通事故が死傷者複数の重大なもので，かつ，被疑者が治療を受けている病院が裁判所から遠隔地にあって令状の発付に時間を要し，刻一刻と被疑者の体内からアルコールが失われつつあるような場合に，令状なしに被疑者から採血することは許容されるであろうか。

　酒酔い運転で重大な交通事故を起こした被疑者から，警察官の依頼を受けた医師の指示により，看護師が，相手方の明確な承諾なしに約5ccの血液を採取した事案において，裁判所は「わずかの量の採血は，医師又は医師の監督下にある看護婦によって医学的に相当な方法で実施されるときには，強制採尿に比して，被採血者に対する身体の侵害の程度は軽微であり，その苦痛や危険もそれ程大きいものとは言い難いものの，自己の身体につき理由なく侵害されることがないことは，憲法35条で保障されるところであるから，被採取者の同意

のない限り，身体検査令状又は鑑定処分許可状のいずれか，又はその双方を要するかはともかく，右令状のない強制採血は原則として違法というべき」と判断している（高松高判昭61・6・16）。他方で，当該判決は，事案の内容が死者2名を生じた重大な交通事犯であること，被告人の酒気帯び運転の嫌疑がかなり濃厚であり，アルコール保有濃度の科学的測定のための血液入手の必要性が高かったこと，病院の地理的要因から令状発付までにはなお数時間を要するものと判断される一方，被告人が飲酒したときからは相当の時間が経過し，被告人の血中アルコール濃度は低下していて採血には客観的に強い緊急性が認められること，本件採血が医師の監督下にある看護師により医学的に相当な方法で行われていること等を勘案して，採血行為自体については，客観的な必要性，緊急性，相当性が認められるので，その違法性は低く，本件採血手続の違法性が令状主義の精神を没却するほどに重大であったとまではいえないとして，この採血液を鑑定資料とした鑑定書の証拠能力を肯定している。必要性，緊急性，相当性が認められる場合に無令状の採血を認める説もあるが（河上和雄・最新刑事判例の理論と実務），採血が身体に損傷を加えて身体を構成する血液を採取する作用であることに鑑みれば，無令状での採血を認めることは困難であろう。

### 3　尿・毛髪の採取（設問(2)）

#### (1)　尿の採取について

**(a)　採尿の必要性**　覚せい剤を摂取した場合には，必ずその成分が尿の中に排泄され，しかも鑑定資料としての必要量を確保することが比較的容易であるから，覚せい剤の自己使用事犯の捜査では尿を採取して鑑定することが一般的に行われている。したがって，例えば被疑者が覚せい剤や使用器具を所持していたり，薬物乱用者特有の奇矯な言動が見られるなど覚せい剤使用の疑いがある場合には，捜査のため，被疑者から尿を採取して鑑定する必要が生じる。

**(b)　採尿の手続**　被疑者の同意がある場合には，被疑者から尿の任意提出を受け，捜査官がこれを領置し，尿中に覚せい剤成分が含まれているかどうかについて鑑定嘱託を行い，各地の科学捜査研究所等において鑑定が行われることとなる。

具体的な手続は，以下のとおりである（松田昇・覚せい剤犯罪の捜査実務101問）。

① 採尿の趣旨を説明し，納得の下に採尿する。その際，被疑者に任意提出書を記載させる。
② 採尿の際，被疑者が他の者の尿や水等を混入することのないよう採尿の場所をあらかじめ点検し，捜査官を立ち会わせる。
③ 採尿容器を被疑者自身に洗わせ，容器に薬品，異物等が残存していないことを確認させる。
④ 採尿後，被疑者の面前で容器に入れ，封をし，被疑者に封印させる（鑑定技術上50cc以上を採尿する必要がある）。
⑤ 採尿後速やかに鑑定嘱託を行う。
⑥ これら一連の手続の状況を明らかにした捜査報告書を作成する。

被疑者が尿の提出を拒否した場合には，強制採尿によることになる。強制採尿とは，尿道にカテーテル（導尿管）を挿入して膀胱から尿を採取することをいう。強制採尿については，従来その許容性や必要とする令状の種類について見解が対立していたが，最高裁昭和55年10月23日決定により実務上は決着している。

同決定は，まず強制採尿の許容性について，「カテーテルを用いて強制的に採尿することは，捜査上の強制処分として絶対に許容されないものではなく，被疑事件の重大性，嫌疑の存在，当該証拠の重要性とその取得の必要性，適当な代替手段の不存在等の事情に照らし，捜査上真にやむを得ないと認められる場合には，最終手段として，適切な法律上の手続を経た上，被疑者の身体の安全と人権の保護のための十分な配慮のもとに行うことが許される」と判示している。また，強制採尿に当たって必要とする令状の種類については，「体内に存在する尿を犯罪の証拠物として強制的に採取する行為は捜索・差押の性質を有するものと見るべきであるから，捜査機関がこれを実施するには捜索差押許可状を必要とする」と判示した。さらに，同決定は，「強制採尿は，一般の捜索差押と異なり，検証の方法としての身体検査と共通の性質を有しているので，身体検査令状に関する刑事訴訟法218条5項が準用されるべきである」として「令状の記載要件として，強制採尿は医師をして医学的に相当と認められる方法により行わせなければならない旨の条件の記載が不可欠である」と判示した。

強制採尿については，捜索差押許可状により，身柄を拘束されていない被疑

者をその意思に反して採尿場所まで連行できるかという問題がある。この点について，最高裁平成6年9月16日決定は，「身体を拘束されていない被疑者を採尿場所へ任意に同行することが事実上不可能であると認められる場合には，強制採尿令状の効力として，採尿に適する最寄りの場所まで被疑者を連行することができ，その際，必要最小限の有形力を行使することができる」と判示している。

これらの判断を受け，実務上は，捜索差押許可状の「捜索差押えに関する条件等」の欄に「1　強制採尿は，医師をして医学的に相当と認められる方法により行わせなければならない。2　強制採尿のために必要があるときは，被疑者を採尿に適する最寄りの場所まで連行することができる。」などと記載することになる。

(2)　**毛髪の採取について**

(a)　毛髪採取の必要性　　覚せい剤を摂取した場合には，覚せい剤成分の入った血液が全身を巡ることになり，血液中の覚せい剤成分が毛髪の根元にある毛細血管から毛髪中に移行して毛髪の中に固定されるため，覚せい剤を使用した場合，殊に，連続して覚せい剤を乱用している場合には，毛髪から覚せい剤成分が検出され得る（井上堯子＝田中謙・覚せい剤 Q&A）。

毛髪は，表皮の上に出ている毛幹部と表皮から3～4 mmの深さに埋まっている毛根部から成っており，毛根部の毛球には，毛細血管が入り込んでいる。毛髪は，毛球の毛乳頭でできる毛母細胞が成長しながら角質化して形成される。覚せい剤を継続して摂取した場合には，毛球に入り込んでいる毛細血管から覚せい剤成分が毛母細胞中に移行し，毛髪の成長とともに移動していくと考えられている。その結果，毛髪を採取して，どの部分に覚せい剤成分が含まれているかを鑑定することによって，被疑者が覚せい剤を使用した時期や程度をある程度推認することができる。

しかし，尿から覚せい剤成分が検出された場合には，これまで蓄積されてきた多数のデータに基づき，採尿日から逆算した覚せい剤の使用時期を相当程度確実に特定できるため，公訴事実の日時の特定に資するが，毛髪から覚せい剤成分が検出された場合には，被疑者による覚せい剤の乱用の事実を推認することは可能であるものの，使用した薬物量を推定することはできず，また，毛髪

が伸びる速度も人によって異なるため，覚せい剤の使用時期についてもある程度推認し得るにすぎず，使用日時を特定するための証拠とすることは困難であり，被疑者の覚せい剤使用の常習性等を示す証拠となるにとどまる。

覚せい剤使用の事案における常習性は，親和性・依存性と並ぶ重要な情状事実ではあるが，通常は注射痕の状態や被疑者の供述等により立証すれば足り，実務上，毛髪を採取して鑑定する事例は少ない。ただし，例えば，尿中から覚せい剤成分が検出されているにもかかわらず，覚せい剤であることの認識がないまま第三者に服用させられた等の供述をしている場合には，毛髪鑑定により覚せい剤使用の常習性の有無を確認するとともに，本件使用事実における覚せい剤の認識の有無を確認する必要が生じる場合があり得る。

(b) 毛髪採取の手続　毛球内の毛乳部でできる毛母細胞が成長しながら角質化して髪の毛となっていく過程で，血液中の薬物が毛髪中に取り込まれていくことから，抜毛法によって毛根部分を含めた毛髪を採取すれば，被疑者の覚せい剤使用に関するより最新の情報が得られることとなる。毛髪は，毎日一定数は毛根から抜け落ちるものであるし，手で引っ張れば容易に毛根から抜くことができるため，抜毛法によって強制的に採取することも許容されると考えられる。しかし，前述のとおり，抜毛法で毛髪を採取した場合であっても，毛髪から覚せい剤使用時期を特定することは困難であるため，強いて抜毛法で採取する必要はなく，できる限り表皮に近いところで切る方法により採取すれば足りる。毛髪を表皮に近いところで切れば身体に損傷を与えることにはならず，抜毛法よりも身体に対する侵襲度が低い。なお，毛髪鑑定に必要な毛髪量は，通常50本以上の毛髪を必要とし，前頭部，左右側頭部，頭頂部，後頭部の5箇所から均等に採取することが妥当と考えられている。

毛髪採取に当たり必要な令状については，強制採尿の場合と同様に解すると捜索差押許可状で足りるということになろうが，尿がいずれは体外に排泄されるものであるのに対し，毛髪は血液と同様，身体の一部を構成するものであること，また，採取する部位，本数，採取方法等について一定の専門的な知識を要するものであることに鑑みれば，強制採血の場合と同様，鑑定処分許可状と身体検査令状を併用するのが相当であろう。

実務上も鑑定処分許可状と身体検査令状を併用しており，鑑定処分許可状の

「検査すべき身体」の欄には「被疑者の身体（毛髪）」と，「身体の検査に関する条件」の欄には「毛髪50本程度を醜状や皮膚に損傷を生じさせないように切り取って採取すること」と記載するとともに，身体検査令状の「身体の検査に関する条件」の欄にも「毛髪50本程度を醜状や皮膚に損傷を生じさせないように切り取って採取するのに必要な限度」といった記載をすることになる。

## 4 唾液の採取 （設問(3)）
### (1) 唾液採取の必要性
凶器に付着した犯人の血液や被害者の体内に遺留された精液等から犯人のDNA型が判明している場合には，通常，被疑者から唾液等を採取してDNA型鑑定を行うこととなる。DNA型鑑定は，血液型鑑定と同様，型判定であって個人を特定するものではないが，血液型鑑定とは比較にならない出現頻度分布の計算値により，事実上，犯人と被疑者の同一性判定に等しい効果が得られることとなるため，DNA型鑑定は，犯人性の検討に当たっては必要不可欠となる。

DNA型鑑定を行うためには，ヒトの細胞が必要であるところ，唾液には口腔内細胞が含まれるため，DNA型検査対象となる生体試料となり得る。

### (2) 唾液を採取するための手続
被疑者が任意に提出することを承諾する場合には，血液と異なり身体を損傷することなく容易に提供できるものであることから，その採取に当たって令状を必要としない。実務上は，唾液を採取するための紙で被疑者の頬の内側をこするようにさせ，口腔内細胞の付着した紙を任意提出させ，捜査官がこれを領置している。

では，被疑者が任意に提出することを拒否した場合にはどうか。血液や毛髪と同様，唾液も身体の一部を構成するものであること，唾液中の成分を鑑定する目的で強制採取を許可するものであることに鑑みれば，毛髪採取や強制採血の場合と同様，鑑定処分許可状と身体検査令状を併用するのが相当であろう。

## 5 嚥下物の採取 （設問(4)）
### (1) 嚥下物採取の必要性
被疑者が体内に違法薬物を飲み込んだまま日本に入国した場合，被疑者の行

為は禁制品の密輸となり，関税法違反を構成するとともに，例えば違法薬物が大麻や覚せい剤である場合には，それぞれ大麻取締法違反，覚せい剤取締法違反を構成する。したがって，被疑者が真実，違法薬物を飲み込んだのか確認し，飲み込んだのであれば，被疑者の体内から押収して薬物の種類，量などを特定することが必要不可欠である。

(2) 嚥下物を採取するための手続

被疑者が飲み込んだビニール袋入り薬物は，いずれは体外に排出されるものであることから，排出を待って任意提出を受けることも不可能ではない。しかし，自然排出を待つ間に嚥下物が変質，消失する可能性もある上，万が一ビニール袋が破損したような場合には，多量の薬物が被疑者の体内に拡散して被疑者の生命・身体に重大な影響が生じるため，本問のように嚥下物が被疑者の体内にある蓋然性が極めて高い場合には，強制処分によって早期に被疑者の体内から嚥下物を採取すべきである。

嚥下物は，血液・毛髪・唾液と異なり身体の一部を構成するものではないので捜索差押許可状によるのが相当である。他方，採取に当たっては，まずレントゲン検査等により嚥下物が被疑者の体内のどの部分にあるかを調べた上，吐剤・下剤を用いて体外に排出させることになるため，専門的知識又は技術を持つ鑑定人が主体として行うことが望ましく，また，レントゲン検査等を行うなど身体検査の性質も有するところ，鑑定受託者は，裁判官の許可を受けて身体を検査することができる（刑訴225条1項・168条1項）ことから，捜索差押許可状のほか鑑定処分許可状を併用するのが相当である。

実務上も捜索差押許可状と鑑定処分許可状を併用しており，それぞれに条件を付している。まず，捜索差押許可状については，「捜索すべき場所等」の欄には「被害者の身体」，「差し押さえる物」の欄には，例えば大麻を嚥下したとの供述であれば「被疑者の嚥下した大麻と認められる茶褐色樹脂」などと記載し，「捜索差押えに関する条件等」の欄には，例えば，「レントゲン検査機器又は下剤（吐剤）の使用による体腔内の検査，異物の採取については，医師をして医学的に相当と認められる方法で行わせること」などと記載することになる。次に，鑑定処分許可状については，「検査すべき身体等」の欄には，「被疑者の体腔内の異物を採取すること」などと記載し，「身体の検査に関する条件」の

欄には，例えば，「下剤（吐剤）の使用については，医学的に相当と認められる方法によること」などと記載することになる。

このように警察官（司法警察職員）は，例えば大麻取締法違反被疑事件や覚せい剤取締法違反被疑事件の捜査の一環として，捜索差押許可状と鑑定処分許可状を請求し，嚥下物を被疑者の体内から強制的に採取することができる。

他方，税関職員は，嚥下物を被疑者の体内から強制的に採取することはできない。税関職員は，関税法違反（本問であれば禁制品の輸入）の犯則事件について調査をする権限を有し，調査するため必要があると認められるときは，捜索，差押え，鑑定嘱託をすることができる（同法121条・132条の2）。しかし，刑訴法上定められている司法警察職員による鑑定嘱託と，関税法上定められている税関職員による鑑定嘱託では，その内容が異なる。すなわち，前者については，刑訴法223条1項により，司法警察職員は，犯罪の捜査をするについて必要があるときは，被疑者以外の者に鑑定を嘱託することができるとされており，嘱託する鑑定の対象について物に限るといった限定は付されていない。また，同法225条1項により，司法警察職員から鑑定の嘱託を受けた者は，裁判所の許可を受けて，身体を検査することができるとされており，鑑定の対象に人が含まれることを前提とした上で，その身体を検査することが認められている。他方，後者については，関税法132条の2第1項により，税関職員は，犯則事件を調査するため特に必要があるときは，学識経験を有する者に差押物件又は領置物件についての鑑定を嘱託することができるとされており，嘱託する鑑定の対象は差押物件か領置物件に限定されていて，人は対象となっていない。その結果，同条2項により，税関職員から鑑定の嘱託を受けた者は，裁判所又は裁判官の許可を受けて，当該鑑定に係る物件を破壊することができるとされているのみで，前者と異なり人に対する身体検査は許容されていない。違法薬物を嚥下した人間から嚥下物を強制的に採取するに当たっては，捜索差押処分と身体検査を含む鑑定処分の双方が必要であり，税関職員は身体検査を含む鑑定処分の嘱託をすることができない以上，司法警察職員と異なり嚥下物を強制的に採取することはできない。なお，税関職員であっても，嚥下した人間から自然に排泄された違法薬物を押収することは可能である。

【丸山　嘉代】

## 17 業務上の秘密と押収の可否

(1) 甲医師が、Aの依頼を受けてBが生んだ子をAが生んだ子である旨記載した虚偽の出生証明書を作成した虚偽診断書等作成罪の被疑者となっている場合、甲は自己の保管するAのカルテの押収を拒絶することができるか。

(2) 乙医師が診療報酬水増し請求の疑いで詐欺罪の被疑者となっている場合、乙は自己の保管するカルテの押収を拒絶することができるか。

### 1 問題の所在

　医師法24条1項は、「医師は、診療をしたときは、遅滞なく診療に関する事項を診療録に記載しなければならない。」と定め、医師に対し、診療を行った際に診療録（カルテ）を作成することを義務付けている。したがって、医師の診療行為に関係する事件の場合、まずはカルテの存否を確認した上、カルテが存在するのであれば、その記載内容を精査し、それに対応する事実関係の存否を確定することが捜査の第一歩である。本設問(1)及び(2)が前提としているいずれの事件に関しても、同種の事件を担当する現場の捜査官であれば、まずはカルテを確保して精査しようと考えるであろう。

　ところで、刑訴法105条（刑訴222条1項による準用）は、「医師、歯科医師、助産師、看護師、弁護士（外国法事務弁護士を含む。）、弁理士、公証人、宗教の職に在る者又はこれらの職に在つた者は、業務上委託を受けたため、保管し、又は所持する物で他人の秘密に関するものについては、押収を拒むことができる。但し、本人が承諾した場合、押収の拒絶が被告人のためのみにする権利の濫用と認められる場合（被告人が本人である場合を除く。）その他裁判所の規則で定める事由がある場合は、この限りでない。」と定めている。

　この規定によれば、ただし書に当たる場合のほかは、医師は、業務上保管する他人の秘密に関するものについて押収を拒むことができることになる。しかし、設問(1)及び(2)は、いずれも業務者である医師自身が被疑者となっている場合である。このような場合にまで、医師はカルテの押収を拒絶することができ

るのであろうか。仮に、そうだとすれば、同種事件における捜査は、犯罪解明の手段において、相当程度制限されることとなる。

この点に関して、公刊物に登載された裁判例はほとんど見当たらないようであり、実務上も、捜査の現場で、押収拒絶権が問題となる事例は多くない。

本稿では、刑訴法105条の立法趣旨や要件について解説を加えた上で、設問についての考察を試み、実務的な観点についても論じることとしたい。

## 2 刑訴法105条の立法趣旨

本条は、公務上の秘密と押収の関係に関する刑訴法103条と同様に、実体的真実発見（刑訴1条）という訴訟法的利益と、訴訟外の利益である業務上の秘密に関する利益との調和を図るものである。

その保護する業務上の秘密に関する利益のとらえ方については、業務そのものの保護にあるとする説、業務及びこの業務を利用する社会一般を保護するとする説、業務又は業務者に対する信頼を保護すると解する説など、論者によって説が分かれる（大コメ刑訴〔第2版〕2巻〔渡辺咲子〕327頁）。

しかし、少なくとも、業務上の秘密の保護といっても、業務者自身の秘密を保護するものではなく、また、業務上の秘密の中に含まれている個人の秘密そのものを直接に保護するものではないという点については異論がない。このことは、一般的に誰もが自己の業務上の秘密を理由に押収を拒絶できるわけではないこと、また、その個人本人が所持する場合に個人の秘密を理由に押収を拒絶できないことからも明らかである。

本条が掲げる一定の業務に従事する者は、個人の秘密を取り扱う機会の多い業務者であり、仮に、秘密を委託された業務者がみだりにこれを漏らすならば、社会人は不安を感じ、秘密を委託しなくなり、これらの社会的に重要な業務が十分に行われなくなるであろう（平野・刑訴114頁）。本条がこのような事態を回避しようとして規定されたものと考えるならば、本条の保護の対象は、端的に「業務に対する（一般的な）信頼」と解すべきであろう（同旨、渡辺・前掲328頁）。

## 3 刑訴法105条の要件

### (1) 押収拒絶が認められる業務主体

「医師」等が列挙されている。押収拒絶権者たる業務者の種類は，本条に列挙された者に限るとするのが通説である。判例も，本条に対応する刑訴法149条の証言拒絶権を有する業務者について，同様に限定列挙であるとの立場をとっている（最判昭27・8・6刑集6巻8号977頁）。

### (2) 押収拒絶が認められる対象物

**(a) 対象物**　「業務上委託を受けたため，保管し，又は所持する物で他人の秘密に関するもの」である。

**(b)「業務上委託を受けたため，保管し，又は所持する物」の意義**　まず，業務者が業務上委託を受けて保管・所持するに至った物が該当する。また，業務上委託を受けた「ため」保管し又は所持する物であるから，事務の委託の結果として作成し収集した物も含むと解される（平野・前掲114頁，注釈刑訴2巻〔藤永幸治〕172頁）。

また，「物」とは，書簡その他，供述を記載した書面に限らず，あらゆる物に及ぶ。したがって，医師のカルテや弁護士の業務日誌も含まれる（藤永・前掲同頁）。

**(c)「他人の秘密に関するもの」**　本条にいう「秘密」とは，客観的又は主観的に秘密であることを要し，かつそれで足りるとするのが通説である（団藤重光・条解刑事訴訟法(上)210頁，実務講座2巻〔足立進〕318頁，ポケット刑訴(上)252頁，注解刑訴(上)〔高田卓爾〕348頁）。

その理由については，本条が個人の秘密をそのものとして保護するのではなく，業務上委託された秘密を保護していることから，「委託の趣旨において秘密とされるものはすべて本条の秘密に含まれるものと解することを要することとなり，本条にいう秘密とは，第一に，性質上客観的に秘密とされるものは，委託者本人がこれを知っているといないとにかかわらず，委託の趣旨に特に反対の旨が認められない限り，これを含ましめるべきであり，第二に，性質上客観的に秘密とされるものでなくとも，特に委託者が秘密を欲する旨が委託の趣旨に現れている限り，やはりこれにあたるものとすべきこととなり，結局本条にいう『秘密』とは，客観的または主観的に秘密であることを要し，かつそれ

で足りる」と説明されている (捜査法大系Ⅲ〔沼尻芳孝〕145頁)。

通説に対しては，性質上客観的に秘密でないものを単に委託者が秘密を欲するという主観のみで，実体的真実の発見が制約されてよいとするのはいかにも不合理であるとして，秘匿保持の意思，非公知性及び客観的な秘匿利益を必要と解すべきだとする反対説がある (藤永・前掲173頁，河上和雄・捜索・差押 (改訂版) 94頁)。

なお，秘密の判断権者は秘密の主体ではなく委託を受けた業務者であるとするのが通説である (藤永・前掲同頁)。

本設問について考えると，カルテには，患者個人の病歴・診療歴等の機微にわたる情報が記載されているから，当然に，委託者 (患者) は秘匿を欲しているといえ，非公知性・秘匿利益も認められるから，一般的には，カルテの内容が本条の秘密に当たることには異論がないと思われる。

(3) **押収拒絶権が認められない場合**

(a) 「本人が承諾した場合」　ここで，「本人」とは，秘密の利益の主体をいう。委託者と秘密の利益の主体が異なる場合もあるが，その場合，「本人」は，委託者ではなく，あくまで秘密の利益の主体であるとするのが通説である (団藤・前掲210頁，ポケット刑訴(上)252頁，なお，委託者を指すとする反対説として足立・前掲318頁)。

本人が承諾すれば秘密でなくなり，業務に対する信頼を保護する必要もなくなるから，押収拒絶はできないとしたのである (平野・前掲114頁，藤永・前掲173頁)。

(b) 「押収の拒絶が被告人のためのみにする権利の濫用と認められる場合 (被告人が本人である場合を除く。)」　押収の拒絶は，秘密を委託された業務に対する信頼を保護するために認められる。したがって，秘密を委託した本人のためでなく，専ら被告人のためだけに押収拒絶権が行使されるときには，権利の濫用であって許されないこととしたのである (平野・前掲同頁，藤永・前掲同頁)。

「被告人が本人である場合を除く」としたのは，専ら被告人のためだけに押収を拒絶することは許されないとしても，秘密の主体と被告人が同一である場合には，被告人自身が，自らのため証拠隠滅をする場合と類似しており，やむ

を得ない行為と考えられたためである（藤永・前掲174頁）。その結果，被告人と本人とが異なる場合，業務者は被告人のために押収を拒絶することはできないが，被告人が同時に本人である場合は，業務者は被告人のために押収を拒絶することができることになる。

なお，この括弧内の規定については，被告人が自己の被告事件に関する証拠を自ら保管している場合には，捜査機関はこれを押収することができるのに，被告人が弁護士の押収拒絶権を利用する目的で自己の被告事件に関する証拠物を秘密として弁護士に委託すれば，常に押収が拒絶されるということになり（団藤・前掲210頁），立法論として問題との批判がある（高田・前掲349頁，藤永・前掲174頁）。

本条は，検察官，検察事務官又は司法警察職員が刑訴法218条，220条及び221条の規定によってする押収に準用され（刑訴222条1項），その場合，「被告人」は「被疑者」に読み替えられる。

(c) 「その他裁判所の規則で定める事由がある場合」　立法時には，本人が承諾の趣旨を理解することができないものであるときや，本人の死亡等のため承諾が得られない場合などについて，裁判所の規則で押収拒絶権の除外を認めることが考えられていたが，現在までのところ，これに関する規則はない（松尾監修・条解刑訴217頁）。

## 4 業務者が被告人（被疑者）である場合の考え方
### (1) 消極説と積極説

刑訴法105条に関しては，一般的には，業務者が被疑者でない通常の場合を前提とした解説がされているが，実務上，同条に列挙された業務者が被疑者となる場合，それらの業務者が押収拒絶権を有するかどうかが問題となり得る。

そこでは，業務者が被疑者である場合，その業務者には押収拒絶権がないとする消極説と，被疑者であっても業務者には押収拒絶権があるとする積極説とが考えられる。

この問題につき判示した判例もなく，論稿も多くはないが，実務家による解説として，原田國男判事によるもの（平野＝松尾・続実例刑訴〔原田〕100頁以下）や中野佳博検事によるもの（法務総合研究所編・刑事法セミナーⅣ〔中野〕209頁以

下）がある。

　平野＝松尾・続実例刑訴〔原田〕100頁以下では，消極説の論拠として，「同条の趣旨が，前述のように業務ないしこれを利用する者の保護という点にあるとしても，業務者自身が被疑者である場合にまで，押収拒絶権を付与することは，これを逆手にとって自己の罪責を隠蔽し，被疑者としての刑事責任の追及をのがれさせるものであって，健全な法感情に反し妥当でなく，この限度で業務者に秘密を託した者の利益が害されることがあっても已むを得ないし，この場合には業務に対する信頼を云々する基盤が既に失われている」との点が挙げられ，積極説の論拠としては，「業務者に秘密を託した者の利益を重視し，たとえ業務者が被疑者になった場合であっても，このことによって秘密が暴露されるのであれば，業務に対する一般的信頼を害することになり，特に秘密主体である委託者が被疑事実と全く関係がない場合には，このことが強くいえる」との点が挙げられている（同101頁）。

　また，同〔原田〕は，同趣旨の規定のあった旧刑訴，旧々刑訴時代の学説について触れ，当時の学説は，押収拒絶権が認められるのは，業務者が第三者たる地位にあるときに限られ，業務者が被告人と共犯関係にある場合には押収拒絶権は認められないこととされていたとし，「医師等が被疑者となっている場合にまで，その押収拒絶権を認めることは，やはり行き過ぎであって，押収拒絶権の濫用というべきである。」，「本来特定の業務者に押収拒絶権を認めたのは，個人の秘密自体を直接保護しようとするものではなく，業務そのもの及びそれに対する信頼関係を保護し，秘密を扱う機会の多いこれらの業務の社会生活における円滑な運営に寄与しようとするものである。これに対して業務者自身が被疑者となっている場合には，消極説の論拠が示すように，既に本条によって法的に保護するに価する業務とはいえないというべきであろう。」（同102頁・103頁）として，結論において消極説を妥当としている。

　どのように考えるべきか。被疑者が業務者である場合にまで押収拒絶権が認められ，業務上の秘密を盾にして刑事責任の追及を逃れることができるとすることは，いかにも不合理であり，健全な法感情からは許容することができない。業務に対する信頼を保護しようとした刑訴法105条の趣旨からも行き過ぎである。この場合には，業務上の秘密の保護よりも，実体的真実発見という訴訟法

的利益が優先されることとなるのもやむを得ないと考えられる。消極説が妥当である。

(2) 消極説の条文上の根拠

消極説の条文上の根拠としては、平野＝松尾・続実例刑訴〔原田〕104頁は、3つの考え方があり得るとして、①本条は、医師等が被疑者である場合を予定していないから、被疑者である医師等は、押収拒絶権者の主体から除かれる、あるいは、より直截には本条の適用がないというもの、②ただし書が規定する「押収の拒絶が被告人のためのみにする権利の濫用と認められる場合」に該当するというもの、③同じくただし書に規定する「その他裁判所の規則で定める事由がある場合」に含まれるというもの、の3説を挙げている。

その上で、①については、「若干条文上の根拠として明確でない」、②については、権利の濫用として把握する点は優れているとしつつ、「立法当局者の考え方によれば、この条項は、本人が承諾しない理由が、例えば本人が被告人から頼まれて自己の正当な利益のためという点は少しもなく、専ら被告人の利益をはかることにある場合に拒絶権の濫用となるとするものであって、医師等自身が被告人（被疑者）である場合まで想定していると解しうるかは疑問の余地が残る。」とし、③について、「現在のところ、この点に関する裁判所規則は定められていないが、本人が死亡した場合、本人が外国にいる等で承諾ができないような状況にある場合、犯人と被告人の同一性を立証する必要がある場合等と並んで、本問の場合もここに含まれることが予定されていると解するのが、一応無難な解釈である。右に掲げるような事由が現に生じた場合には、裁判所規則は存在しないけれども、その予定するところとして、押収を拒絶できないと解せざるをえないから、本問の場合も、裁判所の規則が存在しないことは障害とならないと考えるのである。」として、③の考え方に賛同している（同104頁）。

しかしながら、裁判所の規則が現に存在しないにもかかわらず、「その他裁判所の規則で定める事由がある場合」に含まれると解しうるかは疑問の余地が残る。

そこで、まず、業務者が、その業務に関連して犯罪の被疑者となっているような場合には、そもそも本条が保護しようとした業務に対する信頼が失われて

いるとして，上記①のように，本条は，業務者が被疑者である場合には適用されないとする考え方もあり得よう。すなわち，同条にいう「業務上委託を受けたため，保管し，又は所持する物」の「業務」とは，業務そのもの及びそれに対する信頼関係を保護するに値するような正当な業務である必要があり，業務者が被疑者となっている場合には，正当な業務に当たらず，被疑者が所持する物は，「業務上委託を受けたため，保管し，又は所持する物」に当たらないと解するのである。この考え方は，正当な業務に当たらない場合を端的に本条の適用外に置く点，業務に対する信頼を保護の対象とする本条の趣旨に合致し，魅力的である。しかし，業務者がその業務に関連して犯罪を犯した場合，一般的に，業務全体が正当性を失うと考えてよいかは疑問である。また，業務者が業務とは全く関連しない犯罪について被疑者となっているような場合にまで，①の考え方を敷衍することには無理があり，結局，すべての場合を説明できないこととなってしまう。したがって，①の考え方もとり得ない。

では，どのように考えるべきか。やはり，被疑者が業務者である場合，被疑者が業務上の秘密を盾にして刑事責任の追及を逃れようとすることは，実体的真実の発見という訴訟法的利益に制約を加えて業務に対する信頼を保護しようとした刑訴法105条の趣旨に照らして，権利の濫用に当たるというべきであろう。②の考え方が妥当である。したがって，被疑者が業務者である場合には，ただし書が規定する「押収の拒絶が被告人のためのみにする権利の濫用と認められる場合」に該当するものとして，押収拒絶権は認められないものと考えるべきである。この点，同〔原田〕は，立法当局者は，同ただし書について，業務者が被疑者である場合まで想定していないとしているが，立法当局者がその場合を排除する意思を明示しているわけではないことから，②の考え方をとることに特段の問題はないのではないか。

## 5 設問の検討

### (1) 設問(1)の場合

(a) 実際の事案など　昭和62年の民法改正により特別養子縁組制度が新設され，戸籍上も養子を実子と同様に記載することができるようになったが，制度新設のきっかけとなったのは，昭和40年代から50年代にかけて社会の耳

目を集めた医師による実子あっせん事件であった。これは，医師が，人工妊娠中絶を希望する妊婦に出産を勧め，養育を希望する他人に出生した新生児をあっせんし，その実子として出生証明書を交付したというものである。子の出生が戸籍上の記載に残らないように望む実親と，戸籍に養子であると記載されないように望む養親の双方に配慮した結果であり，今日でも，特別養子縁組の要件を満たさない場合などに，設問(1)のような事例が発生する余地がある。

(b) 捜査上の必要性　　甲医師がＡのカルテに真実を記載しているとすれば，Ａのカルテには，Ａが出産したという事実は記載されていないことになる。この場合，Ａのカルテが，甲医師が虚偽の出生証明書を作成したという事実の重要な証拠となり得ることは明らかである。

一方，甲医師がＡのカルテに，Ａが子を出産したという虚偽の事実を記載している場合もあり得る。その場合であっても，カルテが重要な証拠であることには変わりがない。すなわち，カルテの記載自体の不自然性や不合理性（Ａの妊娠中の観察経過の記載が全くなかったり，Ａが通院していない日に診察の記載があったりするなど）を摘示することによって，Ａの出産の事実が虚偽であることを立証することが可能である。また，捜査の段階で，カルテの記載が虚偽であることをきちんと詰めておかなければ，公判廷において，カルテの記載を根拠にＡの出産が事実であった旨の弁解が出された場合にそれを覆すことができず，犯罪の証明に失敗することもあり得る。

したがって，本設問の事例の場合，捜査上，カルテの記載内容にかかわらず，Ａのカルテの入手は必須であるというべきである。

(c) 設問に対する考え方　　消極説の考え方に立てば，甲医師はカルテの押収を拒絶することができない。4(2)で述べた②の考え方に立てば，被疑者である甲医師がＡのカルテの押収を拒絶することは権利の濫用に当たると説明することになろう。

一方，業務者に秘密を託した者の利益を重視し，業務者が被疑者であったとしても，業務者は押収拒絶権を行使しうるとするのが積極説の立場であるが，本設問ではどうか。本設問では，カルテの秘密の主体である委託者Ａ自身が，甲医師に虚偽の出生証明書の作成を依頼した虚偽診断書等作成罪の共犯であり，甲医師とＡに関する限り，真実発見の利益を犠牲にしてまで秘密を託したＡの

利益を保護する必要性はない。仮に，積極説の立場に立ったとしても，このような場合には，甲医師に押収拒絶権を認める必要はないという結論になり得るのではないか。

(d) Aが共犯である点について　本設問では，カルテの秘密の主体であるAが虚偽診断書等作成罪の共犯であることから，本条ただし書の括弧内に「被告人が本人である場合を除く。」とある点について，若干付言しておく。

この点，本条ただし書の括弧内の趣旨に則り，被疑者が本人である場合に，この者のためのみにする押収拒絶が許されるのであるから，業務者自身がこの者と共犯関係にあっても同様であるとする説も一応考えられる。

しかし，本条ただし書括弧内で，「被告人が本人である場合を除く」とされたのは，弁護士に事件の証拠等を委託した被疑者の保護を念頭に置き（原田・前掲103頁），被告人（被疑者）自身が自らのために証拠隠滅を行う場合と類似しているとの考慮に基づいたものであって，被疑者と業務者が共犯関係にあるような場合を想定したものではない。業務者が共犯関係にあるような場合には，もはや秘密を委託された業務を保護する利益に乏しく，実体的真実の発見という訴訟法的利益を制約してまで保護する必要はないと考えられる。

したがって，本設問では，Aが共犯であるからといって，甲医師がAのために押収拒絶権を行使することは認められない。

(2) 設問(2)の場合

(a) 実際の事案など　診療報酬とは，保険医療制度の下で，保険医療機関及び保険薬局が，保険医療サービスに対する対価として保険者（市町村国保，国保組合，全国健康保険協会，健康保険組合，共済組合など）から受け取る報酬であり，診療報酬は，審査支払機関（国民健康保険団体連合会，社会保険診療報酬支払基金）を通じて，保険医療機関及び保険薬局に支払われる仕組みになっている。保険医療機関及び保険薬局は，毎月，各都道府県にある審査支払機関に対し，報酬点数を記載した患者毎の診療報酬明細書（レセプト）を添付して，診療報酬の支払を請求する扱いである。

保険医療機関の医師等が，診療報酬の額を水増しするなどの虚偽のレセプトを用いて保険診療報酬を詐取する行為は，診療報酬詐欺あるいはレセプト詐欺などと呼ばれている。

その具体的な態様としては，診療の回数等を多く請求するもの，診療事実がないのに架空の請求をするもの，実際に行った診療とは異なる診療報酬額の高い診療内容で請求するもの，既に請求済みのものを重複して請求するものなどの手口が知られている。

一般的には，在庫との突き合わせが可能で露見しやすい薬剤料の過大請求などよりも，再診料や調剤料など，医師や薬剤師の技術サービスに対する診療報酬を不正請求する手口が多いようである。

また，生活保護制度では，医療扶助制度により医療費が原則として全額公費負担されるが，医療機関の診療方針及び診療報酬は，国民健康保険の例によることとされており（生保52条1項），指定医療機関が診療報酬を請求する仕組みは，保険医療制度とほぼ同様である（生保53条4項参照）。そこで，生活保護受給者の場合，患者本人に医療費が請求されないことなどにより不正診療が発覚しにくいことを悪用し，生活保護受給者に対して架空の手術を行ったかのように装い，診療報酬を不正請求した事件なども報道されている。

(b) **捜査上の必要性** カルテは，医師が診療の経過を記録する書類であるから，診療報酬詐欺の捜査には必要不可欠な証拠書類である。

仮に，カルテに真実の診療内容が記載されていれば，レセプトとカルテの記載内容を突き合わせることによって，レセプトの記載の虚偽を立証することができる。また，あるべきカルテの不存在の事実も，レセプトの虚偽を立証する有力な証拠となり得る。

一方，カルテに真実の診療内容が記載されておらず，レセプトの虚偽記載に合わせた内容が記載されている場合もある（むしろ，実際の事件では，カルテに真実の診療内容がそのまま記載されていることの方が少なく，何らかの形で，虚偽のレセプトに合わせた虚偽の内容が記載されていることが多いようである）。このような場合であっても，①カルテ自体の記載態様を精査する，②カルテに記載された事実関係の裏付けをするなどの捜査を行うことによって，カルテの虚偽，ひいてはレセプトの虚偽を立証することが可能となる。

例えば，手書きのカルテの場合，カルテの記載そのもの（カルテの加筆・挿入，修正の有無など）や記入態様の不自然さ（例えば，同じ筆致及び筆記具で何日分ものカルテがまとめて記載されているなど）などから，改ざん・虚偽記載の事実を突き止

めることもできる。

　また，カルテには，例えば，患者の症状，問診内容，検査結果，患者に対する説明内容など，医師が患者に対して行った診療行為の経過が具体的に記載されている（レセプトには，診療月に行った投薬，注射，処置，手術，検査，画像診断，リハビリ等の各種保険医療サービスが記載されているのみである）。このような記載内容を精査すれば，虚偽や架空の診療行為の不自然・不合理が発覚する場合もあるだろうし，患者からの聴取や患者の日記と対比することにより，カルテの虚偽が判明する場合もあり得る。加えて，外来患者受付記録，放射線などの機器の使用記録，レントゲンフィルム，看護記録，会計表，薬剤の調剤関係書類などの関係書類とカルテを照合することによって，カルテの虚偽記載を立証することも可能である。

　さらには，カルテは，レセプトに比べ，病院内の他の医師，看護師ないし事務職員など病院内の多数の関係者の目に触れやすい。したがって，病院内の関係者が，カルテの虚偽記載の事実を知り得ている場合もあるだろうし，あるいは，積極的に虚偽記載に関与している可能性もあると思われる。そこで，病院内の関係者から詳細に事情を聴取することによっても，カルテの虚偽記載が行われた事実を突き止めることができよう。

　以上のとおり，診療報酬詐欺事件の捜査において，カルテを押収する重要性は，カルテの記載内容のいかんにかかわらず，極めて高い。

　(c)　設問に対する考え方　　消極説に立てば，乙医師は押収を拒絶することができない。4(2)で述べた②の考え方によれば，被疑者である乙医師がカルテの押収を拒絶することは権利の濫用に当たると説明することになる。

　確かに，設問(1)の場合とは異なり，秘密の主体である患者らにとって，乙医師の診療報酬詐欺はあずかり知らぬところであるから，たまたま秘密を委託した医師が被疑者となったからといって，それで秘密が暴露されるのは理不尽だとの考え方もあり得よう。

　しかしながら，刑訴法105条は，個人の秘密自体を直接保護しようとしたものではなく，業務そのもの及びそれに対する信頼を保護し，秘密を扱う機会の多い特定の業務が円滑に行われるよう，実体的真実発見という訴訟法上の利益を制約して，特定の業務者に押収拒絶権を認めたものである。このような同条

の趣旨に鑑みれば，業務者自身が被疑者となっている場合には，実体的真実の発見の要請を制約してまで，業務者に押収拒絶権の行使を許すべきではないと考えられる。

　また，本設問の実態に即していえば，保険医療制度の下では，被保険者である患者は，同制度を利用して安価で良質な医療サービスを安定的に享受することができる。もちろん，患者がこのようなサービスを享受できるのは，保険医療制度が健全に運営されていることが前提である。したがって，診療報酬詐欺のように，保険医療制度を悪用し，その健全性を害するような犯罪の捜査に関しては，患者の立場からも，実体的真実発見の要請が強く働くということができよう。

## 6　カルテ押収に関するその他参考事項

### (1)　捜査における押収拒絶権行使の実際

　筆者が仄聞した限りでは，実際には，捜査機関は，医師から刑訴法105条に基づいて押収拒絶権を行使されることは多くないようである。

　その理由としてまず考えられるのは，医療機関は，監督行政機関による監査を受けることとされており，カルテ等の提出を命じられた場合には，それに従わなければならないことである（例えば，医療法25条，国民健康保険法45条の2第1項，健康保険法78条1項など。この点，税務調査も同様に解されている。守秘義務に係るカルテの検査は違法である旨の原告の主張を排斥した判例として，東京地判平元・9・14，最判平2・7・19により確定）。そのため，医師ないし医療機関には，関係書類（レセプト，カルテなど）には記載の齟齬がないように整えようとする意識が強く働くものと思われる。関係書類間に記載の齟齬があれば，医療機関は，監督行政機関による指導を受け，是正を要求されることになるからそれもうなずける。また，医師や医療機関には，カルテについて，「公的機関に提出するのが前提の書類」という意識があるかもしれない。

　また，最近では，カルテやレセプトの電子化が進み，関係書類間の記載に齟齬が生じにくくなっている。カルテを電子媒体で保存することが容認されたのに続き（平成11年4月22日付け厚生労働省局長通知「診療録等の電子媒体による保存について」），レセプトによる診療報酬請求のオンライン義務化も順次進められて

いる（平成22年版厚生労働白書241頁）。その結果，書類の記載がデータ化され，転記が容易となったほか，カルテとレセプトの入力が連動するカルテ等作成用のコンピュータ・システムも実用化されており，そのようなシステムを用いれば，カルテとレセプトの内容は当初から合致することになる。

　以上のような状況の下では，医師には，押収拒絶権を行使する動機付けが乏しいといえるし，むしろ，捜査機関に対しても，関係書類が整っていることを積極的に示した方が得策だと考えることもあろう。

　このようなことが，刑訴法105条に基づく押収拒絶権の行使がされない実情の要因になっているように思われる。

### (2) カルテの虚偽記載

　上記(1)のような事情もあり，設問(1)や(2)のような事例においても，実際には，医師が，患者のカルテに，虚偽の出生証明書やレセプトの記載に合わせた虚偽の事実を記載することが多いものと思われる。

　仮に，記載内容が虚偽であれば，カルテの記載が患者の「秘密」に当たるとはいい難いから，そもそもそのようなカルテは刑訴法105条の「他人の秘密に関するもの」に該当しない場合もあると思われる。そのような場合には，医師は押収拒絶権を行使することができないものと考えるべきだろう。

　ただし，その場合であっても，実際には，医師が「秘密」かどうかを判断することになるので（上記**3**(2)(c)のとおり，通説によれば，秘密に当たるかどうかは業務者が判断することになる），医師が，当該カルテには「秘密」が記載されている（＝虚偽の事実は記載されていない）と主張した場合には，捜査官側は，カルテを押収することができないのではないか，という疑問が生じる。

　しかし，医師が押収拒絶権を行使するには，単に「秘密」であると申し立てるだけでは不十分であり，捜査官が，当該目的物が「秘密」であることを判断できる程度に疎明する必要があると考えられる（平野＝松尾・新実例刑訴Ⅰ〔木村敏文〕297頁）。したがって，捜査官側としては，医師による疎明が十分でないと判断した場合には，当該カルテを押収してよいであろう（その判断の当否については，事後的に，証拠収集の違法性の有無という形で裁判所の判断を仰げばよい（河上・前掲95頁））。

【横田　希代子】

## 18 検 証

警察官は，かねて宅配便を利用して覚せい剤を購入している疑いのある甲に宛てた宅配便荷物について宅配便業者の承諾を得てエックス線検査を実施したところ，覚せい剤と思料される射影が観察された。そこで，その写真等を疎明資料として令状を得，甲方の捜索を実施したところ，同人方から覚せい剤が押収された。この覚せい剤の証拠能力はどうか。

### 1 問題の所在

宅配便業者は，荷物を荷送人から預かり荷受人に届けるまでの間，その荷物について運送依頼に基づき適法に占有しているわけであるから，一見すると，警察官が宅配便業者の承諾さえ得れば（荷送人・荷受人の承諾がなくても），運送過程中の荷物を一時的に借り出した上，開披することなく外側からエックス線検査を実施して内容物の射影を観察し，また直ぐ宅配便業者に返還することは，任意捜査として可能なようにも思える。

しかし，荷物自体は宅配便業者の占有下にあるとはいえ，その荷物の中身（内容物）にまで宅配便業者の支配が及ぶものではなく，その内容物は荷送人・荷受人のプライバシーの領域であることも否定できない。そのため，警察官がその内容物を窺い知ることを目的としてエックス線検査を実施することは一種の検証として強制処分に当たるのではないか，そして，令状（検証許可状）なくして実施したエックス線検査は，令状によらない強制処分として違法捜査ではないか，違法捜査とした場合には，エックス線検査で観察された射影を撮影した写真等を疎明資料として発付を得た捜索差押許可状により押収した覚せい剤の証拠能力はどうなるのかが設問の検討課題である。

### 2 この種の捜査手法の有用性・必要性

覚せい剤等の規制薬物の密売グループがその薬物を入手する方法としては，外国から宅配便を利用して日本国内に密輸入する，あるいは国内のより上位の密売組織から宅配便を利用して譲り受けるなどの方法が考えられる。

このうち設問のケースとは異なるが、外国から宅配便を利用して規制薬物を国内に密輸入する場合には、輸入に際しての税関検査（関税67条・105条1項1号）により発覚することがある。税関当局では、宅配便荷物のエックス線検査を実施して不審な射影が観察された場合には、その荷物を開披して中身を確認することも関税法67条の「必要な検査」の一環として認められている。これは税関当局が禁制品の国内流入を水際で防止するとの目的で行う行政目的の検査であって、捜査ではない。この検査の結果、荷物の中から規制薬物が発見された場合には、税関当局から捜査機関に通報がなされ、これにより捜査機関が認知し、捜査が開始されるという流れになるが、その際、コントロールド・デリバリーという捜査手法がとられることがある（**設問5**参照）。

このコントロールド・デリバリーとは、「いわゆる泳がせ捜査であって、薬物やけん銃等の禁制品の存在を捜査機関が把握してからも、直ちにその所持者や輸入者を検挙することなく、そのまま監視を続け、その禁制品の届け先を確認した上で、一網打尽に関係者を検挙しようとする捜査手法」（大コメ刑訴（第2版）4巻〔河上和雄＝河村博〕34頁）と解されている。本来であれば、このまま当該薬物を差し押さえるという強制処分をすることも可能ではあるが、任意捜査（内偵捜査）をしばらく継続し、その荷物の届け先を確認し、密売関係者が集まったところを見計らって一網打尽に検挙する方がより捜査目的を達し得ることから、我が国でも規制薬物の密輸入事犯についてこの手法が活用されている。

他方、設問のように国内における宅配便を利用した規制薬物の授受の場合には、輸入に際しての税関検査と同様の場面がないため、捜査機関が当該荷物の運送過程中に第三者からの通報等により認知してコントロールド・デリバリーを実施するというような機会はほとんどないといってよい。

そこで、警察等の捜査機関では、設問のような宅配便を利用して覚せい剤を購入している疑いのある者に対する捜査を行うに当たっては、被疑者宅に覚せい剤が存在する可能性の高い時期を把握し、関係者を一網打尽に検挙するというコントロールド・デリバリーの目的と同様の目的を達するため、エックス線検査を内偵捜査に活用しようという発想で考案したものといえよう。すなわち、宅配便を利用して覚せい剤を購入している疑いのある者に宛てた宅配便荷物について、宅配便業者の承諾を得て一時的に借り受けた上、エックス線検査を実

施し，覚せい剤と思料される射影が観察された場合に，その写真等を疎明資料として令状（捜索差押許可状）の発付を得て，その届け先等の捜索を実施し，覚せい剤の発見とともに，その場に居合わせた関係者を一網打尽に検挙しようという目的で考案された捜査手法であり，その手法自体は，国内における宅配便を利用した覚せい剤等の規制薬物取引を撲滅するためには極めて有用であり，かつ必要な捜査手法と考えられる。

　もっとも，前述したコントロールド・デリバリーの場合は，税関当局が規制薬物であることを確認した上で捜査機関に通報し，その通報により捜査機関が認知することになるため，任意捜査のまま，いわゆる「泳がせ捜査」が可能となるものの，捜査機関が同様の手順で行うには，エックス線検査が一種の検証として強制処分ではないかという今回の設問の検討課題のほかに，当該荷物を開披するには，別途，令状（捜索差押許可状）が必要となることは異論のないところであり，当該令状に基づき宅配便荷物を開披した結果，その内容物が規制薬物であった場合には，もはやその場で差押えせざるを得ず，当該目的物を見失うリスクを伴ういわゆる「泳がせ捜査」はできなくなると思われる。令状に基づく捜索差押えという強制処分をいつの時点で執行するかについては，捜査機関にある程度の時間的裁量が認められていると考えられるが，いったん，強制処分に着手して荷物を開披したのに，その内容物が規制薬物であると確認できた段階で令状の執行を中断し（しかも，一度開披した宅配便荷物の梱包をし直した上で），任意捜査としての泳がせ捜査に移行することまでの裁量は認められていないと考えられるからである。そうすると，その場で規制薬物を差し押さえた後の捜査も，この荷物の配達伝票等に記載された荷送人名や荷受人名等をたよりに，その者との結び付きのある限られた者のみの検挙にとどまるであろうし，このような荷物の配達伝票に実名を記載するほど密売グループも間抜けではないであろうから，結局は，密売関係者の一網打尽には繋がらない捜査に終わる可能性が高い。したがって，コントロールド・デリバリーのような「泳がせ捜査」的な追跡捜査（厳密には，エックス線検査で判明するのは，規制薬物の疑いのある不審な物というところまでなので，これが規制薬物であることが既に判明している物を泳がせたまま追跡するという「泳がせ捜査」とは異なる）を実施したい捜査機関の思惑としては，当該荷物についての捜索差押許可状の発付を得た上で，その執行を

留保しつつ（当該荷物を開披しないまま），つまり，届け先まで泳がせた上，荷受人が受領後に令状による捜索に入り，規制薬物の差押えと同時に関係者を一網打尽に検挙する捜査手法をとりたいものと考えられる。

そこで，このような捜査手法をとる大前提として，設問のようなエックス線検査が令状（検証許可状）なくして行われた場合に違法捜査かどうか，違法捜査とされる場合には，押収した覚せい剤の証拠能力は認められるかどうかを検討し，併せて今後この種事案についてどのような手順を踏めば違法捜査にならずに捜査目的を遂げられるかについて以下論じていくこととする。

### 3 荷送人・荷受人の承諾を得ることなく宅配便荷物の外側からエックス線検査を実施し，その内容物の射影を観察することは，強制処分（強制捜査）か任意処分（任意捜査）か

(1) 強制処分とは

刑訴法197条1項は，「捜査については，その目的を達するため必要な取調をすることができる。但し，強制の処分は，この法律に特別の定のある場合でなければ，これをすることができない。」と規定している。ここにいう「強制の処分」（強制処分）について，判例は，「強制処分は，有形力の行使を伴う手段を意味するものではなく，個人の意思を制圧し，身体，住居，財産等に制約を加えて強制的に捜査目的を実現する行為など，特別の根拠規定がなければ許容することが相当でない手段を意味する」としている（最決昭51・3・16刑集30巻2号187頁）。つまり，強制処分に当たるかどうかは，「意思の制圧」と「身体等の権利・利益の制約」の両面から判断されるべきものとされている。

(2) 同種事案に関する参考判例等

設問とほぼ同種の事案につき，捜査機関において宅配便業者の承諾は得たものの，荷送人・荷受人の承諾を得ないで実施したエックス線検査が，強制処分に当たるかどうかについて，近時，最高裁決定（最決平21・9・28刑集63巻7号868頁）で，一種の検証として強制処分に該当するとの明確な判断が示された。その事案の概要，下級審及び最高裁（上告審）の判断等の公判経過は，以下のとおりである。

(a) 事案の概要　　大阪府警察本部生活安全部所属の警察官らは，かねてか

ら覚せい剤密売の嫌疑で大阪市内の有限会社Ａ（以下「Ａ社」という）に対して内偵捜査を進めていたが，Ａ社関係者が東京の暴力団関係者から宅配便により覚せい剤を仕入れている疑いが生じたことから，宅配便業者の営業所に対して，Ａ社の事務所に係る宅配便荷物の配達状況について照会等をした。その結果，同事務所には短期間のうちに多数の荷物が届けられており，それらの配送伝票の一部に不審な記載のあること等が判明した。そこで，警察官らは，同事務所に配達予定の宅配便荷物のうち不審なものを借り出してその内容を把握する必要があると考え，前記営業所の長に対し，協力を求めたところ，承諾が得られたので，平成16年5月6日から同年7月2日にかけて，5回にわたり，同事務所に配達される予定の宅配便荷物各1個を同営業所から借り受けた上，関西空港内大阪税関においてエックス線検査を行った。その結果，1回目の検査においては覚せい剤とおぼしき物は発見されなかったが，2回目以降の検査においては，いずれも，細かい固形物が均等に詰められている長方形の袋の射影が観察された（以下，これら5回の検査を「本件エックス線検査」という）。なお，本件エックス線検査を経た前記各宅配便荷物は，検査後，前記営業所に返還されて通常の運送過程下に戻り，前記事務所に配達された。また，警察官らは，本件エックス線検査について，荷送人や荷受人の承諾を得ていなかった。

(b) 第1審判決（大阪地判平18・9・13刑集63巻7号890頁）　この事案について，第1審判決では，「このような（本件エックス線検査による）方法は，捜査機関が，運送中の宅配便荷物について，封を開披することなく，①目視して外観を見分する，②寸法や重量を測定する，③荷物伝票の記載を読んで荷送人・荷受人の住所氏名等や内容物として記載された品名を知るなどの方法で調査するのとは性質を異にし，内容物の形状や材質について窺い知ることが可能になるという点で，荷送人・荷受人の私的な領域に一歩踏み込むものである。荷送人及び荷受人が当該荷物に関し本件エックス線検査が実施されようとしていることを知った場合，これを承諾しないことも予想されるところ，そのような機会を与えずに荷物をエックス線検査にかけることは，その程度はともかくとして，荷送人・荷受人のプライバシー等を侵害するものであることは否定できない。」「しかし，本件エックス線検査による方法は，その射影により内容物の形状や材質を窺い知ることができるだけで，内容物が具体的にどのようなもので

あるかを特定することは到底不可能である。したがって，この方法が荷送人・荷受人のプライバシー等を侵害するものであるとしても，その程度は極めて軽度のものにとどまる。荷物を開披した上で内容物を見分した場合に荷送人・荷受人のプライバシー等が侵害されるのに比べれば，格段の差があるといわなければならない。」旨判示し，本件エックス線検査による方法は，刑訴法197条ただし書にいう「強制の処分」に属するものではなく，捜査機関がいわゆる任意捜査として実施し得るものというべきであるとした。

　さらに第1審では，任意捜査の限界の判断にも触れ，「もちろん，任意捜査であっても，荷送人・荷受人のプライバシー等を侵害する可能性があるわけであるから，その捜査方法を用いることが必要であるとされた具体的な状況を検討して，真に相当であると認められる限度においてのみ，これを用いることが許されるものと考える。」とした上で，A社関係者から覚せい剤を譲り受けたと供述する者がいたことから，覚せい剤取締法違反を嫌疑として，A社に対する捜査を開始し，①A社事務所付近の内偵により，事務所に自動車で乗り付けた者に対し，事務所関係者が封筒を渡すことが多数回あり，覚せい剤等の取引を行っているのではないかという疑いが生じ，また，②覚せい剤事犯に関係した者の銀行口座に，A社事務所の特定の従業員が多額の入金をしていたことから，これは覚せい剤代金の振り込みではないかと考えられ，③覚せい剤営利目的所持で逮捕された者から，A社関係の暴力団組織に宅配便で覚せい剤を譲渡していた旨の供述を得るなどにより，A社が，宅配便により，覚せい剤を仕入れているのではないかと疑い，さらに，A社宛の宅配便を調査したところ，④同一人と思しき者から，Bという特定の者宛に宅配便が多数送られていたことが判明したことなどの事情を挙げ，「これらによれば，A社事務所の関係者が，宅配便により覚せい剤の送付を受けている嫌疑が相当深まっていたということができる。その事実を解明する方法としては，エックス線検査を実施し，その射影から内容物の形状・材質を窺い知り，それが覚せい剤様の物であることが窺われた場合には，更なる捜査（差押等）を行うというのが適切であり，他に有効な方法があったということはできない。また，ある特定の者からA社の住所に送られた荷物に限ってエックス線検査を実施し，宛先が『A社のB』以外の宅配便で嫌疑となっている覚せい剤様の物が映らなかった後は，『B』宛の

宅配便に限ってエックス線検査を実施しているのであって，捜査機関において，検査の対象を極力限定しようとの配慮が見られる。」「以上を総合すれば，エックス線検査を実施しようとした時点において，A社の事務所関係者らが宅配便による大規模な覚せい剤譲受けに関与しているとの嫌疑があり，エックス線検査の実施による荷送人・荷受人のプライバシー等の侵害の程度がそれほど高くないのに対し，この方法によらなければ，大規模な覚せい剤譲受け事犯の真相を解明し，更なる証拠を収集して，犯人検挙に至るということが困難であるという状況下において，本件のエックス線検査が行われたものである。また，その実施方法自体に不相当と思われる点はない。」とし，本件エックス線検査は任意捜査の限界を超えた違法なものともいえないとした。

　(c)　控訴審判決（大阪高判平19・3・23刑集63巻7号911頁）　控訴審においても，第1審の判断を是認し，「原判決が説示するとおり，①エックス線を照射して宅配便荷物の内容物を検査することが荷送人及び荷受人のプライバシー等を侵害するものであることは否定できないが，宅配便荷物の外部から照射したエックス線の射影により内容物の形状や材質を窺い知ることができるにとどまり，プライバシー等の侵害の程度が大きいとはいえないこと，②原判決が説示するとおり，それまでの内偵捜査により，同一人と思しき人物からBという特定の者に宛てた宅配便荷物がA社の事務所に多数回配送されていたことなどの事実が判明し，A社の関係者が何者かから宅配便荷物により覚せい剤を譲り受けている嫌疑が相当高まっていたこと，③本件のエックス線照射は，宅配便荷物の直接の占有者である宅配業者の承諾を得て行っている上，検査の対象としたのは，同一人と思しき荷送人が実名でA社宛に発送した宅配便荷物1個と偽名を使用してB宛に発送した宅配便荷物4個に限定されていることに照らすと，本件のエックス線照射は，任意捜査として許容される限度のものというべきである」旨判示した。

　(d)　上告審決定（前掲最決平21・9・28）　これに対し，最高裁は，「本件エックス線検査は，荷送人の依頼に基づき宅配便業者の運送過程下にある荷物について，捜査機関が，捜査目的を達成するため，荷送人や荷受人の承諾を得ることなく，これに外部からエックス線を照射して内容物の射影を観察したものであるが，その射影によって荷物の内容物の形状や材質をうかがい知ることが

できる上，内容物によってはその品目等を相当程度具体的に特定することも可能であって，荷送人や荷受人の内容物に対するプライバシー等を大きく侵害するものであるから，検証としての性質を有する強制処分に当たるものと解される。そして，本件エックス線検査については検証許可状の発付を得ることが可能だったのであって，検証許可状によることなくこれを行った本件エックス線検査は，違法であるといわざるを得ない。」とした。

(e) 第1審・控訴審各判決と上告審決定との比較検討　以上のように，第1審・控訴審が，本件エックス線検査について任意捜査であるとした上で，任意捜査の限界について検討し，その限界内であるので違法ではないと判示したのと異なり，上告審は検証の性質を有する強制処分に当たるので，令状なくして行った本件エックス線検査を端的に違法としている。

　その結論の違いはどこにあったか。荷送人・荷受人の承諾を得ることなく，宅配便荷物の外側からエックス線検査を実施し，その内容物の射影を観察することが，荷送人・荷受人のプライバシー等を侵害する，すなわち，個人の権利・利益を侵害するものであることについては，第1審・控訴審及び上告審決定において異論のないところである。しかし，エックス線検査による方法が，その射影により荷物の内容物の形状や材質を窺い知ることができるにとどまらず，内容物によってはその品目等を相当程度具体的に特定することまで可能か否かの判断が，第1審・控訴審と上告審決定とで異なっており，その結果，プライバシー等の侵害の程度について異なる判断をすることになったと考えられる（野呂裕子「判例紹介」研修739号109頁）。また，第1審は，前記のとおり，本件エックス線検査を任意捜査と認定した上で，任意捜査として許容される限度かどうかを検討するに当たり，「事実を解明する方法としては，エックス線検査を実施し，その射影から内容物の形状・材質を窺い知り，それが覚せい剤様の物であることが窺われた場合には，更なる捜査（差押等）を行うというのが適切であり，他に有効な方法があったということはできない。」としているが，エックス線検査を実施する前の時点でA社関係者が宅配便を利用する方法で覚せい剤譲受けに関与している嫌疑は相当深まっていたことからすると，検証許可状の発付を得た上でエックス線検査を実施することが可能な状況であったのであり，このことが上告審が本件エックス線検査を違法とした理由の1つと思

われる（野呂・前掲研修739号113頁）。

なお，第1審，控訴審及び上告審のいずれについても，強制処分かどうかの判断に当たり，プライバシー等の侵害の程度に焦点を当てて検討しており，判例が強制処分の判断要素として掲げる「意思の制圧」と「身体等の権利・利益の制約」のうち，「意思の制圧」についての検討に触れられていないが，これは，本件のように相手方（荷送人・荷受人）の不知の間にプライバシー等に制約を加える捜査については，相手方の同意を得ずに相手方の意に反する法益侵害行為を実施していることが明らかなので，端的に「意思の制圧」に当たるということを当然の前提にしているものと思われる（田宮・刑訴71頁，井上正仁・強制捜査と任意捜査10頁など）。

(3) **設問への当てはめ**

以上のように，近時の最高裁の決定によれば，荷送人・荷受人の承諾を得ることなく宅配便荷物の外側からエックス線検査を実施し，その内容物の射影を観察することは，強制処分（強制捜査）に当たるということになり，設問の事例についても，令状（検証許可状）によらずにエックス線検査を実施しているものと認められることから違法捜査となるもの思われる。

4 **違法な捜査手続によって得られた証拠（エックス線検査で観察された射影を撮影した写真）等を疎明資料として発付された捜索差押許可状により押収した覚せい剤の証拠能力**

(1) **違法な捜査手続によって得られた証拠（1次証拠）の証拠能力**

まず，違法な捜査手続によって得られた証拠自体（1次証拠）の証拠能力について，判例は，警察官が職務質問に際し相手方の承諾なく上衣左内側ポケットに手を差し入れて所持品を取り出したところそれが覚せい剤であったという事案につき，「証拠物の押収等の手続に，……令状主義の精神を没却するような重大な違法があり，これを証拠として許容することが，将来における違法な捜査の抑制の見地からして相当でないと認められる場合においては，その証拠能力は否定されるものと解すべきである」としている（最判昭53・9・7刑集32巻6号1672頁）。すなわち，証拠排除の要件は，①証拠物の押収等の手続に令状主義の精神を没却するような重大な違法があること（違法の重大性），②当該証

拠を許容することが違法捜査抑制の見地からして相当でない場合（排除の相当性）の2点をともに充足することであると解される。

(2) **違法な捜査手続によって得られた証拠（1次証拠）を疎明資料として発付された捜索差押許可状によって収集された証拠（2次証拠）の証拠能力**

では，設問のように宅配便荷物の外部からエックス線検査を実施することが強制処分に当たり，令状によらずに実施すれば違法捜査であるとすると，そのような違法な捜査手続によって収集された証拠（1次証拠）を疎明資料として発付された捜索差押許可状によって押収された覚せい剤（2次証拠）の証拠能力はどうなるのであろうか。

前項で紹介した同種事案の最高裁（上告審）決定は，本件エックス線検査を強制処分と位置付けて違法捜査とした上で，「本件覚せい剤等は，平成16年6月25日に発付された各捜索差押許可状に基づいて同年7月2日に実施された捜索において，5回目の本件エックス線検査を経て本件会社（A社）関係者が受け取った宅配便荷物の中及び同関係者の居室内から発見されたものであるが，これらの許可状は，4回目までの本件エックス線検査の射影の写真等を一資料として発付されたものとうかがわれ，本件覚せい剤等は，違法な本件エックス線検査と関連性を有する証拠であるということができる。」として，その1次証拠（射影の写真）が法廷に証拠として提出するような証拠ではなく，令状請求の疎明資料に供するものであったとしても，その1次証拠が令状発付の一資料となった場合には，証拠排除の検討対象は，2次証拠（押収した覚せい剤）にも及び得ることを明らかにした。

その上で，上告審決定は，前記証拠排除の判断要素である「違法の重大性」に関し，「本件エックス線検査が行われた当時，本件会社（A社）関係者に対する宅配便を利用した覚せい剤譲受け事犯の嫌疑が高まっており，更に事案を解明するためには本件エックス線検査を行う実質的必要性があったこと，警察官らは，荷物そのものを現実に占有し管理している宅配便業者の承諾を得た上で本件エックス線検査を実施し，その際，検査の対象を限定する配慮もしていたのであって，令状主義に関する諸規定を潜脱する意図があったとはいえないこと，本件覚せい剤等は，司法審査を経て発付された各捜索差押許可状に基づく捜索において発見されたものであり，その発付に当たっては，本件エックス

線検査の結果以外の証拠も資料として提供されたものとうかがわれることなどの諸事情にかんがみれば，本件覚せい剤等は，本件エックス線検査と上記の関連性を有するとしても，その証拠収集過程に重大な違法があるとまではいえず，その他，これらの証拠の重要性等諸般の事情を総合すると，その証拠能力を肯定することができると解するのが相当である。」としてその証拠能力を肯定した。この上告審決定は，2次証拠の証拠排除の判断要素について，「違法の重大性」及び「排除の相当性」の2点をともに充足しなければならないことを前提に，本件では「違法の重大性」の要件に欠けるため証拠能力を肯定したものと考えられ，従前の判例が示した1次証拠の証拠排除法則がここでも妥当することを示したものといえる。

　また，この上告審決定では，「違法の重大性」を否定する根拠として，①嫌疑の高まりによるエックス線検査の実質的必要性があったこと，②宅配便業者から承諾を得，検査対象を限定するなどの配慮を行っており，警察官側に令状主義を潜脱する意図があったとはいえないこと，③2次証拠（本件覚せい剤）を押収した際の捜索差押許可状の発付の根拠が1次証拠（射影の写真）のみに依拠したものではないことが窺われることを挙げている。この点に関しては，①につき，嫌疑の高さが高いほど令状が得やすいのであるから，それを怠った場合は違法の程度が高まるのではないか，②につき，宅配便業者の承諾の存在が，荷送人・荷受人のプライバシー等への侵害の程度を軽減することはないので違法の程度を希釈するものではないのではないか，③につき，捜索差押許可状の発付の根拠が相当程度1次証拠（射影の写真）に依拠していることは否定できないのではないかなどの批判があり得るところである。特に①については，上告審決定が，本件エックス線検査の違法性を判断するのに際し，嫌疑の高さについて，「本件会社（A社）関係者に対する宅配便を利用した覚せい剤譲受け事犯の嫌疑が高まって〔いた〕」ことを根拠に，「本件エックス線検査については検証許可状の発付を得ることが可能だったのであって，検証許可状によることなくこれを行った本件エックス線検査は，違法である」としている一方で，証拠排除の判断要素である「違法の重大性」を判断するのに際し，この嫌疑の高まりによるエックス線検査の実質的必要性を「違法の重大性」を否定する根拠の1つに挙げている。これらの諸点をどのように理解すべきであろうか。

そもそも上告審決定が「検証許可状の発付を得ることが可能だった」としながら，違法の重大性を肯定しなかったのは，本件の特殊事情として，本件エックス線検査のような捜査手法の強制処分性について明確に判示した従前の判例が存在しないことから，本件エックス線検査が行われた時点においては，本件エックス線検査が強制処分に当たるのか否かすなわち令状の要否が分明ではなかったという点を挙げることができると思われる（関口和徳「刑事判例研究」北大法学論集61巻6号2160頁）。それに加え，前述したように，税関当局からの通報により端を発することが一般的であるコントロールド・デリバリーによる捜査手法（泳がせ捜査）は任意捜査であるから，その手法と類似する本件のような捜査手法についても，当時の警察官側としては任意捜査であると考えることも無理からぬ面があったと思われる。もとより，当時の警察官側に「令状主義に関する諸規定を潜脱する意図」（すなわち，本件エックス線検査が強制処分に当たることを認識しながらあえて検証許可状を得ずに検査を実施したという状況）は存しなかったとしか考えられない（関口・前掲北大法学論集61巻6号2146頁）。そこで，上告審決定は，当時の警察官側が，前掲第1審及び控訴審の各判決と同様に本件エックス線検査を任意捜査と位置付けた上で，許容される範囲内の任意捜査であるとの評価を得るべく，宅配便荷物について，エックス線検査が実質的に必要であったいえる程度に内偵捜査を進めて嫌疑を高めていったこと（その結果，捜索差押許可状の発付を得る際には，エックス線の照射写真以外の証拠も疎明資料として提供できたことが窺われること），エックス線検査を実施する際には，宅配便業者からも承諾を得，検査対象も限定するなどの配慮を行ったということなどを証拠収集過程における違法の程度を軽減させる酌み取るべき諸事情と認め，「違法の重大性」を否定する判断に至ったものと解される。

(3) 設問への当てはめ

以上のとおり，前記最高裁（上告審）決定は，違法な捜査手続によって得られた証拠（エックス線検査で観察された射影を撮影した写真）等を疎明資料として発付された捜索差押許可状により押収した覚せい剤の証拠能力を肯定した。しかし，それは今後も同様の手順で実施した捜査手続により押収した覚せい剤の証拠能力が肯定されることを意味するものではない。むしろ，最高裁が証拠能力を肯定した理由の中核が，当時の警察官側に「令状主義に関する諸規定を潜脱

する意図」（すなわち，本件エックス線検査が強制処分に当たることを認識しながらあえて検証許可状を得ずに検査を実施したという状況）は存しなかったという点にあると考えられるので，以降同様の事案に直面した捜査機関が捜査手続を進めるに当たっては，当然に前記最高裁決定を踏まえなければならず，もし，検証許可状を得ずにエックス線検査を実施した場合には，その射影の写真を根拠に捜索差押許可状の発付を請求しても，令状担当裁判官から証拠（疎明資料）の収集過程に違法があるとして同許可状の発付を拒否されるであろう。仮に同許可状の発付を得たとしても，それに基づき押収した証拠（覚せい剤）については，押収手続の「違法の重大性」を認めてその証拠能力が否定される可能性が高いと思われる。また，かかる写真以外に同許可状を発付できるほどの疎明資料があることが窺われる場合（令状担当裁判官が令状を発付した理由については公判段階では確認できないため，他に疎明資料があることが窺われる場合）であっても，裁判所は，証拠収集過程の「違法の重大性」と将来の違法捜査の抑制の見地から「排除の相当性」を認めて証拠排除に踏み切ることが予想される。

　このような観点で設問をみると，設問の事案が前記最高裁決定後に行われた捜査・押収手続である場合には，まさに押収した覚せい剤の証拠能力が否定される可能性が高いと考えられる。

## 5 同種犯罪に関する今後の捜査の在り方

　前述したとおり，宅配便荷物のエックス線検査を実施して観察された射影を根拠に規制薬物の捜索差押許可状の発付を得た上，届け先の捜索，規制薬物の押収及び関係者の一斉検挙につなげるという捜査手法は，コントロールド・デリバリーと類似の機能を有し，有用かつ必要な方法であると考えられるが，これを活用するには，捜査機関において，いやしくも違法な証拠収集手続であるとのそしりを受けることのないよう細心の注意を払う必要がある。

　そこで，捜査機関としては，宅配便荷物のエックス線検査を実施することは強制処分であるから検証許可状に基づき実施しなければならないことを自覚しなければならない。そして，検証許可状を得るには，宅配便荷物のエックス線検査を実施する実質的必要性（当該宅配便荷物の中に覚せい剤が隠匿されているとの相当の嫌疑）が生じるまで任意捜査（内偵捜査）により証拠を積み重ねる必要があ

るということになる。
　前述した大阪の事案における内偵捜査の経過を例にとると，その第1審判決によれば，次のような経過をたどったものと認められる。
　(a)　検挙された者の中にA社関係者から覚せい剤を譲り受けたと供述する者がいたため，A社関係者による覚せい剤密売の疑いが生じ，捜査を開始したこと。
　(b)　A社事務所付近の内偵捜査により，同事務所に自動車で乗り付けた者に対し，同事務所の関係者が封筒を渡すことが多数回あり，同事務所で覚せい剤の密売を行っている疑いが生じたこと。
　(c)　過去に覚せい剤事犯に関係した者の銀行口座に，A社事務所の特定の従業員が多額の入金を多数回にわたりしていたことが判明し，これは覚せい剤代金の支払ではないかとの疑いが生じたこと。
　(d)　覚せい剤営利目的所持で逮捕された者から，A社関係の暴力団組織に宅配便で覚せい剤を譲渡していた旨の供述を得るなどにより，A社関係者が，宅配便により，覚せい剤を仕入れているのではないかとの疑いが生じたこと。
　(e)　A社宛の宅配便を調査（宅配便業者の控え伝票の調査は，宅配便業者の承諾を得れば任意捜査として可能である）したところ，同一人と思しき者から，Bという特定の者宛に宅配便が多数送られていたことが判明したこと。
　(f)　加えて，(c)で述べた銀行口座への多数回にわたる入金時期と(e)で述べた宅配便の多数回にわたる送付時期とは，いずれもその都度近接した時期に行われていること（この点は内偵捜査中に判明したものかどうか判然としないものの，内偵捜査によっても十分解明できると考えられる）。
　以上のような諸事情が認められれば，同事案の第1審判決のいうように「A社事務所の関係者が，宅配便により覚せい剤の送付を受けている嫌疑が相当深まっていたということができる」ことから，同事案の上告審決定のいうように「本件エックス線検査については検証許可状の発付を得ることが可能だった」と考えられるので，捜査機関においては，この種事案の今後の捜査の際に十分参考とすべきであろう。
　なお，検証許可状は，検証すべき物の特定が不可欠であるから，時期の異なる複数にまたがる宅配便荷物のエックス線検査を実施するに当たっては，その

都度，個別の令状が必要となることはいうまでもない。つまり，前述した大阪の事案では，約2か月間のうちに5回にわたりエックス線検査を実施しているが，この場合には，その5回につきその都度，検証許可状が必要となるので，今後の捜査に当たっては，特定の名宛人に対する宅配便荷物について，宅配便業者から事前に連絡をもらえる程度の捜査協力を得ておくことが円滑な捜査につながるものと思われる。また，検証とは，場所・物・人の身体につき，五官の作用により，その存在・内容・形状等を認識することであるから，本件に置き換えると，宅配便荷物を外部からエックス線照射してその内容物を窺い知ることであり，その荷物を開披して中身を確認することまで予定していない。ましてや検証許可状だけでは差押えなどできない。検証許可状によってできることは，エックス線検査を実施して射影を観察し，覚せい剤と思しき物が観察された場合に，その写真を撮影し，これを証拠資料とすることまでである。ただ，宅配便荷物のエックス線検査を実施した結果，覚せい剤らしき不審な射影が観察された場合であっても，捜査機関としては，この検証終了後，再び，当該荷物を通常の運送過程下に戻すことは可能であろう。捜索差押えと異なり，荷物を開披して中身を確認するようなものではない上，前述した大阪の事案と同様に複数回にわたり検証しないと，その不審な射影が覚せい剤であるとの相当の嫌疑にまで至らない場合もあるからである。そして，相当の嫌疑に至った段階で，これまでに撮影した射影の写真及び最後に撮影した射影の写真を疎明資料にして，最後に検証した宅配便荷物についての捜索差押許可状の発付を得，届け先等に捜索に入り，覚せい剤の差押え及び関係者の一斉検挙につなげることになるものと思われる。

　このような捜査手法を別の角度からみると，宅配便荷物について検証はしたものの，通常の運送過程下に戻すことは，覚せい剤である可能性のある物がそのまま薬物の密売グループの手に渡ることを見過ごすことになり，それが本当に覚せい剤であった場合には，害悪の拡散につながってしまうという難点があることになる。しかし，何度か見過ごしつつ，最終的にはほぼ確実に覚せい剤であるとの確証を得てから捜索差押許可状の発付を得ることの方が，密売グループの一網打尽につながる可能性が高いのであるから，将来的には害悪の拡散を断ち切ることになるという利点もある。そこで，捜査機関としては，一方で

覚せい剤の可能性のある物を見過ごすことによる害悪の拡散と，他方で確実に覚せい剤譲受け事犯の関係者を一斉検挙することによる将来的な害悪の遮断との双方を比較検討しながら，捜索差押許可状の発付を得るタイミングを決める必要があろう。

　また，覚せい剤である可能性のある物を何度か見過ごしたとしても，エックス線検査により観察された射影をその都度写真等で証拠化しておくことは，国際的な協力の下に規制薬物に係る不正行為を助長する行為等の防止を図るための麻薬及び向精神薬取締法等の特例等に関する法律（いわゆる麻薬特例法）5条4号及び8条によって成立するところの犯罪，つまり，最終的に差し押さえた覚せい剤についての譲り受ける行為と，見過ごした部分についての覚せい剤様のものを「規制薬物として譲り受ける行為とを併せてすることを業とした」ことの立証の支えとなることは，前記大阪の事案における第1審判決の認定根拠でも触れられており，常習的な犯行実態に即した適正な科刑につながるものであることを付言しておく。

【畑野　隆二】

## 19 宿泊させての取調べ

警察官Kは，殺人事件の重要参考人である甲に出頭を求め半日かけて事情を聴取した結果，甲が犯人なのではないかと考えるに至ったが，決定的な証拠があるわけではなく，甲本人は頑として否認している。現時点では，逮捕状は取得できないと判断したKは，甲に「今日は逮捕しないけれども，このまま帰すわけにも行かない。近くにホテルを取るので，今日はそこに泊まってもらいたい。ホテル代は警察が負担する。明日事情を聞いて，疑いが晴れたら逮捕せずに帰す。」などと話して説得し，甲をホテルの一室に宿泊させた。その際，甲が逃げないよう，警察官1名を一晩中廊下で待機させた。同じようなことが3夜にわたって繰り返され，4日目の夕方，ついに甲が犯行を自供したことから，直ちに自白調書を作成し，これを資料に逮捕状を得て，甲を逮捕した。Kの行為の適法性及び甲の自白調書の証拠能力はどうか。

### 1 はじめに
#### (1) 問題の所在
本設例では，警察官1名を廊下に待機させる中，甲をホテルの一室に3泊させた上，連日取調べを行った捜査の適法性及びこのような取調べの結果4日目に得られた甲の自白調書の証拠能力が問題となっている。
#### (2) 宿泊を伴う取調べが必要となる場合
通常，捜査官が被疑者ないし重要参考人の取調べを複数日にわたって行う必要があるとしても，その都度出頭を求めて取り調べればよく，宿泊をさせる必要はない。

しかし，捜査機関側において，被疑者の自殺や逃走，被疑者による証拠隠滅を警戒し，報道機関と被疑者との接触を回避したい等の事情がある場合は，宿泊させて取調べを行うインセンティヴが捜査機関側に発生する。また，被疑者の方でも，家族や同僚等と顔を合わせたくない場合や報道機関等による取材を避けたいなどの考慮の下にこれに応じ，あるいは被疑者の方から宿泊場所の斡

旋・提供を求める場合があり得る（河上和雄「任意捜査の限界」判タ528号47頁）。

### (3) 東京地裁昭和55年8月13日決定

宿泊を伴う取調べの適否に関するリーディング・ケースは後述する高輪グリーン・マンション殺人事件の最高裁昭和59年決定であるが、同決定以前にこの点が問題となった裁判例として、東京地裁昭和55年8月13日決定（判時972号136頁、以下「東京地裁昭和55年決定」という）がある。

これは、任意同行した殺人事件の被疑者を、その承諾を得て逮捕前2夜にわたり捜査官6名とともにビジネスホテルに同宿させ、取調べをしたという事案について、「行先のない被疑者に宿泊先を斡旋することは差支えないとしても問題はその態様であり、本件宿泊に用いたホテルの客室は、6畳間が2間続いた構造で玄関は1つしかなく、被疑者はその奥の方に捜査官2名と就寝し、玄関に近い方の間には捜査官4名が雑魚寝するという状況であったのであるから、被疑者が取調からの解放を求めて任意に同ホテルを立去ることなど思いも寄らず、又、取調室までの往復には捜査官の運転する乗用車が用いられ、警視庁本部においては、捜査官の好意によるとはいえ、食事まで庁内の食堂で給付され、食事のための外出の機会もないまま終日取調を受けていたのである。従って、この間の被疑者の状況は、手錠その他の戒具等こそ用いられてはいないものの、実質的には逮捕と同視すべき状況下にあったものと言ってよ（い）」旨の判断を示し、勾留請求却下の裁判に対する検察官の準抗告の申立てを棄却したものである。

### (4) 本稿の構成

以下では、設例のような宿泊を伴う取調べがそもそも任意捜査にとどまるものといえるのか、任意捜査だとしても、許される取調べの範囲を逸脱しているのではないか、そして、こうした取調べの結果得られた自白調書の証拠能力についてどのように考えるべきかの順に検討することとしたい。

## 2 任意捜査か強制捜査か

被疑者の出頭を求めて行う任意の取調べを含む任意捜査と異なり、強制捜査は、法律の定める要件及び手続に従い、裁判官の発付する令状に基づいて行うのが原則である（刑訴197条1項・198条1項）。そこで、任意捜査と強制捜査の区

別の基準が問題となる。

(1) **最高裁昭和51年3月16日決定**

この問題に関して基準を示しているのが，昭和51年3月16日の最高裁決定（刑集30巻2号187頁，以下「最高裁昭和51年決定」という）である（同決定の解説として，判解刑昭51年度〔香城敏麿〕64頁等）。

同決定は，警察署に任意同行した道路交通法違反（酒酔い運転）の被疑者が，急に椅子から立ち上がって出入口の方へ小走りに行きかけたので，警察官において，被疑者の左斜め前に立ち，「風船をやってからでいいではないか。」といって両手で被疑者の左手首を掴んだという事案について，「捜査において強制手段を用いることは，法律の根拠規定がある場合に限り許容されるものである。しかしながら，ここにいう強制手段とは，有形力の行使を伴う手段を意味するものではなく，個人の意思を制圧し，身体，住居，財産等に制約を加えて強制的に捜査目的を実現する行為など，特別の根拠規定がなければ許容することが相当でない手段を意味するものであって，右の程度に至らない有形力の行使は，任意捜査においても許容される場合があるといわなければならない。」とした上で，問題となった警察官の制止行為は強制手段に当たらないとした。

(2) **設例について**

設例については，取調べ中あるいは宿泊中等の場面において，「強制手段」と評価される有形力の行使があったかが問題となる。例えば，取調室から退室しようとする甲に対する制止行為の有無や，ホテルの廊下で待機していた警察官による有形力の行使の有無等が問題とされることになろう。警察官による有形力の行使の場面がおよそなければ，心理的な制約感・圧迫感等があったとしても，最高裁昭和51年決定との関係では，強制処分性を帯びるものではないと解される。

### 3 任意捜査の限界

任意捜査といっても無制約ではないから，設例の事案が，強制処分性を帯びるものではなく，任意捜査の範疇に属すると評価されるものであるとしても，任意捜査として許される範囲を逸脱するものではないかが次に問題となる。

この点，任意捜査における有形力の行使の限界という文脈においては，最高

裁昭和51年決定が,「強制手段にあたらない有形力の行使であっても,何らかの法益を侵害し又は侵害するおそれがあるのであるから,状況のいかんを問わず常に許容されるものと解するのは相当でなく,必要性,緊急性などをも考慮したうえ,具体的状況のもとで相当と認められる限度において許容されるものと解すべきである。」としているところである。

(1) **最高裁昭和59年2月29日決定**

任意捜査としての被疑者取調べの限界についての指導的な判例は,いわゆる高輪グリーン・マンション殺人事件に関する昭和59年2月29日の最高裁決定(刑集38巻3号479頁,以下「最高裁昭和59年決定」という)である(同決定の解説・評釈として,判解刑昭59年度〔龍岡資晃〕169頁,刑訴百選(第9版)〔堀江慎司〕16頁,長沼範良=櫻井正史=金山薫=岡田雄一=辻裕教=北村滋編・警察基本判例・実務200〔岡部豪〕417頁,飼手義彦・研修445号129頁,古田佑紀「任意捜査の手段の相当性」捜研33巻8号22頁,宇津呂英雄「任意捜査における『相当性』」警論37巻5号145頁,山﨑裕人「任意捜査の限界」警論37巻6号49頁等)。

同決定が,どのような事実関係の下に,いかなる判断基準を定立し,どのような要素に着目して結論に至っているのかが重要であると思われるので,ここでは比較的詳細に紹介することとしたい。

(a) **事案の概要** 昭和52年5月18日,東京都港区の高輪グリーン・マンションの被害女性方において,被害者が何者かによって殺害されているのが発見され,殺人事件として直ちに捜査が開始された。被害者の生前の交友関係を中心に捜査が進められ,かつて被害者と同棲したことのある被告人もその対象となっていたところ,同月20日,被告人は自ら高輪署に出頭し,本件犯行当時アリバイがある旨の弁明をしたが,裏付捜査の結果アリバイの主張が虚偽であることが判明し,被告人に対する容疑が強まったことから,同年6月7日早朝,捜査官4名が東京都大田区所在のN荘(被告人の勤め先の独身寮)の被告人の居室に赴き,本件の有力容疑者として被告人を同署に任意同行した。

捜査官らは,被告人を警視庁に同道し,ポリグラフ検査を受けさせた後,高輪署に連れ戻り,被告人を取り調べ,アリバイの点などを追及したところ,同日午後10時頃に至って,被告人は犯行を認めるに至った。

捜査官らは,同日午後11時過ぎには一応の取調べを終えたが,被告人から

の申出もあって，「私は高輪警察署でSさんを殺した事について申し上げましたが，明日，さらにくわしく説明致します。今日は私としても寮に帰るのはいやなのでどこかの旅館に泊めて致だきたいと思います。」と記載した答申書を作成提出させて，同署近くのN社の宿泊施設に被告人を宿泊させ，捜査官4,5名も同宿し，うち1名は被告人の部屋の隣室に泊まり込むなどして被告人の挙動を監視した。

翌6月8日朝，捜査官らは，自動車で被告人を迎えに行き，朝から午後11時頃に至るまで高輪署の調べ室で被告人を取り調べ，同夜も被告人が帰宅を望まないということで，捜査官らが手配した自動車で被告人を同署からほど近いホテルMに送り届けて同所に宿泊させ，翌9日以降も同様の取調べをし，同夜及び同月10日の夜はTホテルに宿泊させ，各夜ともホテルの周辺に捜査官が張り込み被告人の動静を監視した。なお，宿泊代金については，同月7日から9日までの分は警察において支払い，同月10日の分のみ被告人に支払わせた。このようにして，同月11日まで被告人に対する取調べを続行し，この間，自白を内容とする供述調書，答申書が作成された。

捜査官らは，自白を得たものの，決め手となる証拠が十分でなかったことなどから，被告人を逮捕することなく，同月11日，被告人を迎えに来た被告人の実母らと帰郷させたが，その際，実母から「右の者御署に於て殺人被疑事件につき御取調中のところ今回私に対して身柄引渡下され正にしうけました」旨記載した身柄請書を徴した。

捜査官らは，その後も被告人の自白を裏付けるべく捜査を続け，同年8月23日に至って，殺人の容疑により，被告人を逮捕した。被告人は，当初は新たなアリバイの主張をするなどして犯行を否認していたが，同月26日に犯行を自白して以降捜査段階においては自白を維持し，同年9月12日，殺人で起訴された。

第1審及び第2審判決とも，捜査は適法とし，自白の任意性・信用性を認め，被告人を有罪としたが，被告人から上告の申立がなされた。

(b) 決定の要旨　本決定は，最高裁昭和51年決定を引用しつつ，本件の「被告人に対する取調べは，刑訴法198条に基づき，任意捜査としてなされたものと認められるところ，任意捜査においては，強制手段，すなわち，『個人

の意思を制圧し，身体，住居，財産等に制約を加えて強制的に捜査目的を実現する行為など，特別の根拠規定がなければ許容することが相当でない手段』を用いることが許されないことはいうまでもないが，任意捜査の一環としての被疑者に対する取調べは，右のような強制手段によることができないというだけでなく，さらに，事案の性質，被疑者に対する容疑の程度，被疑者の態度等諸般の事情を勘案して，社会通念上相当と認められる方法ないし態様及び限度において，許容されるものと解すべきである。」との判断基準を示した。

　本件への当てはめに関しては，まず任意同行とそれに続く取調べ自体について，「任意同行の手段・方法等の点において相当性を欠くところがあったものとは認め難く，また，任意同行に引き続くその後の被告人に対する取調べ自体については，その際に暴行，脅迫等被告人の供述の任意性に影響を及ぼすべき事跡があったものとは認め難い。」とした。

　続いて，被告人を4夜にわたり捜査官の手配した宿泊施設に宿泊させた上，前後5日間にわたって被疑者としての取調べを続行した点については，①被告人の住居は警察署からさほど遠くはなく，深夜であっても帰宅できない特段の事情も見当たらないこと，②第1日目の夜は，捜査官が同宿し被告人の挙動を直接監視し，第2日目以降も，捜査官らがホテルに同宿こそしなかったもののその周辺に張り込んで被告人の動静を監視していたこと，③警察署との往復には，警察の自動車が使用され，捜査官が同乗して送り迎えがなされていること，④最初の3晩については警察において宿泊費用を支払っていること，⑤この間午前中から深夜に至るまでの長時間，連日にわたって本件についての追及，取調べが続けられたことの諸事情を掲げて，「被告人は，捜査官の意向にそうように，右のような宿泊を伴う連日にわたる長時間の取調べに応じざるを得ない状況に置かれていたものとみられる一面もあり，その期間も長く，任意取調べの方法として必ずしも妥当なものであったとはいい難い。」とする一方，⑥被告人が初日の宿泊について，どこかの旅館への宿泊を希望する答申書を差し出していること，⑦被告人がこの間に取調べや宿泊を拒否し，調べ室あるいは宿泊施設から退去し帰宅することを申し出たり，そのような行動に出た証跡はなく，捜査官らが，取調べを強行し，被告人の退去，帰宅を拒絶したり制止したりしたというような事実も窺われないことを指摘した上，「これらの諸事情を

総合すると，右取調べにせよ宿泊にせよ，結局，被告人がその意思によりこれを容認し応じていたものと認められる。」とした。

その上で，本決定は，「被告人に対する右のような取調べは，宿泊の点など任意捜査の方法として必ずしも妥当とはいい難いところがあるものの，被告人が任意に応じていたものと認められるばかりでなく，事案の性質上，速やかに被告人から詳細な事情及び弁解を聴取する必要性があったものと認められることなどの本件における具体的状況を総合すると，結局，社会通念上やむを得なかったものというべく，任意捜査として許容される限界を越えた違法なものであったとまでは断じ難いというべきである。」とまとめている。

(c) 少数意見　もっとも，この裁判官3名の法廷意見に対し，裁判官2名の少数意見が付されている。

少数意見は，任意捜査の方法ないし態様及び限度について多数意見が示した基準には異論がないとした上で，多数意見の指摘する⑥，⑦の事情は認められるとしつつ，①から⑤までの事情をより重視して，本件のような取調べ方法は，「任意捜査としてその手段・方法が著しく不当で，許容限度を越える違法なものというべきであり，この間の被告人の供述については，その任意性に当然に影響があるものとみるべきである。」「本件任意捜査段階における被告人の供述は，違法な取調べに基づく，任意性に疑いがあるものとして，その証拠能力を否定すべきであ（る）」としている。

(2) **東京高裁平成14年9月4日判決**

最高裁昭和59年決定以降，宿泊を伴う取調べの適法性が問題となった裁判例として，東京地裁八王子支部平成元年3月13日判決（判時1320号166頁），大阪高裁平成3年9月11日判決（判時1408号128頁），東京地裁八王子支部平成9年2月19日判決（判時1614号153頁），東京高裁平成14年9月4日判決（判時1808号144頁，以下「東京高裁平成14年判決」という）があるが，東京高裁平成14年判決は，宿泊を伴う取調べを違法であるとした上，後述のとおり，当該取調べによって得られた供述の証拠能力についても注目すべき判断を示しているので，詳しく紹介することとする。

(a) 事案の概要　本件は，夫と別居し，被害男性と同棲していたフィリピン国籍の被告人が，被告人方において，喧嘩口論の末被害者を刺殺したとして

起訴された事案であるところ，本件捜査は，第1発見者である被告人の通報を端緒に開始された。警察は，重要な参考人と考えられた被告人から事情を聴取することとし，犯行の翌日である平成9年11月10日に，被告人を警察署に任意同行した。

被告人は，事情聴取の際，その当初から自己の夫が犯人である旨供述していたため，警察は，複数の関係者の事情聴取と並行して，被告人に対し参考人としての任意取調べを実施した。

11月17日夕刻，被告人の着衣に被害者と血液型を同じくする飛沫痕が付着している旨の鑑定結果がもたらされたことから，被告人に対する嫌疑が極めて濃厚となり，警察は，翌18日，被告人に対する被疑者としての取調べを開始した。被告人は，翌19日の午後になって犯行を認めて自ら上申書を作成し，同日，逮捕された。

警察は，11月10日の任意同行の日以降，参考人としての取調べから被疑者としての取調べに切り替えた同月18日までのうち，当初の2日間は，被告人を取調べ終了後に長女の入院する病院に送り届けた。しかし，被告人の長女が退院した後は，被告人を警察が手配した警察官官舎の婦警用の空き室（2泊）及びビジネスホテル（5泊）にそれぞれ宿泊させた。そして，捜査官らは，当初の2日間は病院の病室出入口付近に警察官を待機させ，婦警用の空き室に宿泊させた際は，仕切り戸の外された隣室に婦人警察官を配置して同宿させ，ビジネスホテルでは，室外のエレベーター付近のロビーのような所に婦人警察官を待機させるなどして被告人の挙動を監視し，被告人の宿泊場所と警察署との往復に当たっては，警察の車で送り迎えをした。また，警察は，任意同行から逮捕までの前後10日間にわたり，連日，午前9時過ぎないし10時過ぎ頃から午後8時30分ないし11時過ぎ頃まで，長時間にわたり被告人の取調べを続けていた。なお，この間のビジネスホテルの宿泊費用及び食費は警察が負担した。

**(b) 1審判決の要旨** 1審判決（千葉地判平11・9・8判時1713号143頁）は，前記のような捜査経過を認定した上で，「被告人は，任意同行に渋々応じて以降，客観的にみれば，捜査官らの意向に沿うように，長期間にわたり，右のような宿泊を伴う連日にわたる長時間の取調べに応じざるを得ない状況に置かれていたものであって，被告人に対する捜査官らの一連の右措置は，全体的に観

察すれば，任意取調べの方法として社会通念上相当と認められる方法ないし態様及び限度を超えたものとみるほかはなく，違法な任意捜査であるといわざるを得ない。」とした。

(c) 本判決の要旨　本判決は，任意同行から逮捕に至るまでの経緯等について，1審判決の認定した事実に加え，本件任意捜査における被告人の監視状況に関し，「被告人は，警察署内ではもちろん，宿泊先の就寝中も含めて常時監視されており，トイレに行くにも監視者が同行し，カミソリの使用が許されてもすぐ取り上げられ，電話はかけることも許されず，10日間外部から遮断された」との事実を摘示した上で，「被告人は，参考人として警察署に任意同行されて以来，警察の影響下から一度も解放されることなく連続して9泊もの宿泊を余儀なくされた上，10日間にもわたり警察官から厳重に監視され，ほぼ外界と隔絶された状態で1日の休みもなく連日長時間の取調べに応じざるを得ない状況に置かれたのであって，事実上の身柄拘束に近い状況にあったこと，そのため被告人は，心身に多大の苦痛を受けたこと，被告人は，上申書を書いた理由について，ずっと取調べを受けていて精神的に参ってしまった，朝から夜まで取調べが続き，殺したんだろうと言い続けられ，耐えられなかった，自分の家に帰してもらえず，電話などすべて駄目で，これ以上何もできないと思ったなどと供述していること，被告人は，当初は捜査に協力する気持ちもあり，取調べに応じていたものと思われるが，このような長期間の宿泊を伴う取調べは予想外のことであって，被告人には宿泊できる可能性のある友人もいたから，被告人は少なくとも3日目以降の宿泊については自ら望んだものではないこと，また，宿泊場所については，警察は被告人に宿泊できる可能性のある友人がいることを把握したのに，真摯な検討を怠り，警察側の用意した宿泊先を指示した事情があること，厳重な監視については，捜査側は被告人に自殺のおそれがあったと説明するが，仮にそのおそれがあったとしても，任意捜査における取調べにおいて本件の程度まで徹底して自由を制約する必要性があるかは疑問であること等の事情を指摘することができるのであって，他方，本件は殺人という重大事件であり，前記のように重要参考人として被告人から事情を緊急，詳細に聴取する必要性が極めて強く，また，通訳を介しての取調べであったため時間を要したこと，被告人は自宅に帰れない事情があったことなどの点を考慮

するとしても，本件の捜査方法は社会通念に照らしてあまりにも行き過ぎであり，任意捜査の方法としてやむを得なかったものとはいえず，任意捜査として許容される限界を越えた違法なものである」とした。

(3) **各事例の比較**

最高裁昭和59年決定の事案に即して見ると，宿泊を伴う取調べの適否を判断するに当たっては，①事案の重大性及び取調べの必要性，②被疑者に対する容疑の程度（参考人か被疑者か，嫌疑の濃淡），③被疑者の態度（被疑者において宿泊先の提供を求めたものか，途中で宿泊先からの退去の意向を示したか），④どのような施設に宿泊させたか（民間のホテル等か，警察の施設か），⑤宿泊の期間及びその間の取調べ時間，⑥被疑者の監視状況（同室での宿泊か，別室での同宿か，同宿を伴わない監視か），⑦宿泊先と取調べ場所との交通手段，⑧宿泊の費用負担の方法などの諸事情が重要な要素になると考えられる。

各要素に従って，3つの事例（以下便宜上，最高裁昭和59年決定の事例を「事例A」，東京地裁昭和55年決定の事例を「事例B」，東京高裁平成14年判決の事例を「事例C」という）を比較すると，①の点については，3つの事例とも殺人という重大事案で，取調べの必要性も高い点が共通である。②の点については，事例Cにおいては，他の2例と異なり，当初は参考人として任意取調べが実施された点が特徴的である。③の点については，事例Aにおいては，被疑者の側から宿泊の申出があったのに対し，他の2例においては，警察から申し出て被疑者がこれに応じたものである。④の点については，事例Aにおいては，民間企業の宿泊施設ないしホテルであり，事例Bにおいてはホテル，事例Cにおいては，警察官官舎ないしホテルである。⑤の点については，事例Aが4泊，事例Bが2泊，事例Cが7泊となっている。⑥の点については，事例Aにおいては，1泊目は同じ宿泊施設の別室に警察官が同宿し，2泊目以降は同宿せずに周辺に張り込みをした。事例Bにおいては，警察官が同室に同宿した。事例Cにおいては，警察官官舎では隣室に同宿し，ホテルでは建物内に警察官を待機させた。⑦の点については，いずれの事例も警察の手配した車両で送迎がなされている。⑧の点については，事例Aにおける4泊中3泊，事例Cにおけるビジネスホテル宿泊分について警察が費用を負担している（事例Bについては不明）。

このように比較すると，事例Cについては，事例Aと比較して，容疑の程度，

宿泊場所の種類，宿泊期間及び監視状況のいずれの点においても，当該捜査を許容しない方向で考慮されるべき事情の存在が認められる。事例Bについては，事例Aと比較して，宿泊期間が短い一方，同室における宿泊というより厳重な監視状況の存在が認められる。事例Bはリーディング・ケースである事例Aより前のものであるが，捜査が違法と判断されたことには，この厳重な監視状況が影響したものと評価できよう。

(4) 設例について

設例に即していうと，殺人事件であること，半日かけて事情聴取した結果，犯人ではないかと考えるに至ったことは本件捜査を許容する方向での考慮要素となるが，警察官1名を一晩中廊下で待機させたこと，ホテル代を警察が負担する旨約したことは，許容しない方向での考慮要素となろう。3泊4日という期間については，単にその期間のみならず，その間の取調べ時間も考慮する必要があろう（長時間，連続的，深夜にわたる取調べの問題については，植村立郎「任意取調べの限界」平野＝松尾・新実例刑訴Ⅰ78頁以下において詳述されている）。

## 4 自白調書の証拠能力

続いて問題となるのは，本件において得られた自白調書の証拠能力である（最高裁昭和59年決定につき，この観点から評釈したものとして，鈴木義男・判評310号64頁）。

(1) 自白法則

刑訴法319条1項は，憲法38条2項を受け，「強制，拷問又は脅迫による自白，不当に長く抑留又は拘禁された後の自白その他任意にされたものでない疑のある自白は，これを証拠とすることができない。」と規定する。

任意性に疑いのある自白の証拠能力が否定される理由については，虚偽排除説，人権擁護説，両説を統合する折衷説及び違法排除説がある。

虚偽排除説は，任意性のない自白は虚偽のおそれがあり，誤判防止のため排除されるべきだとする。人権擁護説は，任意性のない自白は，黙秘権等の基本的人権を保障するため排除されるべきだとする。折衷説は，虚偽排除説が供述内容を問題とし，人権擁護説が供述事情を問題とする点に相違があるものの，被告人の供述を基準とする点では両説が共通していることから，これを統合し

て，任意性のない自白は，虚偽自白排除のほか，人権擁護の観点からも排除されるべきだとする。

判例は，伝統的に虚偽排除説に立ち，任意性に疑いがある場合に限って自白の証拠能力を否定してきたとされているが，現在の実務の多数説は折衷説とされる。

これらに対して，違法排除説は，自白を採取する手続に違法があれば，自白の任意性の有無にかかわりなく（自白自体は任意になされたものであっても）証拠能力を否定すべきであるとする見解であり，現在の学説の中の有力説であるといわれる。

(2) 違法収集証拠排除法則

最高裁昭和53年9月7日判決（刑集32巻6号1672頁，以下「最高裁昭和53年判決」という）は，職務質問に附随する所持品検査として許容される限度を超えた違法な行為によって得られた証拠物の証拠能力が問題となった事案において，一般論として，「違法に収集された証拠物の証拠能力については，憲法及び刑訴法になんらの規定もおかれていないので，この問題は，刑訴法の解釈に委ねられているものと解するのが相当である」とし，「証拠物は押収手続が違法であっても，物それ自体の性質・形状に変異をきたすことはなく，その存在・形状等に関する価値に変わりのないことなど証拠物の証拠としての性格にかんがみると，その押収手続に違法があるとして直ちにその証拠能力を否定することは，事案の真相の究明に資するゆえんではなく，相当でないというべきである」とした上で，「証拠物の押収等の手続に，憲法35条及びこれを受けた刑訴法218条1項等の所期する令状主義の精神を没却するような重大な違法があり，これを証拠として許容することが，将来における違法な捜査の抑制の見地からして相当でないと認められる場合においては，その証拠能力は否定されるべきものと解すべきである。」旨の判断を示している（同判決の解説として，判解刑昭53年度〔岡次郎〕386頁等）。

(3) 自白法則と違法収集証拠排除法則との関係

(a) 学説　最高裁昭和53年判決は，証拠物について判示したものであるが，適正手続の保障の必要や将来の違法捜査の抑制の必要は，抽象的には供述証拠の取得にも当てはまるものであるため，同判決によって示された違法収

集証拠排除法則（以下「排除法則」という）が供述証拠にも適用され得るのか，自白法則と排除法則との関係が問題となる（同判決が現れたことを受け，供述証拠に関する判例も新しい方向に向かう可能性があるのではないかとの問題意識を念頭に，自白を得た取調べの手法・態様が問題となるテーマごとに従前の判例の位置付け及び影響などを検討したものとして，大阪刑事実務研究会「特集／違法収集自白の証拠能力」判タ397号がある）。

　この点については，自白の証拠能力が否定されるのは，当該自白が任意にされたものでない疑いのある場合に限られるとし，自白の任意性が認められる場合に，当該自白の収集手段の違法に着目して排除法則を適用することを否定する見解（任意性一元説）がある（大野恒太郎「自白」三井ほか・刑事手続(下)807頁，渡邉一弘「自白の証拠能力－検察の立場から」三井ほか・新刑事手続Ⅲ212頁）一方，違法な捜査によって得られた自白について，自白法則による排除を基本としつつ，一定の場合に，排除法則が適用されることを認める見解（併用説）がある（川上拓一「自白の証拠能力－裁判の立場から」三井ほか・新刑事手続Ⅲ190頁，大谷剛彦「自白の任意性」平野＝松尾・新実例刑訴Ⅲ136頁，三井ほか・刑事手続(下)〔佐藤文哉〕833頁，石井一正「自白の証拠能力」刑事公判の諸問題405頁，小林充「自白法則と証拠排除法則の将来」現刑38号58頁）。

　任意性一元説は，例えば，「自白法則は，虚偽排除と違法排除ないし人権擁護の2つの観点を有するものと理解されるところ，自白については，任意性の疑いを要件とする自白法則と別個に違法収集証拠排除法則の適用を認めることは妥当ではなく，自白の証拠能力が否定されるのは，任意性に疑いのある場合に限られるというべきである。」とし，その理由として，「法が自白法則の適用を任意性の疑いの有無にかからしめている理由は，供述証拠である自白の場合においては，証拠採取手段と採取された証拠とが直結する証拠物の場合と異なり，自白の採取に関連する手段には取調べから身柄の拘束その他の手続に至るまでさまざまなものがあるうえ，これらの手段と自白との間には自白をするか否かやその内容に係る供述者の意思決定が介在している構造的特性を有することから，自白排除の要件として，違法または不法な手段により右の意思決定の自由が侵害された結果自白がなされた疑いがあるという意味における因果関係の存在を要求したものと解される」「政策論としても，自白獲得を目的とする違法不当な捜査活動は，通例，供述者の意思決定に不当な圧迫を加えようとす

る性質を有するので、これを防止するためには、任意性に疑いのある自白の証拠能力を否定すれば必要にして十分である」（大野・前掲809頁・810頁）とする。

他方、併用説は、例えば、「自白法則で処理できる違法収集自白については、排除法則を適用する余地はとぼしいが、自白法則で処理できないがなお収集手続が違法な自白というのも考えられるので、これらについては排除法則の適用を否定するいわれはないといえよう。」（石井・前掲406頁）とか、「証拠排除法則は、沿革的には証拠物について議論されたのであるが、それは供述証拠については証明力に影響を及ぼすことが多いことからその面からの検討で済むことも多かったためであり、適正手続の保障及び基本的人権の擁護を指向する証拠排除法則の趣旨からすれば、その対象が証拠物に限られる理由はないし、また重大な違法ということは、物証等の非供述証拠よりも供述証拠について多く考えられる」とする（小林・前掲現刑38号64頁。なお同60頁において、取調べ方法の違法はないがなお自白の証拠能力が問題となる場合として、法定の期間を超えた身柄拘束中の自白や、違法な別件逮捕・勾留中の本件の自白が例示されている）。

(b) 裁判例　排除法則が供述証拠にも適用されるかという問題について判断を示した最高裁の判例はない。前記最高裁昭和59年決定の少数意見は、任意捜査段階における被告人の供述について証拠能力を否定すべきであるとしているが、「任意性に疑いがあるものとして」というものであって、「違法な取調べ」を直接の根拠とするものではない。

また、ロッキード事件に関して、最高裁大法廷平成7年2月22日判決（刑集49巻2号1頁）が、外国人に対して刑事免責を付与して得られた供述を録取した嘱託証人尋問調書の証拠能力について、「我が国の刑訴法は、刑事免責の制度を採用しておらず、刑事免責を付与して獲得された供述を事実認定の証拠とすることを許容していないものと解すべきである以上、本件嘱託証人尋問調書については、その証拠能力を否定すべきものと解するのが相当である。」旨判示していることが参考になるが、同判決が排除法則を適用したものでないことは、法廷意見が本件嘱託証人尋問調書手続の違法性、あるいは刑事免責を付与して供述を獲得することの違法性について何ら言及していないところから明らかである（判解刑平7年度〔龍岡資晃＝小川正持＝青柳勤〕61頁）。

下級審の裁判例としては、前記東京高裁平成14年判決がある（証拠能力の観

点を中心とする同判決の評釈として，石山宏樹・研修656号25頁，小林充・判評535号36頁，前田雅英「自白の任意性と自白獲得方法の違法性」警論63巻9号140頁）。

同判決の原審である千葉地裁判決は，「取調手続の違法性が著しく，自白収集の手続に憲法や刑事訴訟法の所期する基本原則を没却するような重大な違法があり，取調手続の過程で収集した自白を証拠として許容することが将来における違法な捜査の抑制の見地からして相当でないと認められる場合には，仮に自白法則の観点からは任意性が認められたとしても，排除法則の適用により，当該自白の証拠能力は否定されるというべきである。」とした上で，「被告人に対する任意取調べの違法の程度は，憲法や刑事訴訟法の所期する基本原則を没却するような重大な違法であったとまではいえない。そして，任意取調べの過程で作成された被告人の上申書のほか，その後の新たな身柄拘束手続である逮捕状の発付及び勾留状の発付の後にそれぞれ作成された各自白調書を証拠として許容することが，将来における違法な捜査の抑制の見地からして相当でないと認められる場合であるともいえない。さらに，逮捕状及び勾留状の発付後における取調べの過程においても，被告人の供述に任意性があるにもかかわらず，排除法則の見地から自白の証拠能力が否定されるのが相当と認められるような格別の事情はうかがわれない。」とし，結論として証拠能力を認めている。

これに対し，東京高裁平成14年判決は，原審と同様に併用説を採用しつつ，「本件のように手続過程の違法が問題とされる場合には，強制，拷問の有無等の取調方法自体における違法の有無，程度等を個別，具体的に判断（相当な困難を伴う）するのに先行して，違法収集証拠排除法則の適用の可否を検討し，違法の有無・程度，排除の是非を考える方が，判断基準として明確で妥当であると思われる。」とした上で，「本件自白（注：任意取調べの最後の日に被告人が作成した上申書及び任意取調べに引き続く逮捕，勾留中に作成された検察官調書2通を指す）は違法な捜査手続により獲得された証拠であるところ，本件がいかに殺人という重大事件であって被告人から詳細に事情聴取（取調べ）する必要性が高かったにしても，事実上の身柄拘束にも近い9泊の宿泊を伴った連続10日間の取調べは明らかに行き過ぎであって，違法は重大であり，違法捜査抑制の見地からしても証拠能力を付与するのは相当ではない。本件証拠の証拠能力は否定されるべきであ（る）」とした。

(4) 検　討

(a) 一元説について　　一元説の主たる根拠は，前記のとおり，法は，供述者の意思決定が介在するという自白の構造的特性を踏まえ，自白排除の要件として，任意性に疑いがあることを要求したものと解されるのであって，任意性の有無を問わない排除法則を自白に適用することは自白の特性を無視する点で疑問があること，政策論としても違法な捜査活動を防止するには，任意性に疑いのある自白の証拠能力を否定すれば必要・十分であることにある。

排除法則の適用を捨象して考えた場合，証拠物の場合は自然的関連性があれば証拠能力が認められる。これに対して，供述証拠（自白）の場合はどんなに信用性が高くても任意性を欠けば証拠能力が否定される。例えば，被疑者が被害者を殺害した事実を認め，死体を遺棄した場所を自供し，その供述によって死体が発見されたような場合であっても，任意性を失わせるような取調べによって当該供述が得られたというときには，自白の証拠能力は否定される。

排除法則を述べた最高裁昭和53年判決に沿っていえば，「違法に収集された証拠物の証拠能力については，憲法及び刑訴法になんらの規定もおかれていない」のに対して，自白については，憲法38条2項，刑訴法319条1項がいわゆる自白法則を規定している。すなわち，自白については，その証拠価値にかかわらず証拠能力を否定するメカニズムが既に法律上組み込まれているのである。

また，「証拠物は押収手続が違法であっても，物それ自体の性質・形状に変異をきたすことはなく，その存在・形状等に関する価値に変わりがない」という性格を有するのに対して，供述の場合は，手続の違法があれば，任意性への影響を介して，供述（証拠）の内容自体の変容をもたらし得るものであり，手続の違法が任意性に及ぼした影響を判断することは——時として困難な場合があるとしても——決して不可能な作業ではない。

併用説は，供述の任意性には疑いがなくても，取調べが違法であって自白の証拠能力を肯定するのが相当でない場合があるとし，その具体例として，法定の期間を超えた身柄拘束中の自白等の場合を挙げるのであるが，これらの場合について，違法な身柄拘束が供述の任意性に疑いを生じさせないことはむしろ稀ではないかとも考えられる。

このように考えると一元説は，十分な理由がある。

 (b) 併用説について　　一方，併用説は，令状に基づかない違法な身柄拘束中に得られた自白，違法な別件逮捕・勾留中に得られた本件についての自白，弁護人との違法な接見制限の下で得られた自白など，当該自白自体は任意になされているが，なおその証拠能力を肯定することが適当ではないと考えられる場合の存在することを前提に，排除法則の適用を考えるものであって，刑事裁判の実務家の中にこれを唱える者が少なくなく，今後も併用説の立場に立つ裁判例の出現が想定される（大澤裕「自白の証拠能力といわゆる違法排除説」研修694号4頁は，「証拠物について最高裁が排除法則を採用したもとで，その適用を自白についても認める考え方は，下級審の裁判例にも浸透しつつある」とする。また龍岡ほか・前掲58頁も，「供述証拠に関する違法収集排除法則については，最高裁は明確な判断を示していないが，証拠物に関する右最高裁判例の判旨とするところは，供述証拠一般について排除法則の適用を考える上でも指針となり得るものと解され，これによれば，供述証拠一般については，捜査官による供述の取得過程，すなわち，取調べに当たって強制，拷問若しくは脅迫が加えられたなど，憲法違反ないしこれに準じるような重大な違法があった場合に初めて排除法則の適用が問題となるものと解することができるのではないかと考えられる。」とする）。

 (c) 判断の順番について　　仮に併用説に立つとしても，自白法則に従って，任意性をまず先に判断し，任意性に疑いはないものの手続に違法がある場合に初めて排除法則の適用の余地を考えるべきである。排除法則が解釈上のものであるのに対して，自白法則は明文上の規律であるから，排除法則の方が被疑者の内心の問題に立ち入らずに判断が容易だからといって，排除法則の適用を先行させるのは許されないというべきである。

 (d) 判断基準について　　また，仮に併用説に立つとしても，自白に適用される排除法則の基準については，証拠物に適用される排除法則とパラレルに考えるべきである。もっとも，証拠物の捜索・差押えと異なり，自白については，令状があれば強制的に取得することが許されるという類のものではないから，「令状主義の精神を没却するような重大な違法」ではなく，前記千葉地裁の判決が定立したような「自白収集の手続に憲法や刑事訴訟法の所期する基本原則を没却するような重大な違法」を要件とするのが適当である。他方，「証拠として許容することが，将来における違法な捜査の抑制の見地からして相当でな

いと認められる場合」という要件はそのまま適用すべきである。

　(e)　設例について　　設例の自白調書については，一元説によれば，自白法則に基づき，自白の任意性に疑いがあるかどうかに従って証拠能力が判断される。自白調書の作成に至る任意の取調べの適法性も，それが自白の任意性に影響を及ぼすものであったかどうかが問題とされることになる。判断の結果任意性に問題がなければ，証拠能力が肯定される。他方，併用説によれば，任意性が肯定されてもなお排除法則に従って自白調書の証拠能力を否定することがあり得ることとなる。また，取調べの違法性の有無・程度に関する判断次第では，任意性の判断をまたずに，排除法則により証拠能力を否定する考え方もあり得る。

【菊池　　浩】

## 20 別件逮捕・勾留と余罪取調べ

強盗殺人事件の重要参考人と目されていた外国人甲は，当初，出入国管理及び難民認定法違反の罪（不法残留の罪）で逮捕・勾留され，同罪による起訴後，強盗殺人事件の共犯として逮捕・勾留され，同罪についても起訴されるに至った。弁護人は，被告人の強盗殺人事件に関する自白調書について，違法な別件逮捕・勾留により得られたものであるから証拠能力がない旨主張している。証拠調べの結果，被告人に対しては，不法残留の罪による勾留直後から，同罪に関する取調べと並行して，強盗殺人事件に関する取調べが行われ，不法残留の罪の勾留満期直前には，専ら強盗殺人事件に関する取調べのみが行われていたこと，そして，強盗殺人事件への関与を認める最初の供述調書はそのころに作成されたことが判明した。被告人の強盗殺人事件に関する自白調書の証拠能力をどのように考えるべきか。

### 1 問題の所在

#### (1) 自白の取得過程の違法と証拠能力

自白の証拠能力については，憲法38条2項及びこれを受けた刑訴法319条1項が，任意性を欠く自白は証拠能力が否定されることを規定している（自白法則）。本問では任意性の有無は問題となっていない。解決に当たってまず問題となるのは，自白は，任意性に疑いがある場合に限って証拠能力が否定されるのか，違法な身柄拘束中の自白，違法な取調べによる自白のように，任意性には疑いがないが自白の取得過程に違法がある場合も証拠能力が否定され得るのかである。後述のとおり，自白法則の根拠について違法排除説に立つ場合，あるいは違法収集証拠排除法則が自白の証拠能力にも適用があると考える場合，自白の取得過程に違法があれば，証拠能力は否定され得る。この点を肯定する場合，次に，自白の証拠能力の判断の前提となる自白の取得過程の適法性が問題となる。

(2) **別件逮捕・勾留と余罪取調べ**
 (a) **別件逮捕・勾留の適否**　捜査機関が，同一被疑者に対する複数の被疑事実を並行して捜査するに当たり，本問の強盗殺人罪のように重大な犯罪（以下「本件」という）について被疑者を取り調べる目的で，まず，本問の不法残留の罪のように軽い犯罪（以下「別件」という）により被疑者を逮捕・勾留し（以下，不法残留の罪での逮捕から起訴までの身柄拘束を「第1次逮捕・勾留」という），その身柄拘束を利用して，本件の取調べを行う捜査方法を，一般に「別件逮捕・勾留」と呼んでいる。この別件逮捕・勾留に関しては，まず，別件による第1次逮捕・勾留が違法となることがあるか，あるとして，どのような場合に違法となるのか，違法性の判断基準の問題がある。仮に，第1次逮捕・勾留自体が違法となる場合，取得された自白の証拠能力が否定され得ることになる。
 (b) **別件逮捕・勾留中の余罪取調べの限界**　第1次逮捕・勾留が適法である場合，逮捕・勾留中に当該逮捕・勾留の基礎とされた被疑事実以外の事実（余罪）について取り調べることは許されるか，許されるとして法的な限界はあるかが問題となる。別件逮捕・勾留自体の適否と別件逮捕・勾留中の余罪取調べの限界とは別個の問題である。仮に，第1次逮捕・勾留中の本件の取調べが違法となる場合，取得された自白の証拠能力が否定され得ることになる。
(3) **本件での勾留中に作成された自白調書の証拠能力**
 最後に，第1次逮捕・勾留中に作成された自白調書の証拠能力が否定されたとして，その後，本件である強盗殺人罪により逮捕・勾留（以下，強盗殺人罪での逮捕から起訴までの身柄拘束を「第2次逮捕・勾留」という）された場合，第2次逮捕・勾留中に作成された自白調書に証拠能力は認められるかの問題がある。
(4) **別件逮捕・勾留と余罪取調べに関する見解相互の関係**
 後述のとおり，別件逮捕・勾留の適否及び余罪取調べの限界に関しては，各種見解が鋭く対立しているが，いずれの見解に立った場合でも，第1次逮捕・勾留中の自白の取得過程に違法があるかどうかについて異なる結論が導かれるわけではなく，単に説明の仕方に相違があるにすぎない。本問で問題となっているのは，あくまで自白の証拠能力であり，公判段階において，第1次逮捕・勾留中の捜査過程について検討し，自白の取得過程に違法があるか，あるとして逮捕・勾留自体が違法となるのか，取調べが違法となるのかについて判断を

示すことが求められている。別件逮捕・勾留自体を違法とする見解（後に述べる「本件基準説」，「要件消滅説」，「実体喪失説」）に立った場合も，別件逮捕・勾留をその請求段階で却下することや，別件勾留の継続中にそれを取り消すことを問題としているのではなく，事後的に第1次逮捕・勾留中の捜査の在り方を振り返って，別件逮捕・勾留の適否として説明するものにすぎない。このうち「本件基準説」は，逮捕・勾留の請求時の捜査機関の意図に着目して別件逮捕・勾留自体を違法とするものである。これに対し，「別件基準説」は，別件逮捕・勾留自体の適否は問題とせず，その後の捜査の在り方については，余罪取調べの限界の問題として論じるか，「要件消滅説」や「実体喪失説」と組み合わせることで，少なくとも勾留の途中からの違法性を問題とするものである（「要件消滅説」と「実体喪失説」も説明の仕方の相違にすぎない）。「別件基準説」に立った上で，その後の捜査の在り方については，逮捕・勾留自体の適否の問題とはせず，余罪取調べの限界の問題とするのが，「事件単位説」及び「令状主義潜脱説」である。このうち「事件単位説」は，余罪取調べを原則として禁じた上で例外を認めるものであるのに対し，「令状主義潜脱説」は，より実質的に余罪取調べの限界を考えようとするものであるが，許される余罪取調べの限界についての結論はほぼ同じものとなろう。

　以下では様々な見解を紹介するが，見解の対立やその当否にはさほど意味はなく，重要なのは，考慮要素がほぼ共通であることを理解することにある。

### 2 取得過程に違法がある場合の自白の証拠能力

　まず，違法な身柄拘束中の自白，違法な取調べによる自白のように，自白の取得過程に違法がある場合，その違法は自白の証拠能力の有無にどのような影響を及ぼすのかについて検討する。

#### (1) 自白法則の根拠

　自白法則（憲38条2項，刑訴319条1項）の根拠については，①虚偽排除説，②人権擁護説，③違法排除説の対立がある。虚偽排除説と人権擁護説は，供述者の意思決定への影響に着目するものであり，併せて任意性説とされる。この立場では，憲法・刑訴法の規定は任意性に関するものであり，自白は任意性に疑いがある場合に証拠能力が否定されることになる。

最高裁判例には，違法な手続に基づく自白について，違法性を理由として証拠能力を否定したものはなく，あくまで任意性を問題とする（平田元「取調べ手続の違法と自白」刑訴百選（第9版）162頁，最決昭59・2・29刑集38巻3号479頁，最判昭45・11・25刑集24巻12号1670頁，最判昭41・7・1刑集20巻6号537頁）。違法な身柄拘束中の自白の証拠能力については，これを肯定する（大渕敏和「違法収集証拠の証拠能力」平野＝松尾・新実例刑訴Ⅰ103頁，最判昭27・11・25刑集6巻10号1245頁，最判昭25・9・21刑集4巻9号1751頁）。

　憲法・刑訴法の規定は，その文言から，任意性のない自白について定めたものであることは明らかである。不任意の自白は排除するという自白法則は，それとして認めておき，その上で違法収集証拠排除の一般原則の適用の有無を検討するという処理方法が，これまでの実務の考え方になじみ，現行法の明文にもより適合する（角田正紀「違法な身柄拘束中の自白」刑訴百選（第7版）169頁）。

(2) 違法収集証拠排除法則の適用

　最判昭53・9・7刑集32巻6号1672頁は，証拠物について違法収集証拠排除法則を適用することを明らかにしたが，違法な手続によって収集された自白の証拠能力について，違法収集証拠排除法則の適用を正面から認めた最高裁判例はない。下級審では，違法に収集された自白について，任意になされたものか否かにかかわりなく，証拠能力を否定する裁判例が積み重ねられてきている（東京地決平12・11・13判タ1067号283頁，福岡地判平12・6・29判タ1085号308頁，福岡高判昭61・6・27判タ610号27頁，大阪高判昭59・4・19判タ534号225頁，金沢地七尾支判昭44・6・3判タ237号272頁）。

　違法収集証拠排除法則の趣旨は，将来の違法な捜査に対する抑止的効果や司法の廉潔性に着目するものであるから，非供述証拠と供述証拠とを区別する理由はない。また，供述証拠は，違法な取調べがなされればその証拠価値が減殺されることも多いので，むしろ，証拠能力を否定する考え方となりやすい。したがって，供述証拠についても違法収集証拠排除法則が適用され，令状主義の精神を没却するような重大な違法性を帯びた手続によって取得された自白は，自白との因果関係を問題とするまでもなく，証拠能力が否定される（角田・前掲刑訴百選（第7版）169頁）。

### (3) 本問の第1次逮捕・勾留中に作成された自白調書の証拠能力

第1次逮捕・勾留が違法となる場合（後述のとおり，令状発付の段階から違法となる場合と勾留執行継続中に違法となる場合とがある），捜査官は，後述のとおり，本件の取調べを行う意図で，違法な身柄拘束状態を利用したのであるから，本件の取調べもまた違法である（小林充「いわゆる別件逮捕・勾留の適否」増補令状基本(上)217頁）。第1次逮捕・勾留が違法となる結果として本件の取調べが違法となる場合，第1次逮捕・勾留自体は適法であるが第1次逮捕・勾留中の余罪取調べが違法となる場合，いずれであっても，第1次逮捕・勾留中の取調べによって作成された本件についての自白調書は，違法収集証拠排除の観点から，その証拠能力は否定される。任意性が欠けるか否かは問わない。被疑者が任意に取調べに応じたとしても，捜査官が別件による身柄拘束状態を積極的に利用したのであるから，結論は変わらない（小林・前掲225頁）。

違法の程度に関しては，排除の基準について，前掲最判昭53・9・7は，違法収集証拠として証拠能力が否定されるのは，①証拠物の押収手続に令状主義の精神を没却するような重大な違法があり（違法の重大性），②これを証拠として許容することが将来における違法な捜査の抑制の見地からして相当でないと認められる場合（排除相当性）であるとの2要件を判示する。別件逮捕・勾留，別件逮捕・勾留中の余罪取調べに存する違法性の程度は，憲法33条，34条及びこれを受けた刑訴法199条以下の所期する令状主義の精神を没却する重大なものである。取調べの結果得られた自白を証拠として許容することは，司法の廉潔性の保持，及び将来における同様の違法な捜査方法の抑制の見地から，相当でない（中谷雄二郎「別件逮捕・勾留－裁判の立場から」三井ほか・新刑事手続 I 324頁）。

### 3 別件による逮捕・勾留の違法性の有無及びその判断基準

#### (1) 第1次逮捕・勾留の請求段階での違法性の判断基準

(a) **別件基準説と本件基準説**　別件逮捕・勾留はいかなる場合に違法と判断されるのか，別件逮捕・勾留の違法性の判断基準に関しては，別件基準説と本件基準説の対立がある。

(ア) **別件基準説**　別件に着目し，逮捕・勾留の適否は，請求があった別件自体について，逮捕・勾留の理由及び必要性があるか否かを基準に判断する。

本件の取調べをするために逮捕・勾留を請求したことと，別件について逮捕・勾留の理由・必要性がないこととは，密接な関係にはあるが，論理必然的に一致するものではない。専ら本件の取調べをするために逮捕・勾留を請求した結果，別件について逮捕・勾留の理由・必要性が備わっていなければ，逮捕・勾留の要件が欠けているので請求は却下されるが，別件について要件が備わっている限り，捜査官に別件の逮捕・勾留を本件の取調べのために利用する意図があっても，逮捕・勾留の適法性には影響を及ぼさない。また，逮捕・勾留の理由・必要性の存否の判断に当たっては，別件それ自体が通常立件に値するような事件であるか否かを意識して検討される（小林・前掲212頁）。

　(イ)　本件基準説　　別件逮捕・勾留が実質的に本件の捜査を目的とするものであることに着目し，たとえ別件について逮捕・勾留の要件が備わっていても，これを違法とする。別件逮捕・勾留は，実質において本件捜査のための身柄拘束であるのに，形式上は別件を理由とする逮捕・勾留として行われるため，令状主義を潜脱しているとみる（後藤昭「別件逮捕・別件勾留」刑訴法の争点（新版）61頁）。

**(b)　最高裁及び下級審の裁判例**　　別件逮捕・勾留の適法性について直接判示した最高裁判例はない（最判昭58・7・12刑集37巻6号791頁，最決昭53・7・3判時897号114頁，最決昭52・8・9刑集31巻5号821頁，最〔大〕判昭30・4・6刑集9巻4号663頁は，違法な別件逮捕・勾留の要件を示したものではない）。他方，下級審の裁判例の大勢は，別件基準説に立脚する（大阪高判平21・3・3判タ1329号276頁，福岡地判平12・6・29判タ1085号308頁，大阪高判平2・9・28判タ753号239頁，福岡高判昭61・6・27判タ610号27頁，福岡高判昭56・11・5判タ464号173頁，福岡高判昭52・5・30判タ354号328頁，佐賀地唐津支判昭51・3・22判時813号14頁，東京地判昭51・2・25判タ335号180頁（民事事件），東京地決昭49・12・9判タ321号204頁，大阪高判昭47・7・17判タ285号122頁，大阪高判昭45・4・24判タ253号238頁）。本件基準説に立脚する裁判例は少数である（金沢地七尾支判昭44・6・3判タ237号272頁，福岡地小倉支判昭46・6・16判タ267号321頁）。

**(c)　別件基準説の相当性**　　第1次逮捕・勾留は，あくまで別件による逮捕・勾留であるから，別件逮捕・勾留の許否は，別件についての逮捕・勾留の理由・必要性があるかどうかによって判断される（中谷・前掲314頁，小林・前掲

215頁)。捜査実務も別件基準説により運用されている(原田國男「別件逮捕・勾留と余罪取調べ」刑訴法の争点(第3版)60頁)。捜査に当たる者としては，別件について起訴価値があるかどうか十分に留意する必要があるとの検察官の指摘もある(甲斐行夫「別件逮捕・勾留－検察の立場から」三井ほか・新刑事手続Ⅰ290頁)。

　別件逮捕・勾留の許否に関して，本件基準説は相当でない。本件基準説は，第1次逮捕・勾留が別件を基礎とする点を不当に軽視し，令状発付段階から勾留が違法であるとする論拠として捜査機関の令状主義潜脱の意図・目的という主観的要素を過度に強調せざるを得ない点に，理論構成上無理がある。逮捕・勾留の請求時に，請求の基礎となった被疑事実について身柄拘束の要件が具備されている場合，令状裁判官が背後に潜在する捜査官の本件の取調べ目的を探知して請求を却下することは事実上困難である(中谷・前掲319頁)。別件について，犯罪の嫌疑，逮捕・勾留の理由・必要性が認められるのに，これと併存して本件についての捜査も行うという目的があるからといって，別件について逮捕・勾留して捜査を行う必要は否定されず，捜査機関の意図や目的によって身柄拘束が許されなくなるのは不合理である(小林・前掲215頁，東京地決昭49・12・9判タ321号204頁)。本件についての取調べ目的，あるいはそのような取調べの実態から，別件被疑事実による身柄拘束の要件が当然に欠けたり，消滅したりするものでもない(長沼範良「別件逮捕・勾留と余罪取調べ」刑訴百選(第9版)40頁)。

　また，別件基準説は，別件による逮捕・勾留の要件が満たされていれば，それだけで捜査手続を適法とするものではない。捜査機関が本件について取り調べる意図を有していたことや，別件逮捕・勾留を本件の取調べに利用した事実は，後述のとおり，別件逮捕・勾留中の余罪取調べの許否及びその限界の問題として解決される。本件の取調べが許された余罪取調べの限界を超えていれば取調べは違法とされるから，本件基準説と比較して捜査手続が違法とされる範囲が狭くなるわけではなく，結論的に本件基準説との差は大きくない。

(2) **第1次勾留期間中の途中の段階からの別件勾留の違法性**

(a) **第1次勾留の執行継続中に勾留が違法となる根拠**　第1次勾留期間中の捜査の在り方を踏まえて，勾留期間の途中の段階で，別件について勾留の要件が消滅した，あるいは，勾留が別件による勾留としての実体を失った場合，

別件勾留自体が違法となる。別件勾留中は，別件についての捜査が実質的にも行われていることが必要であり，必要な範囲で迅速に事件処理を行い，違法・不当な別件勾留であるとの批判を招かないよう注意する必要があろうとの検察官の指摘もある（甲斐・前掲290頁）。第1次勾留中の種々の具体的な事情を考慮して勾留期間の途中の段階で別件勾留が違法となるかどうかを判断するという手法は，後述のとおり，本件についての取調べが実質的に令状主義の原則を潜脱するものであって違法であるかどうかを判断する手法（令状主義潜脱説）と同様のものである。

　(ア)　要件消滅説（別件による勾留の要件の消滅）　勾留の要件の存在は，令状発付の要件にとどまらず，勾留の執行継続の要件でもある。別件基準説を前提としても，勾留を開始した時点では別件について勾留の理由・必要性があったが，勾留期間の途中からそれが消滅した場合，その時点で直ちに勾留を取り消して被疑者を釈放しなければならなかったのであるから，その後の勾留は違法となる（刑訴87条1項，小林・前掲214頁・217頁）。

　(イ)　実体喪失説（別件による勾留としての実体の喪失）　刑訴法における勾留期間の定め（208条）は，被疑者の身柄拘束を不必要に長期化させないための期間制限である。起訴前の身柄拘束期間の趣旨は，逮捕・勾留の理由とされた被疑事実について，被疑者の罪証隠滅及び逃亡を防止した状態で，起訴・不起訴の決定に向けた捜査を行うための期間である。第1次逮捕・勾留期間中は，別件についての適正な処分のための捜査活動を行い，できるだけ早く被疑者の処分を決定しなければならない。このような意味での捜査継続の必要性が，逮捕・勾留の継続の要件である。したがって，第1次勾留期間中に本件の取調べがその限度を超えて行われ，本来主眼となるべき別件についての捜査活動がほとんど行われず，あるいは著しく阻害されるに至った場合，勾留期間制限の趣旨からみて，その時点で，第1次勾留は別件による勾留としての実体を失い，実質上本件取調べのための身柄拘束となったと評価され，身柄拘束の継続の必要性が失われ，それ以降の勾留は令状によらない身柄拘束として違法となる（中谷・前掲315頁，川出敏裕・別件逮捕・勾留の研究221頁・282頁，東京地決平12・11・13判タ1067号283頁，福岡高判昭52・5・30判タ354号328頁）。

　(b)　別件による勾留としての実体を失ったかどうかの判断基準　第1次勾

留期間中に本件についてどのような取調べが行われれば，その身柄拘束が別件による勾留としての実体を失うのであろうか。違法な身柄拘束かどうかの判断は，第1次勾留期間中の取調べを含めた別件及び本件についての客観的な捜査状況の比較により総合的になされるものであって，一般的な基準の設定は困難であるが，少なくとも以下の諸点が検討の対象となる。これらの諸事情を総合的に考慮して，本件の取調べが，あくまで別件の取調べに付随しこれと並行して行われる限り，違法とはいえない。第1次勾留が専ら本件の取調べに利用されたと評価されるような状態に至れば，その時点から，第1次勾留は別件による勾留としての実体を失い，身柄拘束が違法となる（中谷・前掲316頁）。この基準は，後述のとおり，余罪取調べが実質的に令状主義の原則を潜脱するものとして違法となるかどうかを判断する基準と重なり合っている。

① 捜査機関が第1次勾留を請求する目的ないし意図　　捜査機関に別件の取調べと並行して本件も取り調べる意図が認められるだけでは，直ちに違法とならない（福岡高判昭56・11・5判タ464号173頁，東京高判昭53・3・29判時892号29頁）。しかし，専ら，証拠の揃っていない本件について被疑者を取り調べる目的で，証拠の揃っている別件の勾留に名を借り，その身柄拘束を利用して，本件につき勾留して取り調べるのと同様の効果を狙ったような場合，違法判断に傾く（最決昭52・8・9刑集31巻5号821頁，最〔大〕判昭30・4・6刑集9巻4号663頁，大阪高判昭55・3・25判時1092号430頁，福岡地小倉支判昭46・6・16判タ267号321頁，東京地判昭45・2・26判タ249号89頁，金沢地七尾支判昭44・6・3判タ237号272頁，東京地判昭42・4・12判時486号8頁）。もっとも，第1次勾留の違法性を直接基礎付けるのは，あくまで勾留期間中にどのような捜査が行われたかである。捜査機関の目的・意図といった主観的要素は，捜査の在り方を評価する際に考慮される事情にすぎない。

② 第1次勾留期間の本件取調べへの流用の程度　　違法性が問題となるのは，相当広範囲に流用された場合である。別件の取調べが勾留の初期に限られるとき，特段の事情のない限り違法となる（東京地決平12・11・13判タ1067号283頁，旭川地決昭48・2・3刑裁月報5巻2号166頁，東京地判昭45・2・26判タ249号89頁，金沢地七尾支判昭44・6・3判タ237号272頁，東京地判昭42・4・12判時486号8頁）。取調べは並行して行われても，本件の取調べ時間が別件の取調べ時間を

上回るとき，特段の事情のない限り違法となる（大阪高判昭59・4・19判タ534号225頁，福岡高判昭52・5・30判タ354号328頁，福岡地小倉支判昭46・6・16判タ267号321頁，東京高判昭53・3・29判時892号29頁（違法でないとする））。

③　本件と別件との関係　　法定刑の軽重，罪質，態様の異同，関連性の有無・程度等が問題となる。本件が別件より軽い罪の場合，通常，捜査の主眼が本件にあるとはいえないから，違法となるのはごく例外的な場合に限られる。余罪が同種の場合，勾留事実の処分決定に余罪捜査が必要なことも多く，一括処理の利点も大きいから，余罪の取調べが広く許される（東京高判昭62・12・24判タ653号238頁（民事事件），東京地判昭45・2・26判タ249号89頁）。本件と別件との間に密接な関連性がある場合，別件による勾留期間中に本件を取り調べても，それは専ら本件のためにする取調べではなく，事件の全貌を知るために別件に対する関係でも当然行わなければならない取調べであるから，必ずしも違法とはいえない（最決昭52・8・9刑集31巻5号821頁）。

④　取調べの態様及び供述の自発性の有無　　別件勾留中の本件取調べが違法とされる理由は，違法に身柄拘束を利用する点に求められる。取調べに無理がなく，被疑者が自発的に供述を行い，又は任意に取調べに応じていた場合，直ちに本件の勾留に切り替えなくても，捜査機関に令状主義を潜脱する意図は乏しく，身柄拘束状態を取調べに利用したとまではいえないから，違法とはいえない（大阪高判平2・9・28判タ753号239頁，福岡高判昭56・11・5判タ464号173頁，大阪高判昭45・4・24判タ253号238頁）。身柄拘束状態を積極的に利用するような強引な取調べが行われれば，違法判断に傾く（東京地決平12・11・13判タ1067号283頁，浦和地決平3・5・9判タ764号271頁，浦和地判平2・10・12判タ743号69頁）。

⑤　捜査全般の進行状況，特に本件及び別件に関する客観的証拠の収集状況
第1次勾留が別件による勾留としての実体を失ったかどうかは，取調べの状況だけでなく，捜査全般の進行状況，とりわけ，別件が発覚した経緯や別件についての勾留要件の充足度，別件の捜査が早期にほぼ完結しているか，本件について当初から勾留できるだけの資料が収集されていたか，更にその結果としての別件による起訴の見込みといった事情も考慮される（大阪高判昭59・4・19判タ534号225頁，福岡高判昭52・5・30判タ354号328頁）。

⑥ **第1次勾留が起訴後の勾留である場合**　別件の審理に通常要すべき時間，更には別件について予想される刑期等も考慮する必要がある。

(3) **本問の第1次逮捕・勾留の適否**

(a) **逮捕・勾留の請求段階での適法性**　不法残留の罪は，その法定刑からすると，必ずしも軽微な犯罪とはいえず，刑事手続を発動するか行政手続（強制退去手続）で処理するかは当局の裁量に属する事項であり，通常公判請求されない事件ではない。逮捕・勾留の理由・必要性は否定されない。

(b) **勾留の途中から違法となったか**

① 第1次勾留の満期直前までは，強盗殺人事件に関する取調べと並行して不法残留事件に関する取調べも行われている。捜査機関が，専ら強盗殺人事件について被疑者を取り調べる目的で，不法残留事件の勾留に名を借り，その身柄拘束を利用して，強盗殺人事件について勾留して取り調べるのと同様の効果を狙ったとまではいえない。しかし，強盗殺人事件に関する取調べは，第1次勾留の直後から行われている。後述のとおり，強盗殺人罪が重大な犯罪であることや，強盗殺人事件に関する取調べに多くの時間が流用されていることも考え合わせると，捜査機関には，不法残留事件の取調べと並行して強盗殺人事件も取り調べる意図，しかも強盗殺人事件の取調べに重点を置く意図があったことは確かである。

② 第1次勾留の直後から，不法残留事件と並行して強盗殺人事件に関する取調べも行われている。強盗殺人事件に関する取調べ時間の合計は，不法残留事件に関する取調べ時間を上回ると考えられ，第1次勾留期間が相当広範囲に強盗殺人事件に関する取調べに流用されている。

③ 強盗殺人罪は不法残留の罪と比較して重大な犯罪であり，第1次勾留の直後から強盗殺人事件に関する取調べが行われていることも考え合わせると，捜査の主眼は強盗殺人事件にあったといえる。強盗殺人事件に関する捜査が不法残留事件の処分決定に必要であるとはいえず，不法残留事件の全貌を知るために強盗殺人事件の取調べも行わなければならないような密接な関連性もない。

④ 強盗殺人事件に関する取調べに無理がなく，被疑者が自発的に強盗殺人事件について供述を行っていた場合，適法の判断に傾くだろう。

⑤ 不法残留事件は，その罪質において早期に捜査を遂げることができるも

のであり、これに対して、強盗殺人事件については、不法残留事件による勾留直後から取調べを続けていることからすると、他の客観的証拠は収集されていなかったのではないかと考えられる。

以上のような事情を考慮すると、強盗殺人事件に関する取調べは、不法残留事件に関する取調べに付随しこれと並行して行われる程度にとどまるとはいえず、第1次勾留は、遅くともその満期直前には、不法残留の罪による勾留としての実体を失い、実質上、強盗殺人事件を取り調べるための身柄拘束として違法となったのではないかと思われる。

### 4 別件逮捕・勾留中に許される余罪取調べの限界

別件による逮捕・勾留自体は適法であっても、本件の取調べが、許される余罪取調べの限界を超えていれば、違法なものとなり、得られた自白の証拠能力が否定される。第1次逮捕・勾留期間中に本件の取調べが許されるか、許されるとして、どの程度まで許されるのかについて検討する必要がある。

この問題につき、逮捕・勾留中に余罪について取調べをすることが違法であるとして、自白の証拠能力を否定した最高裁判例は存在しない。

#### (1) 余罪取調べに出頭義務・取調受忍義務があるか

逮捕・勾留されている被疑者は、捜査官の取調べのための出頭要求に対して出頭を拒否し、出頭後任意に退去できないという出頭義務及び取調受忍義務（以下、両者を併せて「取調受認義務」という）を負い、取調べに応ずるか否かについての自由はない（刑訴198条1項ただし書）。被疑者が取調受忍義務を負うのが、逮捕・勾留の基礎となった事実に限定されるのか、余罪取調べにも及ぶのかについて、見解の対立がある。

##### (a) 余罪取調べには出頭義務・取調受忍義務はないとする見解

(ｱ) 事件単位説　被疑者が取調受忍義務を負うのは、逮捕・勾留の基礎となっている事実に限定される。前記の別件基準説を前提としながら、取調受忍義務の観点から、余罪取調べを制限するものである。刑訴法は、逮捕・勾留について、事件単位の原則を貫くことにより、告知と聴聞の保障、逮捕・勾留期間の制限等、被疑者の防御権を手続的に保障する。その趣旨に鑑み、取調受忍義務に事件単位の原則を適用すれば、裁判官の令状審査を受けていない本件

については，取調受忍義務を負わない。余罪について実質的に取調受忍義務があることを前提に行われた取調べは違法である（小林・前掲218頁）。

下級審裁判例には，余罪取調べには取調受忍義務がないとするものが多い（福岡地判平12・6・29判タ1085号308頁，浦和地判平2・10・12判タ743号69頁，東京高判昭62・12・24判タ653号238頁（民事事件），旭川地決昭59・8・27判時1171号148頁，東京地決昭56・11・18判タ457号69頁，福岡高判昭56・11・5判タ464号173頁，神戸地判昭56・3・10判タ448号150頁，津地四日市支決昭53・3・10判時895号43頁，東京地判昭51・2・20判タ335号360頁，東京地決昭49・12・9判タ321号204頁，東京地判昭45・2・26判タ249号89頁）。

(イ) 事件単位説を前提としても例外的に許される余罪取調べ

(ⅰ) 余罪取調べの必要性　勾留中の被疑者取調べは，勾留事実につき処分を決定するためのものであるから，取調べの対象を，勾留事実ないしこれと同一性のある事実に限定するのは相当でない。被疑者の身上・経歴，犯行に至る経緯のほか，勾留事実と密接な関連性のある余罪や同種余罪，その他処分を決定する上で解明を必要とする事実も広く取調べの対象となる（中谷・前掲320頁）。ある事件で勾留中の被疑者に対して，余罪についても取調べが行われ，両事件について起訴されることは，実務においてしばしば見られる。

被疑者の逮捕・勾留中に当該逮捕・勾留の基礎となっている被疑事実以外の事実について取り調べることを法は禁じていない。捜査機関にとっては，捜査は流動的かつ発展的な性格を有するものであるから，思いがけない余罪の取調べをする必要が生ずることもあり，事件単位の原則を被疑者取調べに適用すると捜査の機能性を阻害する。同時審判が可能な事件は早期に起訴・不起訴を決定して同時審判することは，被疑者にとっても利益になる。被疑事実ごとに逮捕・勾留を繰り返すことになれば，いたずらに身柄拘束期間を長期化させる弊害があり，被疑者にとってかえって不利益となる。実務において実際に行われている余罪の取調べの大部分は，被疑者自身が余罪の取調べを積極的に希望し，被疑者の利益のために行われるものである。

(ⅱ) 事件単位説を前提としても例外的に許される余罪取調べ　逮捕・勾留の基礎となる別件と余罪とが密接な関連性を有する場合，本件に関する取調べは，別件に関する取調べとしても重要な意味を持つ（最決昭52・8・9刑集31

巻5号821頁)。この場合，別件についての取調受忍義務が，本件の取調べについても及んでいる。本件が同種余罪であって，別件と本件とが相まって全体としての犯罪計画，犯罪意図が明らかになるというような場合も，本件の取調べは別件の取調べとしても重要な意味を持つから，本件の取調べについても取調受忍義務を負う。別件に比して余罪が極めて軽微である場合や同種の余罪である場合，余罪について改めて逮捕・勾留されるよりも身柄拘束期間を短縮させるという意味において，被疑者にとって利益である。被疑者は，余罪の同時処理を進めることに応じるであろうから，余罪について取り調べることについて，被疑者の（暗黙の）同意があったと認められる。この場合，後述の任意の取調べとして，余罪取調べは許される（小林・前掲219頁，東京高判昭62・12・24判タ653号238頁（民事事件），神戸地判昭56・3・10判タ448号150頁，東京地決昭49・12・9判タ321号204頁）。

(iii) 任意性を担保するための手続的な手当て　取調受忍義務のない任意の取調べであれば，余罪の取調べも許容される。任意の取調べであるといえるのは，被疑者が自ら積極的に取調べを希望して本件について自白した場合や，前述の同種又は軽微な余罪の場合のほか，任意性を担保するための手続的な手当てをした場合である。被疑者は，本件について取調べを受ける以上，本件について身柄拘束されているのと同じであり，同様の防御権の保障を与えることが不可欠である。本件の取調べに際して，被疑者に対し，本件の被疑事実，それについての供述拒否権・弁護人選任権を告知（刑訴203条・204条）し，かつ，本件についての出頭義務・取調受忍義務のないことを告知する必要がある。この告知をした上で被疑者が取調べに応じれば，その取調べは任意性があるものと推定される（小林・前掲221頁，浦和地判平2・10・12判タ743号69頁，神戸地判昭56・3・10判タ448号150頁，東京地決昭49・12・9判タ321号204頁）。

(b) 余罪取調べにも出頭義務・取調受忍義務があるとする見解

(ア) 事件単位説に対する疑問　取調受忍義務に関する事件単位説は相当でない。前記のとおり，事件単位説も，例外的に余罪取調べを認めるが，勾留事実と同一性を欠く事実にまで例外を認めることは，事件単位の原則との整合性に疑問がある。任意の取調べであれば余罪の取調べも許容されるとするが，余罪取調べの任意性の担保として，捜査機関に対し，供述拒否権・弁護人選任

権,出頭義務・取調受忍義務のないことの告知義務を課する法的根拠はない（東京高判昭62・12・24判タ653号238頁（民事事件），仙台高判昭55・8・29判タ426号133頁（民事事件），東京高判昭53・3・29判時892号29頁）。逮捕・勾留中の被疑者に対する取調べについて，別件については取調受忍義務のある取調べ，本件については取調受忍義務のない取調べというように，事実ごとに取調べが強制か任意かを使い分けるのは捜査の実情から離れていて観念的に過ぎる（中谷・前掲320頁）。

(イ) 余罪取調べにも出頭義務・取調受忍義務がある 刑訴法198条1項ただし書は，取調べを受ける被疑者が逮捕・勾留されている状態に着目して規定されたものであり，取調受忍義務を負う事実について何らの限定もしておらず，身柄拘束中の被疑者の取調受忍義務が被疑事実に限られるとの制約を課しているわけではない。刑訴法198条1項ただし書の規定は刑訴法223条2項により参考人の取調べにも準用されており，参考人であっても逮捕・勾留されている間は取調受忍義務があることを明示しているのは，事件単位の原則の適用がないことを前提とする。したがって，取調受忍義務の有無は身柄を拘束されているか否かによって決せられる。身柄拘束中の者は，逮捕・勾留の基礎となった事実の取調べについてだけでなく，余罪についても取調受忍義務を負う（中谷・前掲320頁，仙台高判昭55・8・29判タ426号133頁（民事事件））。

(2) **実質的に令状主義の原則を潜脱するような取調べ**

下級審裁判例の中には，別件逮捕・勾留中の本件の取調べが許される基準について，具体的かつ緻密に考察しようとするものがある（福岡地判平12・6・29判タ1085号308頁，東京高判昭62・12・24判タ653号238頁（民事事件），福岡高判昭61・4・28判タ610号27頁，大阪高判昭59・4・19判タ534号225頁，仙台高判昭55・8・29判タ426号133頁（民事事件），大阪地判昭46・5・15判タ269号166頁）。別件による逮捕・勾留中の余罪取調べは原則として禁止されないが，具体的な状況の下において，別件の逮捕・勾留に名を借りて，その身柄拘束を利用して本件の取調べを行うものであって，憲法及び刑訴法の保障する令状主義による司法的抑制を実質的に潜脱するものであるときは，本件の取調べは違法であって許容されないとする（令状主義潜脱説）。第1次勾留期間中の種々の具体的な事情を考慮して本件の取調べが違法かどうかを総合的に判断するという手法は，前述のとおり，勾留期間の途中で別件勾留が違法となるとする考え方と同様のもの

である。

　別件による逮捕・勾留中の余罪取調べが，具体的状況の下で令状主義の原則を実質的に潜脱するものであるか否かを判断する際の考慮要因としては，①本件と別件との罪質・態様の相違，法定刑の軽重，並びに捜査当局の両事実に対する捜査上の重点の置き方の違いの程度，②別件と本件との関連性の有無及び程度，ことに本件について取り調べることが他面において別件についても取り調べることとなるような密接な関連性が両事実の間にあるか否か，③取調べ時の別件についての身柄拘束の必要性の程度，④本件についての取調べ方法（場所，身体拘束状況，追求状況等）及び程度（時間，回数，期間等）並びに被疑者の態度，健康状態，⑤本件について逮捕・勾留して取り調べたのと同様の取調べが，捜査において許容される被疑者の逮捕・勾留期間を超えていないか，⑥本件についての証拠，特に客観的な証拠がどの程度揃っていたか，⑦本件に関する捜査の重点が被疑者の供述（自白）を追求する点にあったか，客観的物的資料や被疑者以外の者の供述を得る点にあったか，⑧取調担当者らの主観的意図がどうであったか，といった事情が挙げられる（福岡高判昭61・4・28判タ610号27頁，大阪高判昭59・4・19判タ534号225頁）。この基準は，前述のとおり，勾留期間の途中で別件勾留が違法となるかどうかの基準と重なり合っている。

　前述の事件単位説に立った上で密接関連事実等の例外を認めるのと，事件単位説に立たずに余罪取調べにも取調受忍義務があるとした上で令状主義潜脱説によるのとでは，アプローチとしては対立しているが，実際には，許される余罪取調べの限界について，近似した結論を導くことになろう（田宮裕「別件逮捕と余罪捜査」法教79号98頁）。

(3)　**強盗殺人に関する取調べは実質的に令状主義の原則を潜脱するものか**

　本問における第1次逮捕・勾留中に行われた強盗殺人事件についての取調べは，余罪取調べとして許されるものであったか否かについて，令状主義潜脱説の判断基準に基づいて検討する。

　①　不法残留の罪は，強盗殺人罪と比較して，その法定刑がはるかに軽いし，罪質及び態様においても大きな違いがある軽い犯罪である。また，勾留直後から強盗殺人事件に関する取調べが行われたことからすると，捜査当局の捜査上の重点は強盗殺人事件の解明に向けられていたと考えられる。

②　不法残留事件と強盗殺人事件との間には，被告人は不法残留中に強盗殺人罪を犯したのであるから，強盗殺人の動機について取り調べることが不法残留中の生活状況を解明することにもなり得るという関連性があるにとどまる。強盗殺人の事実の取調べが，不法残留の動機，態様等を解明するのに役立つとの関係はなく，密接な関連性はない。

③　不法残留の罪は，強制退去手続で処理されることもあるが，通常公判請求されない事件であるとまではいえず，逮捕・勾留の理由・必要性は，高度なものではないとしても，否定されることにはならない。

④　強盗殺人事件に関する取調べは，勾留直後から行われ，不法残留事件の勾留満期直前には，専ら強盗殺人事件に関する取調べのみが行われていた。

⑤　強盗殺人事件についての取調べが，別件逮捕・勾留の全期間にわたって行われた上，さらに，強盗殺人事件についても逮捕・勾留し，第2次逮捕・勾留期間中も改めて取り調べた。捜査において許容される被疑者の逮捕・勾留の期間的制限を実質的に大きく超えている。

⑥　不法残留事件による勾留直後から強盗殺人事件に関する取調べが行われたことからすると，強盗殺人事件と被告人とを結び付ける客観的な証拠の収集はなかったものと考えられる。

⑦　不法残留事件による勾留直後から強盗殺人事件に関する取調べが行われたこと，客観的証拠の収集状況からすれば，捜査の重点は被疑者からの自白の追求に向けられていたと考えられる。

⑧　第1次勾留の直後から強盗殺人事件に関する取調べが行われたことからすると，捜査官の主観的意図は，別件逮捕の当初から，別件逮捕・勾留を，強盗殺人事件の取調べに利用しようというものであったと考えられる。

以上の事情を考慮すると，第1次逮捕・勾留中の強盗殺人事件についての取調べは，許される余罪取調べの限界を大きく超えており，憲法及び刑訴法が保障する令状主義の原則を実質的に潜脱する違法なものである。取調べの結果作成された自白調書の証拠能力は否定される。

### 5　第2次逮捕・勾留期間中に作成された自白調書の証拠能力

本問では，強盗殺人事件への関与を認める自白調書は，別件による勾留中の

みならず，その後の本件による逮捕・勾留中（第2次逮捕・勾留中）にも作成されている。別件逮捕・勾留中に作成された自白調書だけでなく，本件の逮捕・勾留に切り替えられた後の自白調書の証拠能力も否定されるのだろうか。

(1) **別件逮捕・勾留後の本件による逮捕・勾留の違法性の有無**

まず，別件による逮捕・勾留後，本件により逮捕・勾留することが許されるか，第2次逮捕・勾留の違法性の有無について検討する。第2次逮捕・勾留が許されるとしても，別件による逮捕・勾留中に本件の取調べを受けたことを，本件の勾留期間を定めるに当たって考慮すべきかも問題となる。

(a) **第2次逮捕・勾留の疎明資料の観点**　第2次逮捕・勾留は，第1次勾留中に作成された本件についての自白調書を疎明資料として請求される。前記のとおり，第1次逮捕・勾留が違法となる場合，第1次逮捕・勾留中の余罪取調べが違法となる場合，いずれの場合も，第1次勾留中に作成された本件についての自白調書は，違法収集証拠として証拠排除される。証拠能力を否定された調書を被疑事実認定の資料とすることは許されない。他に逮捕・勾留を基礎付ける資料が十分でなければ，第2次逮捕・勾留は違法である（中谷・前掲323頁，福岡地判平12・6・29判タ1085号308頁，浦和地判平2・10・12判タ743号69頁，旭川地決昭59・8・27判時1171号148頁，大阪高判昭55・3・25判時1092号430頁，福岡高判昭52・5・30判タ354号328頁，金沢地七尾支判昭44・6・3判タ237号272頁）。

他方，証拠能力が否定される第1次勾留中の自白調書を除いても，他の客観的証拠によって，逮捕・勾留の理由・必要性を肯定できる場合，その客観的証拠が自白と独立したものであるとき，第2次逮捕・勾留は，この点だけからは違法とならない（三井誠「別件逮捕・勾留と自白の証拠能力(4)」法教256号91頁）。

(b) **身柄拘束期間の制限の観点**

(ア) **第1次逮捕・勾留が当初の段階から違法な場合**　第1次逮捕・勾留が令状発付の当初の段階から違法な場合，別件の逮捕・勾留は実質は本件の逮捕・勾留であるから，別件の逮捕・勾留期間はすなわち本件の逮捕・勾留期間である。その後，本件についても逮捕・勾留されれば，第2次逮捕・勾留は第1次逮捕・勾留と実質的に同一の被疑事実について再逮捕・再勾留としたものとなり，身柄拘束の蒸し返しとなる。同一被疑事実による再逮捕・再勾留は，合理的な理由のある場合に限って許される（刑訴規142条1項8号）。被疑者が違

法な別件逮捕・勾留を受けたことは，再逮捕・再勾留の必要性について消極の要素となるから，第2次逮捕・勾留は違法となる（小林・前掲223頁）。

(イ) 第1次勾留が途中から違法となる場合　第1次勾留が，その途中から，勾留の要件が消滅するか別件による勾留としての実体を失った場合，その後の勾留は，実質的に本件の勾留となる。その後，本件についても逮捕・勾留されれば，第2次逮捕・勾留は，やはり実質的に再逮捕・再勾留となる。起訴前の身柄拘束期間の趣旨は前記のとおりであり，専ら本件の取調べに利用された第1次勾留期間は，本件の勾留期間のいわば先取りとなるから，本件による勾留期間に通算する必要がある。第2次勾留が許される期間は，第1次勾留期間のうち別件による身柄拘束としての実体が失われていた期間を控除した残り期間となる（中谷・前掲322頁，小林・前掲224頁，最決昭52・8・9刑集31巻5号821頁，東京地決昭49・4・25判タ311号284頁）。期間を削減しなければ，実質的には起訴前の身柄拘束期間の制限を破ることになり，事件単位の原則の下，厳格な身柄拘束期間を定めた刑訴法の趣旨が没却される。第2次勾留はその一部が違法となる。

(ウ) 再逮捕・再勾留が許される場合　別の客観的証拠が決め手となって第2次勾留に至るなど，第1次勾留の蒸し返しに当たらないとみられるような状況があれば，前記のような勾留期間の制限を受けない場合もある（中谷・前掲323頁，東京地決平12・11・13判タ1067号283頁）。

(c) 第2次逮捕・勾留が違法である場合の自白調書の証拠能力　第2次逮捕・勾留の全部又は一部が違法となった場合，その期間中の被疑者取調べも，違法な身柄拘束状態を利用したものとして違法である。違法な第2次逮捕・勾留中に作成された自白調書は，第1次逮捕・勾留中の自白調書の場合と同様，違法な身柄拘束状態の下において得られたものであるから，違法収集証拠として，証拠能力が否定される（中谷・前掲323頁）。

(2) **第2次逮捕・勾留が違法でない場合の自白調書の証拠能力**

上記の検討により，第2次逮捕・勾留が違法とならなかった場合，第2次逮捕・勾留中に作成された自白調書の証拠能力は認められるか。

(a) 第1次逮捕・勾留中の自白との不可分一体性　第2次逮捕・勾留中の本件の取調べは，第1次逮捕・勾留中と同じ捜査機関が，ほぼ同一目的・内容

で，実質的に前後継続するものとして行うので，第1次逮捕・勾留中の違法な取調べと連続性がある。被疑者も，第1次逮捕・勾留中の取調べで供述したことの心理的影響ないし拘束力を持続している。第2次逮捕・勾留中の自白は，第1次逮捕・勾留中の違法な取調べの影響を受け，第1次逮捕・勾留中の自白が原因となって得られたものであり，両者は不可分一体のもので違法が承継される。第2次逮捕・勾留中の自白も，違法収集証拠として証拠能力が否定される（中谷・前掲324頁，東京地決平12・11・13判タ1067号283頁，福岡高判平61・6・27判タ610号27頁，東京高判昭60・12・13判時1183号3頁，大阪高判昭59・4・19判タ534号225頁，大阪地判昭46・5・15判タ269号166頁）。

(b) 第1次逮捕・勾留中の自白との連続性の切断　第2次逮捕の請求段階において，客観的資料が相当調い，被疑者の自白以外にも本件を犯したことを疑うに足りる第三者の供述証拠や情況証拠があり，被疑者の自白を除く他の客観的資料に基づいて第2次逮捕・勾留が行われた場合，第1次逮捕・勾留中の自白は，第2次逮捕・勾留やその期間中の取調べに重要な契機・影響を与えたとはいえない。第1次逮捕・勾留中の自白と第2次逮捕・勾留中の自白との間には，本件に関する供述の連続性がない。この場合，別件逮捕・勾留の違法性，あるいは別件逮捕・勾留中の余罪取調べの違法性の影響を断ち切るような事情があるから，適法な第2次逮捕・勾留中の自白調書には証拠能力が認められる（中谷・前掲324頁，東京地決平12・11・13判タ1067号283頁，福岡地小倉支判昭46・6・16判タ267号321頁）。

(3) **本問の第2次逮捕・勾留中に作成された自白調書の証拠能力**

本問では，強盗殺人事件について，被告人の自白以外の客観的証拠があれば，捜査機関としては，不法残留事件による勾留直後から強盗殺人事件に関する取調べを行わなかったのではないだろうか。第1次勾留中に作成された強盗殺人事件に関する自白調書を除けば，強盗殺人事件の被疑事実を基礎付ける資料は十分でないと思われる。そうすると，第2次逮捕・勾留は違法となり，第2次逮捕・勾留中に作成された自白調書も，違法収集証拠として，証拠能力が否定されることになる。

【田村　政喜】

## 21 起訴後勾留中における余罪取調べ

被告人甲は，窃盗罪で逮捕・勾留された後，同罪で起訴された。甲に対しては，起訴された窃盗罪のほかに被害者Bに対する殺人罪の嫌疑があったことから，警察官Kらは，窃盗事件の起訴後，甲が引き続き勾留されていたA警察署内において，10日間にわたり，連日，その殺人罪についての取調べを行った。甲は，取調べ開始後8日目に殺人の事実を自白し，10日目までの間に自白を内容とする供述調書が作成された。Kらは，これらの供述調書を主たる疎明資料として殺人罪の逮捕状の発付を受け，甲を逮捕・勾留した。甲は，逮捕後の取調べにおいては黙秘したが，殺人罪で起訴された。検察官は，公判前整理手続において，殺人被告事件に関し，甲の上記供述調書の取調べを請求した。弁護人は，当該供述調書は違法な取調べによって作成されたものであり，証拠能力を欠くと主張した。裁判所は，当該供述調書の取調べの当否に関し，どのように判断すべきか。この場合において，Kらが，殺人罪についての取調べを行うに当たり，最初の取調べの冒頭で，甲に対し，「これから，Bに対する殺人の事件に関して取調べを行う。あなたは，この事件に関しては逮捕・勾留されていない。取調べに応じるかどうかは，あなたの自由である。」旨の説明を行った場合とそのような説明を行わなかった場合とで，裁判所の判断に違いはあるか。

### 1 問題の所在

(1) はじめに

本問のテーマである起訴後勾留中における余罪取調べの問題は，起訴後の被告人に対する取調べの可否，被疑者の取調べの法的性質，別件逮捕・勾留，余罪取調べの限界など，被疑者の取調べをめぐる刑訴法上の様々な論点が関係している。これまで，いわゆる別件逮捕・勾留やその間における余罪取調べ等が問題となった事案において，同時に本問の問題が生じ，これらが併せて検討された下級裁判例もあったが，近年，端的にこの問題が争点となった下級裁判例

が出され，議論も更に深化している。そこで，本稿では，実務的な観点に留意しつつ，判例や学説を踏まえ，本問に関する考え方を整理することとしたい。

(2) 起訴後の被告人に対する取調べの可否

(a) 起訴事実の取調べの可否　被告人の取調べの可否に関しては，刑訴法上直接規定した条文がないために問題となり，主として当該起訴事実自体の取調べについて議論があった。下級裁判例は，刑訴法上の被告人の当事者的地位に鑑み，被告人の取調べは一切許されないとする消極説（大阪地決昭36・7・4判時273号8頁），刑訴法197条は任意捜査に制限を設けていないので，刑訴法198条の「被疑者」の文言にかかわりなく，被告人の取調べを許容するとする積極説（東京高判昭30・2・1裁特2巻4号55頁，東京高判昭34・12・24高刑集12巻10号1050頁），基本的には積極説と同様の考え方をとりつつ，被告人の当事者的地位をより重視し，その取調べを第1回公判期日前に限るとする中間説（大阪高判昭32・2・6裁特4巻4号43頁，大阪高判昭32・7・3裁特4巻14＝15号334頁）に分かれていた。しかし，最決昭36・11・21刑集15巻10号1764頁は，「刑訴197条は，捜査については，その目的を達するため必要な取調をすることができる旨を規定しており，同条は捜査官の任意捜査について何ら制限をしていないから，同法198条の『被疑者』という文字にかかわりなく，起訴後においても，捜査官はその公訴を維持するために必要な取調を行うことができる」，「なるほど起訴後においては被告人の当事者たる地位にかんがみ，捜査官が当該公訴事実について被告人を取り調べることはなるべく避けなければならないところであるが，これによって直ちにその取調を違法とし，その取調の上作成された供述調書の証拠能力を否定すべきいわれはな（い）」とし，消極説を否定した。学説は，当初消極説が多数であったが，最決昭36・11・21以降は何らかの条件の下に被告人の取調べを許容する中間説が有力となっている（長崎裕次「公訴提起後に作成された被告人調書の証拠能力」刑事公判の諸問題423頁，朝山芳史「取調べに違法がある自白の第三者に対する証拠能力」刑事証拠法の諸問題(上)323頁，河上和雄・自白313頁）。

(b) 余罪取調べの可否　これに対し，被告人の余罪取調べの可否に関しては，これが許されること自体は争いがなく，判例も同様である（最〔大〕判昭30・4・6刑集9巻4号663頁〔帝銀事件〕）。学説上も，ある事実について公訴を提

起され，一面「被告人」としての地位にあっても，いまだ起訴されていない事実については，その者はまさに刑訴法198条にいう「被疑者」にほかならず，公訴の提起をもって余罪についての捜査機関による取調べを免れ得る理由はないという考え方が多い（鈴木・刑訴95頁，高田・刑訴337頁，田宮・刑訴138頁，大コメ刑訴（第2版）4巻〔渡辺咲子〕425頁等）。ただし，被告人の余罪取調べに関しては，やはり無制限に許されるというわけではなく，一定の限界があることは意識されていた（学説の状況につき，久岡康成「起訴後勾留中の被告人に対する余罪の取調べについて」立命館法学271＝272号1382頁参照。なお，被告人の立場にあることから，余罪取調べは当該公判審理に差し支えない限度で許されるべきであることは当然である（長崎・前掲426頁））。

(3) **別件逮捕・勾留中における余罪取調べと起訴後勾留中における余罪取調べ**

(a) 両者の異同　本問の検討に当たって，別件による勾留中における余罪取調べという問題の共通性に照らすと，いわゆる別件逮捕・勾留中（起訴前勾留中）における余罪取調べに関する議論が参考になり得る。現に，下級裁判例の中には，後に言及するように，両者を併せて検討しているものもある。ただし，起訴前勾留中における余罪取調べと，起訴後勾留中における余罪取調べとでは，性質がかなり異なることに留意する必要がある。

(b) 起訴前勾留と起訴後勾留の相違点等　起訴前勾留と起訴後勾留とでは，以下のような相違点等がある。

(ア) 目　的　まず，勾留の本質である身柄拘束の目的をみると，起訴前勾留は，専ら捜査の必要性から（罪証隠滅・逃亡のおそれの防止），検察官の請求により（刑訴204条1項・205条1項）になされるのに対し，起訴後勾留は，裁判の必要性から（罪証隠滅・逃亡のおそれの防止，公判への出頭・刑の執行の確保），裁判所ないし裁判官の職権により（刑訴60条1項柱書・280条1項）なされる（逮捕・勾留の被疑事実と公訴事実に同一性が認められる場合には，起訴に伴い被疑者勾留から被告人勾留に移行する）。そうすると，起訴後勾留は，その後勾留の理由や必要性がなくなった場合は格別，通常は，余罪捜査の有無や適否にかかわらず，裁判の必要性の観点からその効力が存続し，余罪捜査の不当性がその効力それ自体に影響を及ぼすものではない点に特色がある。したがって，例えば，いわゆる別件逮捕・勾留の可否の問題は，起訴後勾留中における余罪取調べの検討の際には，

ストレートに出てこないことになる。

　(イ)　時間的制限　　次に，起訴後勾留中における余罪取調べには，厳格な時間的制限がないという点を挙げることができる。起訴前勾留の段階では，被疑者が逮捕・勾留されれば，10日間の勾留期間延長を認められたとしても，刑訴法で定められた最長23日間の時間的制限内での処理が求められる（刑訴203条〜208条）。これに対し，起訴後勾留中における余罪取調べに関しては，余罪について別途逮捕・勾留されない限り，その処理に当たって在宅事件と同様に扱われ，被告人勾留が公判審理の必要性により更新されて継続する間（刑訴60条2項），特段の時間的制限がないことになる。往々にして追起訴までに時間がかかり，事案によってはこれに数か月間を要する場合もあり，余罪取調べに充てられる期間がルーズになるおそれがある。捜査に期間を要する余罪を切り離して，起訴された被告事件についてのみ判決まで訴訟手続を進めることも考えられなくはないが，被告人にとっても，両者を併合して審理してもらう量刑上のメリットがあり，追起訴終了に至るまでの勾留期間の長期化を甘受せざるを得ない場合が多い。

　(ウ)　その他　　さらに，起訴前勾留から起訴後勾留に移行したとしても，余罪については被疑者としての地位も併せ持つ被告人の身柄拘束が，事実上継続しているという問題がある。しかも，余罪捜査が継続する間は，勾留場所は，拘置所ではなく，警察署の留置施設であることが通常である（被告人側による裁判所ないし裁判官に対する拘置所への移送の職権発動を求める申立ての問題はある）。したがって，起訴後勾留中の余罪取調べを任意捜査ととらえる場合であっても，被告人にとっては実態として身柄拘束状態に変更がなく，被告人自身，起訴前勾留から起訴後勾留に移行したことの意味を正確に理解していない可能性がある上，在宅事件の取調べの場合には捜査機関による出頭要請に対して被告人が自らの意思で出頭するのに対し，勾留中は被告人が物理的に抵抗しない限り取調室に連れて行かれることに照らしても，純粋な在宅取調べとは様相をかなり異にすることになる。

　(c)　検討の方法　　以上のような相違点等に照らすと，別件逮捕・勾留中における余罪取調べの問題と起訴後勾留中における余罪取調べの問題とでは，検討すべき論点として重なる要素があるものの，両者を一応区別し，その差異に

も留意しながら考察する必要がある（起訴前勾留と起訴後勾留は性質が違うので，両者を別個に検討すべきとするものとして，金山薫「別件起訴後の身柄拘束期間中の違法な取調べに基づいて作成された被告人作成の上申書等の証拠能力—北方事件—」刑事法ジャーナル15号101頁）。

### 2 判例の動向

本問の問題それ自体に関し，正面から取り上げて判断した最高裁判例はないため，ここでは，下級裁判例をいくつか紹介する。その中には，起訴後勾留中における余罪取調べをめぐる種々の問題点を整理した上で検討がなされ，本問の理論的見地からの分析に資するものがある。

(1) 東京地決昭56・11・18判時1027号3頁，判タ457号69頁〔日石・土田邸事件証拠決定〕

本件は，被告人が，昭和48年3月6日第8，9機動隊事件（爆発物使用）で起訴された後，14日日石（爆発物使用，殺人未遂）・土田邸（爆発物使用，殺人，殺人未遂）・ピース缶爆弾（爆発物製造）事件により逮捕され，勾留の上，4月4日土田邸・ピース缶爆弾事件により起訴され，5月5日日石事件により起訴された事案において，本問との関係では，第8，9機動隊事件による起訴後勾留中で日石・土田邸事件による逮捕・勾留前に作成された，日石・土田邸事件に関する被告人の3月13日付け供述調書の証拠能力が問題となった。

本決定は，勾留中の被告人に対する余罪取調べを任意捜査とし，その限界を超えた違法な取調べがなされたとして，自白調書の証拠能力を否定した。

まず，勾留中の被告人に対する余罪取調べにおける取調受忍義務に関し，刑訴法198条1項「検察官，検察事務官又は司法警察職員は，犯罪の捜査をするについて必要があるときは，被疑者の出頭を求め，これを取り調べることができる。但し，被疑者は，逮捕又は勾留されている場合を除いては，出頭を拒み，又は出頭後，何時でも退去することができる。」との文言から，被疑者が当該被疑事件について逮捕・勾留されていない場合，取調べを受けるかは任意であり，取調べ開始後もいつでも拒むことができるとし，別途被告事件について逮捕・勾留されている場合でも，当該被疑事件の取調べは，その時間，方法等の点において身柄不拘束（在宅）の被疑者を取り調べる場合に準ずるように配慮

しなければならないとした。次に，このような任意の取調べの限界に関し，被疑者が取調受忍義務のないことを知っており，明示的に取調べを拒否することがなかったとしても，取調官において，例えば長時間の執拗な質問によって被疑者の取調べ拒否の自由意思を事実上抑圧するような取調べをすることは許されないとした。その上で，3月7日から13日までの取調べは，既に45日間にわたる逮捕・勾留中の連日の取調べにより疲労している被告人に対し，起訴された事件よりはるかに重大な被疑事件について，連日長時間の厳しい取調べを行い，その結果13日に自白するに至ったと認定し，このような取調べは，任意出頭による取調べとしては行い得ず，被告人が別件による起訴後勾留中であるために極めて不本意ながら服していたと認められるから，任意の取調べとして許容される限度を超えた違法な取調べが行われたとし，この違法の程度は相当重大であり，前記供述調書は証拠能力がないとした。

(2) 旭川地決昭59・8・27判時1171号148頁，判タ559号111頁〔日通旭川事件証拠決定〕

本件は，被告人が，昭和57年8月17日業務上横領事件で逮捕され，勾留の上，9月7日起訴された後，16日殺人事件で逮捕され，勾留の上，10月7日起訴された事案において，本問との関係では，業務上横領事件による起訴後勾留中で殺人事件による逮捕・勾留前に作成された，殺人事件に関する被告人の9月14日付け供述調書の証拠能力が問題となった。

本決定も，日石・土田邸事件証拠決定と同様，勾留中の被告人に対する余罪取調べを任意捜査とし，その限界を超えた違法な取調べがなされたとした上，自白の任意性にも疑いがあるとして，自白調書の証拠能力を否定した。

まず，日石・土田邸事件証拠決定と同様の刑訴法198条1項の解釈により，勾留中の被告人に対する余罪取調べにおいては，在宅の被疑者に準ずるよう配慮しなければならないとした。その上で，9月11日から13日までの取調べは，既に身柄拘束されて25日経過し，心身ともに疲労している被告人に対し，被告人と本件殺人事件を結び付ける資料がなく，令状を得ることができないのに，本件殺人事件について取調べを開始し，警察官により連日深夜に及ぶ長時間にわたる取調べを行い，その間，厳しい追及，説得等を継続し，さらに，その取調べにおいて，被告人に対し，不動の姿勢を強い，頭を小突く，胸をたたく等

の暴行を加えた疑いが極めて強いと認定し，このような取調べは，在宅の被疑者と同じ立場にある被告人に対するものとしては，許容された限界を超えた違法なものであり，その違法の程度は重大であって，前記供述調書は，憲法31条，38条1項，2項の趣旨に照らし，証拠能力を欠き，加えて，この取調べ方法は被告人に対し自白を強要するに等しく，9月14日の自白は任意性に疑いがあり，この点においても証拠能力を欠くとした。

(3) 福岡高判昭61・4・28刑裁月報18巻4号294頁，判時1201号3頁，判タ610号27頁〔鹿児島夫婦殺し事件差戻控訴審判決〕

本件は，被告人が，昭和44年4月12日，詐欺等事件で逮捕され，勾留の上，24日起訴された後，5月16日別件勾留中のまま更に詐欺等事件で追起訴され，7月4日判決が宣告されたところ，同日それまでの間取調べがなされていた殺人事件により逮捕され，勾留の上，25日起訴された事案において，本問との関係では，詐欺等事件による起訴後勾留中で殺人事件による逮捕・勾留前に作成された，殺人事件に関する被告人の供述調書の証拠能力が問題となった。

本判決は，別件逮捕・勾留中の被疑者と勾留中の被告人に対する余罪取調べを併せて検討し，取調受忍義務の有無については直接論じず，余罪の取調べ方法が令状主義を潜脱したとして自白調書の証拠能力を否定した。ただし，本件は，自白の任意性自体に問題がある事案であった（本件を差し戻した最判昭57・11・28刑集36巻1号67頁は，自白の証拠能力の点をひとまず置くとしても，その信用性に疑問があるとしていた）。

まず，別件による勾留中における余罪取調べの可否に関し，これを禁止する明文の規定がなく，逮捕・勾留の被疑事実ごとの繰返しによる被疑者の身柄拘束期間の長期化を防止する利点もあり，一概に禁止すべきではないとしたが，その限界に関し，憲法31条が法の適正な手続の保障を掲げ，憲法33条，34条とこれらの規定を具体化する刑訴法の諸規定が令状主義の原則を定めている趣旨や，刑訴法198条1項に基づく逮捕・勾留中の被疑者についての取調受忍義務の存否や範囲等に関する解釈いかんにかかわらず，外部から隔離され弁護人の立会いもなく行われる余罪取調べが事実上の強制処分性を持つことを考えると，一定の制約があるとし，別件（甲事実）の逮捕・勾留についてその理由，必要性が認められる場合でも，本件（乙事実）の取調べが具体的状況の下にお

いて憲法と刑訴法の保障する令状主義を実質的に潜脱するものであるときは，本件の取調べは違法であるのみならず，それによって得られた被疑者の自白等は違法収集証拠として証拠能力を有しないとした。そして，そのような取調べが令状主義を実質的に潜脱するかの基準に関し，「①甲事実と乙事実との罪質及び態様の相違，法定刑の軽重，並びに捜査当局の両事実に対する捜査上の重点の置き方の違いの程度，②甲事実と乙事実との関連性の有無及び程度，③取調時の甲事実についての身柄拘束の必要性の程度，④乙事実についての取調方法（場所，身柄拘束状況，追求状況等）及び程度（時間，回数，期間等）並びに被疑者の態度，健康状態，⑤乙事実について逮捕・勾留して取り調べたと同様の取調が捜査において許容される被疑者の逮捕・勾留期間を超えていないか，⑥乙事実についての証拠，とくに客観的証拠の収集程度，⑦乙事実に関する捜査の重点が被疑者の供述（自白）を追求する点にあったか，物的資料や被疑者以外の者の供述を得る点にあったか，⑧取調担当者らの主観的意図はどうであったか等の具体的状況を総合して判断するという方法をとるのが相当というべきである（大阪高等裁判所昭和59年4月15［原文のママ］日判決，高刑集37巻1号98頁参照）」とした。

　その上で，被告人に対する本件殺人事件についての取調べは，逮捕状，勾留の請求をなし得る資料のそろっていない重大事犯である本件殺人事件について被告人を取り調べる目的で，関連性のない軽い事犯である別件詐欺等事件について逮捕状，勾留状の発付を受け，別件逮捕・勾留は，その理由と必要性が一応認められ，その事実について取調べがなされて起訴されているものの，それ以後は別件の公判審理のための勾留であり，勾留の理由と必要性が高いといえない事案であるのにその勾留を利用し，被告人が別件逮捕で引致された日から本件の取調べに入り，その取調べ状況は朝から晩まで，80日余りにわたる長時間，長期間，連続的なもので，その間片手錠を施したままの取調べもあり，被告人はこのような任意といい難い取調べを受忍する義務のないことを知らず致し方なく取調べを受け，6月頃からは相当重い疲労状態の中で，本件殺人事件について逮捕・勾留して取り調べるのと同様の取調べを，捜査において許容される逮捕・勾留の期間的制限を大きく超過して行いつつ，被告人の自白を追求したと認定し，被告人の供述調書のうち別件逮捕から2か月後以降の7通の

供述調書が作成されたときの取調べは，任意捜査の限度を超え違法であるだけでなく，憲法と刑訴法の保障する令状主義を実質的に潜脱するものであり，前記供述調書は違法収集証拠として証拠能力が否定されるとした。

(4) 福岡地判平12・6・29判タ1085号308頁

本件は，被告人が，平成11年1月27日殺人の嫌疑により家宅捜索を受けるとともに，任意提出した尿から覚せい剤成分が検出されたことから，翌28日覚せい剤使用事件で逮捕され，勾留の上，2月17日覚せい剤の所持も併せて起訴された後，3月8日殺人事件により逮捕され，勾留の上，30日殺人事件で起訴された事案において，本問との関係では，覚せい剤事件による起訴後勾留中で殺人事件による逮捕・勾留前に作成された，殺人事件に関する被告人の11通の供述調書の証拠能力が問題となった。

本判決は，勾留中の被告人に対する余罪取調べを任意捜査とし，余罪について事実上取調受忍義務を伴う取調べがなされたときはこれを違法とする見解，取調受忍義務に触れることなく実質的な令状主義の潜脱があったときはこれを違法とする見解のいずれに立っても，違法な取調べがなされたとして，自白調書の証拠能力を否定した（なお，他の証拠によって殺意を認定し，殺人罪について被告人を有罪としている）。

まず，覚せい剤事件による逮捕・勾留に関し，令状主義を潜脱するような違法な別件逮捕・勾留には当たらないとした。次に，別件逮捕・勾留中における余罪取調べに関し，余罪についても取調受忍義務を課した取調べが許されるとする見解は，刑訴法が逮捕・勾留について事件単位の原則を貫くことで被疑者の防御権を手続的に保障しようとしていることに鑑み，採用できないとした。そして，このような余罪取調べの適否に関し，余罪について事実上取調受忍義務を伴う取調べがなされたときはこれを違法とする見解（余罪の内容を明らかにした上で退去権を告知したか，黙秘権・弁護人選任権を告知したかを審査）と，取調受忍義務に直接触れることなく実質的な令状主義の潜脱があったときはこれを違法とする見解（本件と余罪の罪質・態様の異同・軽重，両罪の関連性の有無・程度，捜査の重点の置き方，捜査官の意図等の諸要素を総合的に判断）を指摘する。さらに，起訴後勾留は，罪証隠滅を防止し，被告人の公判廷への出頭を確保するためのものであって，代用監獄に勾留されている場合，特段の事情がない限り起訴後速やか

に拘置所に移監するのが相当であり，そのような立場にある被告人は，別罪につき新たに逮捕・勾留されない限り取調受忍義務を負わず，この点，別件について，逮捕・勾留されてその被疑事実につき取調受忍義務を負っていた起訴前の立場とは異なり，訴訟当事者の立場になることを考えると，起訴後勾留中における余罪取調べの限界については，起訴前よりも厳格に在宅被疑者に準じた形で取調べの適否を判断する必要があるとした。その上で，捜査官は，覚せい剤事件の逮捕・勾留に引き続き，その起訴後勾留中も本件殺人事件について取調受忍義務があることを当然の前提として被告人の取調べを行ったものであり，もはや任意捜査の限度を超え，実質的な強制捜査として行うとともに，令状主義を実質的に潜脱したものであるから，余罪取調べの適否に関するいずれの見解によっても，許される余罪取調べの限界を逸脱した違法なものであるとして，前記供述調書の証拠能力を否定した。

(5) 佐賀地決平16・9・16判時1947号3頁〔北方事件1審証拠決定〕，福岡高判平19・3・19高検速報平19号448頁〔北方事件控訴審判決〕

本件は，被告人が，平成元年10月3日覚せい剤使用事件で逮捕され，勾留の上，24日起訴された後（11月20日警察署から少年刑務所に移監，22日覚せい剤事件第1回公判，29日判決宣告），平成14年になって殺人事件3件で逮捕・勾留の上起訴された事案において，覚せい剤事件による起訴後勾留中に作成された，殺人事件に関する被告人の上申書等の証拠能力が問題となった。

1審証拠決定は，勾留中の被告人に対する余罪取調べを任意捜査（捜査官は，法律上の義務ではないが，被疑者に対し，余罪の嫌疑の内容や取調受忍義務がないことを告知する必要がある）とし，任意の取調べは，強制の手段によることができないだけでなく，社会通念上相当と認められる限度で許容されるから，任意の取調べの限界を超えた場合，その取調べは違法であり，さらに，実質的に余罪について逮捕・勾留して取り調べるのと同視し得る状況があれば，令状主義を潜脱する違法があるとした上で，いずれの点でも違法な取調べがなされたとして，前記上申書等（移監前のもの）の証拠能力を否定した。

まず，勾留中の被告人に対する余罪取調べにおける取調受忍義務に関し，起訴後勾留は専ら被告人の逃亡や罪証隠滅の防止を図るとともに公判廷への出廷を確保するためのものであり，余罪について逮捕・勾留されない限り取調受忍

義務がなく，任意の取調べのみが許容され，在宅被疑者に準じて，取調室への出頭を強制されることなく，取調室からいつでも退去し居房に戻ることを妨げられないとした。この点に関連して，取調べを受けていた警察署の留置場に起訴後も勾留されている被疑者は，移監されない限り身柄拘束の状態に変化がないため，特に説明がなければ余罪取調べにも応ずべきと思うのが一般であるから，取調官は，このような被疑者の誤解を解くために，法律上の義務ではないが，余罪の嫌疑の内容を告知するとともに，これについて取調受忍義務がないことを明確に告知する必要がある（これを欠いた場合，被疑者自らが取調べを求めてきたなどの事情がない限り，被疑者の誤解を知りながら取調べを行ったとの推定を受け，実際の取調べ状況いかんによっては取調受忍義務を課した取調べを行ったと評価されかねないので，そのような事態を避けるために，任意の取調べである旨（余罪について取調べを受けたくなければ，これを拒否し，取調室からいつでも退去できること）を告知しなければならない）とした。そして，任意の取調べは，強制手段によることができないだけでなく，事案の性質，被疑者に対する容疑の程度，被疑者の態度等諸般の事情を勘案して，社会通念上相当と認められる方法ないし態様及び限度で許容されるものであるから，任意の取調べの限界を超えた取調べが行われた場合，その取調べは違法であり，さらに，実質的に余罪について逮捕・勾留して取り調べた場合と同視し得る状況があれば，令状主義を潜脱する違法があるとした。その上で，捜査当局は，本件殺人事件とは全く関連性がない覚せい剤事件について被告人が逮捕・勾留されたことから，その起訴後勾留を利用した本件殺人事件についての被告人の自白の獲得をその身柄拘束当初から意図し，そのために深夜に及ぶ長時間の取調べを連日行うことを当然視し，身柄拘束中の被告人はこのような取調べを受忍しなければならないと考えていたと認められ，さらに，本件取調べにおいては，殺人を否認していた被告人に対し，自白を迫るような追及的，時に威圧的な取調べが長時間，連続17日間行われ，被告人の自白に至り，その後も7日間取調べが行われ，特に11月2日は昼食と夕食をとっていない被告人を取調室に止め置いて翌日午前零時20分まで取調べが続けられたと認定し，本件取調べは，もはや本件殺人事件の重大性，特殊性等の事情を踏まえても社会通念上相当と認められる限度を超えているばかりか，本件殺人事件につき取調受忍義務を課した取調べであったと評価でき，実質的には余罪

である殺人について逮捕・勾留して取り調べた場合と同視し得る状況にあり，加えて，警察署における取調べは連続24日間に及んでおり，被疑者の逮捕・勾留期間が最長で23日間と厳しく法定されていることに鑑みると，令状主義を潜脱する重大な違法があり，捜査当局が当初から本件のような取調べを当然視していたことや，取調べ時間に関する報告書の改ざんを行っていたこと等も考慮すると，将来の違法捜査抑制の必要性からも，前記上申書等の証拠能力は否定されるとした。なお，本件における被告人の自白は，取調官の強制や誘導により形成された可能性が認められ，11月2日に行われた取調べの影響の重大性に鑑みれば，少なくとも同日以降に作成された上申書等については，任意性に疑いがあり，その点からも証拠能力は否定されるとした。

控訴審判決も，問題となった上申書等の証拠能力に関し，勾留中の被告人に対する余罪取調べとして，在宅被疑者に対する任意の取調べに準じた取調べのみが許され，取調受忍義務がないとの前提に立ち，取調官による取調受忍義務がないことの告知義務等については言及していないものの，本件取調べは，本来は取調受忍義務のない任意の取調べの限界を超えて，実質的に取調受忍義務を課したに等しいなどとして，概ね1審証拠決定の判断に沿って，結論においてこれに誤りはないとしている。

### 3 学説の状況

冒頭で述べたとおり，起訴後勾留中における余罪取調べの問題は，被疑者の取調べをめぐる刑訴法上の様々な論点に関わっている。そのうち，起訴後の被告人に対する取調べの可否一般については既に言及したので，ここでは，被疑者の取調べの法的性質や余罪取調べの限界を中心に，学説の状況を整理する。

(1) **被疑者の取調べの法的性質**（取調受忍義務の問題を中心に）

(a) 逮捕・勾留被疑事実の取調べにおける取調受忍義務の有無　逮捕・勾留中の被疑者に対する取調べの法的性質をめぐり，任意捜査か強制捜査かといった種々の議論があるが，少なくとも，逮捕・勾留の基礎となっている被疑事実について被疑者に取調受忍義務が課されることは，学説上はなお異論が強いところであるものの，実務上は争いがないといえよう（学説の議論状況については，酒巻匡「逮捕・勾留中の被疑者の取調べ受忍義務」刑訴法の争点（新版）56頁，椎橋隆幸

「逮捕・勾留中の被疑者の取調べ」刑訴法の争点（第3版）58頁等参照）。

(b) **余罪取調べにおける取調受忍義務の有無**　これに対し，取調受忍義務の課される範囲が，逮捕・勾留の基礎となっている被疑事実に限られるかについて，刑訴法198条1項ただし書の「逮捕又は勾留されている場合」の意義をめぐり，議論されている。この解釈論が，勾留中の被告人に対する余罪取調べにおいて取調受忍義務が課されるかを決する上でも関係し得るところであり，従来両者が併せて論じられることが多かった。

まず，被疑者に取調受忍義務が課されるのは，逮捕・勾留の基礎となっている事実に限られるとする考え方がある（木谷明・刑事裁判の心63頁，増補令状基本㊤〔小林充〕218頁，渡辺・前掲422頁，長﨑・前掲426頁等。日石・土田邸事件証拠決定，日通旭川事件証拠決定，前掲福岡地判平12・6・29，北方事件1審証拠決定，同控訴審判決は，この考え方に拠っている。刑訴法198条1項ただし書は，取調べの対象となっている当該被疑事実について逮捕・勾留されている場合と解することになる。なお，安冨潔「身柄拘束されている被疑者・被告人の余罪取調べ」警論46巻4号183頁は，最決昭53・7・3裁判集刑211号1頁も，「起訴後の勾留中であっても起訴されていない余罪につき任意に取調をなすことは違法とはいえない」とし，同様の見解であると指摘している）。この考え方に対しては，取調事実ごとに強制処分か任意処分かを使い分けるのは捜査の実情から離れ便宜的にすぎる（三井ほか・新刑事手続Ⅰ〔中谷雄二郎〕320頁），そもそも取調べ自体は，逮捕・勾留の目的とはいえず，余罪取調べの限界を事件単位の原則に求めるのは元来の意味を超える（川出敏裕・別件逮捕・勾留の研究6頁，同「別件逮捕・勾留と余罪取調べ」刑訴百選（第6版）37頁，田宮・前掲136頁）といった批判がされている。

次に，被疑者に取調受忍義務が課されるのは，逮捕・勾留の基礎となっている事実に限られず，被疑事実について逮捕・勾留されていない余罪取調べの場合も含むとする考え方がある（河上和雄「余罪取調べの限界」刑訴法の争点（新版）64頁，大コメ刑訴（第2版）4巻〔河村博〕170頁，注釈刑訴3巻〔東條伸一郎〕85頁，中谷・前掲320頁。東京高判昭53・3・29東高時報29巻3号58頁，判時892号29頁〔都立富士高校放火事件控訴審判決〕は，被疑者に取調受忍義務が課されるのは原則として逮捕・勾留の基礎となっている事実に限られ，窃盗事件による逮捕・勾留中に放火事件について取り調べるには，あらかじめ被疑者に対し取調受忍義務がないことを明確に告知すべきである

とした原判断(東京地決昭49・12・9刑裁月報6巻12号1270頁,判時763号16頁,判タ321号204頁)を否定し,刑訴法198条1項ただし書は,取調べを受ける被疑者が逮捕・勾留されているという状態に着目して規定されたもので,特定の犯罪事実ごとに取調べの限界を定めた規定と解するのは相当でない,同ただし書は,刑訴法223条により,取調べを受ける第三者にも準用されているが,第三者に関しては当該被疑事実について逮捕・勾留されている場合は考えられず,これとの対比からも,被疑者について刑訴法198条1項ただし書の規定を殊更狭く解するのは不合理であるとしている。同旨,河上・前掲刑訴法の争点(新版)65頁,中谷・前掲320頁)。この考え方に対しては,身柄拘束を受けていない被疑者には取調受忍義務が課されないことと均衡を失するといった批判がされている(木谷・前掲67頁。なお,刑訴法223条によって刑訴法198条1項ただし書が準用されても,参考人にはこの除外規定が適用される余地がなくなり,常に「出頭を拒み」,「出頭後,何時でも退去することができる」ことになるだけであるとする。小林・前掲218頁も立法の不備とする)。

　これらの考え方は,取調受忍義務の有無の問題が余罪取調べの適否や基準を検討する上で関連すると考える点で共通しているが,他方で,この問題については直接論じず,取調べ方法が具体的状況の下で令状主義を潜脱したかによって判断する考え方もある(令状主義潜脱説。田宮・前掲136頁。鹿児島夫婦殺し事件差戻控訴審判決(これは,逮捕・勾留中の被疑者に対する余罪取調べに関する大阪高判昭59・4・19高刑集37巻1号98頁〔神戸まつり事件控訴審判決〕の考え方を踏襲している)は,この考え方に拠っている。前掲福岡地判平12・6・29は,この考え方の基準に照らした判断も行っている)。この考え方に対しては,逮捕・勾留の適法性の問題と余罪取調べの限界の問題との関係が不明確である(川出・前掲別件逮捕・勾留の研究5頁・248頁),別件の逮捕・勾留に名を借りて本件についての取調べを行った点を問擬する以上,取調べの違法ではなく,逮捕・勾留自体の違法としてとらえるのが自然である,令状主義の潜脱とみられる場合でなくとも,別件と同様な強制取調べを行うことは違法というべきである(小林・前掲222頁),令状主義を潜脱するような余罪取調べが行われたかの判断が結局事後的に諸要素の総合考慮によって行われることになり,捜査段階の運用のメルクマールとなりにくい(木谷・前掲71頁,小林・前掲222頁)といった批判がされている。

　なお,令状主義潜脱説とは理論的な枠組みが異なるが,逮捕・勾留中の被疑

者に対する余罪取調べに関し，令状に示された被疑事実による身柄拘束としての実体を失い，違法な身柄拘束となったかを検討すべきであるとする考え方（実体喪失説。川出・前掲別件逮捕・勾留の研究221頁，佐藤隆之「別件逮捕・勾留と余罪取調べ」刑訴百選（第8版）43頁，中谷・前掲319頁。東京地決平12・11・13判タ1067号283頁は，旅券不携帯事件における勾留期間延長後の強盗致傷事件に関する取調べ等をみると，旅券不携帯事件による勾留の実体を失い，実質的に強盗致傷事件の取調べのための身柄拘束となったとみるほかないとし，その間に作成された自白調書等の証拠能力を否定している）によっても，余罪取調べの適否を検討する上で取調受忍義務の有無を論じることは必須とならないであろう。

(c) 勾留中の被告人に対する余罪取調べにおける取調受忍義務の有無　そこで，逮捕・勾留中の被疑者に対する余罪取調べにおける取調受忍義務の有無に関する以上の議論も踏まえ，勾留中の被告人に対する余罪取調べについて取調受忍義務が課されるかを検討する。まず，被疑者の余罪取調べにおける取調受忍義務否定説に立てば，勾留中の被告人に対する余罪取調べについても，取調受忍義務は課されないということになろう。これに対し，被疑者の余罪取調べにおける取調受忍義務肯定説に立つと，勾留中の被告人に対する余罪取調べについても，取調受忍義務が課されるという考え方につながるであろう（河上和雄「起訴後の勾留を利用する別事件の取調べの限界」判タ564号85頁）。ただし，起訴前勾留と起訴後勾留の相違を考慮した場合，被疑者の取調受忍義務に関する議論がそのまま被告人の議論に当てはまるのかという問題は残る。

(d) 取調受忍義務が課されない旨の告知義務の有無　勾留中の被告人に対する余罪取調べについて，取調受忍義務が課されないとする考え方に立った場合，余罪取調べに当たってそれを告知しないとき，違法な取調べとなるかが問題となる。

この点，余罪取調べにおける取調受忍義務否定説から，取調べの任意性（被疑者が任意に取調べに応じるということであり，いわゆる自白法則における供述の任意性とは異なる）を担保するために，捜査官は，被疑者に対して，余罪の内容，供述拒否権・弁護人選任権と，出頭義務・取調受忍義務が課されない旨を告知しなければならないとする考え方がある（前掲東京地決昭49・12・9，浦和地判平2・10・12判時1376号24頁，判タ743号69頁（ただし，本判決は，逮捕・勾留自体が違法で

あると認定しており，余罪取調べの適否は逮捕・勾留が適法であると解した場合の仮定的判断である))。この考え方に対しては，このような告知義務については法律上の根拠がないという批判がある（中谷・前掲321頁。前掲東京高判昭53・3・29）。そこで，このような告知の存在を，別件による勾留中における余罪取調べが許容されるための要件とするのではなく，一般的に取調べの任意性を推定させる事情とする考え方もある（小林・前掲220頁・229頁は従来の説明をこのように改めた。木谷・前掲76頁も供述の証拠能力を肯定するための不可欠の要件とする必要はないとする。北方事件1審証拠決定は概ねこの考え方に拠っている）。

**(2) 余罪取調べの限界**

勾留中の被告人に対する余罪取調べにおける取調受忍義務の有無に関する以上の議論を前提にして，その余罪取調べの限界について検討する。

勾留中の被告人に対する余罪取調べについて，任意捜査ととらえ，取調受忍義務がないとする考え方に立つと，取調べの任意性の観点から限界が導かれる。まず，任意の取調べとはいえ，実質的に余罪について逮捕・勾留して取り調べた場合と同視し得る状況があれば，違法があるということになる。また，そのような状況に至らないとしても，任意捜査としても許容される限度を超えた取調べが行われた場合，その取調べは違法である（この点は，任意捜査の一環としての被疑者取調べの許容限度について判示した最決昭59・2・29刑集38巻3号479頁〔高輪グリーンマンション事件〕における，「任意捜査の一環としての被疑者に対する取調べは，強制手段によることができないというだけでなく，さらに，事案の性質，被疑者に対する容疑の程度，被疑者の態度等諸般の事情を勘案して，社会通念上相当と認められる方法ないし態様及び限度において，許容されるものと解すべきである。」との基準が妥当しよう。例えば，小林・前掲223頁は，起訴後勾留を利用しての取調べは，時間的に，特段の事情がない限り，起訴前の勾留期間の範囲内にとどめるべきであるとする)。そのような取調べにより得られた供述については，令状主義の潜脱とみられる場合でなくとも，証拠能力を否定することになる（小林・前掲227頁，木谷・前掲63頁。このような考え方に立たないときには，取調べの任意性は更に令状主義の潜脱の有無を判断する際の一事情として考慮されるほか，余罪取調べにおける取調受忍義務肯定説や令状主義潜脱説とさほど変わらない結論となろう。なお，違法収集証拠排除法則との関係が問題となる。余罪取調べにおける取調受忍義務否定説に立つ近年の前記下級裁判例は，同時に，令状主義を潜脱する取調べ，

あるいは自白の任意性に疑いのある取調べもなされたと認定しているものが多い)。取調べの任意性の要件として，余罪の内容，供述拒否権・弁護人選任権と，出頭義務・取調受忍義務が課されないことの告知を要求する見解に立てば，その告知を行わなかったことが，任意性を欠いた違法な取調べとの評価に直結することになる。これに対し，その告知を不可欠の要件とはしないとする見解に立てば，告知を行わなかったことのみをもって直ちに違法とはならないが，取調べの任意性を判断する際の1つの考慮要素になる。もとより，取調べの任意性の問題とは別の次元で，供述の任意性の問題があり，具体的な取調べの過程において自白の任意性に疑いのあるような取調べがなされれば，刑訴法319条1項の自白法則の観点から，その取調べが違法となることはいうまでもない。

　勾留中の被告人に対する余罪取調べについて，強制捜査ととらえ，取調受忍義務があるとする考え方に立つと，その限界を考えるに当たって，取調べの任意性自体は問題とならず，具体的な取調べの過程において，違法収集証拠排除法則の観点から，令状主義を潜脱するような取調べが行われたかを判断することになる（現実には，自白法則の観点から，自白の任意性に疑いのあるような取調べがなされたかの検討も多くなろう）。なお，公判審理の長期化を避けるという観点から，余罪取調べに時間的限界があるとする見解もある（河上・前掲刑訴法の争点（新版）64頁は，事案にもよるが，余罪を取り調べ，追起訴をする限界は，本起訴から長くても6か月位が妥当であるとする）。

　これに対し，取調受忍義務の有無について論じない令状主義潜脱説に立つと，勾留中の被告人に対する余罪取調べの限界については，逮捕・勾留中の被疑者に対する余罪取調べの問題と同様，神戸まつり事件控訴審判決や鹿児島夫婦殺し事件差戻控訴審判決で示されたように，取調べ方法が具体的状況の下で令状主義を潜脱したか，起訴事実と余罪の罪質・態様の異同・軽重，両罪の関連性の有無・程度，捜査の重点の置き方，捜査官の意図等の諸要素を総合的に判断する方法をとることになる。

　また，実体喪失説に立つと，起訴後勾留に関しては，起訴が適法であり，勾留要件を満たす場合には，余罪取調べによって起訴事実の公判審理に影響が生じるなど特別な事情がない限り，違法とはいえず，余罪について実質的に身柄拘束をしたと同視できるとの評価をしたとしても起訴後勾留の実体が失われる

とはいえないという特殊性があることに留意しなければならない（川出・前掲別件逮捕・勾留の研究236頁・259頁。なお，広島高判昭47・12・14高刑集25巻7号993頁〔仁保事件差戻控訴審判決〕は，起訴後勾留は専ら起訴事実の審理を行うためのものであり，起訴後勾留中の余罪取調べは，その取調べの期間，方法，程度に照らし起訴後勾留本来の目的を著しく損なう場合には認められないとし，余罪取調べが起訴事実の審理に通常必要と考えられる期間又は起訴事実が有罪であるとして通常予想される刑期に相当する期間を超えるほど甚だしく長期にわたり，しかもその間取調べが連続，集中して多数回にわたり行われるような場合を例示しているが，川出・前掲別件逮捕・勾留の研究237頁はこのような場合にはその間の勾留が違法となると指摘する）。そのため，勾留中の被告人に対する余罪取調べの場合，令状に示された被疑事実による身柄拘束としての実体を失い，違法な身柄拘束となったかという観点から限界を導くことができず，別の考慮が必要となる。そこで，このような起訴後勾留の特殊性に配慮しつつ，起訴前の逮捕・勾留期間に制限が加えられていることに鑑み，余罪を理由として実質的に身柄拘束がなされた期間が23日間（起訴前の身柄拘束の最大限度）を超えたかによって適否を判断すべきであるとする考え方がある（川出・前掲別件逮捕・勾留の研究259頁）。

(3) **私　見**

勾留中の被告人に対する余罪取調べの法的性質については，なお議論があるところであるが，起訴前勾留と起訴後勾留の相違を考慮し，逮捕・勾留中の被疑者に対する余罪取調べの法的性質と一応区別して考えることにする。そして，既に被告人は起訴されて訴訟の当事者的地位にあり，勾留も捜査のための被疑者勾留から裁判のための被告人勾留に移行し，被疑者として逮捕・勾留の上捜査中の別件というものもないから，勾留中の被告人に対する余罪取調べの法的性質としては，逮捕・勾留中の被疑者に対する余罪取調べの法的性質に関する議論にかかわらず，任意捜査と解するのが適当であろう。さらに，起訴前勾留と起訴後勾留の事実上の連続性という実情を考慮すると，取調べの任意性，すなわち，取調受忍義務がないことを明確にする必要性が高い。そうすると，勾留中の被告人に対する余罪取調べの限界については，取調べの任意性も基準として考えるべきであり，取調受忍義務がないこと等の告知の有無は，それを判断する際の1つの考慮要素とすることになる。

このような考え方に立つと、取調べの任意性の有無に関する判断の枠組みについて、捜査段階の運用のメルクマールを明確化するという観点から、更に具体的に検討する必要がある。まず、取調受忍義務がないこと等の告知がなされた上で、被疑者が取調べに応じた場合には、ひとまず任意の取調べであると事実上推定してよいであろう。これに対し、このような告知がなされていない場合には、別途被疑者が任意に取調べに応じたといえる事情があるかをみることになる。例えば、被疑者が余罪について取調受忍義務がないことを熟知していたことが明らかな場合か、被疑者が進んで自白するのに応じて余罪を取り調べた場合か、被疑者に同種か軽微な余罪があり、身柄拘束が長期化しないようにとの配慮から余罪を取り調べた場合か等を検討する。なお、以上の検討から、取調べの任意性が事実上推定されたとしても、取調べの時間や期間、捜査機関による取調べの態様、被疑者の供述態度や健康状態などに照らし、任意の取調べの限界を超える場合や、そもそも任意の取調べと認められない場合もあることに留意する必要がある。

### 4 本問の検討

勾留中の被告人に対する余罪取調べにおける取調受忍義務否定説のうち、取調受忍義務がないこと等の告知を取調べの任意性の要件とする考え方に立つと、警察官Kらが、窃盗事件による起訴後勾留中の被告人甲に対し、殺人事件について取調べを行うに当たり、最初の取調べの冒頭で取調受忍義務がないこと等の説明を行った場合には、取調べの任意性が事実上推定され、その他に任意の取調べの限界を超え、あるいは任意の取調べと認められないような事情がない限り、取調べは適法となり、殺人事件に関する供述調書の証拠能力は認められる。これに対し、そのような説明を行わなかった場合には、取調べの任意性を欠くものとして、取調べは違法となり、前記供述調書の証拠能力は否定される。

取調受忍義務否定説のうち、取調受忍義務がないこと等の告知を取調べの任意性を判断する際の1つの考慮要素とする考え方に立つと、そのような説明を行った場合には、前同様の結論となる。これに対し、そのような説明を行わなかったことをもって、直ちに違法な取調べとなるわけではないが、他の考慮要素も検討し、任意の取調べの限界を超え、あるいは任意の取調べと認められな

いときは，取調べは違法となり，前記供述調書の証拠能力は否定される。

　勾留中の被告人に対する余罪取調べにおける取調受忍義務肯定説，あるいは令状主義潜脱説に立つと，具体的状況の下で，令状主義を潜脱するような取調べが行われたかを検討し，そのような取調べが行われたと認められる場合には，取調べは違法となり，前記供述調書の証拠能力は否定される。

　実体喪失説に立つと，余罪である殺人事件を理由として実質的に身柄拘束がなされた期間が23日間を超えたかが基準となるところ，本問においては，自白調書が作成されるまでに殺人事件の取調べが10日間行われたにとどまるから，起訴後勾留中における余罪取調べの観点のみをもって取調べを違法ということはできず，前記供述調書の証拠能力は否定されない。

　なお，本問では，訴訟手続上の観点から，公判前整理手続段階における自白調書の採否決定の当否についても，一応問題となる。すなわち，例えば，裁判員裁判において，自白調書の任意性が争われる場合には，証拠能力の有無という訴訟手続に関する判断ではあるものの，その信用性の判断とも密接に関連するため，公判段階における証拠調べ手続を経た上でその採否を決定することが通常である。しかし，本問では，いずれの考え方に立っても，証拠禁止としての取調べの任意性ないし令状主義潜脱性等が問題となり，当該事案における争点の内容や採用する判断基準いかんによっては，自白の任意性の問題と比べ，自白の信用性の判断から離れた，より外形的な事情に基づく判断が可能な場合もあろう。そうすると，専ら外形的な事情に基づき自白調書の証拠能力が否定されるような場合には，公判前整理手続段階において，証拠請求の却下決定を行うことも考えられよう。

【川田　宏一】

## 22 弁護人と被疑者の接見

(1) 勾留されている被疑者を検察庁で取調べ中，同被疑者の弁護人から，「被疑者と接見したい」旨の電話連絡があった。この場合，検察官は，どのように対応すべきか。検察庁での被疑者取調べの実施のため，被疑者を勾留場所から検察庁に押送し，同行室で待機させている間に，弁護人から，同趣旨の電話連絡があった場合はどうか。検察庁の庁舎内に接見のための設備が設けられている場合とそうでない場合とで，検察官のとるべき対応に違いはあるか。
(2) 接見等禁止決定が付されている被疑事件において，勾留中の被疑者と接見する際に第三者から預かった手紙を渡したい旨弁護人から申出があった。この場合，検察官としてはどのように対応すべきか。

### 1 被疑者と弁護人との接見交通権に関する最高裁判例について（設問(1)）

(1) はじめに

　被疑者と弁護人との接見交通権について，刑訴法39条1項は，「身体の拘束を受けている被告人又は被疑者は，弁護人又は弁護人を選任することができる者の依頼により弁護人となろうとする者（弁護士でない者にあつては，第31条第2項の許可があつた後に限る。）と立会人なくして接見し，又は書類若しくは物の授受をすることができる。」と規定し，弁護人について，同法81条が規定する接見禁止等の制限を設けることなく，被疑者との接見等を認めている。
　その一方で，刑訴法39条3項は，「検察官，検察事務官又は司法警察職員（司法警察員及び司法巡査をいう。以下同じ。）は，捜査のため必要があるときは，公訴の提起前に限り，第1項の接見又は授受に関し，その日時，場所及び時間を指定することができる。但し，その指定は，被疑者が防禦の準備をする権利を不当に制限するようなものであつてはならない。」と規定し，検察官等に対し，被疑者と弁護人との接見等に関し，その日時，場所及び時間を指定する権限を与えている。
　このような被疑者と弁護人との接見交通権について，本設問に関連する最高

裁判例として，最〔大〕判平11・3・24民集53巻3号514頁（以下「最高裁平成11年判決」という）と，最判平17・4・19民集59巻3号563頁（以下「最高裁平成17年判決」という）が存在する。

刑訴法39条3項による接見交通権の制限については，制限の根拠であり要件でもある「捜査のため必要があるとき」の解釈や，制限する場合の方法に関する運用の在り方等をめぐって，実務上，検察と弁護という立場の違いを背景として，激しい対立があった。

しかしながら，現在，実務においては，これらの最高裁判例に従った運用がなされているため，以下，これらの判例の内容を確認した上で，設問の場合に応じた具体的な検討を行うとともに，私見を示すこととしたい。

(2) **被疑者と弁護人との接見交通権の意義等について**

最高裁平成11年判決は，被疑者と弁護人との接見交通権が憲法34条の弁護人依頼権に由来するものであると判示している（なお，この点について，最判昭53・7・10民集32巻5号820頁，最判平3・5・10民集45巻5号919頁，最判平3・5・31裁判集民163号47頁参照）。

すなわち，同判決は，憲法34条前段が「何人も，理由を直ちに告げられ，且つ，直ちに弁護人に依頼する権利を与へられなければ，抑留又は拘禁されない。」と規定する弁護人依頼権について，「身体の拘束を受けている被疑者が，拘束の原因となっている嫌疑を晴らしたり，人身の自由を回復するための手段を講じたりするなど自己の自由と権利を守るため弁護人から援助を受けられるようにすることを目的とするものである。したがって，右規定は，単に被疑者が弁護人を選任することを官憲が妨害してはならないというにとどまるものではなく，被疑者に対し，弁護人を選任した上で，弁護人に相談し，その助言を受けるなど弁護人から援助を受ける機会を持つことを実質的に保障しているものと解すべきである」旨判示した上で，刑訴法39条1項が規定する弁護人との接見交通権について，「憲法34条の右の趣旨にのっとり，身体の拘束を受けている被疑者が弁護人等と相談し，その助言を受けるなど弁護人等から援助を受ける機会を確保する目的で設けられたものであり，その意味で，刑訴法の右規定は，憲法の保障に由来するものであるということができる」旨判示する。

(3) **被疑者と弁護人との接見交通権と捜査機関による捜査との関係について**

次に，このように憲法の保障に由来する被疑者と弁護人との接見交通権の行使と，捜査機関による被疑者の取調べ等の捜査の必要性との関係が問題となる。

すなわち，刑訴法39条3項本文が，弁護人による接見交通権の行使について，「捜査のため必要があるとき」，捜査機関が接見指定の方法により制限を加えることを認める一方，同項ただし書において，「但し，その指定は，被疑者が防禦の準備をする権利を不当に制限するようなものであつてはならない。」と規定していることから，これらの規定と，憲法34条との関係についての検討が必要となる。

この点について，最高裁平成11年判決は，「憲法は，刑罰権の発動ないし刑罰権発動のための捜査権の行使が国家の権能であることを当然の前提とするものであるから，被疑者と弁護人等との接見交通権が憲法の保障に由来するからといって，これが刑罰権ないし捜査権に絶対的に優先するような性質のものということはできない。そして，捜査権を行使するためには，身体を拘束して被疑者を取り調べる必要が生ずることもあるが，憲法はこのような取調べを否定するものではないから，接見交通権の行使と捜査権の行使との間に合理的な調整を図らなければならない。憲法34条は，身体の拘束を受けている被疑者に対して弁護人から援助を受ける機会を持つことを保障するという趣旨が実質的に損なわれない限りにおいて，法律に右の調整の規定を設けることを否定するものではないというべきである。」と判示する。

その上で，同判決は，刑訴法39条3項本文が弁護人による接見交通権の行使について捜査機関が制限を加えることを認めている点について，刑訴法において身体の拘束を受けている被疑者を取り調べることが認められていること（同法198条1項），被疑者の身体拘束については厳格な時間的制約があること（同法203条～205条・208条・208条の2）などに鑑み，「被疑者の取調べ等の捜査の必要と接見交通権との調整を図る趣旨で置かれたものである」と判示するとともに，同項ただし書については，「捜査機関のする右の接見等の日時等の指定は飽くまで必要やむを得ない例外的措置であって，被疑者が防御の準備をする権利を不当に制限することは許されない旨を明らかにしている」と判示する。

(4) 接見指定の要件等について

 そして，最高裁平成11年判決は，弁護人からの接見の申出があった場合の検察官等の対応の在り方について，「このような刑訴法39条の立法趣旨，内容に照らすと，捜査機関は，弁護人等から被疑者との接見等の申出があったときは，原則としていつでも接見等の機会を与えなければならない」と判示する。

 その上で，同判決は，捜査機関が行う接見指定の要件である「捜査のため必要があるとき」(刑訴39条3項)について，「接見等を認めると取調べの中断等により捜査に顕著な支障が生じる場合に限られ」るとし，さらに，「弁護人等から接見等の申出を受けた時に，捜査機関が現に被疑者を取調べ中である場合や実況見分，検証等に立ち会わせている場合，また，間近い時に右取調べ等をする確実な予定があって，弁護人等の申出に沿った接見等を認めたのでは，右取調べ等が予定どおり開始できなくなる場合など」が原則としてこれに当たる旨判示する。

 さらに，同判決は，接見指定のための要件が具備され，接見等の日時等の指定をする場合には，「捜査機関は，弁護人等と協議してできる限り速やかな接見等のための日時等を指定し，被疑者が弁護人等と防御の準備をすることができるような措置を採らなければならない」旨指摘している。

(5) 検察庁庁舎内にいる被疑者と弁護人の接見について

 弁護人から，検察庁の庁舎内に滞在している被疑者との接見を求められた場合の検察官の対応について，最高裁平成17年判決は，最高裁平成11年判決を引用して，「被疑者が，検察官による取調べのため，その勾留場所から検察庁に押送され，その庁舎内に滞在している間に弁護人等から接見の申出があった場合には，検察官が現に被疑者を取調べ中である場合や，間近い時に上記取調べ等をする確実な予定があって，弁護人等の申出に沿った接見を認めたのでは，上記取調べ等が予定どおり開始できなくなるおそれがある場合など，捜査に顕著な支障が生ずる場合には，検察官が上記の申出に直ちに応じなかったとしても，これを違法ということはできない」旨判示し，接見指定の要件がある場合には，検察官において刑訴法39条3項に基づき接見指定をすることができること，そして，接見指定の要件の解釈についても何ら変更がないことを確認する。

さらに，最高裁平成17年判決は，接見指定の要件がない場合，すなわち，「検察庁の庁舎内に被疑者が滞在している場合であっても，弁護人等から接見の申出があった時点で，検察官による取調べが開始されるまでに相当の時間があるとき，又は当日の取調べが既に終了しており，勾留場所等へ押送されるまでに相当の時間があるときなど，これに応じても捜査に顕著な支障が生ずるおそれがない場合」には，本来，検察官は，弁護人の接見の申出に応ずべきものであるとした上で，「もっとも，被疑者と弁護人等との接見には，被疑者の逃亡，罪証の隠滅及び戒護上の支障の発生の防止の観点からの制約がある」ため，「検察庁の庁舎内において，弁護人等と被疑者との立会人なしの接見を認めても，被疑者の逃亡や罪証の隠滅を防止することができ，戒護上の支障が生じないような設備のある部屋等が存在しない場合」には，接見のための施設がないことを理由として接見の申出を拒否することは違法ではないと判示する。

そして，同判決は，このような「設備のある部屋等」について，「接見室等の接見のための専用の設備がある部屋に限られたものではないが，その本来の用途，設備内容等からみて，接見の申出を受けた検察官が，その部屋等を接見のためにも用いることを容易に想到することができ，また，その部屋等を接見のために用いても，被疑者の逃亡，罪証の隠滅及び戒護上の支障の発生の防止の観点からの問題が生じないことを容易に判断し得るような部屋等でなければならない」旨判示する。

さらに，検察官がこのような設備のある部屋等が存在しないことを理由として接見の申出を拒否したにもかかわらず，弁護人等がなお庁舎内における即時の接見を求め，即時に接見をする必要性が認められる場合について，同判決は，刑訴法39条の趣旨が接見交通権の行使と被疑者の取調べ等の捜査の必要との合理的な調整を図ろうとするものであることを理由として，「検察官は，例えば立会人の居る部屋での短時間の『接見』などのように，いわゆる秘密交通権が十分に保障されないような態様の短時間の『接見』（以下，便宜『面会接見』という。）であってもよいかどうかという点につき，弁護人等の意向を確かめ，弁護人等がそのような接見であっても差し支えないとの意向を示したときは，面会接見ができるように特別の配慮をすべき義務がある」旨判示する。その上で，同判決は，「検察官が現に被疑者を取調べ中である場合や，間近い

時に取調べをする確実な予定があって弁護人等の申出に沿った接見を認めたのでは取調べが予定どおり開始できなくなるおそれがある場合など、捜査に顕著な支障が生ずる場合は格別、そのような場合ではないのに、検察官が、上記のような即時に接見をする必要性の認められる接見の申出に対し、上記のような特別の配慮をすることを怠り、何らの措置を執らなかったときは、検察官の当該不作為は違法となる」旨判断している。

## 2 設問(1)において、被疑者を取調べ中である場合について
### (1) 接見指定について

検察官が現に被疑者を取調べ中であり、取調べを中断することにより捜査に顕著な支障が生じるような場合には、検察官は、弁護人に対し、接見の日時、場所及び時間の指定をすることができる（最高裁平成11年判決）。

その指定の方法については制限がなく、書面、口頭等いずれの方法でもよいが、実務上は、正確性への配慮から、書面によることが多いと思われる。そして、書面による場合は、定められた様式の「指定書」によるとされている（事件事務規程28条）。

そして、接見指定をする場合には、検察官は、弁護人と協議して、できる限り速やかな接見等のための日時等を指定し、被疑者が弁護人と防御の準備をすることができるような措置をとらなければならない（最高裁平成11年判決）。

しかしながら、実務上は、このように接見指定の要件がある場合であっても、検察官において、まずは、弁護人と調整し、接見時間等について合意できれば、その合意内容に従って接見させる取扱いを行うことが多いように思われる。

このように検察官が弁護人と調整を試みた場合であっても、弁護人との合意が成立しない場合には、接見の指定をすることになる。

もっとも、逮捕・勾留中の被疑者と弁護人等との接見に配慮することは、取調べの適正の一層の確保に資するものと考えられる。そのため、検察官としては、接見の指定を行う場合においても、弁護人に対し、できる限り早期に接見の機会を与えるようにし、具体的には、遅くとも、直近の食事又は休憩の際に接見の機会を与えるように配慮した指定を行うなど、柔軟に対応することが望まれる。

なお、取調べ中であっても、取調べをいったん中断して弁護人に直ちに接見させても差し支えない状況にはあるものの、長時間の接見を認めれば取調べの再開が遅れ、捜査への支障が生じるような場合には、弁護人と協議して接見時間を調整する必要があるが、弁護人が長時間の接見に固執し譲らないときには、接見の指定をせざるを得ない。

(2) 「検察の理念」について

検察において、検察の使命と役割を明確にし、検察職員が職務を遂行するに当たって指針とすべき基本的な心構えを定めたものとして、「検察の理念」が存在する（平成23年9月29日、検察長官会同において、会同員全員の総意として策定）（研修761号3頁参照）。

「検察の理念」は、その前文の冒頭で、「この規程は、検察の職員が、いかなる状況においても、目指すべき方向を見失うことなく、使命感を持って職務に当たるとともに、検察の活動全般が適正に行われ、国民の信頼という基盤に支えられ続けることができるよう、検察の精神及び基本姿勢を示すものである。」と規定して、これが検察の基本規程であることを明らかにしている。

そして、「検察の理念」は、前文において、「あたかも常に有罪そのものを目的とし、より重い処分の実現自体を成果とみなすかのごとき姿勢となってはならない。我々が目指すのは、事案の真相に見合った、国民の良識にかなう、相応の処分、相応の科刑の実現である。」、「権限行使の在り方が、独善に陥ることなく、真に国民の利益にかなうものとなっているかを常に内省しつつ行動する、謙虚な姿勢を保つべきである。」と規定するとともに、2項において、「基本的人権を尊重し、刑事手続の適正を確保するとともに、刑事手続における裁判官及び弁護人の担う役割を十分理解しつつ、自らの職責を果たす。」と、5項において、「取調べにおいては、供述の任意性の確保その他必要な配慮をして、真実の供述が得られるよう努める。」と規定している。

このような「検察の理念」の規定は、検察官が、被疑者と弁護人との接見に対応するに当たっても指針となるものであり、「検察の理念」の趣旨からも、個々の事案において、検察官の柔軟かつ適切な対応が望まれる。

(3) 被疑者から弁護人と接見したい旨の申出があった場合について

設問とは逆の場合、すなわち、検察官の取調べ中に被疑者から弁護人と接見

したい旨の申出があった場合についても，前記 2 (1)及び(2)と同様の理由から，検察官において，当該申出があった旨を直ちに弁護士に連絡することが望まれる。

　実務上，検察官は，弁解録取の際に，被疑者に対し弁護人選任権を告知するとともに，弁護人等との接見に関し，取調べ中において弁護人等と接見したい旨の申出があれば，直ちにその申出があった旨を弁護人等に連絡する旨の告知を行っている。

　そして，取調べ中に被疑者から弁護人と接見したい旨の申出があった場合には，休憩や食事のための取調べの中断や取調べの終了を待って連絡するのでは遅く，まさに，「すぐに」連絡を行うことが相当である。

　弁護人への具体的な連絡方法については，ファックス，電話等の適宜の方法により，立会事務官等の検察庁職員をして連絡を行うことで足りると考える。

　また，弁護人の事務所に連絡したものの，当該弁護人が不在であるような場合には，事務員等に伝言すれば足り，休日等で当該弁護人事務所に連絡しても不在であった場合には，当該弁護人から自宅や携帯電話の番号等の連絡先を知らされていたときや手元にある弁護士名簿により自宅の電話番号等の連絡先が容易に確認できるときには，その連絡先に連絡すべきであるが，これ以上に当該弁護人の連絡先や居場所を調べて連絡するまでの必要はなく，例えば，事務所の留守番電話に被疑者から接見の申出があった旨のメッセージを入れるなどの措置をとれば足りると考える。

　実務上，逮捕・勾留中の被疑者又は弁護人等から接見に関する申出があった場合には，事後の検証を容易にする等の観点から，その申出及びこれに対してとった措置等を記録にとどめて，作成した書面を事件記録の一部とする運用がなされている。

　弁護人に連絡した後の対応は，弁護人等の対応いかんにより，例えば，当該弁護人から接見の申出があったときには，本設問における対応となる。

## 3 設問(1)において，被疑者を同行室で待機させている場合であって接見指定の要件がないとき

### (1) いわゆる「面会接見」について

　被疑者を検察庁の同行室で待機させているものの，弁護人から接見の申出があった時点で，検察官による取調べが開始されるまでに相当の時間があるとき，又は当日の取調べが既に終了しており，勾留場所等へ押送されるまでに相当の時間があるときなど，これに応じても捜査に顕著な支障が生ずるおそれがない場合には，接見指定の要件はなく，本来，検察官は，弁護人の申出に応ずべきものである（最高裁平成11年判決及び平成17年判決）。

　そして，検察庁の庁舎内に接見のための設備が設けられており，かつ，当該施設が利用可能である場合には，当該施設において接見の機会を与えることになる。

　これに対し，検察庁の庁舎内に接見のための設備がないか，又は利用できない場合には，接見のための施設がないことを理由として接見を拒否することは違法ではない（最高裁平成17年判決）。

　なお，検察庁内の同行室について，最高裁平成17年判決は，本来，警察署の留置場から取調べのために地検に押送されてくる被疑者を留置するために設けられた施設であって，その場所で弁護人等と被疑者との接見が行われることが予定されている施設ではなく，その設備面からみても，弁護人からの申出を受けた検事が，その時点で，その部屋等を接見のために用いることを容易に想到することができ，また，その部屋等を接見のために用いても，被疑者の逃亡，罪証の隠滅及び戒護上の支障の発生の防止の観点からの問題が生じないことを容易に判断し得るような部屋等であるとはいえないことが明らかである旨判示している。

　検察官が，庁舎内に接見のための設備がないことを理由として接見を拒否した場合であっても，弁護人がなお庁舎内における即時の接見を求め，即時に接見をする必要が認められる場合には，検察官は，弁護人の同意を得た上，接見施設以外の場所で，職員等の立会いの下で弁護人と被疑者とを面会させる，いわゆる「面会接見」の機会を与えなければならない（最高裁平成17年判決）。

　具体的には，検察官において，弁護人に対し，職員等の立会人のいる部屋で

の短時間の「面会接見」であっても差し支えないかどうかなどの点について，その意向を確かめ，弁護人が同意する場合には，直ちに「面会接見」の機会を与えることになる。

なお，最高裁平成17年判決は，「面会接見」の配慮義務が生じる要件として，「即時に接見をする必要が認められる」ことを掲げるにとどまり，その必要性の判断基準について具体的な説明をしていない。

もっとも，前記2(1)及び(2)と同様の理由から，具体的事案における必要性の有無についても，検察官において，柔軟かつ適切に判断する必要があると考える。

### (2) 「面会接見」の場所について

ところで，「面会接見」は，被疑者のプライバシーにも配慮しつつ，逃走や罪証隠滅を防止できる戒護体制の下で行う必要があり，検察官としては，護送機関とも協議し，「面会接見」を行わせることができるか否かを迅速に判断しなければならない。

一般的に「面会接見」に利用可能な部屋としては，担当検察官の執務室が考えられる。この場合には，部屋の利用可能性について，当該検察官自身が迅速に判断できる上，通常の取調べの際の体制を基本として戒護体制を検討できるため，短時間で比較的円滑に「面会接見」を実現することが可能であるといえる。

なお，担当検察官の執務室で「面会接見」を実施する場合，当該検察官や立会いの検察事務官が執務室から退出する必要があるか否かが問題となり得る。この点，検察官の執務室は，本来，検察官がその執務のために在席している部屋であり，「面会接見」を執務室で実施するとしても，検察官が本来の執務を中断して席を外さなければならないというものではないと考える。しかしながら，担当検察官が在席していなければ「面会接見」を実施してはならないものではなく，実際の運用においては，護送機関と協議をし，護送機関のほかに検察事務官が在席していれば戒護上の問題等がないと判断した場合には，担当検察官において，柔軟に対応することが望まれる。

検察官執務室以外の「面会接見」場所として，予備調室が考えられるが，その場合，当然，予備調室の手配や適正な戒護体制の確保が前提となるところ，

これらの手配には一定の時間が必要であることや，部屋や人員の手配ができないために「面会接見」を実施できない可能性があることについて，弁護人においても理解する必要がある。

また，「面会接見」を実施しようとする部屋によっては，そもそも被疑者等を護送する場所として予定されておらず，施設の状況を完全に把握していない戒護職員のみで戒護を行うことが困難な場合や，通常以上の人員配置が必要になる場合もあることから，戒護職員のみで十分な戒護体制を整えることが困難な場合も多いと考えられる。そのため，戒護に際して検察庁職員の協力を求められることも予想されるところであり，そのような場合には，検察官は，護送機関と協議の上，戒護体制を整える必要がある。そして，協議の結果，十分な戒護体制がとれない場合には，「面会接見」を実施することは相当ではなく，かつ，このような配慮の結果，「面会接見」を実施できないことについては，最高裁平成17年判決の「特別の配慮をすべき義務」との関係においても問題はないと考える。

### 4 設問(1)において，被疑者を同行室で待機させている場合であって接見指定の要件があるとき

被疑者を検察庁の同行室で待機させているものの，間近い時に取調べをする確実な予定があって，弁護人等の申出に沿った接見等を認めたのでは，右取調べ等が予定どおり開始できなくなる場合には，検察官は接見の指定をすることができる（最高裁平成11年判決）。

しかしながら，そのような場合であっても，検察官としては，前記 2 (1)及び(2)と同様の理由から，弁護人と協議をして接見時間の長短を調整するなどして，直ちに接見（「面会接見」を含む）の機会を与えるよう配慮するなど，柔軟に対応することが望まれる。

### 5 被疑者と一般人との接見交通権について（設問(2)）

刑訴法80条は，「勾留されている被告人は，第39条第1項に規定する者以外の者と，法令の範囲内で，接見し，又は書類若しくは物の授受をすることができる。勾引状により刑事施設に留置されている被告人も，同様である。」と

規定（同法207条1項により被疑者にも適用される）し，被疑者と弁護人等以外の者，すなわち一般人との「法令の範囲内」での接見又は書類等の授受を認めている。

そして，この「法令の範囲内」に関し，法令による制限の1つとして，刑訴法81条が，「裁判所は，逃亡し又は罪証を隠滅すると疑うに足りる相当な理由があるときは，検察官の請求により又は職権で，勾留されている被告人と第39条第1項に規定する者以外の者との接見を禁じ，又はこれと授受すべき書類その他の物を検閲し，その授受を禁じ，若しくはこれを差し押えることができる。但し，糧食の授受を禁じ，又はこれを差し押えることはできない。」と規定（同法207条1項により被疑者にも適用される）している。これは，一般人との接見交通の場合，接見や書類等の授受によって逃亡や罪証隠滅のおそれが生じることが考えられるため，裁判所の決定により，これを制限することを認めたものである。

なお，その他の法令による制限として，刑事収容施設法による面会や信書の授受に関する制限が存在する（刑事施設に関し同法115条以下・134条以下，留置施設に関し同法216条以下・221条以下）。

## 6 問題の所在等について （設問(2)）

このように，被疑者と一般人との接見交通権については，裁判所の決定による制限が認められているのに対し，弁護人との接見交通権は，憲法34条の保障に由来するものであり（最高裁平成11年判決），弁護人との間の書類等の授受については，このような接見禁止による制限を受けない（刑訴39条1項）。

この点，一般人との接見交通について，裁判所による接見禁止決定が付されている場合においても，弁護人が間に入って授受を行う限り，その対象である書類が設問のように接見等禁止の対象である第三者から預かった手紙であっても刑訴法39条1項により制限を受けないのかが問題となる。

なお，刑訴法39条1項は，弁護人等と「立会人なくして接見し」，又は「書類若しくは物の授受をする」ことができると規定しており，弁護人等との接見交通であっても，接見とは異なり，書類の授受については秘密交通は保障されていない。

そして，同条2項は，「前項の接見又は授受については，法令（裁判所の規

則を含む。以下同じ。）で，被告人又は被疑者の逃亡，罪証の隠滅又は戒護に支障のある物の授受を防ぐため必要な措置を規定することができる。」と規定しており，その必要な措置を定めた法令の1つが刑事収容施設法である。勾留中の被疑者と弁護人との間の信書の授受に関する信書の検査について，刑事施設に関して同法135条1項及び2項1号が，留置施設に関して同法222条1項及び3項1号がそれぞれ規定しており，書類の授受を行う場合には，これらの手続を経る必要がある。

## 7 刑訴法39条1項の「弁護人との間の書類の授受」の範囲について（設問(2)）

設問(2)の手紙について，弁護人の預かり先である第三者（手紙の作成者が異なる場合は，その作成者も含む）がこれを被疑者に授受することは，裁判所の決定により，逃亡し又は罪証を隠滅すると疑うに足りる相当の理由があるとして禁止されている。

そのため，弁護人の申出に係る行為は，実質的には，裁判所が被疑者に渡ることを禁止した一般人の手紙について，弁護人を経由させることによって，そのまま被疑者に交付しようとすることに他ならず，このような行為は，罪証隠滅等を防止するためになされた裁判所の接見等禁止決定を潜脱するものといわざるを得ない。

この点，弁護士法1条が，弁護士の使命について，1項において「弁護士は，基本的人権を擁護し，社会正義を実現することを使命とする。」と，2項において「弁護士は，前項の使命に基き，誠実にその職務を行い，社会秩序の維持及び法律制度の改善に努力しなければならない。」と規定し，同法2条が，弁護士の職責の根本基準について，「弁護士は，常に，深い教養の保持と高い品性の陶やに努め，法令及び法律事務に精通しなければならない。」と規定していることからも明らかなように，弁護人が，罪証隠滅等のおそれがある内容の第三者からの手紙を意図的に被疑者に授受することは，通常，想定されないであろう。

しかしながら，第三者が弁護人に手紙を託す場合には，弁護人がその手紙の記述内容を全く把握していないこともあり得るし，その内容を把握している場合であっても，巧妙に隠語が使われていたり，弁護人において事件の全貌を把

握していないために，その内容の真の意味を把握できていないことも考えられる。

　そのため，第三者が作成した手紙について，弁護人を経由することをもって罪証隠滅等のおそれがないということはできないことに留意する必要がある。

　したがって，検察官としては，弁護人に対し，第三者からの手紙の授受を認めることは裁判所の接見禁止決定に触れるため，当該手紙の授受を認めるには接見禁止の一部解除が必要である旨指摘することになる。

　なお，当該手紙の内容によっては，その授受が被疑者の防御等に必要なものである場合も考えられ，このような場合においても接見禁止決定に触れるとすることは弁護活動を不当に制限するものであるとの反論が考えられる。

　しかしながら，当該被疑者については，裁判所が，発信者や内容等について様々な可能性がある手紙の授受を認めることは罪証隠滅等のおそれがあると判断して，これを一律に禁止したものである以上，弁護人において，個別の手紙について，罪証隠滅等のおそれがなく，かつ，その授受が被疑者の防御等に必要なものであると考える場合には，禁止の判断をした裁判所に対し，その判断による接見禁止の一部解除を求めることが相当である。

【松本　裕】

## 23 弁護人選任権の意義

任意同行した被疑者の取調べを始めたところ，被疑者から，だれでもいいから今すぐ弁護士を呼んでほしいとの申出を受けた取調官がとるべき措置と根拠はどうか。その申出を無視して取り調べた結果得られた自白の証拠能力をどのように考えるべきか。また，その間に任意提出された尿から覚せい剤成分が検出された旨の鑑定書の証拠能力をどう考えるか。

### 1 弁護人選任権

刑訴法は，「被告人又は被疑者は，何時でも弁護人を選任することができる。」と定め（刑訴30条1項），被疑者・被告人に弁護人選任権（弁護人依頼権）を保障している。憲法は，34条前段において「何人も，理由を直ちに告げられ，且つ，直ちに弁護人に依頼する権利を与へられなければ，抑留又は拘禁されない。」とし，同法37条3項前段において「刑事被告人は，いかなる場合にも，資格を有する弁護人を依頼することができる。」としている。34条前段は弁護人選任権の保障なしに身体拘束されないこと，37条3項前段は被告人に弁護人選任権が保障されることを定めているが，刑訴法は，更に進んで，身体拘束を受けていない被疑者にも弁護人選任権を保障していると解されるのである。

判例は，憲法34条前段の弁護人選任権について，「身体の拘束を受けている被疑者が，拘束の原因となっている嫌疑を晴らしたり，人身の自由を回復するための手段を講じたりするなど自己の自由と権利を守るため弁護人から援助を受けられるようにすることを目的とするもの」とし，その内容については「単に被疑者が弁護人を選任することを官憲が妨害してはならないというにとどまるものではなく，被疑者に対し，弁護人を選任した上で，弁護人に相談し，その助言を受けるなど弁護人から援助を受ける機会を持つことを実質的に保障しているもの」としている（最判平11・3・24民集53巻3号514頁）。

## 2 弁護人選任権の告知

設問とは直接関係しないが，弁護人選任権の告知の問題についてここで論じておきたい。

### (1) 身体拘束下での弁護人選任権の告知

刑訴法上，捜査機関が被疑者に対して弁護人選任権を告知すべきこととされているのは，①司法警察員が逮捕状により被疑者を逮捕したとき，又は逮捕された被疑者を受け取ったとき（刑訴203条1項），②検察官が逮捕状により被疑者を逮捕したとき，又は逮捕された被疑者（司法警察員から送致された者を除く）を受け取ったとき（刑訴204条1項），③緊急逮捕や現行犯逮捕でこれらの規定が準用される場合（刑訴211条・216条）である。実務上は，司法警察員から送致を受けた検察官が弁解録取をする際（刑訴205条1項）にも，同告知が行われている場合が多いようである。

死刑又は無期若しくは長期3年を超える懲役若しくは禁錮に当たる事件について勾留を請求された被疑者に対しては，勾留質問に際して，裁判官から弁護人選任権が告知される（刑訴207条2項）。この点についても，実務上は，当該事件の法定刑にかかわらず弁護人選任権が告知されている場合が多い。

### (2) 取調べの際の弁護人選任権の告知

取調べに際して被疑者に弁護人選任権を告知すべきことは法律上求められていない。刑訴法198条2項は，被疑者が身体拘束下にあるか否かを問わず，取調べに際して「あらかじめ，自己の意思に反して供述をする必要がない旨を告げなければならない。」とし，国家公安委員会規則たる犯罪捜査規範169条1項も同じように黙秘権の告知を規定しているが，弁護人選任権の告知を求める規定は存在しない。

しかし，制度上被疑者に弁護人選任権が保障されている（被疑者が弁護人選任の申出をすれば弁護人が選任される）としても，被疑者自身が弁護人を選任できることを知らなかったり，知識として弁護人の援助を受けられることを知っていてもこれに思いが至らなかったりしては，弁護人選任権が実質的に保障されているとはいえない。

身体拘束下の被疑者に取調受忍義務が肯定されている実務においては（刑訴198条1項），弁護人が選任されて被疑者と接見するのが取調べの適正を担保す

る上で有効な手段なのであるから，その前提として，取調べに際しても被疑者に弁護人選任権が告知されることが望ましい。

一方，任意取調べの場合には被疑者には退去の自由があるから，不適正な取調べが行われたら被疑者は退去すればよいのであって，弁護人選任権が告知される必要はないという考え方もあり得るかも知れない。しかし，任意同行においても一定の有形力の行使が許される場合があり（最決昭51・3・16刑集30巻2号187頁），それに引き続く任意取調べにおいても捜査機関が留め置きのための措置をとることは一定限度で認められていると考えられる以上，やはり弁護人選任権の告知が行われることが望ましい。もっとも，任意取調べに際しては，第1に被疑者に退去の自由があることこそ告知されるべきであり，それすら十分に行われていないのは捜査実務の大きな問題である（三井ほか・新刑事手続Ⅰ〔笠井治〕216頁）。

### (3) 弁護人選任権の告知内容

刑訴法上，弁護人選任権の告知内容は，「弁護人を選任することができる旨」（刑訴203条1項・204条1項）のほか，貧困その他の事由により自ら弁護人を選任することができないときに国選弁護人の選任を申し出ることができることなど（刑訴203条2項・204条2項）である。

しかし，弁護人の意義や役割，その選任の具体的な方法について被疑者に知識がない場合，これを放置するのであれば，権利告知があっても実質的な権利保障がなされているとはいえないから，こうした事由についても具体的な説明が必要である（田口・刑訴141頁）。

なお，被告人が外国人である事例において，「被告人に対しては……逮捕に伴う弁解録取の段階で，通訳人を通じ，『自分の金を出せば弁護人が頼める』という程度の告知がなされたことは，一応これを認めることができ，形式的意味においては，弁護人選任権の告知があったと認めてよいと思われるが，そもそも被告人は，弁護人が自分にとってどのような役割を遂行してくれる者で，どのような手続によって選任することができるのかなどの点について一切知識がなかったのであるから，単に形式的に『弁護人を頼める』旨告知しただけで，弁護人選任権を実質的に保障したとは到底認められない」として，弁護人選任権侵害があったことをひとつの理由に挙げて自白調書の任意性を否定した裁判

例がある（後掲浦和地判平2・10・12判時1376号24頁）。

### 3 本問の被疑者の申出の趣旨

本問では，被疑者は，取調官に対し，「だれでもいいから今すぐ弁護士を呼んでほしい」と申し出たということである。取調官としてはまずその申出の趣旨を確認すべきであるが，これは，①弁護人を選任したいとの趣旨と，②弁護人となろうとする者と接見したいとの趣旨の両方を含むものと考えられよう。

### 4 弁護人選任の方式

身体拘束された被疑者に関しては弁護人選任の申出の方法が法定されている。すなわち，刑訴法78条1項は，身体拘束された被告人について，「裁判所又は刑事施設の長若しくはその代理者に弁護士，弁護士法人又は弁護士会を指定して弁護人の選任を申し出ることができる。」と定めており，同条は逮捕された被疑者にも準用される（刑訴209条）。そして，身体拘束下にある被疑者が特定の弁護士等を指定して弁護人選任の申出をしたのであれば，取調官は速やかに当該弁護士等に選任の希望を伝達しなければならない（刑訴78条2項）。

一方，身体拘束されていない被疑者については弁護人選任の申出の方法に関する規定は存在しない。しかし，身体拘束されていない被疑者についても，身体拘束された被疑者と同様に弁護人選任権が保障されている以上（刑訴30条1項），任意取調べ中に被疑者が弁護士等を特定して弁護人選任の申出をしたのであれば，取調官は刑訴法78条2項の場合と同様の措置をとるべきである。もちろん，被疑者をして弁護士や弁護士会に電話等で連絡させることも可能であろう。

本問では，被疑者は弁護士を特定していない。取調官が特定の弁護士を示唆・推薦することはできないから（犯捜規133条3項参照），取調官としては，このような場合，まず，心当たりのある弁護士がいないか被疑者に確認すべきである。これがないときは，取調官は，当地を所轄する弁護士会に対して弁護士の派遣を要請するということでよいか，被疑者に確認するべきであろう（注釈刑訴2巻〔河上和雄〕73頁，大コメ刑訴（第2版）2巻〔川上拓一〕104頁参照）。また，仮に弁護士が来るとしても相当時間がかかると思われるので，弁護士と接見す

るまでは取調べに応じないという趣旨か否かも確認しておくことが望ましい。

### 5　弁護士会の対応

　弁護士会に対して，被疑者本人から弁護人選任の申出があり，又は，被疑者の申出を受けた機関から弁護人選任の通知があった場合（刑訴31条の2第1項・78条2項），弁護士会は速やかに所属する弁護士の中から弁護人となろうとする者を紹介しなければならない（刑訴31条の2第2項）。また，弁護人となろうとする者がないときは，弁護士会は，速やかにその旨を通知しなければならない（刑訴31条の2第3項）。刑訴法31条の2は，平成16年の同法改正で新設された規定であり，被疑者・被告人の私選弁護人選任権を実効的に保障したものである。

　同条の新設前から，各地の弁護士会は，身体拘束されて弁護人を必要としていながら特定の弁護士の心当たりがない被疑者に対して弁護人選任権を実質的に保障するため，当番弁護士制度を設置・運用していた。これは，身体拘束された被疑者やその家族などが，直接又は捜査機関や裁判所を通して弁護士会に連絡すると，その日の当番となっている弁護士が身体拘束場所に派遣され，直ちに無料で被疑者に接見する制度である（接見の際，被疑者は当該弁護士に弁護を依頼することができる）。現在も同制度は全国の弁護士会で設置・運用されているが，法令上の根拠はなく，国や自治体からの予算的な援助もなく，弁護士会のボランティアとして行われている。

　ただし，同制度は身体拘束された被疑者を対象としているため，任意同行された段階の被疑者は原則として同制度における弁護士の派遣対象にはならない。そして，同制度のほかに，身体拘束されていない被疑者に対して「速やかに」弁護士を紹介する制度は特別設けられていないのが現状である。各弁護士会によって制度や運用の違いはあるかもしれないが，任意取調べ中の被疑者には退去の自由があるから，いったん退去して弁護士会の法律相談窓口を訪問し，弁護人となろうとする者の紹介を受けることが予定されているようである。刑訴法31条の2第2項が，被疑者の身体拘束の有無を問わず，弁護士会に対して「速やかに」弁護人となろうとする者を紹介する義務を負担させていることからすると，現状は必ずしも十分な体制ではないといわざるを得ない。

本問のような場合に，取調官が弁護士会に対して弁護人選任の申出があることを伝えたとして，直ちに接見が実現し，弁護人選任に至るかどうかは当地の弁護士会次第ということになろう。

## 6 任意取調べ中の被疑者と弁護人等との接見

　被疑者から特定の弁護士や弁護士会に対して弁護人選任の申出があったとしても，その後，弁護人となろうとする者が被疑者に接見しなければ，弁護人選任には至らない場合が多いであろう。

　刑訴法39条1項は身体の拘束を受けている被疑者・被告人に対して弁護人等（ここでは「弁護人」と「弁護人を選任することができる者の依頼により弁護人となろうとする者」の両者を合わせて「弁護人等」という）との接見交通権を保障しているが，身体拘束を受けていない被疑者の接見交通権を保障した規定はない。しかし，そもそも任意取調べ中の被疑者には取調受忍義務はなく退去の自由があるのであるから，当然に，弁護人等との接見交通権（面会権）を有していると解される。

　任意取調べ中に弁護人等が接見を求めた場合には，取調官は速やかに接見の機会を与えなければならない。任意取調べの段階では，刑訴法39条3項のような捜査の必要性に基づく接見の制限はなし得ない。

　なお，弁護人となろうとする者が警察署に赴き任意取調べ中の被疑者への接見を求めたのに，警察官がこれを被疑者に取り次がず接見が実現しなかった事案において，これを違法として弁護士からの国家賠償請求を認容した裁判例がある（福岡高判平5・11・6判時1480号82頁，原審は福岡地判平3・12・13判タ791号122頁）。同事案では，弁護士が警察署で面会の申出をしてから同署を退去するまでの時間は約45分間であり，その間に捜査機関が被疑者への取次をせず，かつ，弁護人に対していつから接見できるのかを明らかにしなかったことが違法とされている。

## 7 弁護人選任権の侵害と自白の証拠能力

　任意取調べ中に作成された自白調書の証拠能力については**設問19**で詳述されているので，ここでは弁護人選任権を侵害して作成された自白調書の証拠能力という観点から検討する。弁護人選任権侵害を理由に自白調書の証拠能力が

争われた裁判例としては以下のようなものがある。なお，裁判例を要約するに当たっては，「被告人」と「被疑者段階の被告人」を特に区別せず，「被告人」と記載しているので注意されたい。

(1) 大阪高判昭35・5・26下刑集2巻5＝6号676頁

逮捕直後の取調べの際，被告人が弁護士名を具体的に特定して弁護人選任の申出をしたのに，捜査機関が当該弁護士にこれを通知しなかった事案。

裁判所は，弁護人選任権は捜査機関が「被疑者の指定した弁護士にその選任の通知をすることによって確保せられるものである」とし，かかる通知がなされていない本件では「被告人の権利は全く無視されたものといっても過言ではない」として，警察官面前調書の任意性には疑いがあるとして証拠能力を否定した。なお，任意性を否定する理由として，逮捕状を執行する段階では証拠隠滅のおそれがなく，逮捕は自白を得ることを唯一の目的としてなされたことも挙げている。

本件被告人は勾留請求されずに釈放され，検察官面前調書（自白調書）が作成された段階では身体拘束はなされていなかったようである。裁判所は，この検察官面前調書については証拠能力は認めた上で，信用性を欠くものと判断して，被告人に無罪判決を言い渡している。

(2) 函館地決昭43・11・20判時563号95頁

被告人は，逮捕状の発令後その執行前に，警察署で任意取調べを受けていたところ，弁護人になろうとする弁護士が同警察署を訪問して被告人との面会を求めたのに，取調べ中であることを理由に面会を拒絶されたという事案。

裁判所は，「弁護人依頼権は単に弁護人を持つという形式的な権利でなく弁護人の援助を受け自己の利益を擁護する実質的な権利であり，殊に任意出頭の段階において，捜査機関が被疑者の取調べを理由に弁護人との面接を拒む合法的な根拠は全く存しない。」とし，「任意の取調べであるとはいえ，被疑者は取調室にあって弁護人の来訪を知るべくもない。しかも，任意に退去しようとするならば，直ちに予め用意された逮捕状の執行を受けることは疑いの余地がない。」などを理由に挙げ，「本件調書は，弁護人との面接を妨げることによって被疑者の防御権を不当に侵害した状況において違法に収集された証拠であって，その瑕疵の重大性に鑑み，証拠能力を有しないというべきである。」とした。

本件被告人に対して逮捕状が執行された後の取調べで警察官面前調書（自白調書）が複数作成されているが，裁判所はこれらについては黙秘権の不告知や取調官が被告人を大声で叱るなどの取調べ手法を理由に任意になされたものでない疑いがあるとして，すべて証拠能力を否定した。さらに，検察官面前調書（自白調書）についても，任意性を欠く警察官面前調書と時間的に接着した時期に作成されていることなどから警察での強制的取調べによる心理的影響から脱しきれていないとして任意性を認めず，証拠能力を否定した。

(3) **大阪地判昭44・5・1判タ240号291頁**

被告人が身体拘束下の取調べにおいて警察官に「弁護士さんを入れてもらえんでしょうか」と言ったところ，当該警察官から「そら裁判には弁護士はつきものやから君が選任する権限を持っているからかめへんけど，まだそんな段階やないから，たとい弁護士を入れても職権でもって弁護士と君との面会をさせへん」と机を叩いて言われたため，弁護士の選任を諦めたという事案。

裁判所は，「被疑者の段階においても，もちろん，弁護人選任の権利は被疑者の防御権の重要な部分をなすものである」として，上記取調べは「その手続において重要な瑕疵が存する」として，同日以後の自白調書の証拠能力を否定した。

(4) **大阪高判昭47・7・17高刑集25巻3号290頁**

原審は，被告人の自白調書（警察官面前調書及び検察官面前調書）について，①違法な余罪取調べによって作成された調書であること，②弁護士名を特定した弁護人選任の申出があったのに当該弁護士に連絡をせず弁護人選任権を侵害して取調べが行われたこと，③取調べ方法も被告人に正座を強要するなどの事情があったことを根拠に，証拠能力が認められないとした上，無罪判決を言い渡していた事案。

裁判所は，被告人が取調べ中に「A（弁護士名）を呼べ」と申し出た事実を認め，これを「A弁護士を弁護人として選任したい旨の申出であると解する余地がある」としながら，(a)その後の再逮捕・勾留時の弁解録取や勾留質問において弁護人選任権を告知されながら弁護人を選任していないこと，(b)起訴後は裁判所に対して国選弁護人を請求しないとの意思を表示したため裁判所が職権で国選弁護人を選任したこと，(c)余罪についてはA弁護士とは別の弁護士を弁

護人に選任したいと申し出たことがあったこと，(d)警察はA弁護士には直接連絡しなかったが，被告人の親族に対してこの被告人の意向を伝えていることなどを理由に，弁護人選任権侵害はないと判示した。また，違法な余罪取調べや取調べ方法の問題についても，直ちに自白調書の証拠能力に影響するものではないとして，原判決を破棄して差し戻した。

(5) 大阪高判昭53・1・24判時895号122頁

勾留中の被告人が母親に対して弁護士費用として20万円の差入れを依頼し，母親が同金員を警察署に持参した上，これを被告人に差し入れるべきか取調官に相談したところ，取調官は「持って帰った方がよい」と助言したため母親は差入れをしなかった。被告人は，この件について同取調官に抗議し，余罪の捜査について非協力的な姿勢を示したところ，取調官は被告人に対して余罪の捜査に協力すれば母親が弁護士費用を持参するように取りはからう旨申し向け，被告人をして捜査への協力を約束させたという事案。

裁判所は，当該取調官が被告人やその母親を20年以上前から知っていて，被告人が病弱の母親から金をせびりとろうとしていることを憂いて20万円の持ち帰りを勧めたとしても，弁護人選任権侵害の疑いが残るとし，被告人に当然保障されるべき弁護人選任権を取引材料として被告人に心理的圧迫を加え，黙秘権を侵害して自白を強要した不当な取調べ方法であるとして，その後に作成された警察官面前調書と検察官面前調書は任意性に疑いがあり証拠能力を欠くとした。

ただし，被告人は裁判所の罪状認否や被告人質問でも自白しており，その自白には任意性が認められるとして，有罪判決を言い渡している。

(6) 浦和地判平元・3・22判時1315号6頁

検察官による弁解録取まで被告人に弁護人選任権の告知がなされなかった疑いがあると認定された事案。

裁判所は，弁護人選任権侵害のほか，(a)産褥期にある被告人の健康状態を配慮せず長時間の取調べが行われたこと，(b)取調べ担当警察官は追及的で弁解を全く聞き入れないような態度であったこと，(c)黙秘権の告知も不十分であったこと，(d)自白後は取調べ担当警察官が法律上不可能と考えられる再度の執行猶予の可能性を示唆して自白を維持させたことなども理由に挙げて，警察官面前

調書の任意性を否定し，警察官の取調べの影響を排除する措置を講じていないとして検察官面前調書の任意性も否定して，無罪判決を言い渡した。

(7) 浦和地判平2・10・12判時1376号24頁

外国人である被告人に対して弁解録取段階で通訳人を通じ「自分の金を出せば弁護人が頼める」という程度の告知はなされたが，被告人には弁護人の意義・役割や選任手続の知識がなく，弁護人選任権が実質的に保障されていなかったとされた事案。

裁判所は，弁護人選任権の告知が不十分であったことのほか，(a)黙秘権の告知も不十分であったこと，(b)刑事手続の流れや供述調書への署名・指印の意味の説明も不十分であったこと，(c)被告人の病状に配慮せずに取調べが行われたこと，(d)自白前に被告人と被害者を直接面会させ母国語で面談させるという異例の措置がとられたこと，(e)取調官の発言により，被告人が「事実を認めれば帰国できる」と考えて自白した可能性があることなどを理由に挙げて警察官面前調書の任意性を否定し，警察官の取調べの影響を排除する措置を講じていないとして検察官面前調書の任意性も否定して，無罪判決を言い渡した。

(8) 浦和地判平3・3・25判タ760号261頁

被告人は，逮捕当日，警察官から「弁護士は必要ないな」「いらないな」「頼まないな」と言われたことはあったが，それは弁護人選任権告知の意味を持ち得ないと認定された事案。

裁判所は，弁護人選任権侵害のほかに，(a)黙秘権の告知も不十分であったこと，(b)取調べ担当警察官から「否認するな」「否認したら重くなる」「認めれば1年で済む」などと言われたこと，(c)取調べ担当警察官が弁解をほとんど聞かないまま被告人の供述と異なる内容を記載した調書を作成し，読み聞かせもせずに被告人に署名指印を求めたことなどについても事実である疑いがあるとして，任意性に疑いがあるものとして，警察官面前調書の証拠能力を否定した。検察官面前調書についても，黙秘権及び弁護人選任権の告知は認められるものの，警察官の取調べが被疑者の心理に与えた不当な影響を排除する措置は講じられていないとして，任意性を欠くとして証拠能力を否定した。

これにより公訴事実である覚せい剤の共同譲受けを認めることはできないと判示したが，譲受けの幇助罪は認められるとして有罪判決を言い渡している。

(9) **裁判例の検討**

　弁護人選任権侵害がある事案で自白調書の証拠能力が争われる場合，刑訴法319条1項の任意性の問題として考えるべきか，違法収集証拠排除法則の適用の問題として考えるべきかという点については議論があるがここでは立ち入らない。

　前掲の裁判例のうち，(6)(7)(8)は，弁護人選任権の侵害については補足的に言及しているような位置付けであり，それを主たる理由として自白調書の証拠能力を否定しているものではない。また，前掲(5)は，被告人が裁判所でも捜査段階の自白と同内容の自白をしており，捜査段階の自白調書の証拠能力が否定されても有罪判決の結論には影響しないものである。

　前掲(1)(2)(3)の3例は自白調書の証拠能力を否定しているが，特に前掲(1)と(3)は弁護人選任権の侵害と自白調書作成との因果関係についてほとんど論及していない。実際に弁護人が選任されたのがいつであるかなど，弁護人選任権侵害の程度を判断する上で重要と思われる事項も判決文からは判然としない。一方，自白調書の証拠能力を肯定した前掲(4)は，捜査機関が被疑者の弁護人選任の申出を取り次いでいないことが直ちに弁護人選任権の侵害になるものではないと判断している点が特徴的である。

(10) **本問の検討**

　本問では被疑者は弁護士を特定していない。前掲(4)の裁判例のように，弁護士名を特定した弁護人選任の申出があった場合ですら弁護人選任権侵害はなく自白調書の証拠能力に影響しないと判断された事案もあるので，本問のような申出を無視した取調べによって自白調書が作成されても，一律にその証拠能力が否定されるような事態にはならない。

　前掲(2)の裁判例は，任意取調べを受けていた被疑者について，接見交通権の侵害があった直後に自白調書が作成された事案でその証拠能力が否定されている。そうすると，本問に関しても，被疑者の申出を取調官が黙殺した後，短時間で自白調書が作成されているなどの事情がある場合には，自白調書の証拠能力が否定されることになりやすいといえよう。また，任意取調べの前に，取調官が被疑者に対して退去の自由や黙秘権・弁護人選任権の告知をしていないことなども，証拠能力が否定される方向に働く事情であると考えられる。

## 8 弁護人選任権の侵害と鑑定書の証拠能力

任意同行した被疑者を留め置いて採尿を行い，その尿から覚せい剤成分が検出された場合の鑑定書の証拠能力については**設問3**で詳述されているので，ここでは弁護人選任権侵害と鑑定書の証拠能力という観点から検討する。弁護人選任権侵害を理由に，鑑定書の証拠能力が争われた事案としては以下の裁判例がある。

### (1) 大阪地判平元・12・7判夕744号215頁

被告人は大麻取締法違反で逮捕された日の午後4時過ぎ頃警察官に対してA弁護士に連絡して欲しいと申し出たが，警察官が弁護士会にA弁護士の電話番号を問い合わせたのは翌日午前9時頃であり，しかもその際弁護士会が同姓のB弁護士の電話番号を教えたことなどもあって，A弁護士の事務所と連絡が取れたのは午前11時前頃，実際にA弁護士と連絡が取れたのは正午前頃になった。その際，A弁護士は直ちに被告人に接見したいと申し入れたが，被告人の勾留請求手続のためすぐには接見できず，接見が実現したのは同日夕方になった。一方，逮捕日以降，警察官は被告人の前科内容や両腕の注射痕等から覚せい剤使用の疑いを持ち，被告人に対して尿の任意提出を求めていたが，被告人はこれを拒んでいた。警察官は，被告人の尿に対する捜索差押令状を請求し，逮捕翌日の昼頃にその発付を受け，同日午後4時過ぎ頃（A弁護士が接見する直前）強制採尿が実施されたという事案。

裁判所は，警察官が弁護人選任の申出を受けてからA弁護士の事務所に連絡がされるまで18時間以上経過しており，その遅延は被告人やA弁護士の責めに帰すべきものではなく，かつ，遅延について警察官側にやむを得ない事情があったとも認められないから，弁護人依頼権を侵害するものであり，その違法の程度は令状主義の精神を没却するに匹敵する重大なものとした。そして，直ちにA弁護士に連絡がなされていれば，強制採尿前にA弁護士が被告人に接見し，強制採尿が行われずにすんだ可能性（尿を取得できなかった可能性）もあったとして，同強制採尿手続は重大な違法を帯びているからこれにより得られた証拠を許容することは将来における違法捜査抑制の見地から相当でなく，同手続と密接不可分である鑑定書や鑑定証人の公判廷供述は証拠能力を欠くとした。

(2) 仙台高判平6・7・21判時1520号146頁

　被告人は暴行事件の被疑者として警察署に任意同行を求められたがこれを拒み、のべ8名の警察官が1時間以上被告人と押し問答した末、数名の警察官が被告人の腕を掴むなどして捜査用自動車に押し込み、被告人を警察署に連行した。暴行事件は内縁の夫婦間の軽微なトラブルで被害者には被害申告をする意思はなく処罰に値しないようなケースであり、被告人も暴行の事実を格別争う態度でもなく、被告人を逮捕する必要性はない状況だった。被告人は午後0時25分頃警察署に到着し、それから午後6時過ぎ頃まで主として覚せい剤事犯との関わりで取調べを受けた。午後6時過ぎに警察官は被告人に対して強制採尿のための捜索差押令状を示したため、被告人は任意で尿を提出した。その後、午後10時に被告人が覚せい剤取締法違反で緊急逮捕されるまで、留め置きは約9時間30分に及んでいる。その間、被告人は「出してくれ」と大声で喚き、隙を見て窓から逃げようとし、あるいは警察官の取調べを拒否して退去しようとしたが、その都度警察官に取り押さえられて退去できなかった。また、その取調べ中に、被告人は弁護士を特定してその弁護士に連絡してもらいたいと申し出たが、結局、警察官は同弁護士に連絡しなかったという事案。

　裁判所は、任意同行とこれに引き続く留め置きないし取調べには、令状に基づかないで被告人の身柄を拘束した違法があるほか、弁護人依頼権の行使を阻害した違法があるとし、尿の採取手続には令状主義を没却する重大な違法があるとして鑑定書の証拠能力を否定した。なお、原審はその証拠能力を認めていた。

(3) 福岡地判平9・5・12法セ521号76頁

　被告人は銃刀法違反で現行犯人逮捕され、同事件で取調べを受けていた逮捕当日の午前1時10分頃、A弁護士を指定して弁護を依頼したいと取調官に申し出たが、取調官はA弁護士への通知を怠った。その翌朝の取調べにおいて覚せい剤使用に話が及び、被告人は強制採尿でなければ尿を提出する意思がないと述べた。その2日後の午後、被告人に対して強制採尿手続がとられたが膀胱内に尿がなく失敗に終わり、捜査機関がその後の措置を検討していたところ、同日午後5時前に被告人が尿を任意提出した。A弁護士はその日午後2時頃被告人の親族から弁護人選任の申出があることを聞いたが、接見できたのは尿が

任意提出された翌日の午前11時頃であったという事案。

裁判所は、弁護人選任権侵害の違法があることを認めながら、本件採尿が別件の銃刀法違反の容疑による身体拘束中に行われたものであること、弁護人選任権侵害があったのは覚せい剤取締法違反事件ではなく銃刀法違反事件であること、結果的には被告人が尿を任意提出したことなどを考慮すれば、弁護人選任権の侵害が採尿手続に及ぼす影響は軽微であり、鑑定書の証拠能力を肯定するのが相当と判示した。

(4) 福岡高判平14・10・31高検速報平14年174頁

被告人は恐喝未遂事件で通常逮捕され、引き続いて行われた捜索差押への際に覚せい剤を所持していることが判明して覚せい剤取締法違反（所持）でも現行犯人逮捕された。被告人は、逮捕当日の午後2時頃、弁解録取において恐喝未遂事件と覚せい剤取締法違反事件のいずれについても逮捕事実を否認した上、A弁護士とB弁護士を選任したい旨を述べて、警察官に連絡を依頼したが、警察官は連絡を怠った。その後、警察官は被告人に対して尿の任意提出を求めたが被告人は尿が出ないとして採尿に至らず、翌日午後5時頃になって被告人は尿を任意提出した。その後、同日午後6時30分頃、被告人は再度警察署留置係員にA弁護士への連絡を委任し、同係員は午後6時35分頃同弁護士事務所に電話したが連絡がつかず、結局、被告人はその3日後に当番弁護士と接見したB弁護士を弁護人に選任したという事案。

裁判所は、警察官の行為は弁護人依頼権を侵害していることは明らかとしながら、被告人は覚せい剤取締法違反事件（所持）についてはそれが覚せい剤とは知らなかったとして争っていたものの、尿の提出については当初から応じる意向を示していたもので採尿手続自体は強制にわたる場面もなく被告人の承諾に基づいて行われていると認定し、また、捜査機関は被告人から尿の提出を得る目的で弁護人に連絡しなかったものではなく、弁護人依頼権の重要性を十分に認識していなかったことが原因であるとして、採尿手続が違法性を帯びるとしても、その違法性の程度はいまだ重大でないとして鑑定書の証拠能力を認めた。なお、原審はその証拠能力を否定していた。

(5) 裁判例の検討

前掲の裁判例のうち、(2)では弁護人選任権の問題はどちらかというと付随的

な事情であり、それより裁判所は任意同行及び留め置きの問題を重視して鑑定書の証拠能力を否定していると考えられる。

前掲(1)では、裁判所は、弁護士への連絡が直ちになされていれば捜査機関が尿を取得できなかった可能性があるとしているが、その理由は明らかにされていない。①被告人が同じ薬物事犯たる大麻取締法違反で逮捕されていること、②被告人に覚せい剤取締法違反の前科があること、③被告人の両腕に注射痕があることなどからすれば、弁護人の有無にかかわらず被告人に対して強制採尿のための捜索差押令状が発付され、捜査機関は尿を取得可能であるようにも思われる。そのような具体的な可能性の有無の検討より、将来における違法捜査抑制の見地を重視したということかもしれない。

前掲(3)では、利用された身体拘束が覚せい剤取締法違反事件（使用）ではなく別件の銃刀法違反事件に関するものであることや、被告人が弁護人の選任を求めたのも覚せい剤取締法違反事件についてではないことを鑑定書の証拠能力を肯定する理由に挙げている。しかし、被疑者は罪に問われている全事件について同一の弁護人を選任するのが通常であるし、銃刀法違反事件について弁護人が選任されていれば同弁護人に覚せい剤取締法違反事件についても相談しうるのであるから、事件単位の原則をこの場面で形式的に適用するのは妥当性を欠いているように思われる。

前掲(4)では、弁護人の助言を得られない状態にして採尿しようという意図が捜査機関になかったことを、鑑定書の証拠能力が認められる理由のひとつに挙げている。しかし、捜査機関にそうした意図があれば鑑定書の証拠能力を否定すべきは当然としても、その意図がないことをもって証拠能力を肯定する方向の理由とすることには疑問がある。捜査機関の過失により弁護人選任権を侵害したのであれば、それは鑑定書の証拠能力を否定する方向に作用する事由というべきである（なお、同裁判例に関する肯定的な評釈として、髙森高徳「一審において弁護人依頼権侵害を理由に尿の鑑定書の証拠能力が否定されたものの、控訴審においてこれが肯定された事例」研修660号123頁がある）。

(6) **本問の検討**

本問のように、弁護士を特定せずに選任ないし接見の申出をしていたとしても、尿の鑑定書の証拠能力が直ちに否定されることにはならない。

これに加えて，①弁護人の助言を得られない状態にして採尿しようという意図が捜査機関にある，②被疑者に覚せい剤使用を窺わせるような事情がなく被疑者の尿に対する捜索差押令状の請求が困難である，③被疑者が刑事手続に通じておらず，採取された尿が覚せい剤成分の鑑定に使用されるという認識がないなどの事情があれば，そうした事情は鑑定書の証拠能力を否定する方向に働くということができるであろう。

【今井　博紀】

## 24 被疑者のための国選弁護人選任命令の効力

　被疑者は，傷害とナイフを不法携帯した罪を被疑事実として1通の勾留状で勾留され，被疑者国選弁護制度により弁護人Lが選任された。Lが勾留の裁判に対して準抗告を申し立てた場合，裁判所は不法携帯の罪についても準抗告を適法なものと取り扱ってよいか。Lが勾留理由開示を申し立てた場合，裁判所は不法携帯の罪についての勾留理由についても開示すべきか。

### 1　はじめに

　本設問を検討する上では，被疑者に対して被疑者国選弁護制度の対象となる罪と対象とならない罪の双方について1通の勾留状が発せられている場合における国選弁護人選任命令の効力の客観的範囲，及び，準抗告及び勾留理由開示請求の対象となる勾留の単位（勾留の裁判の個数）の2点が問題となる。各問題点の結論の組合せにより，裁判所としてすべき対応が異なることになる。

### 2　被疑者国選弁護制度

　まず，被疑者のための国選弁護人選任命令の効力の客観的範囲を検討する前提として，被疑者国選弁護制度の概要について，若干触れておきたい。なお，刑訴法350条の3によれば，被疑者は，即決裁判手続によることについての同意をするかどうか明らかにしようとする場合においても，国選弁護人の選任を請求できるとされているが，本設問の被疑者は，即決裁判手続によることについての同意をするかどうかの確認を求められていないことから，以下では，これを除外して述べる。

#### (1)　趣　旨

　被疑者国選弁護制度は，被疑者が弁護人の援助を受ける権利を実効的に担保するとともに，捜査段階から国選弁護人が選任されることにより，弁護人の早期の争点把握を可能にし，刑事裁判の充実・迅速化を図る観点から重要な意義があるとして，刑事訴訟法等の一部を改正する法律（平成16年法律第62号。以下

「平成16年刑訴法等改正法」という）により，導入された（落合義和＝辻裕教「刑事訴訟法等の一部を改正する法律（平成16年法律第62号）について(3)」曹時58巻7号38頁。この解説は，落合ほか・解説にも収録されている）。

(2) **選任方式**

選任の方式としては，請求による選任（刑訴37条の2）と職権による選任（刑訴37条の4）の2つがあるほか，職権による複数選任（刑訴37条の5）も定められている。

(3) **選任要件**

(a) **請求による選任（刑訴37条の2）** 死刑又は無期若しくは長期3年を超える懲役若しくは禁錮に当たる事件（以下「対象事件」といい，これに当たらない事件を「非対象事件」という）について被疑者に対して勾留状が発せられている場合において，被疑者が貧困その他の事由により弁護人を選任することができないときは，裁判官は，その請求により，被疑者のため弁護人を付さなければならないとされる（刑訴37条の2第1項。なお，被疑者国選弁護制度導入当初，対象事件は，いわゆる法定合議事件である死刑又は無期若しくは短期1年以上の懲役若しくは禁錮に当たる事件とされていたが，平成16年刑訴法等改正法附則1条2号により平成21年5月21日から施行された同法2条によって刑訴37条の2第1項が改正され，対象事件が現在の範囲に拡大した）。

このように，被疑者国選弁護制度の適用対象は，被疑者を身柄拘束されている者と限定され，その対象事件は，一定の重い罪とされている。身柄拘束されていないいわゆる在宅の被疑者については，身柄拘束されている被疑者に比べて，国選弁護人を付する必要性が低いことは否めず，また，捜査段階においては嫌疑の有無及び程度が流動的であるため，在宅事件における「被疑者」の始期は必ずしも明確でないことから，被疑者国選弁護制度の対象とされていない（落合＝辻・前掲曹時58巻7号58頁）。さらに，身柄拘束されている被疑者に対する国選弁護人の選任時期が勾留段階からとされているのは，逮捕段階で国選弁護人選任のための手続を実施する時間的余裕が乏しいことなどが理由であるとされる（落合＝辻・前掲曹時58巻7号42頁）。もっとも，逮捕中の被疑者であっても，対象事件について勾留を請求されれば，選任請求自体はすることができる（同条2項）。実務上，被疑者が勾留質問のため裁判所に押送された際に選任請

求をしたり，刑事施設の長等が勾留質問までに被疑者から受け取った請求書を刑訴規則28条の3第3項の規定により裁判官にファクシミリ送信して提出したりすることも多い。なお，刑訴法37条の2第2項に基づく選任請求は，対象事件以外の事件について勾留状が発せられた場合や勾留請求が却下された場合には，同条1項の選任要件を満たさないため，却下されることとなる。

　「貧困その他の事由により弁護人を選任することができないとき」とは，基本的に，被告人の場合と異なるところはない。この要件の審査に資するため，平成16年刑訴法等改正法により，被告人に対する国選弁護制度（ただし，いわゆる必要的弁護事件を除く）と共通の手続として，資力申告書の提出及び私選弁護人選任申出制度が設けられた。具体的には，被疑者は，選任請求に当たって，資力申告書を提出する必要があり（刑訴37条の3第1項），その資力（現金，預金その他政令で定めるこれらに準ずる資産の合計額）が政令で定める基準額以上である被疑者が選任請求をするには，あらかじめ，所定の弁護士会に私選弁護人の選任の申出をしなければならないとされている（同条2項）。資力の基準額は，現在は50万円である（刑事訴訟法第三十六条の二の資産及び同法第三十六条の三第一項の基準額を定める政令2条）。資力がこの基準額に満たない場合には，通常，「貧困その他の事由により弁護人を選任することができないとき」に該当するものと解されている。また，資力が基準額以上であっても，私選弁護人の選任の申出をしたにもかかわらず弁護士会から弁護士の紹介を受けられなかったり，紹介された弁護士が被疑者からの選任申込みを拒んだりした場合には，弁護士会は，被疑者及び裁判所に対して，その旨の通知をしなければならないとされている（刑訴31条の2第3項・37条の3第3項）。この通知がある場合にも，通常は，「貧困その他の事由により弁護人を選任することができないとき」に該当するものと解されている。さらに，弁護士会の対応の遅延による不利益を被疑者に負わせることは相当でない。そのため，被疑者の私選弁護人選任申出から相当期間経過したにもかかわらず，弁護士会から弁護人となろうとする者の紹介を受けることができなかった場合には，前記の通知がなされていなかったとしても，「貧困その他の事由により弁護人を選任することができないとき」に当たるものと認められると思われる（落合＝辻・前掲曹時58巻7号44頁）。

　　(b)　職権による選任（刑訴37条の4）　　国選弁護人の選任請求権が与えられ

ていても，被疑者によっては，精神上の障害その他の事由により弁護人を必要とするかどうかを判断することが困難であることもある。そのような疑いがある被疑者については，その権利を適切に行使することが期待できないから，適切に国選弁護人が選任されるよう，職権による選任制度が設けられている。選任時期や対象事件については，請求による選任と同様である。

(c) 職権による複数選任（刑訴37条の5）　特に法定刑の重い事件については，複数の弁護人による手厚い弁護活動が求められる場合もあると考えられる。そこで，死刑又は無期の懲役若しくは禁錮に当たる事件で勾留されている被疑者に対して，請求又は職権により国選弁護人を選任する場合（同時選任）又は選任した場合（異時選任）において，特に必要があると認めるときは，職権で更に国選弁護人を1人選任することができるとされている。

(4) 選任の効力の終期

被疑者に対する国選弁護人の選任は，被疑者がその選任に係る事件について釈放されたときは，その釈放が勾留の執行停止によるときを除いて，その効力を失う（刑訴38条の2）。他方，被疑者が起訴された場合，刑訴法32条1項により，第1審においてもその効力を有する。

## 3　被疑者に対する国選弁護人選任命令の効力の客観的範囲

(1) 事件単位の原則

実務上，1人の者が，同時に複数の犯罪事実に関する被疑者として，捜査の対象となることがある。このような場合，その被疑者は，1度にすべての犯罪事実を被疑事実として勾留されることもあれば，一部の犯罪事実のみを被疑事実として順次逮捕・勾留されることもあるし，一部の犯罪事実を被疑事実として勾留され，その余の犯罪事実に関しては，その余罪として捜査を受け，身柄拘束をされないこともある。このような場合において，被疑者に対する国選弁護人選任命令が出されたときには，いかなる事件に関して，国選弁護人が選任されたことになるのか。被疑者に対する国選弁護人選任命令の効力の客観的範囲については，条文の文言上，明白とまではいえないように思われる。

この点に関して，被疑者に対する国選弁護人の選任は，対象事件について勾留状が発付されている場合に認められていることから，勾留の効力の範囲が参

考になると考えられている。

勾留の効力の範囲に関しては，いわゆる「事件単位の原則」があり，特定の犯罪事実を単位として逮捕・勾留の効力が決せられ，その事実に限って逮捕・勾留の効力が及ぶとするのが，通説・実務である。この問題は，主に，A罪で勾留中のものをB罪で重ねて勾留することができるかという，いわゆる二重勾留の適否の問題として議論されてきたところである。他の見解として，勾留は人を対象として行われる裁判及びその執行であり，1人の人については1つの身柄拘束しかあり得ず，重ねて拘禁することは訴訟行為の一回性の原則に反し，かつ，不能を目的とするもので許されないなどとして，勾留を人単位に考えるという人単位説がある（平場・講義273頁）。しかし，刑訴法は，勾留の要件として，「罪を犯したことを疑うに足りる相当な理由」を求め（刑訴60条1項），勾留質問においても被告事件（被疑事件）を告げてその陳述を聞かなければならないとし（刑訴61条本文），勾留状には公訴事実（被疑事実）の要旨・罪名の記載を要求している（刑訴64条1項）こと，また，刑事施設にいる被告人に対する勾留について定める刑訴法70条2項は被告人が刑事施設にいる理由を限定していないため二重勾留も予定していると解されること，さらに，裁判官が逮捕・勾留の理由と必要性を審査できるのは特定の事件に関してであり，逮捕・勾留の効力を事件単位とすることは令状主義の趣旨にも沿うと考えられることなどから，事件単位説が相当である（池田＝前田・講義153頁。小林充「いわゆる二重勾留の適否」増補令状基本㈸265頁）。

(2) 弁護人の選任に対する事件単位の原則の適用の有無

では，この勾留の効力に関する事件単位の原則は，弁護人の選任に対しても適用があるのか。

一般的に，事件単位の原則は，刑訴法全般においても適用があり，基本的に，訴訟法上の効力は事件を単位としてその及ぶ範囲が限界付けられるとされている（団藤・綱要146頁，田宮・刑訴92頁等）。そして，公訴の効力，判決の効力，勾留・押収などの強制処分の効力のみならず，弁護人の選任の効力についても，同様に，事件単位で考慮すべきであり，いずれも当該事件以外には及ばないのが原則であると解されている（平谷正弘「弁護人の選任」平野＝松尾・新実例刑訴Ⅱ118頁）。

判例も，弁護人の選任に関し，事件単位の原則が適用されることを前提にしているものと思われる。まず，最判昭26・6・28刑集5巻7号1303頁は，私選弁護人の選任の効力に関し，本起訴事件について選任された私選弁護人の弁護権は，被告人その他選任権者において特段の限定をしない以上，同一の機会に追起訴されかつ1つの事件として併合審理された事件の全部に及ぶとしたものであるが，その判断の前提として，「前に被告人のためになされた弁護人の選任の効力は当然その選任後同一被告人に対し起訴される一切の被告事件に及ぶもの」ではないとしている。そして，最判昭27・11・14刑集6巻10号1199頁は，国選弁護人の選任の効力に関し，「被告人に対し最初起訴された第一事件（必要的弁護事件）につき国選弁護人が附され更に第二の事件が追起訴され，しかもその追起訴の第二事件も亦必要的弁護事件であつて裁判所がこれを併合審理する旨決定した場合に裁判所が別段の意思表示をせず被告人と右弁護人も何等異議を述べなかつた場合には，第一事件につきされた弁護人国選の効力は第二事件にも及ぶものと解するを相当とする」旨判示し，前記昭和26年最判と同趣旨の判断を示しているが，第一事件の国選弁護人選任の効力が第二事件にも当然及ぶとしていないことから，やはり事件単位の原則の適用があることを前提にしていると思われる。

　さらに，これらの判例の趣旨は，その後，刑訴法等に取り込まれている。まず，昭和26年最判を受けて，私選弁護人の選任の効力が原則として追起訴事件にも及ぶ旨の刑訴規則18条の2が設けられた。同条は，被告人の利益と実務上の便宜を考慮して設けられた弁護人選任という訴訟行為の意思解釈規定であると一般に解されている（横川敏雄「刑訴規則の一部を改正する規則について」曹時4巻1号49頁，谷口敬一「審判の併合と弁護人選任の効力」刑事実務上の諸問題27頁〔初出判タ796号60頁〕，平谷・前掲119頁）。また，国選弁護人の選任に関しても，実務上は，昭和27年最判のような必要的弁護事件同士の事案以外の事案についても，刑訴規則18条の2を準用ないし類推適用してきた。この実務の取扱いを明文化したのが，平成16年刑訴法等改正法で新設された刑訴法313条の2である。同条は，国選弁護人の選任は，弁論が併合された事件についても原則としてその効力を有するとしつつ，例外的に効力を及ぼさないための事件及び手続を定めている（落合＝辻・前掲曹時58巻7号94頁参照）。

加えて，被疑者国選弁護制度の立案担当者は，国選弁護人が，新たに身柄拘束された被疑事実について国選弁護人となるには，刑訴法の規定に基づいて当該被疑事実につき新たに選任命令を得ることを要すると説明している。その理由は，やはり，刑訴法では事件単位の原則がとられており，弁護人の選任の効力の及ぶ範囲についても同様と解されているからとしている（落合＝辻・前掲曹時58巻7号60頁・96頁参照）。なお，平成16年刑訴法等改正法の内容を検討するために行われた司法制度改革推進本部における公的弁護検討会の議論でも，このような見解が多数意見であった（同検討会（第4回，第9回）議事録参照。各議事録は，首相官邸のウェブサイト内にある同検討会のウェブページ（http://www.kantei.go.jp/jp/singi/sihou/kentoukai/07koutekibengo.html）から閲覧できる）。

　さらに，前記のとおり，選任の効力の終期に関し，刑訴法38条の2は，「被疑者がその選任に係る事件について釈放されたときは，その効力を失う」と規定しており，被疑者国選弁護人の選任が事件単位でされることが前提になっているものと解するのが自然であることや，刑訴法313条の2は，1通の起訴状に数個の事件が記載され，そのまま併合審理が行われたことにより，黙示の併合決定があったと解される場合も含むとされているところ（落合＝辻・前掲曹時58巻7号95頁），そのような場合の典型的なケースとしては，被疑者段階で1通の勾留状に数個の犯罪事実が記載され，これらがそのまま一括して起訴された場合が想定されることから，同条は，被疑者国選弁護人は対象事件についてのみ選任されることを前提としていると解されることも指摘されている（中島経太＝浅川啓「被疑者段階の国選弁護人による勾留に対する準抗告が適法と認められる範囲について」植村退官2巻317頁・318頁）。

　これらの点を踏まえれば，弁護人の選任の効力についても，やはり，事件単位の原則が適用されると解するのが素直なように思われる。

(3)　事件単位の原則にいう「事件」の範囲

　ところで，事件単位の原則にいう「事件」の範囲については，いわゆる一罪一勾留の原則の適用範囲と関連して，勾留状に記載された被疑事実を単位とする立場（単位事実説）と，それを超えて勾留状に記載された被疑事実と実体法上の一罪の関係にある事実まで含むとする立場（実体法上一罪説）がある。現在の支配的見解は，実体法上一罪説であり，実体法上の一罪については1個の刑罰

権が発生するのであるからその範囲内にある事実は訴訟上も1個のものとして扱うべきであり，実体法上一罪の関係に立つ事実については原則として勾留は1回のみ行いうるとしている（小田健司「常習一罪の各部分についての逮捕・勾留の可否」増補令状基本㊤200頁，秋葉康弘「一罪の一部についての再逮捕・再勾留」平野＝松尾・新実例刑訴Ⅰ118頁）。刑罰権が1個であるとしても，勾留についてまで1回でなければならないとする論理的必然性はないと思われる。しかし，実体法上の一罪を構成する事実は相互に密接な関係があるため，それを分割してそれぞれに逮捕・勾留することを許すと，捜査の重複を招く可能性が高く，その結果，実質上逮捕・勾留の蒸し返しとなって，身柄拘束期間の制限が潜脱されるおそれがある。実体法上一罪説は，一定の場合には一罪一勾留の原則の例外的場面を認めてはいるものの，単位事実説よりも一回的に扱うべき事実の外延がある程度明確に確定しうるという利点があり，実質的に妥当な結論を導くことができるため，支持しうると思われる（川出敏裕「逮捕・勾留に関する諸原則」刑事法ジャーナル4号144頁・145頁，河原俊也「一罪一勾留の原則」刑訴百選（第9版）42頁，中島経太「一罪一勾留の原則」長沼範良＝櫻井正史＝金山薫＝岡田雄一＝辻裕教＝北村滋編・警察基本判例・実務2003 32頁）。

(4) **被疑者に対して対象事件と非対象事件の双方について1通の勾留状が発せられている場合における国選弁護人選任命令の効力の客観的範囲**

　被疑者に対して対象事件と非対象事件の双方について1通の勾留状が発せられている場合における国選弁護人選任命令の効力の客観的範囲についても，事件単位の原則が適用され，その「事件」とは，実体法上一罪の関係に立つ事実であるとすれば，その選任の効力は，対象事件及びこれと実体法上一罪の関係に立つ非対象事件にまで及ぶが，そのような関係にない非対象事件には及ばないことになると思われる。

　実務上も，このような見解を前提とした取扱いが多いようである。すなわち，被疑者に対する国選弁護人の選任は，通常，裁判官が国選弁護人選任書を作成して行っているところ，当該選任書は，弁護士名の後に，「上記の弁護士を被疑者○○○○に対する○○○○被疑事件の国選弁護人に選任する」旨が記載され，どの事件についての国選弁護人選任であるのか特定できるようになっている。そして，勾留罪名が複数ある場合の国選弁護人選任書の被疑事件名の記載

については，実務上，①各罪が併合罪関係にあり，その一部だけが対象事件である場合（例えば，殺人，死体遺棄の場合）には，対象事件の罪名のみ（先の例でいえば，「殺人」のみ）を記載し，②各罪が実体法上一罪の関係にある場合（例えば，住居侵入，殺人）には，すべての罪名（先の例でいえば，「住居侵入，殺人」）を記載するという取扱いが多いようである。

## 4 準抗告及び勾留理由開示請求の適法性を判断する上で問題となる勾留の単位（勾留の裁判の個数）

### (1) 問題の所在

前記3のとおり，被疑者に対して対象事件と非対象事件の双方について1通の勾留状が発せられている場合における国選弁護人選任命令の客観的範囲が対象事件及びこれと実体法上一罪の関係に立つ非対象事件に限られるとすると，国選弁護人が申し立てた勾留の裁判に対する準抗告や勾留理由開示請求は，対象事件と実体法上一罪の関係にない非対象事件との関係でも適法なものと取り扱ってよいかが問題となる。

勾留に対する準抗告の審査対象は勾留の裁判の当否であることなどから，ここでは，準抗告や勾留理由開示請求の対象となる勾留の裁判をどの単位で把握するのかが問題になると思われる。

### (2) 勾留の個数

数個の犯罪事実を被疑事実として1通の勾留状が発付されている場合における勾留の単複については，事件単位説を前提にするものの中でも，①勾留は勾留状単位で考えるべきであり，複数の犯罪事実を被疑事実として1通の勾留状が発付された場合には，勾留は1個であるとする見解（勾留状単位説。喜多村治雄「数個の被疑事実による勾留と勾留の個数」法時45巻7号145頁）と，②勾留状記載の犯罪事実ごとに各別の勾留が存在するとの見解（犯罪事実単位説。鈴木茂嗣「事件単位の原則」判タ296号33頁，朝岡知幸「二重勾留の可否」判タ296号157頁，谷口彰「AB両罪について勾留の請求があった場合に，A罪のみしか認められなかった場合の措置－逮捕前置主義を前提として－」判タ296号215頁）があるとされる。

通説は，二重勾留状態の有無を各勾留の基礎となる各被疑事実が実体法上一罪であるか否かという基準で判断しており，この場面において，犯罪事実単位

説を採用していることから，数個の犯罪事実を被疑事実として1通の勾留状が発付されている場合でも，やはり勾留の単複を犯罪事実単位で判定することになると考えられる。また，数個の犯罪事実を被疑事実とする1つの勾留請求があった場合でも，勾留の要件は，犯罪事実ごとに審査するのが相当であるから，この観点からも，犯罪事実単位説が基本的には相当と思われる（朝岡・前掲判タ296号157頁，中島＝浅川・前掲320～323頁）。

### (3) 勾留の個数と勾留の裁判の個数

このように，勾留の個数は犯罪事実単位で考えるのが基本的には相当と思われるが，これに対し，現在の実務を踏まえると，勾留の個数が直ちに勾留の裁判の個数につながらないのではないかとの指摘がある。

すなわち，勾留は，勾留状を発付してなす要式行為であるから（刑訴62条），犯罪事実ごとに勾留の裁判があるというのであれば，犯罪事実ごとの勾留状発付が必要であると思われる。しかし，実務では，そのような場合でも，犯罪事実全部を被疑事実として記載した1通の勾留状を発付している。また，1通の勾留状であっても，その中に観念的には犯罪事実ごとに勾留があるとすれば，勾留の執行はもちろん，勾留理由開示や勾留期間の延長，勾留更新，保釈，勾留の執行停止，取消しなどの裁判は犯罪事実単位ですることができ，むしろ，そのようにすべきことになると思われる。しかし，勾留理由開示請求について，判例（最決昭29・8・5刑集8巻8号1237頁，最決昭29・9・7刑集8巻9号1459頁）は，同一勾留に対しては1度に限られるとしているところ，この同一勾留とは，同一の勾留状による勾留ないし同一の公訴事実についてなされている勾留をいうと解するのが通説（大コメ刑訴（第2版）2巻151頁〔川上拓一〕）・実務である。さらに，実務上，勾留期間の延長，勾留更新，保釈，勾留の執行停止，取消しなどの裁判は，いずれも勾留状単位で処理され，犯罪事実ごとに理由を分けて記載することもされておらず，保釈保証金についても勾留状ごとに定められている。このような実務の取扱いは，勾留の要件審査の局面においては，犯罪事実単位で勾留の個数を考え，1個1個の勾留について判断をするものの，勾留に関する手続の局面においては，勾留状1通ごとに勾留の裁判があると区別して考えていると理解することができるのではないかというのである（このような見解をとるものとして，井上清「勾留期間の更新と余罪―勾留期間の更新と決定の時期」

平野＝松尾・実例刑訴31頁，中島＝浅川・前掲322〜325頁）。

　これに対し，犯罪事実単位説を貫く立場は，数個の事件につき1通の勾留状が出されている場合には，勾留の裁判は複数存在するが，各勾留は同時に競合して執行されなければならないと解することなどにより，実務の取扱いを説明しようとしている（鈴木・前掲判タ296号34頁，朝岡・前掲判タ296号158頁）。この見解の背後には，1通の勾留状でされた勾留の裁判は，密接不可分の関係になるという考えなどがあると推測されるが，1通の勾留状が出されている場合には，なぜ各勾留の同時執行が求められるのか，又は，なぜ密接不可分の関係になるのか，その根拠が十分ではないと思われる。

　他方，勾留の個数につき犯罪事実単位説を前提としつつ，勾留の裁判の個数は勾留状の個数と対応すると考える見解に対しては，犯罪事実単位説を貫く立場から，たまたま同時に裁判されたかどうかで，同一の基礎に基づく勾留であっても，その個数が変わってくることには疑問があると批判されている。この批判に対しては，勾留請求者である検察官において，数個の犯罪事実を同時に処理する意思を表明しており，かつ，同時処理を認めることは被疑者にとっても有利なことであるから，基本的人権の保障を全うしつつ，刑罰法令の適正かつ迅速な適用を実現するという法の趣旨（刑訴1条）に照らし，裁判官は，請求者の意思に従い，1個の裁判をしなければならないためであるとの反論（中島＝浅川・前掲325頁）もされている。しかし，検察官が数個の事件を1通の起訴状で起訴した場合でも，裁判所は，事件を分けて審理することができるとされていることと整合するのか疑義がないわけではない。

　このように，実務の取扱いを踏まえた勾留の裁判の個数の捉え方については，両説ともに，若干の理論的な問題点がそれぞれ残っていると思われる。

#### (4) 被疑者に対して対象事件と非対象事件の双方について1通の勾留状が発せられている場合における被疑者国選弁護人がなしうる準抗告や勾留理由開示請求の範囲

　被疑者に対して対象事件と非対象事件の双方について1通の勾留状が発せられている場合において，国選弁護人選任命令の効力の及ぶ客観的範囲は対象事件及びこれと実体法上一罪の関係にある非対象事件に限られることを前提にすると，犯罪事実単位説を貫く立場からは，事件ごとに勾留の裁判が異なる以上，

国選弁護人が申し立てた準抗告や勾留理由開示請求は，対象事件と実体法上一罪の関係にない非対象事件との関係では，選任命令の効力が及ばないため，申立権のない不適法な申立てと見ざるを得ないというのが素直な考え方と思われる（なお，勾留に対する準抗告に関しては，不適法な申立て部分を勾留取消しの職権発動を促す申立てと取り扱う余地はあろう）。もっとも，この立場であっても，1通の勾留状でされた各勾留の密接不可分性などを理由に，一部の事件についての弁護人であっても，1通の勾留状全体について準抗告の申立てや勾留理由開示をすることができるという考え方もありうると思われる。

他方，勾留状単位説や勾留の個数につき犯罪事実単位説を前提としつつ，勾留の裁判の個数は勾留状の個数と対応すると考える見解に立てば，勾留の個数ないし勾留の裁判が1個である以上，当然，勾留状に記載されたすべての事件との関係で，有効な申立て・請求と取り扱われることになろう。

実務上は，前記のような場合における被疑者国選弁護人からの勾留に対する準抗告に関しては，非対象事件も含めて有効とする取扱いがほとんどと思われる。このような実務の背景には，準抗告を一部不適法とすることは，身柄解放という被疑者段階の弁護活動としての最大の目標の1つを形式論だけで封じることになり，不当であるという実質的な配慮もあるのではないかと思われる。その理論的な構成については，必ずしも明らかにはされていない。現在の実務の考え方から推し量ると，犯罪事実単位説を貫きつつ，1通の勾留状でされた勾留の裁判は密接不可分であるとする説か，勾留の個数につき犯罪事実単位説を前提としつつ，勾留の裁判の個数は勾留状の個数と対応すると考える説に依拠しているのではないかと思われる。

## 5 被疑者に対する国選弁護人選任命令の効力の客観的範囲の再考
### (1) 問題の所在

これまで検討したとおり，本設問のような事例における実務上の処理に関する理論的説明は十分しうるものと思われるが，若干課題が残る部分もある。これは，そもそも被疑者が1通の勾留状で勾留されていながら，一部の事件との関係では，弁護人が選任されている状態にある一方で，その余の事件との関係では，弁護人がいないという不自然な状態に陥ってしまっているために，勾留

の裁判の個数の問題にしわ寄せが来ているためではないかと思われる。後記のとおり，弁護人の選任に事件単位の原則を厳格に適用することの実益には疑問もあることから，ここで，被疑者に対する国選弁護人の選任と事件単位の原則の関係について再考してみたい。

(2) **条文の文理**

まず，条文の文言を確認してみる。請求による選任を定める刑訴法37条の2第1項は，対象「事件について被疑者に対して勾留状が発せられている場合」に国選弁護人を選任できると，また，職権による選任を定める刑訴法37条の4も対象「事件について被疑者に対して勾留状が発せられ，かつ，これに弁護人がない場合において（中略）職権で弁護人を付することができる」としている。文理上は，対象事件についての勾留は，選任の要件ないし場面設定の中で現れているにすぎず，対象事件について弁護人を選任するなどと限定的に規定されているわけではない。そうすると，文理上は，選任の要件論の場面と選任しうる事件の範囲とで区別して検討することも可能と思われる。

なお，被告人の必要的弁護事件について，刑訴法289条1項は，必要的弁護「事件を審理する場合には，弁護人がなければ開廷することはできない。」とし，同条2項は，「弁護人がなければ開廷することができない場合において，（中略）又は弁護人がないときは，裁判長は，職権で弁護人を付さなければならない。」としている。これに事件単位の原則を厳密に適用すれば，1通の起訴状で起訴された必要的弁護事件と任意的弁護事件を審理する場合，必要的弁護事件についてのみ国選弁護人を選任すれば開廷できることになるはずであるが，実務上はそのような選任は行われず，全事件について国選弁護人を明示的に選任していると思われる。そして，このような場合，被告人に対し，任意的弁護事件についての資力申告書提出及び私選弁護人選任申出前置を求めていないのが通常と思われる。もちろん，事件単位の原則を厳密に適用しても，被告人段階では任意的弁護事件については職権選任（刑訴37条）をしたと説明することが可能である。しかし，実務の実態としては，必要的弁護の規定に基づく選任は，審理する事件の中に1つでも必要的弁護事件があれば，全事件についてなしうるという考えに近いのではないかと思われる。このような考え方は，刑訴法37条の2第1項や刑訴法37条の4の文理について，選任要件と選任しうる

事件を区別して理解する上で参考になるのではないかと思われる。

(3) **被疑者国選弁護制度検討過程における議論**

また，被疑者国選弁護制度の検討過程を見ると，被疑者に対する国選弁護制度の導入のきっかけとなった司法制度改革審議会意見書は，「被疑者に対する公的弁護制度を導入し，被疑者段階と被告人段階とを通じ一貫した弁護体制を整備すべきである。」と提言しており，被疑者国選弁護制度に関し，一定の事件に限るべきかどうかは直接言及していない。同審議会の議事録をみると，被疑者国選弁護制度の対象をどの範囲とするのかについては立法政策の問題とされていたようである（第55回司法制度改革審議会議事録（http://www.kantei.go.jp/jp/sihouseido/dai55/55gijiroku.html）等参照）。司法制度改革推進本部における公的弁護制度検討会においては，これを受けて，対応可能な弁護士の数や財政的な問題（ただし，財政面に関しては具体的な予算等の数値に基づいて議論されたわけではない）のほか，被疑者としての立場の明確性といった要素も考慮して，その範囲を一定程度必要性の高い被疑者に絞り込むこととし，まず，被疑者に対する国選弁護制度の対象者を，身柄拘束されている者に限定し，そして，罪名についても一定の事件に限り，基準額以上の資力を有する被疑者については私選弁護人選任申出を経る必要があるという議論等がなされた結果，現在の被疑者国選弁護制度の要件が定められたのである（前記公的弁護制度検討会（第3回，第4回，第8回，第9回，第13回）議事録参照）。特に，対象事件が，段階的に拡大する形になっていたのは，対応可能な弁護士の態勢確保の観点からであったことが明らかである。

そして，公的弁護検討会において，別の被疑事実で身柄拘束された場合に先にした国選弁護人の選任命令の効力が及ぶものとするか否かが議論された際に，初めて事件単位の原則が取り上げられ，この場合には先の選任の効力は及ばず，当該事実につき新たな選任命令を得ることを要するものとの意見が多数を占めたわけであるが，その実質的な理由は，手続明確化にあったといえる（前記公的弁護制度検討会（第9回）議事録参照）。他方で，1通の勾留状に対象事件と非対象事件の双方の被疑事実が含まれている場合において，どの範囲の事件について，国選弁護人を選任できるのかという点については，明示的には議論されていなかったようであり，少なくとも，事件単位の原則からその範囲が画される

という議論があったわけではない。立案担当者の逐条解説にもこの点に関する明示的な言及はない。

(4) 弁護人選任に事件単位の原則を適用する実益

　前記のとおり，刑訴規則18条の2も刑訴法313条の2も，被告人について，事件単位の原則を前提として，弁護人の選任が一部の事件に関してのみ効力を有する場合を予定はしている。具体的活用例としては，例えば，A事件に甲弁護人，B事件に乙弁護人を選任し，A事件のみに関する証人尋問を行う場合には弁論を分離して，当該期日にはA事件のみの審理を行うこととすれば，乙弁護人は，当該期日に出席する必要がなく，B事件の準備を行うことができ，裁判の充実・迅速化が図られることとなるとされている（刑訴313条の2第1項ただし書の決定の活用方法として，落合＝辻・前掲曹時58巻7号95頁）。

　しかし，実務上，私選若しくは国選又はその双方の弁護人が複数選任される事例において，前記のように事件ごとに分けて選任されるようなケースはほとんどみられず，むしろ，すべての弁護人をすべての事件について選任し，弁護人間において内部的な分担をすることの方が多いように思われる。これは，一部の事件に限定した選任は，当該弁護人の行う証人尋問や被告人質問の範囲等にも影響するから，訴訟手続が複雑化することがあり，必要がなければ行われないことが望ましいと一般的に考えられているためと思われる（注釈刑訴1巻〔植村立郎〕198頁，大コメ刑訴1巻〔永井敏雄〕324頁，松尾監修・条解刑訴45頁）。なお，国選弁護人が選任されている被疑者・被告人が，新たに被疑者として勾留された事件について国選弁護人が選任される場合には，実務上，同一の国選弁護人が選任されるよう配慮されており，さらに，前記のとおり，1通の起訴状で必要的弁護事件と任意的弁護事件が起訴された被告人に対して国選弁護人を選任する場合，実務上は，すべての事件の関係で国選弁護人を選任している。これらも，同一弁護人がすべての事件に選任されることが望ましいという考えに基づくものと思われる。

　そして，被疑者段階においても，事件ごとに別々の弁護人が選任されたり，弁護人の有無が分かれたりした場合には，被告人段階同様，勾留等をめぐる不服申立て等や，証拠保全としての証人尋問請求等の行使（刑訴179条1項），第1回公判期日前の証人尋問請求（刑訴226条・227条）への立会い（刑訴228条2

項)・尋問(刑訴157条3項)の範囲に関し,手続が複雑化することが懸念され,被疑者の利益にもならないと思われる。
　このように,弁護人の選任を区々にする方向で事件単位の原則を適用することは実益に乏しいと思われる。
### (5) 被疑者に対して国選弁護人を選任しうる事件の範囲の再考
　以上のとおり,文理上も立法過程における議論上も,既にされた選任命令の効力が及ぶ範囲の問題と発令時に国選弁護人を選任しうる事件の範囲の問題を区別して解釈する余地は十分あると思われる。そして,被疑者国選弁護制度導入の趣旨に鑑みれば,対応可能な弁護士数や財政的な問題,手続明確性の観点を損なわない範囲で被疑者の弁護を受ける権利を充実させる解釈が求められているのではないかと思われる。
　そこで,私見としては,被疑者に対して対象事件及びこれと実体法上一罪の関係にない非対象事件について1通の勾留状が発せられている場合には,対象事件を含む1通の勾留状が発せられている以上,当該勾留状に記載された被疑事実すべての事件に関し,国選弁護人を選任できると解するのが相当ではないかと考える。この私見によれば,前記(4)で触れた弁護人の選任が区々になることによる手続の複雑化を回避し,被疑者の利益を充実させることができると思われる。また,このような解釈をとっても,対象事件及びこれと実体法上一罪の関係にある非対象事件についてしか国選弁護人を選任できないとする見解と,対応すべき具体的な弁護士の数は変わらない。したがって,財政的な影響も少ないと思われる。そして,勾留状の被疑事実として記載された事件との関係でのみ選任するのであるから,手続の明確性に欠けるところもない(なお,実務上,勾留請求された被疑者からの選任請求は,勾留請求を担当する裁判官が担当しているから勾留状に記載される被疑事実が何であるか把握している。また,勾留状が発付された被疑者からの選任請求については,刑事施設の長等が,請求書等とともに勾留状の写しを提出するため,選任請求を担当する裁判官において,勾留状記載の被疑事実は,非対象事件も含めて,容易に把握できる。職権による選任の場合でも,勾留請求担当裁判官が選任する場合はもちろん,それ以外の裁判官が職権発動の申立てを受けて選任する場合でも要件審査のため勾留状(写し)を調査することが予定されているから,勾留状記載の被疑事実の把握に問題はない)。さらに,前記のとおり条文の文理にも反するものではないと考える。事

件単位の原則の下でも，通説・実務は，勾留の逮捕前置主義との関係で，A罪のみで逮捕された被疑者についてA罪及びB罪で勾留することは，実質的に被疑者の身柄拘束期間の短縮につながり，弊害もないことから許されるとして，例外を認めている（池田＝前田・前掲153頁。金谷利廣「A事実につき逮捕した被疑者をA・Bの両事実又はB事実のみにつき勾留することの可否」増補令状基本(上)261頁）。事件単位の原則を厳密に適用すれば要件を満たさない事件についても法律効果を認めるという点で，この逮捕前置主義に関する通説・実務の考え方と前記私見には，共通のものがあると思われる。

なお，私見に立った場合における選任の効力の終期については，対象事件及びこれと実体法上一罪の関係にある非対象事件のみについて釈放された場合でも選任の効力が失われると解することも考えられる。しかし，刑訴法38条の2は，「被疑者がその選任にかかる事件について釈放されたときは，その効力を失う。」としている文言に照らせば，対象事件を含む勾留状に記載された被疑事実すべての事件との関係で国選弁護人が選任されていると解する以上，対象事件及び非対象事件すべてについて釈放されない限り，選任の効力は失われないと解するのが相当と思われる。

(6) **私見からの帰結**

前記の私見によれば，1通の勾留状に記載されていれば，対象事件と実体法上一罪にない非対象事件も含めてすべての被疑事実について被疑者国選弁護人を選任しうることになり，そうすると，この国選弁護人からの準抗告も勾留理由の開示請求もすべて適法になることとなる。

## 6 設問について

(1) 設問における被疑者国選弁護人選任命令の効力の及ぶ範囲

設問においては，被疑者に対して傷害罪とナイフの不法携帯罪の双方について1通の勾留状が発せられている。傷害罪は，15年以下の懲役又は50万円以下の罰金に当たる罪であって，被疑者国選弁護制度の対象事件であるが，ナイフの不法携帯罪（銃砲31条の18・22条・34条）は，2年以下の懲役若しくは30万円以下の罰金又はこれの併科に当たる罪であって非対象事件であり，両罪は，実体法上，併合罪の関係にある。

選任の効力の客観的範囲は，対象事件及びこれと実体法上一罪の関係にある非対象事件に限られるとする実務の見解に立てば，Lは，対象事件である傷害事件についてのみの弁護人として選任されているということになる。他方，勾留状に記載されたすべての事件について国選弁護人を選任しうるとする私見に立てば，Lは，傷害罪のみならず，ナイフの不法携罪についても弁護人として選任されていることになる。

(2) **勾留の裁判に対する準抗告のうち，ナイフの不法携帯罪に関する部分の適否について**

被疑者国選弁護人選任命令の選任の効力の客観的範囲は，対象事件及びこれと実体法上一罪の関係にある非対象事件に限るとする立場に立ち，勾留の裁判は，被疑事実ごとに存在するという犯罪事実単位説を貫く見解からは，Lの準抗告のうち，ナイフの不法携帯罪に関する部分は，弁護人として選任された者が行った申立てではないから，不適法ということになろう。しかし，このような解釈は，前記のとおり，実質論として，不当ではないかと思われる。

他方，被疑者国選弁護人選任命令の選任の効力の客観的範囲を対象事件に限るとする立場に立っても，①勾留の個数に関する勾留状単位説や，②勾留の個数及び勾留の裁判の個数について犯罪事実単位説を貫きつつ，1通の勾留状でされた勾留の裁判は密接不可分であるとする説，③勾留の個数について犯罪事実単位説に立ちつつ，勾留の裁判の個数は勾留状の個数と対応するとの見解からは，勾留状全体が不服申立ての対象となるため，Lの準抗告は，不法携帯罪に関する部分も含めて適法ということになる。もとより，勾留状に記載されたすべての事件について国選弁護人を選任しうるという私見でも同様の結論になる。

(3) **ナイフの不法携帯罪に関する勾留理由の開示の要否について**

ナイフの不法携帯罪に関する勾留理由の開示の要否についても，前記(2)と同様の考え方となろう。

もっとも，被疑者国選弁護人選任命令の選任の効力を対象事件に限るとする立場に立ち，勾留の裁判は，被疑事実ごとに存在するという犯罪事実単位説を貫く見解については，1通の勾留状でされた勾留の裁判の密接不可分性をいわないとしても，同一勾留に対する勾留理由開示の請求は一度に限られるとする

のが判例であり，同一勾留とは，同一の勾留状又は同一の公訴事実についてなされている勾留をいうと解するのが通説であることに照らすと，最初の勾留理由開示請求が，非対象事件についても勾留理由を開示してもらう最後の機会となることから，非対象事件の勾留理由も含めて開示するのが相当という考え方もあり得ると思われる。

【駒田　秀和】

# 事項索引

## あ行

医師の守秘義務……………………… 109
一罪一勾留の原則…………………… 140
1次証拠……………………………… 274
一件記録……………………………… 174
違法収集証拠………………………… 112
　　──の証拠能力………………… 29
　　──の排除基準………………… 52
違法収集証拠排除の主張適格……… 18
違法収集証拠排除法則…… 65,293,303,364
違法な捜査手続……………………… 274
違法な逮捕…………………………… 179
違法な取調べによる自白…………… 302
違法な身柄拘束中の自白…………… 302
違法の重大性………………… 31,274,304
違法排除説…………………… 293,302
遺留物………………………………… 103
飲酒検知……………………………… 242
ＳＴＲ型検査法……………………… 101
エックス線検査……………………… 266
ＭＣＴ118型検査法………………… 101
嚥下物採取…………………………… 249
押収拒絶権…………………… 109,253
押収の対象物………………………… 230
おとり捜査………………………… 56,75
泳がせ捜査………………………… 74,267

## か行

外国主権制限説……………………… 10
戒護権………………………………… 173
戒護体制……………………………… 349
覚せい剤使用の常習性……………… 248
覚せい剤の証拠能力………………… 274
覚せい剤の使用時期………………… 248
鹿児島夫婦殺し事件………………… 326
可視化・可読化……………………… 228
カテーテルの使用…………………… 37
カルテ等の提出……………………… 264
カルテの虚偽記載…………………… 265
監視・追跡…………………………… 77
監視用テレビカメラ………………… 94
関税法上の輸入……………………… 81
鑑定書の証拠能力…………… 102,245,365
鑑定処分許可状……………………… 96,242
機会提供型…………………………… 59
規制薬物…………………………… 72,266
起訴前勾留中における余罪取調べ… 322
起訴後勾留中における余罪取調べ… 322
北方事件……………………………… 329
求令状起訴…………………………… 166
供述拒否権…………………………… 313
行政警察活動……………………… 58,93
強制採血……………………………… 243
強制採尿…………………………… 114,246
　　──のための捜索差押許可状… 38,368
強制処分……………… 26,76,85,241,266
強制手続への移行段階……………… 42
業務上の秘密………………………… 253
虚偽排除説…………………… 292,302
緊急差押え…………………………… 92
緊急処分説…………………………… 201
緊急逮捕……………………………… 135
禁制品の監視………………………… 77
クリーン・コントロールド・デリバリー 68
警察比例の原則……………………… 94
刑事収容施設法……………………… 351
血液型鑑定…………………………… 249
血液採取……………………………… 242
現行犯逮捕…………………… 117,154

390　事項索引

現行犯の認定資料……………………… 127
現行犯の要件…………………………… 118
原裁判官による執行停止……………… 191
検査すべき身体………………………… 244
検察の理念……………………………… 346
検　　証…………………… 14, 89, 239, 266
検証許可状……………………………… 278
限定説……………………………………… 10
公訴棄却…………………………………… 65
公訴事実の同一性……………………… 158
公訴提起後の令状の効力……………… 166
公的弁護検討会………………………… 376
公道上等における写真撮影……………… 79
神戸まつり事件………………………… 333
勾留の基礎となる事実………………… 166
勾留の効力の範囲……………………… 373
勾留の個数……………………………… 378
勾留の裁判……………………………… 171
勾留の裁判に対する準抗告…………… 378
勾留の必要性（相当性）………… 164, 179
勾留の要件……………………………… 174
勾留の理由………………………… 164, 175
勾留期間の長期化……………………… 323
勾留罪名………………………………… 377
勾留質問……………………… 170, 355, 371
　　──の実施場所…………………… 172
　　──への弁護人の立会い………… 182
勾留質問調書…………………………… 176
勾留状単位説…………………………… 378
勾留状に記載された被疑事実………… 385
勾留請求却下の裁判…………………… 184
　　──の執行停止…………………… 186
勾留請求後の身柄拘束………………… 186
勾留請求の適法性………………………… 29
勾留通知先……………………………… 176
勾留取消しの裁判……………………… 187
勾留場所…………………………… 180, 323
勾留理由開示請求……………………… 378

呼気検査………………………………… 242
国外犯処罰規定…………………………… 5
国選弁護人選任命令の効力…………… 370
国家による犯罪の創出…………………… 61
ゴミ排出者のプライバシー…………… 104
コントロールド・デリバリー……… 68, 267

さ　行

採血行為の適法性……………………… 107
再勾留……………………………… 139, 317
再逮捕……………………… 133, 139, 317
在宅事件の取調べ……………………… 323
再度の考案……………………………… 191
採尿の方式………………………………… 37
採尿場所への強制連行…………………… 97
サイバー犯罪…………………………… 229
サイバー犯罪に関する条約………… 20, 229
裁判官の面前に引致する手段………… 156
裁判の執行……………………………… 190
差押え…………………………………… 230
差し押さえられるべき物……………… 222
撮影方法の相当性………………………… 88
事件単位説……………………………… 311
事件単位の原則…………………… 142, 374
事実の取調べ…………………………… 171
事情変更による捜査の必要性………… 145
私人による証拠収集…………………… 110
私選弁護人選任申出制度……………… 372
実況見分………………………………… 14
執行停止権者…………………………… 191
実子あっせん事件……………………… 260
実質的逮捕者…………………………… 130
実体喪失説………………………… 307, 334
実体法上一罪説…………………… 140, 376
私的領域内の写真撮影…………………… 87
自動車内の検査…………………………… 27
自白（調書）
　　──の証拠能力…… 292, 300, 324, 359

| | | | |
|---|---|---|---|
| ――の任意性 | 30,356 | 誰何 | 126 |
| 自白法則 | 293 | 税関検査 | 267 |
| 司法警察活動 | 58 | 税関職員 | 251 |
| 司法審査 | 233 | 税関手続の特例 | 70 |
| 釈放命令 | 185 | 請求による（弁護人）選任 | 371 |
| 試薬を用いた検査 | 28 | 接見禁止の一部解除 | 353 |
| 写真撮影 | 84 | 接見交通権 | 359 |
| 宿泊を伴う取調べ | 283 | ――の制限 | 341 |
| 出頭義務 | 311 | 接見等禁止決定 | 352 |
| 準現行犯逮捕 | 117 | 接見等の日時等の指定 | 343 |
| 準現行犯の要件 | 124 | 絶対的排除説 | 52 |
| 準抗告 | 185 | 先行手続の違法性 | 114 |
| 消極的共助 | 18 | 専門家の立会いと協力 | 234 |
| 証拠の隠滅・破壊 | 208 | 相互主義 | 6 |
| 証拠保全 | 88 | 捜査共助 | 6 |
| 常習累犯窃盗罪 | 146 | 捜索・差押え | |
| 上申書等の証拠能力 | 329 | ――に関する条件等 | 247 |
| 情報処理の高度化等に対処するための刑法等の一部を改正する法律 | 229 | ――に付随する処分 | 91 |
| | | ――の際の写真撮影 | 90 |
| 将来の犯罪 | 58 | ――の実施に適する最寄りの場所 | 214 |
| 嘱託証人尋問調書の証拠能力 | 295 | 捜索差押許可状 | 233,241 |
| 職務質問 | 23,93 | 捜索すべき場所 | 222 |
| 職務質問中の弁護士との通話 | 32 | 捜査の公正に対する侵害 | 61 |
| 所持品検査 | 23 | 捜査のため必要があるとき | 342 |
| 職権による（弁護人）選任 | 372 | 捜査の必要性 | 322 |
| 書類の授受 | 351 | 捜査の密行性 | 171,185 |
| 資料の適正な採取・保管 | 116 | 捜査の流動性 | 141 |
| 資力申告書 | 180 | 捜査比例の原則 | 105 |
| ――の提出 | 372 | 相対的排除説 | 52 |
| 人格の自律権 | 60 | 相当説 | 200 |
| 人権擁護説 | 292,302 | 組織的詐欺罪 | 149 |
| 身体検査令状 | 96,242 | 組織犯罪処罰法 | 149 |
| 身体・所持品についての捜索・差押え | 210 | 訴訟行為の意思解釈 | 375 |
| 身体組成物の採取 | 242 | | |
| 身体・着衣の捜索 | 225 | **た 行** | |
| 身体の検査に関する条件 | 244 | | |
| 人定質問 | 174 | 第1次逮捕・勾留 | 301 |
| 診療録（カルテ） | 252 | 体液の採取 | 242 |
| | | 退去意思 | 49 |

代替物品所持罪·················· 83
第2次逮捕・勾留················ 301
逮　捕························· 355
　──する場合·················· 204
　──の違法性·················· 157
　──の現場···················· 200
　──の効力···················· 173
　──のための追跡行為··········· 122
　──の蒸し返し················ 134
逮捕・勾留················· 137,374
逮捕・勾留の一回性の原則········· 138
逮捕事実と勾留事実の同一性······· 158
逮捕前置主義··············· 133,153
逮捕段階の身柄拘束時間··········· 134
逮捕手続の適法性················ 29
唾液採取······················ 249
高輪グリーン・マンション殺人事件··· 285
単位事実説················· 140,376
着衣に対する検査················ 26
直接強制······················ 242
追跡捜査······················ 268
通　訳························· 173
ＤＮＡ（型）鑑定··········· 100,249
電磁的記録の複写・印刷・移転····· 238
電磁的記録媒体·················· 228
　──の押収··················· 230
電波発信機····················· 78
電話による事情聴取··············· 15
同時処理義務··················· 143
同時処理の可能性················ 144
同種余罪······················ 313
当番弁護士················· 175,358
特別養子縁組··················· 259
留め置き······················ 366
留め置き行為の適法性············· 38
取調べの任意性················· 337
取調べの必要性················· 291
取調受忍義務··············· 311,331

取調べ状況報告書··············· 178

## な　行

内偵捜査······················ 267
荷送人・荷受人のプライバシー····· 273
2次証拠······················ 275
二段階の司法審査················ 154
日石・土田邸事件················ 324
日通旭川事件··················· 325
二分説························ 59
仁保事件······················ 337
日本司法支援センター（法テラス）··· 181
尿の鑑定書の証拠能力············· 51
尿の採取······················ 245
尿の任意提出··················· 37
任意処分······················ 85
任意性一元説··················· 294
任意性説······················ 302
任意性に疑いのある自白·········· 292
任意性を欠く自白··············· 300
任意捜査と強制捜査の区別の基準··· 283
任意捜査の限界············· 273,284
任意提出······················ 230
　──の適法性················· 108
任意同行······················ 366
犯意誘発型····················· 59

## は　行

排除相当性················ 31,275,304
場所的適用範囲·················· 9
犯罪事実単位説················· 378
犯罪収益等隠匿罪················ 151
犯罪と犯人の明白性·············· 119
ビーパー······················ 78
被疑事実の同一性················ 157
被疑事実の要旨················· 175
被疑者と弁護人との接見·········· 340
被疑者の押送··················· 173

| | |
|---|---|
| 被疑者の陳述……………………… 176 | 無令状での捜索・差押え………… 201 |
| 被疑者の取調べ…………………… 15 | 無令状の採血……………………… 245 |
| 被疑者国選弁護（人）………180,370 | 面会接見…………………………… 348 |
| 尾行・追跡………………………… 78 | 免　訴……………………………… 65 |
| 被告人の取調べ…………………… 321 | 毛髪の採取………………………… 247 |
| 被告人の余罪取調べ……………… 321 | 黙示の併合決定…………………… 376 |
| 必要な処分………………………… 233 | 黙秘権・供述拒否権……………… 174 |
| 必要な検査………………………… 267 | 黙秘権の告知……………………… 355 |
| 付随的処分としての強制連行…… 98 | 最寄りの地方裁判所……………… 194 |
| 物理的な管理支配関係…………… 103 | |
| 不当な蒸し返し…………………… 139 | ## や　行 |
| プライバシー等の侵害…………… 274 | 薬物犯罪………………………… 62,73 |
| 振り込め詐欺……………………… 149 | 有形力の行使………… 50,60,85,284 |
| プレイン・ヴューの法理………… 92 | よう撃捜査………………………… 58 |
| 併用説………………………… 243,295 | 要件消滅説………………………… 307 |
| 別件基準説…………………… 177,304 | 余罪関係報告書…………………… 178 |
| 別件逮捕・勾留……………… 177,301 | 余罪取調べ………………………… 312 |
| 別件逮捕・勾留中の余罪取調べ… 301,323 | ──の限界……………………… 335 |
| 弁護権侵害の違法………………… 34 | 米子銀行強盗事件………………… 24 |
| 弁護人依頼権………………… 341,354 | |
| 弁護人選任権………………… 33,354 | ## ら　行 |
| ──の告知…………………… 175,355 | ライブ・コントロールド・デリバリー 68 |
| ──の侵害…………………… 359 | 留置業務管理者…………………… 180 |
| 弁護人選任の効力………………… 374 | 領事官への通報…………………… 176 |
| 弁護人選任の申出………………… 357 | 領　置……………………………… 101 |
| 弁護人と接見したい旨の申出…… 347 | 令状差し替え……………………… 168 |
| 弁護人となろうとする者………… 340 | 令状主義の潜脱説…………… 314,333 |
| 法廷警察権………………………… 173 | 令状主義潜脱の意図………… 277,306 |
| 保釈許可の裁判…………………… 197 | 令状審査…………………………… 155 |
| 保釈の取消し……………………… 142 | 令状の効力………………………… 222 |
| 保税地域…………………………… 81 | レセプト詐欺……………………… 261 |
| 本件基準説…………………… 177,305 | レントゲン検査…………………… 250 |
| ## ま　行 | ## わ　行 |
| 麻薬特例法………………………… 68 | わなの理論………………………… 59 |
| 麻薬取締官………………………… 57 | |
| 密輸入……………………………… 75 | |
| 無令状の差押え…………………… 92 | |

■編者紹介

松　尾　浩　也（まつお　こうや）
　　東京大学名誉教授・法務省特別顧問

岩　瀬　　　徹（いわせ　とおる）
　　上智大学法科大学院教授・元前橋家庭裁判所長

実例刑事訴訟法 I

2012年11月30日　初版第1刷発行
2013年 2月20日　初版第2刷発行

編　者　　松　尾　浩　也
　　　　　岩　瀬　　　徹

発行者　　逸　見　慎　一

発行所　　東京都文京区　株式　青林書院
　　　　　本郷6丁目4−7　会社

振替口座　00110-9-16920／電話03（3815）5897〜8／郵便番号113-0033
ホームページ☞http://www.seirin.co.jp

印刷／中央精版印刷　落丁・乱丁本はお取替え致します。
©2012 Printed in Japan　K.Matsuo　T.Iwase
ISBN978-4-417-01571-0

[JCOPY]〈㈳出版者著作権管理機構　委託出版物〉
本書の無断複写は著作権法上での例外を除き禁じられています。複写される場合は、そのつど事前に、㈳出版者著作権管理機構（電話03-3513-6969，FAX03-3513-6979，e-mail: info@jcopy.or.jp）の許諾を得てください。